AF551358

Kurt Flasch

Der Teufel und seine Engel

Kurt Flasch

Der Teufel und seine Engel

Die neue Biographie

C.H.Beck

1. Auflage. 2015
2. Auflage. 2016

3. Auflage. 2021

www.chbeck.de
Satz: Fotosatz Amann, Memmingen
Druck und Bindung: GGP, Pößneck
Gedruckt auf säurefreiem, alterungsbeständigem Papier
Printed in Germany
ISBN 978 3 406 68412 8

myclimate

klimaneutral produziert
www.chbeck.de/nachhaltig

Er ist schon lang in's Fabelbuch geschrieben,
Allein die Menschen sind nicht besser dran,
Den Bösen sind sie los, die Bösen sind geblieben.

GOETHE, FAUST I HEXENKÜCHE
VERSE 2507–2509

Inhalt

Teil Zwei
Abbau

... schwarze Engel

SHAKESPEARE, KING LEAR III 6,
ÜBERSETZT VON ERICH FRIED

Es gibt auf Erden nichts seinesgleichen

HIOB 41, 25

Demones: qui propter multitudinem dicuntur gentes universe. Qui cum omni peccato gaudeant, praecipue autem fornicatione et idolatria.

GLOSSA ORDINARIA ZU LEVITICUS 18, 24

I grant that words sometimes have singular vertue and efficacie.

REGINALD SCOT, THE DISCOVERIE OF WITCHCRAFT, 12, I, ED. M. SUMMERS, LONDON 1930, S. 123

Wir können die Schuld nicht mehr auf mystische Kräfte des Bösen schieben, auf den Teufel und seine Gesellen. … Das Böse im Menschen übersteigt alles, was die christliche Theologie dem Teufel jemals zugeschrieben hat. Die These von der infernalen Natur des Bösen hat ausgedient, der Mensch schafft das Böse aus eigener Kraft – und er übertrifft den Teufel darin.

LUDMILA ULITZKAJA, MEIN LAND KRANKT, IN:
DER SPIEGEL NR. 34, 18.8.2014, S. 123

Homme, ne cherche plus l'auteur du mal; cet auteur, c'est toi même.

ROUSSEAU, PROFESSION DE FOI DU VICAIRE
SAVOYARD, ED. B. BERNARDI, PARIS 2010, S. 7

Non enim iam ultra mali bonique discretio, quia nusquam malum.

JOHANNES ERIUGENA, DE DIVISIONE NATURAE,
BUCH V ZEILE 3109, ED. E. JEAUNAU, S. 650

Wie bequem macht sich's nicht Luther durch seinen Teufel, den er überall bey der Hand hat, die wichtigsten Phänomene der allgemeinen und besonders der menschlichen Natur auf eine oberflächliche und barbarische Weise zu erklären und zu beseitigen.

GOETHE, ZUR FARBENLEHRE, BAND 2,
TÜBINGEN 1810, S. 159

A tale written by manie grave authors, and beleeved by manie wise men of the divels death.

REGINALD SCOT, THE DISCOVERIE OF WITCHCRAFT, 1574, ÜBERSCHRIFT ZU KAP. 4 VON BUCH VIII, ED. M. SUMMERS, NACHDRUCK BEI JOHN RODKER, LONDON 1930, S. 92

Sollte in unserem sonst so werten Volk eine Sucht zu bemerken sein, unnötig zu moralisieren?

ROBERT WALSER, RÄUBER, DAS GESAMTWERK, BAND 6, ZÜRICH-FRANKFURT/M. 1978, S. 231

Wer kann sich itzo des Lachens enthalten?

JOHANN CHRISTOPH GOTTSCHED, VERSUCH EINER CRITISCHEN DICHTKUNST, LEIPZIG ^{4}1751, S. 182, GEFUNDEN BEI ERNST OSTERKAMP, LUCIFER. STATIONEN EINES MOTIVS, BERLIN 1979

Meine ‹Dämonen› hatten schwarze Uniformen an und waren gar keine.

HANS BLUMENBERG IN SEINEM LETZTEN BRIEF VOM 26.2.1996 AN EINEN KATHOLISCHEN DÄMONOLOGEN, IN: KATHOLISCHE ZEITSCHRIFT COMMUNIO 43 (2014), S. 174

Je me demande si on ne peut pas envisager la modernité plutôt comme une attitude que comme une période de l'histoire.

MICHEL FOUCAULT, QU'EST-CE QUE LES LUMIÈRES?, IN: M. FOUCAULT, DITS ET ÉCRITS, BAND 2, ED. DANIEL DEFERT, PARIS 2001, S. 1387

Vorwort

Wer Europa kennen will, muß Gott und den Teufel erkunden. Beide haben dort lange geherrscht. Um beim Gottseibeiuns zu bleiben: Er machte Erdbeben, Epidemien und Politik. Er hat eine kulturelle, eine religiöse und politische Geschichte, Aufgang und Niedergang. Er war nicht immer derselbe: Europäische Intellektuelle haben ihn verändert. Diesen Prozeß beschreibt das vorliegende Buch aus Quellen, die vom *Alten Testament* bis zur Gegenwart reichen.

1. Der Teufel stammt nicht aus Europa. Aber jahrhundertelang lief er hier herum und suchte, wen er verschlingen könne; von diesem Kontinent aus nahm er den Weg in die Neue Welt. Aber die Europäer erlitten Satan (wie er auf hebräisch heißt) nicht nur, sie verwandelten ihn auch. Sie dachten produktiv nach über diese altorientalische Erblast. Sie gaben ihm Namen, Rang und Stimme und gestalteten im Blick auf Gott und ihn ihr öffentliches und ihr familiäres Leben. Dieses Buch beschreibt an ausgewählten Stationen die europäische Denkarbeit am Teufel. Es belegt die Wandlungen, die Satan dabei erfuhr. Europäische Intellektuelle haben mit dem ‹Herrscher dieser irdischen Welt› gerungen und ihn sich in langer Arbeit assimiliert. Er nahm die Form an, die gebraucht oder gefürchtet wurde. Er wechselte sein Gesicht. Er paßte sich den Europäern an, die ihn riefen. Sie bedankten sich, indem sie seine Natur erhöhten.

Mein Buch erzählt von dieser Auseinandersetzung; es nennt biblische Geschichten, soweit sie Anlaß zu Debatten wurden, ist aber kein theologisches Buch. Es beschreibt Sorgen und Gedanken von Menschen hier auf der Erde.

2. Als ich mich besonders für das Geschick des Teufels zwischen 1500 und 1800 interessierte, las ich neue Bücher über Kritiker und Verteidiger von Teufelsidee und Hexenjagd. Dabei lernte ich einige hervorragende Studien vor allem in englischer Sprache zur frühen Neuzeit kennen. Bei ihnen fielen mir zwei Schwächen auf. Erstens vergriffen sie sich nicht selten, wenn sie etwas beschrieben, das zeitlich vor ihrem Schwerpunktgebiet lag. Seit wann etwa gab es den Teufelspakt? Oft nannten sie ihn einfach ‹mittelalterlich›, ohne zu untersuchen, ob er vielleicht nicht schon antik oder nur eine von mehreren im Mittelalter umstrittenen Theorien war. Sie hielten das Mittelalter für eine dogmatisch fixierte Glaubensgemeinschaft, bestimmt vom Verbot theoretischer Neugier, vom sog. *curiositas*-Verbot. Mancher Autor verstieg sich zu der Behauptung, die Auffassung des Teufels habe seit dem 5. Jahrhundert keine wesentliche Entwicklung haben können, weil sie theologisch normiert gewesen sei. Daß ein lebensempfindlicher Lehrpunkt zwischen 400 und 1500 keine wichtigen Änderungen erfahren haben sollte, ist von vornherein unwahrscheinlich; es wiederholt nur die alte Legende vom starren, kirchlich kontrollierten ‹Mittelalter›; vor allem aber ist sie nachweisbar falsch. Dies will ich zeigen, und ich hoffe, meine interdisziplinäre Dienstleistung stellt Literaturwissenschaftlern, Frühneuzeitspezialisten und Kunsthistorikern eine wirklichkeitsnähere Auffassung von der Vergangenheit des Teufels zur Verfügung.

Zweitens fiel mir auf: Einige dieser ausgezeichneten Spezialisten vertieften sich so sehr in ihren Autor oder in dessen Jahrzehnte, daß sie keinen Blick mehr warfen auf den weiteren Fortgang der Teufelsgeschichte. Sie blickten kaum auf deren Ende. Dabei war die Abschaffung des Teufels und der Hölle kulturhistorisch und wissenschaftsgeschichtlich ein einschneidender Vorgang. Es berührte alle Lebensgebiete, von Ehe und Erziehung zu Politik, Wissenschaft und Religion. Es ist historisch wissenswert, ab wann die Mehrheit nicht mehr davon überzeugt war, die meisten von ihnen endeten in ewig brennendem körperlichen Höllenfeuer. Daher folge ich dem Fortgang der intellektuellen Arbeit am Teufel. Ich beschreibe an ausgewählten Stationen den Abbau der Teufelsvorstellungen in der Neuzeit. Bis zum Tod des Teufels. Zunächst bezieht sich dieses Buch zwar auf die christliche Antike, Augustin besonders, und aufs Mittelalter, Thomas von Aquino besonders, es ist aber kein ‹Mittelalterbuch›, sondern verfolgt die Linie weiter über Hobbes zu Leibniz und Schleiermacher, der Satan «unzumutbar» fand, hin zu Goethes Mephisto und Diskussionen der Gegenwart.

3. Ich habe mir Mühe gemacht, ein gut lesbares Buch zu schreiben. Ich bitte meinen Leser, mir als Gegengabe eine kleine Unart zu erlauben: Ich lasse hie und da lateinische oder englische Wörter aus meinen Quellen stehen. Sie geben den Originalklang. Sie erzeugen, hoffe ich, das nötige Gefühl der Fremdheit. Ich werde sie zwar nicht immer wörtlich übersetzen, aber sie jedesmal einführend umschreiben. Sie lassen sich also zur Not überschlagen.

Ein einziges Wort hat sich mir unter der Hand verwandelt. Daher zeige ich hier schon an, wie ich es abweichend gebrauche. Unter ‹Satanismus› versteht man meist eine quasi-religiös organisierte Gruppe, die sektenartig Musik, Literatur und Film dem Satan widmet. Sie betreibt schwarze Romantik, feiert antibürgerlich, amoralistisch esoterische Anti-Liturgie, sie hält blasphemische Messen. Das reicht von individualistischer Lebensreform zu orgiastischer Raserei mit Selbstzerstörungstendenz, die alles Unbrave bejaht.

Ich gebrauche das Wort ‹Satanismus› etwas anders. Auch die Moral- und Religionskonzepte der europäischen Hochkultur gaben dem Teufel ein sehr verschiedenes Gewicht. Einige Gruppen ehrten ihn nur mit einem Lippenbekenntnis, andere Zeiten und Denkweisen verstärkten das Interesse am Teufel exzessiv. Sie waren von ihm wie besessen. Dann spreche ich von ‹Satanismus›. Damit meine ich Verhältnisse – Lebensformen und Konzeptionen – mit vorwiegender Konzentration auf den Teufel. Ich gebrauche also den Ausdruck kulturgeschichtlich neutraler und hoffe, dadurch keine Verwirrung zu stiften.

Mainz, 12. März 2015 *Kurt Flasch.*

Teil Eins
Aufbau

I. Wer ist Satan?

Satan – kurz vorgestellt

Satan? Wer ist dieser Herr? Früher war viel von ihm die Rede. Heute trifft man ihn nicht mehr alltäglich auf der Straße; ich muß ihn erst vorstellen:

Gott hat keines Menschen Auge je gesehen. Aber den Teufel schon. Auch ich müßte lügen, würde ich sagen, ich hätte ihn nie gesehen. Denn in zahlreichen Gemälden und Miniaturen kommt er vor; ich habe viele Berichte von Menschen gelesen, die ihn gesehen haben. Um von ihm ein erstes Bild zu geben, bringe ich zur Einführung den Bericht eines Bischofs, der sich gut mit ihm auskannte. Es ist eine Nachricht aus den damaligen und heutigen neuen Ländern. Der Historiker, der ihn geschrieben hat, galt als verläßlich. Thietmar von Merseburg, † 1018, hat ihn vor ziemlich genau 1000 Jahren aufs Pergament gebracht, wahrscheinlich 1012. Die Teufelsbegegnung, die er erzählt, betraf König Heinrich I. († 936), mit dessen Urenkel, König Heinrich II., Thietmar befreundet war. Das war zwar schon lange her, aber das Standardwerk über ältere deutsche Geschichtsquellen, 1967 neu bearbeitet, versichert von ihm, «seine Geschichtsauffassung ist sehr gesund und deutsch».[1] Dann sollten wir ihm wohl jedes Wort glauben. Nachdem er die Tüchtigkeit und Tugendhaftigkeit des ersten Heinrich gepriesen hat, erzählt er folgende Geschichte:

«Jeder Mensch hat eher eine abschüssige Neigung zum Fallen als eine feste Natur zum Standhalten. Deshalb will ich den Frommen zum

Schreck und warnenden Beispiel nicht verschweigen, wie erbärmlich er sich einmal verging:

Er war an einem Gründonnerstag völlig betrunken und schlief, vom Teufel angetrieben, am Abend verbotenerweise mit seiner Frau, obwohl die sich heftig wehrte. Satan aber, der Urheber dieses Vergehens, der Feind des menschlichen Heils, verriet diese Tat einer ehrwürdigen Matrone mit folgenden Worten: ‹Nun hat doch eben die Königin Mathilde auf mein Anstiften hin der Wollust ihres Mannes nachgegeben und einen Sohn bekommen, der jetzt mir gehört. Du mußt jetzt nur zusehen, das große Geheimnis sorgfältig zu hüten!› Sie wurde darüber still für sich tieftraurig, teilte es aber rasch der Königin mit und riet ihr, immer Bischöfe und Priester um sich zu haben, um gleich bei der Geburt des Jungen mit der Welle des heiligen Taufwassers abzuwaschen, was an ihm, wie der unselige Dämon sich ausdrückte, zu seiner Freude zurückgeblieben sei. Und dabei dankte sie Gott. Jetzt sah aber der Dämon – das heißt ja: der Alleswisser –, daß er gründlich getäuscht war. Er beschimpfte die Dame und fügte hinzu: ‹Obwohl mein Plan jetzt durch dein elendes Geschwätz gescheitert ist, habe ich doch etwas dabei gewonnen: Niemals wird Zwietracht (*discordia*), meine Begleiterin, ihn verlassen, auch die nicht, die aus seinen Lenden hervorgehen. Niemals gibt es für sie sicheren Frieden.› So redete er, dieser Lügner, dieser Feind der Wahrheit von seinem Plan, und ich hoffe, er geht nie in Erfüllung.»[2]

Bischof Thietmar kennt sich aus mit dem Teufel. Er weiß, wie intelligent er ist: Satan hat den betrunkenen König beobachtet; er kennt die Tage, an denen das Kirchenrecht auch den Verheirateten den Geschlechtsverkehr verbot, er hat den Gründonnerstag gewählt, um Heinrich zur Wollust zu verführen. Er nimmt wahr, daß die keusche Mathilde vergeblich versucht hat, den zudringlichen Ehemann abzuwehren. Er weiß sich in menschlicher Sprache auszudrücken. Er ist ein tüchtiger Rhetoriker. Vielleicht war es etwas weniger bedacht, der ehrwürdigen, frommen älteren Dame von der Sünde des Königs zu erzählen und sie zur Verschwiegenheit zu ermahnen, aber die Wirksamkeit des Taufwassers schätzt er genauso ein wie der Bischof. Er prognostiziert für den Königssohn die politisch-theologische Konsequenz: Es wird für ihn und seine Nachkommen keinen Frieden geben.

Der Teufel, auf der Suche nach leibeigenen Untertanen, denkt in Kategorien der Sippenhaft: Nicht den sündigen König, sondern dessen Sohn beansprucht er als sein Eigentum – wegen der Unordentlichkeit seiner Geburt. Dieser Plan mißlingt, aber Satan kommt doch auf seine Kosten: Zwietracht ist seine ständige Begleitung. Die *discordia* begleitet ihn immer; sie wirkt als eine zweite große mythologische Figur. Wie die Aristokraten der Zeit denkt er eher dynastisch-politisch als individualethisch, und er blickt weit in die Zukunft. Er begnügt sich nicht mit dem einzelnen Opfer, sondern schafft dauerhaften Unfrieden für das Reich.

Das genügt als Visitenkarte: Der Teufel ist intelligent. Thietmar nennt ihn sogar ‹allwissend›, als sei er Gott. Er kennt die Landesgewohnheiten und das Kirchenrecht, denkt weitschauend politisch, bewegt sich rhetorisch geschickt, sucht Untertanen, aber fürchtet die Sakramente, mit denen Bischöfe und Priester ihn bekämpfen. Eine Lieblingsbeschäftigung ist es, die männlichen Geschlechtsorgane in sündige Bewegung zu versetzen und so das Teufelsreich zu mehren. Gelingt dies nicht, stiftet er politische Unruhe. Er veranlaßt Kriege und gibt sich mit diesem Teilerfolg zufrieden. Auch das ist ein Sieg des Satans.

Der heutige Teufelsforscher wird zur ersten Information hinzufügen: Satan ist eine religiös-literarische Mischgestalt aus verschiedenen Strömungen. In ihm fließen volkstümliche Bilder zusammen mit hohen philosophisch-theologischen Fragen. Populär ist er als Droh- und Schreckensgestalt, die hinkt, nach Schwefel stinkt und Kälte ausstrahlt. Er tritt auf als Kröte, Schlange oder Drache, auch als Schwein oder dunkelhäutiger, zottiger Mensch mit Schwanz und Hörnern. Zugleich war er hohe Intelligenz, ein mächtiger Herr, Arbeitgeber über Tausende seiner ‹Engel›.

War er wenigstens verheiratet? Diese Frage würde er schroff zurückweisen; er war wie Gott Zölibatär, und ich hätte mich gar nicht getraut, nach seinen Familienverhältnissen zu fragen, besäße nicht in der antik-römischen Mythologie der König der Unterwelt eine Gattin.[3] Anders der Höllenfürst der christlichen Welt; heute würden ihn Spezialisten vom Eheberatungsgewerbe als ‹eheunfähig› einordnen. Doch verband seine Figur sich mit großen Fragen – nach Krankheit, Tod, Unglück und dem Ursprung des Bösen. Er war das Böse selbst, galt als der Grund alles Schlechten, sah aber auch dem Gott Pan ähnlich und nahm Züge der Satyrn an. Er wirkte als Ankläger des Menschen, als Verleumder, Verwirrer und Erprober, als Vater der Lüge und Herr der Fliegen. Er wurde auch komisch gefunden und als betrogener Betrüger verlacht. Er vereinigte in sich verschiedene geschichtliche Strömungen und widersprechende Eigenschaften, aber galt als überaus ernst zu nehmender Feind und neiderfüllter Verderber. Lange hielt man ihn für eine hochgefährliche intelligente Person. Später wurde gestritten, ob er eine lebendige Intelligenz sei oder das ins Höchste gesteigerte Symbol der Bosheit.

Seit dem 18. Jahrhundert schwächelte er. Aber je mehr er zum Bild absank, um so glänzender trat er auf im Theater, in der Literatur und im Film. Lucifer wurde zu Mephisto. Er hörte nicht auf, die Europäer zu beschäftigen. Das gilt von Dante bis Bulgakov, von Milton bis Lars von Trier, von E. T. A. Hoffmanns *Elixieren des Teufels* zu Thomas Manns *Doktor Faustus* und zu Salman Rushdie. Diese Vielseitigkeit, auch Widersprüchlichkeit des Teufels verschaffte den Europäern Spielraum, ihn umzugestalten. Er wurde ihnen immer ähnlicher. Von diesen Umformungen handelt dieses Buch. Es untersucht diesen langen Prozeß an Stellen, die für ihn besonders charakteristisch sind.

Der Teufel, mit dem Europäer sich befaßten, stammt aus der *Hebräischen Bibel*. Daher gab es ihn bei Juden, Christen und Muslimen; der mittelmeerische Gott hatte mit dem Teufel einen kleineren Gegenspieler. Am höchsten steigerten ihn die Christen. Paulus nannte ihn den ‹Gott dieser Welt›. Er gehört wie ‹Gott› zur europäischen Geschichte. Wer sie studiert, begegnet auf der unbeschönigt-dunklen Seite dem Satan und der Hölle, er trifft Dämonen und Hexenverfolger, er hört vom kommenden Antichrist, von Verurteilungen und Scheiterhaufen.

Er begegnet dem europäischen Alptraum, dem viele Menschen, besonders Frauen, auch physisch zum Opfer gefallen sind. Denn vom Anfang, vom *Neuen Testament* an, drang er in den Körper des Menschen ein, machte ihn stumm und lahm, ließ ihn zucken, schreien und erstarren. Solche Menschen nannte man die ‹Besessenen›. Sie kommen in der Bibel zahlreich vor. Der Jesus der evangelischen Berichte war vorwiegend Teufelsaustreiber. Aber damit war Europa die Besessenheit nicht los, sie nahm im 15. Jahrhundert epidemisch zu, breitete sich im 16. und 17. Jahrhundert enorm aus, ging im 18. Jahrhundert stark zurück, ist aber bis heute nicht verschwunden. Besessene galten als arme Opfer des Teufels; Hexen sagte man nach, sie verbänden sich freiwillig mit dem Teufel, um diesseitige Vorteile mit seiner Hilfe zu erreichen und in seiner Kraft Schaden anzurichten. In der Bibel gebietet Gott, alle Hexen zu vernichten, aber dieser Befehl, der nie vergessen war, wurde erst im 15. Jahrhundert massenhaft befolgt. Er führte im 16. und 17. Jahrhundert zur großen europaweiten Hexenjagd bei Katholiken, Lutheranern und – etwas weniger – bei Calvinisten. Sie ging gegen 1700 zurück und verschwand im 18. Jahrhundert europaweit, anders als die Besessenheit, die bis heute vorkommt.

Besessenheit und Hexerei waren die sichtbarsten Wirkungen Satans, beileibe nicht die einzigen. Er drohte und ängstigte, aber er gab auch zu denken. Wer war er? Wie stark konnte er werden? Im älteren Judentum und im Islam blieb seine Selbständigkeit beschränkt. Ihr Monotheismus ließ nicht mit sich spaßen. Christen waren es, die ihn erhoben zum mächtigen Gegenspieler Gottes. Er war im *Neuen Testament* der Hauptfeind ihres Gottes, aber er sah ihm auch verdammt ähnlich. Beide waren Verwandlungskünstler; sie konnten in der Gestalt auftreten, die ihnen beliebt. Satan kam auch als Engel des Lichts (2 Kor 11, 13–14). Beide konnten Menschen und Dinge verwandeln: Jahweh macht aus Steinen Kinder Abrahams, der Teufel macht aus Lots Weib eine Salzsäule. Beide verstanden sich auf Gestaltauflösung. Sie agierten als metaphysische Alchimisten. Satan stand also mit Gott in delikaten Wechselbeziehungen. In ältesten Passagen des *Alten Testaments* agiert Gott moralisch bedenkenlos. Er steht jenseits von Gut und Böse. Satan trat zuerst noch gar nicht auf; die Bibel erzählt nichts davon, daß er bei der Erschaffung der Welt dabei gewesen wäre; er kam in einem späteren Stadium als williger Helfer hinzu. Am Anfang hatte Gott noch dessen Eigenschaften. Jahweh handelte ohne ethische Bedenken. Je moralischer er wurde, um so böser wurde der Teufel. Er entlastete den gut werdenden Gott von seinen bösen Seiten. Am Ende der alttestamentlichen Zeit, z. B. im *Neuen Testament*, war kein gutes Haar mehr an ihm; er hatte das Roheitspotential Jahwehs übernommen.

Satan war die Kehrseite Gottes? Die beiden haben sich wechselseitig ihr Bild aufgedrückt. Sie zeigen Familienähnlichkeit. Feinde nehmen aneinander Maß. Je einheitlicher, je ‹monotheistischer› Jahweh herrschte, um so besser organisierte und dominierte Satan seine Engel. Beide wurden Herrscher eines Reichs, umgeben von massenhaft viel Personal. Beide herrschten in einheitlichen Machtzentren; sie besaßen Imperien. Gott hatte seinen Hofstaat; er befehligte ganze Heere der Engel; auch der Teufel stand an der Spitze eines Reichs. Er hatte seine ‹Engel›, die später meist ‹Dämonen› hießen. Der Ausdruck ‹der Teufel und seine Engel› klingt heute befremdlich, fast ironisch. Aber Jesus selbst gebraucht ihn, bei *Matthäus* 25, 41. Im *Neuen Testament* gab es noch gute und böse Engel.

Der monotheistische Gott ertrug, wie gesagt, keinen gleich starken Gegenspieler. Doch im dritten nachchristlichen Jahrhundert traten ‹Dualisten› auf. So die Manichäer, genannt nach dem Perser Mani, † 277. Sie stellten dem jenseitigen guten Gott den bösen Erschaffer der sichtbaren Welt gegenüber. Sie gingen in der Zweiprinzipienlehre, also im Dualismus, am weitesten: Der böse Gott war hier nicht nur ein ‹Gegenspieler› Gottes, sondern sein aktiver Feind. Er war zwar nicht allmächtig, hatte aber das Räderwerk der sichtbaren Welt in Gang gesetzt. Wer Teufelsstudien betreibt, begegnet dem manichäischen Gott immer wieder, in verschiedener Verkleidung: als zweitem Gott bei radikalen Dualisten, als seinem schwächeren Nachbild bei fast allen Christen, als seinem ‹Affen›. Er bildete in monotheistisch beschnittener Form das böse Prinzip.

Auch wer annahm, der gute Gott sei allein allmächtig und habe gesiegt, mußte zugeben, daß dem Sieger nicht alles gelungen war. Die Autoritäten schwankten, ob Gott gesiegt *hat* oder erst später einmal siegen *wird.* Rangen sie sich dazu durch, Gottes Sieg sei vollbracht, war immer noch zu erklären, wieso ein allmächtiger Gott einen immer noch mächtigen Gegner hatte. Sie mußten zugeben, der Teufel wirke noch immer, nicht nur bei Heiden, sondern auch bei Christen und ganz besonders bei Heiligen. Obwohl er ‹besiegt› heißt, verführt er noch immer. Der *Erste Petrusbrief* (5, 8) behauptet gar, der Teufel laufe umher «wie ein brüllender Löwe und sucht, wen er verschlinge». Überall auf der Erde kann ich ihm begegnen, in unvorhersehbar abweichenden Gestalten; er liegt dann doch wohl nicht, wie die *Geheime Offenbarung* 20, 2 behauptet, gefesselt in der festverschlossenen Hölle. Theologen fanden begriffliche Zurüstungen, diesen Zwiespalt aufzulösen, aber es blieb der Eindruck, die Gottesherrschaft sei noch nicht durchgehend aufgerichtet. Überall lauert der Böse. Als stehe der letzte Entscheidungskampf noch bevor. Apokalyptisch. Der Teufel und seine Engel hatten als bevorzugtes Arbeitsfeld die Sexualität des Menschen, vor allem die des Mannes; ihre beliebtesten Angriffsobjekte waren die Heiligen, ihre bekanntesten Opfergruppen die Besessenen und die Hexen.[4]

Einen gewissen Dualismus streift die christliche Botschaft nicht ab. Sie betet zum allmächtigen Gott, aber auf der Erde herrscht dessen allgegenwärtiger Feind. So zu reden bot dem christlichen Denken zwei Vorteile: Erstens rief diese Redeweise zu ständiger Wachsamkeit auf. Sie verhinderte das Erschlaffen im Guten. Sie schuf das Bewußtsein einer noch unentschiedenen Kampfsituation. Der Christ weiß, daß er *versucht* wird und daß er in dieser Versuchung *fallen* kann. Er nimmt sogar an, Gott selbst übernehme zuweilen die diabolische Funktion und führe ihn in Versuchung; er fleht ihn an, dies in seinem Fall doch bitte zu unterlassen. Gott selbst führt in Versuchung, das ist ein Rest der alten Satansart. Gott und Teufel stehen sich nicht als der jeweils ‹ganz Andere› gegenüber; einzelne Züge spiegeln sich ineinander. Satan übernahm eine abgespaltene Funktion Gottes; jetzt wurde er es, der einen heiligen Mann zur Erprobung in die Wüste führt. Das Erproben der Untertanen, diese untergeordnete Funktion Gottes, hat sich von ihm abgetrennt, als sie mit seiner erhöhten Erhabenheit unvereinbar wurde. Jetzt war die klare Entgegensetzung von Gut und Böse erreicht, Gott mußte einiges unterlassen, was von da ab nur noch der Teufel tut. Aber Beter flehten weiter zu Gott, sie nicht in Versuchung zu führen: ungeheure Ambivalenzen.

Der zweite Vorteil der Rede von Gegenkräften gegen Gott: Die Erzählung vom Gang aller Dinge bleibt spannend. Ihre dramatische

Geschichte ist nicht schon zu Ende; jeder Zuhörer spielt in ihr mit. Innerhalb der theologischen Weltkonstruktion sorgt der Teufel für Kampf, Bewegung und Spannung. Er stachelt zur Aktivität an. Das aktivistische neuzeitliche Europa brauchte Mephisto. Goethe zeigte an ihm den Nihilismus der Papiergeldwirtschaft und die Brutalität des Kolonialismus, der sogar die Grenzen zwischen Land und Meer verschiebt.

Ferner kompliziert der Teufel psychologische Situationen und erhöht die Aufmerksamkeit auf diese. Er animiert Seelenforscher und Literaten – vom Mysterienspiel zu Elisabeth Langgässer.[5] Sie suchen noch, wie weit seine Bosheit geht und welche Mittel sie dem Menschen eingibt. Er hat schon Frauenheere auf den Blocksberg geschafft. Er macht neugierig; er fördert die Menschenkenntnis ebenso wie die Mißverständnisse, denn er überlagert die Selbstprüfung mythologisch. Christentum *mit* Teufel macht Angst; Christenglaube *ohne* Teufel schmeckt fad.

Wieviel Dualismus bleibt?

Ob das Universum ein einziges Prinzip – und zwar ein gutes – hat oder ob ihm ein gleichmächtiger böser Weltgrund gegenübersteht, das schafft mächtige Divergenzen. Sie wurden und werden unter den Stichworten ‹Gnosis›, ‹Manichäismus› und ‹Dualismus› erörtert. Im christlichen Denken entfalteten verschiedene Gruppen und einzelne Denker eine breite Palette von Varianten zwischen strengem Monotheismus und radikalem Dualismus. Völlig gleichberechtigte Gegenpole waren Gott und Satan im christlichen Denken nie; das hätte seinen Schöpfungsbegriff zerstört, den es aus spätjüdischen und antik-philosophischen Quellen entwickelt hatte. Andererseits kam es ohne dualistische Elemente nicht aus; ‹Erlösung› verlöre sonst jeden angebbaren Sinn. Mit ihr beseitigte der gute Gott ein Übel, dessen Ursprung nicht in ihm liegen durfte. Aber wo genau lag dessen Grund? Im Teufel, in Dämonen, im freien Menschenwillen oder im unbesonnenem Übermut der jungen Menschheit? Das ließ sich verschieden konstruieren. Im Mittelmeerraum überformte die platonisch-aristotelisch-neuplatonische Metaphysik das christliche Denken und reduzierte den Dualismus. Löste sie diesen ganz auf, was mit Hilfe der Philosophie des Einen und der allegorischen Bibeldeutung möglich war, dann bedrohte sie das Konzept von ‹Erlösung›. Dazu taugte später – seit dem 15. Jahrhundert – das Programm der ‹natürlichen Religion›, das vom Christentum so viel gelten ließ, als es mit ‹vernünftigen› Einsichten übereinstimmte. Das war eine freie Spekulation; als ‹vernünftig› galt dieser christlichen Spekulation, was sie im ‹Normalbestand› der antiken Philosophie unterbringen konnte, aus dem sie Materialismus und Skeptizismus ausschloß. Die so definierte ‹europäische Vernunft› verstand sich anti-dualistisch. Sie tolerierte keinen zweiten Herrn dieser Welt. Sie beschnitt dessen Macht und schaffte ihn zuletzt ganz ab. Dies rief den Widerstand der ‹Orthodoxen› hervor; sie beklagten in der Herabstufung des real existierenden Teufels zum Symbol des Bösen die philosophische Überfremdung der Offenbarung. Sie wollten ihn als ‹Person›, als Individuum geistiger Natur. Ihre Stimme erhebt sich bis heute. Ich komme darauf zurück.

Teufels Namen

Satan trat in vielen Formen auf. Die verschiedenen Namen – Satan, Teufel, Dämon – spiegeln Herkünfte und Rollen.[6] Die Deutschen nennen ihn ‹Teufel› von *diabolos.* Das war die griechische Übersetzung der *Septuaginta*, der griechischen Übersetzung der *Hebräischen Bibel*, für den hebräischen ‹Satan› und hieß so viel wie ‹Ankläger› und ‹Verleumder›. Das deutet darauf hin: Er lud seine Menschenkenntnis beim höchsten Richter am Herrscherhof ab. Er war wie im Buch *Hiob* eine Art inoffizieller Mitarbeiter. Er leistete niedrigen Lakaiendienst; von gegengöttlicher Rebellion keine Spur. Er geriet in die paradoxe Rolle, Menschen zum Bösen zu verführen und sie dann nach Gottes gerechtem Willen zu bestrafen.

Die Namen ‹Satan› und ‹Dämon› gehören verschiedenen kulturellen Welten an: Die hebräische Herkunft nennt ihn ‹Satan›, das heißt Widersacher Gottes. In einem frühen Stadium hieß ‹Satan› soviel wie ‹Feind› oder ‹Gegner› überhaupt. Das Wort war noch nicht der Name einer ‹Person›, war noch kein Eigenname. Das wurde es im *Ersten Buch der Chronik*, 21, 1. Das *Alte Testament* erzählt die schöne Geschichte von Bileams Esel, der zu sprechen anfängt, um sich bei seinem Herrn zu beschweren, daß er ihn schlägt. Der Esel hat den befohlenen Weg nicht fortgesetzt, denn er sah, was sein Herr nicht wahrnahm, daß der Engel Gottes ihm in den Weg tritt. Dieser Engel heißt ‹satan›, ‹Feind›. Mit dem Schwert hindert er Bileam, zu König Balak zu reiten, der von dem Propheten verlangt, die Israeliten zu verfluchen (Num 22, 1–24, 25).

Im Alten Bund handelte der individuell vorgestellte Teufel nicht von Anfang an als der durchaus Böse. Im Buch *Hiob* wirkt er noch kooperativ; erst im *Neuen Testament* agiert er als der radikale Feind – oft unter seinem original-hebräischen Namen ‹Satan›. Er steht nicht mehr wie bei der Erprobung Hiobs allein, sondern wirkt als der Herr eines ganzen Reichs. Seine Funktion bei der Versuchung Jesu in der Wüste ist wie bei Hiob die Erprobung. Aber jetzt ist er Fürst der Dämonen und Gott der irdischen Welt. Wie gesagt, war das Wort ‹Engel› noch nicht eindeutig festgelegt auf ‹gute Engel›. Später setzte sich für die bösen Engel das heidnisch-griechische Wort ‹Dämonen› durch, nur die guten Geister hießen noch ‹Engel›. Ganz eindeutig wurde der Sprachgebrauch nie. Christen sprachen lange noch sowohl von ‹guten Dämonen› wie von ‹bösen Engeln›.

Das Wort ‹Daimon›, oft auch als ‹das Dämonische›, ‹Daimonion›, stammt aus der hellenistischen Kultur; in ihr waren ‹Dämonen› produktive geistige Kräfte, sowohl gut wie böse, aber eher gut. Die alte griechische Übersetzung der *Hebräischen Bibel*, die *Septuaginta*, hatte das Wort übernommen. Jüdische Apokalyptiken der letzten vorchristlichen Jahrhunderte hatten die widergöttliche Position des Teufels gestärkt und ihm viele Untertanen zugeordnet, eben die Dämonen, die man später auch ‹Teufel› im Plural nannte. Nicht, als habe die klassisch-griechische Dämonen-Vorstellung direkt auf das *Neue Testament* gewirkt; die neutestamentlichen Teufelsvorstellungen gehören eher zur spätjüdischen Welt.

Die gläubige Phantasie dichtete dem Satan und seinen Gehilfen gern Namen an. Sie war im Erfinden von Namen so produktiv wie heute die pharmazeutische Industrie. Sie nannten den Teufel Beelzebul, dann auch wohl mit bewußter Entstellung und Ironie Beelzebub, auch Belial/Beliar. Er hieß ‹der Drache› oder der ‹böse Feind›. Dem Satan und seinen Haupthelfern gaben Christen seltsam klingende Namen, z. B. Zabulus. Es kommen Namen vor wie Ancitif und Arfaxat, Calconix und Dagon, Mastema und Azazel, Hiaclito, Philpot und Putiphar, Gonsang und Grongade, Maho und Modu, Hillio und Smolkin. Exorzisten warben für sich, indem sie mit Namenskenntnis prunkten, es bewies ihre Vertrautheit mit der Teufelswelt; es schlich sich wohl auch der Übermut ein, die Teufel zu verspotten. Namen, die an einen fast-dadaistischen Wortsalat erinnern, hielten das Fremdartige fest, vermieden die Nähe zu Heiligennamen und zu christlich Vertrautem, drückten Abwehr und Siegesgefühl aus. Sie zu kennen bedeutete Zugehörigkeit zum inneren Kreis der Wissenden, bedeutete Macht. Wer die schwierigen Aufnahmebedingungen der Wüstengemeinde von Qumran bestanden hatte, mußte schwören, die Namen der Engel nicht zu verraten.[7]

Den Satan ‹Lucifer› zu nennen entsprang einer sehr freien Auslegung von *Jesaia* 14, auf die ich noch zu sprechen komme; eine gewisse Hemmung gegenüber dieser Benennung bestand, weil ‹Lichtträger› auch ein Name Jesu war, z. B. im 2. *Petrusbrief* 1, 19.

In der griechisch sprechenden Welt hieß Satan auch ‹Fürst der Dämonen›. Die Deutschen ersetzten gern seinen Namen durch den Gebetsruf: ‹Gott sei bei uns!›, der etwa seit dem Beginn des 19. Jahrhunderts in *einem* Wort geschrieben wurde. Gerade in Deutschland muß er viel unterwegs gewesen sein und Orte markiert haben: Ein leicht hervorgehobener Ort in harmloser Landschaft heißt ‹Teufelssprung›, ein steiler Abhang ‹Teufelsrutsche›, eine gefährlich-feuchte Stelle ‹Teufelsmoor›.

Oft hieß der Teufel schlicht ‹der Dämon›; das war eine späte Entwicklung. Denn mit ‹Dämonen› hatte er von Haus aus nichts zu tun. Wort und Sache ‹Dämon› sind griechisch, nicht hebräisch. ‹Dämon› war in Hellas ein Zwischenwesen, das Schicksal zuteilte, das Gutes und Böses stiftete. Alles Unerwartete, Böses wie Gutes, das Irrationale und Verhängnisvolle war ‹dämonisch›. Goethe hat das Konzept wieder aufgegriffen: ‹Dämonisch› waren ihm die gesteigerte Individualität, die ungeheure Kraft und rastlose Tätigkeit, die über das Moralische hinausgehen. Christliche Theologen prägten die Wortbedeutung ‹Dämon› um; er wurde fast gleichbedeutend mit dem ‹bösen Engel›.

Dämonen hatten etwas mit Tod und Begräbnis zu tun. Augustin und auch Thomas dachten, die antiken Griechen hätten die ‹Dämonen› für die Seelen verstorbener großer Menschen, also der ‹Heroen›, gehalten. Thomas lehnte diese Assoziation ab; die Vorstellung herumirrender Seelen, die Unheil anrichten, sei falsch, denn die Seelen der Guten seien in der Hand Gottes, und die Seelen der Bösen würden sofort zur Hölle abgeführt.[8] Die Überlegung, der Dämonenglaube beruhe auf archaischer Furcht vor Revenants, klingt wie eine alte Erinnerung, durch Plotin bei Augustin aufbewahrt; sie fand bei Thomas um 1270 keinen Glauben mehr. Denn inzwischen waren die Dämonen durch aristotelische Geistphilosophie nobilitiert. Sie hatten nichts mehr von einem Gespenst an sich, aber dann fragte es sich, und auf diese Frage muß ich später zurückkommen, wie diese Geistwesen böse werden konnten. Dies war zugleich die Frage nach dem Ursprung des Bösen in der Welt überhaupt: Wenn Eva und Adam verführt worden sind, wer hat zuvor die Verführer verführt? Gott hat den Verführer verursacht, hat er dann nicht auch die Verführung verursacht? Wie konnten hochintelligente Wesen, reine Geister, sich bewußt abwenden von dem guten Gott, der sie soeben erschaffen hatte? Wie konnten sie die Machtverhältnisse, die ihnen klar sein mußten, so verkennen?

Der Teufel bei Philosophen

Zwar kommt er in der Sündenfallerzählung von *Genesis* 3 gar nicht vor, aber Paulus und Augustinus hatten ihn so eng verbunden mit dem «mutmaßlichen Anfang der Menschheitsgeschichte», wie der kantische Aufsatz in der Berliner Monatsschrift von 1786[9] heißt, daß, wer über die Menschheit und ihre Bosheit nachdachte, es mit dem Teufel zu tun bekam. Seit Augustin war die *civitas diaboli* samt ihrem Herrscher ein Standardthema des europäischen Denkens, groß aufgenommen im 5. Buch von Eriugenas *De divisione naturae,* fortgeführt in allen Sentenzenkommentaren jeweils im zweiten Buch, übernommen in die Summen des 13. und 14. Jahrhunderts, in Bibelkommentare und Streitschriften der Reformationszeit. Ich werde eine Reihe von Texten der neueren Zeit vorführen, die beweisen, was man erwarten konnte, daß es hier nicht um theologische Details, sondern um das Selbstverständnis der Freiheit ging, wie es vielleicht am markantesten Friedrich Schillers Aufsatz *Etwas über die erste Menschengesellschaft* in der *Thalia* von 1790 zu sehen ist: Andere werten die Episode im Paradies mit einem gewissen Recht als ‹Fall›, aber: «Der Philosoph hat Recht, es einen Riesenschritt der Menschheit zu nennen.»[10] Der Mensch trat heraus aus dem unmittelbaren Naturzusammenhang; er begann den langen und mühsamen Weg der Selbstgestaltung: «Er war für das Paradies schon zu edel» (13, 27). Sein oft getadelter Ungehorsam war für Schiller «die glücklichste und größte Begebenheit der Menschheitsgeschichte» (13, 26). Welch ein Weg von der *civitas Dei* zum bejahten, ja gefeierten Auszug aus dem Paradies! Das moderne, das bürgerliche Subjekt erzählt sich seine Entwicklungsgeschichte, eine neue Erziehungsgeschichte der Menschheit.

Descartes. Satan war in der europäischen Denkgeschichte immer dabei. 150 Jahre vorher, in Paris 1640, überlegte Descartes: Er könnte, ja er müßte zweifeln an allem, was er für sicher gehalten hatte: Wahrnehmungen täuschen, Träume gaukeln Scheinerfahrungen vor; unser Gedächtnis täuscht uns, Zeugenaussagen sind unzuverlässig. Wie weit müssen wir gehen in dieser Serie der Ungewißheiten? Der äußerste Gedanke: Nehmen wir an, nicht ein guter Gott, nicht die «Quelle der Wahrheit», regiere die Welt, sondern ein böser Geist, im höchsten Maße mächtig und schlau, habe es darauf angelegt, mich zu täuschen. Sind vielleicht Himmel und Erde, Farben, Figuren und Töne, alles Traumgesichte? Sind meine Hände, ist mein ganzer Körper ein Scheingebilde? Descartes nennt den Teufel nicht beim Namen. Er stellt uns vor den letzten Abgrund der Ungewißheit. Aber er bildet auch den Wendepunkt der Analyse des Bezweifelbaren. Denn nehmen wir an, er täuscht mich, dann denke ich doch, daß er mich täuscht. Es ist dann wahr, daß ich das denke. Und wenn ich denke, bin ich. Das sind die cartesianischen Meditationen eins und zwei. In der Auseinandersetzung mit dem Teufel, in der radikalen Bezweiflung aller Wahrheitschancen gewinnt Descartes einen sicheren Ausgangspunkt der Philosophie und aller Wissenschaft.[11]

Kant. Kant druckte im April 1792 in der *Berliner Monatsschrift* einen religionsphilosophischen Aufsatz über ‹*Das radikale Böse*›. Er sollte der Anfang einer zusammenhängenden vierteiligen Reihe sein. Die Zensur war neuerdings verschärft. Er bekam nur mit Mühe die Druckerlaubnis. Als sie ihm beim zweiten Artikel ‹*Vom Kampf des guten und bösen Prinzips*› verweigert wurde, legte er den Gesamttext der vier Studien der Königsberger Theologischen Fakultät zur vorgeschriebenen Zensur vor. Die Königsberger Kollegen gestatteten den Druck, und so erschien 1793 in Königsberg das Buch *Die Religion innerhalb der Grenzen der bloßen Vernunft.*[12] Schon im nächsten Jahr erschien die zweite, erweiterte Ausgabe. Die preußische Regierung unter Johann Christoph von Wöllner reagierte scharf; sie verbot Kant jede religionsphilosophische Äußerung – Schrift und Vorlesung.

Die politische Lage war für Kant ungünstig: Friedrich II. war 1786 gestorben. Sein Nachfolger, Friedrich Wilhelm II., betrieb seine restaurative Politik gegen Aufklärer und ‹Demokraten›; 1788 übernahm der fromme Wöllner die Regierung und veröffentliche wenige Tage nach Amtsantritt sein Religionsedikt, das alle Lehrer und Pfarrer auf die Bekenntnisschriften der evangelischen Kirche verpflichtete. Im selben Jahr erschien Kants *Kritik der praktischen Vernunft;* sie gab die Linie der Kantschen Religionsphilosophie vor: Nur die praktische Vernunft bietet philosophischen Zugang zur Religion; die Aufgabe der Religion ist es, uns moralisch zu bessern; gut ist ein Mensch nicht schon, indem er gesetzentsprechend wirkt, sondern wenn er um des moralischen Gesetzes willen handelt. Die Religion hat keinen anderen Inhalt als die Moral; sie betrachtet nur unsere Pflichten als die Gebote Gottes. Nicht als wäre der Befehl Gottes der Grund der moralischen Verpflichtung; der Weg geht umgekehrt von der Pflicht zur Ansicht der Pflicht als dem Willen Gottes. Diese Ansicht verändert nichts am Inhalt der Moral; sie erhöht nicht den Grad der Verbindlichkeit, denn diese ist die der praktischen Vernunft, die weiß, was sie zu tun hat, die aber keine neue theoretische Erkenntnis ergibt. Sie erlaubt aber weitere subjektive Annahmen, aber nur praktischen Charakters, daß wir uns nämlich denken dürfen, daß ein Gott sei, und zwar als ein mächtiger, weiser und gütiger

Weltenherr, der sich um den sorgen wird, der rein um der Pflicht willen Nachteile in der sinnlichen Welt auf sich nimmt, der also einen Ausgleich bieten kann zwischen Glück und der Würdigkeit, glücklich zu sein. Aber diese Erkenntnisse allesamt nicht als neue theoretische Einsichten, sondern als Möglichkeiten, die sich denken lassen, die also keinen Widerspruch enthalten, wenn wir uns klar werden, daß die Pflicht *unbedingt* gilt. Das setzt voraus, daß wir auch können, was wir sollen; der Mensch muß als frei gedacht werden. Daß er nur das Werkzeug höherer Gewalten wäre, ist mit seiner Erfahrung des Sollens unvereinbar. Daß wir uns moralisch immer weiter bessern sollen, ist das Gewisseste, was wir haben; die Denkmöglichkeiten, die wir daran knüpfen können, bilden keine Serie theoretisch-theologischer oder mystischer Erkenntnisse. Noch nicht einmal die Überzeugung vom Dasein Gottes ist dadurch theoretisch gesichert.

Die Religion ist eine bestimmte Sichtweise der Moral, also der praktischen Vernunft; sie kann nur eine einzige sein für alle Menschen (*Streit* S. 45). Als solche heißt sie ‹natürliche Religion› oder Vernunftglauben. Es gibt daneben viele Arten des Kirchenglaubens. Dieser ist ein Vehikel, den verschiedenen sinnlichen Vorstellungen göttlicher Offenbarungen Einfluß auf die Gemüter zu verschaffen. Theoretisch ist er ohne Interesse; er ist nur Mittel zum Vernunftglauben. Daher bildet allein der Vernunftglaube die letzte Richtschnur zur Auslegung des Kirchenglaubens. Vereinfacht ausgedrückt: Der Kirchenglaube ist so lange auszulegen, bis etwas Moralisches herauskommt. Schriftgelehrte mögen ihn anders auslegen und über historische Details diskutieren, aber philosophisch ist die Rangordnung klar: Der Vernunftglaube ist Maßstab. Selbst das Bild von einem vollkommen gottwohlgefälligen Menschen, der vom Himmel gekommen wäre, uns ein Vorbild zu sein, fände sein Urbild doch nirgendwo anders als in der Vernunft (*Religion* S. 79). So sei es auch immer gehalten worden: «Vernünftige Volkslehrer» haben den Kirchenglauben so lange gedeutet, bis er mit den «moralischen Glaubenssätzen» übereinstimmte (*Religion* S. 159).

Dies sind die Grundlagen, nach denen das radikal Böse bei Kant zu deuten ist. Es kann nicht bedeuten, daß der Mensch wie ein Instrument in der Hand des Teufels wäre. Er ist auch nicht wie der Ton in der

Hand des allmächtigen Schöpfers, Töpfers: Freiheit des Willens ist Voraussetzung der Moral, diese Gewißheit kann, ja darf Kant nicht einer anthropomorphen Vorstellung Gottes oder des Teufels opfern. Das radikal Böse ist in uns. Wir sind es selbst, und dabei ist das Wort ‹radikal› genau zu nehmen: An der Wurzel unserer Entscheidungen entdekken wir den fatalen Hang zum Bösen, und der ist nicht gleichzusetzen mit der Sinnlichkeit. Dann wäre er allenfalls Schwäche, nicht Bosheit. Wir entdecken, selbst wenn wir das Gute tun, in uns den Hang, es nur unter Bedingungen zu tun, die von anderswoher genommen sind. Wir tun es zum Beispiel, weil wir gut dastehen wollen. Damit verfälschen wir die Strenge des Gesetzes. Kants Gedankenführung geht dahin weiter, daß es in uns eine Kraft des guten Prinzips gibt, geben muß, die den Kampf des guten Prinzips gegen das Böse ein Leben lang vollzieht. Wenn wir das sollen, müssen wir es auch können. Die Reflexion über das radikal Böse in uns ist nur der Ausgangspunkt, ist *Erstes Stück* des Religionsbuchs, nicht das Ende der Reflexion, bildet nicht *Stück Vier*. Es gibt «radikale Verkehrtheit im menschlichen Herzen» (*Religion* S. 36), zum Beispiel in der Neigung, das moralische Gesetz nur dem Buchstaben nach zu erfüllen. Das Böse in uns ist so unbestreitbar wie unbegreiflich. Und um diese Unbegreiflichkeit auszudrücken, erzähle die Geschichte vom Sündenfall, das Böse sei durch Verführung in uns hineingekommen, und zwar durch einen ursprünglich erhabenen Geist, der nicht verführt worden ist. Daß ein solcher Geist böse werden und andere verführen kann, ist völlig unbegreiflich (*Religion* S. 47). Der Teufel erklärt die Bosheit in uns nicht, er hält nur bildhaft ihre Unbegreiflichkeit fest. Bibelsprüche über den Teufel sind bildhaft zu lesen, sind aber in der vollen Pracht ihrer Bildhaftigkeit unabgeschwächt aufzunehmen. Es solle, schreibt Kant, uns nicht befremden, wenn der Apostel schreibt, unser Kampf richte sich nicht gegen Fleisch und Blut, also gegen sinnliche Neigungen, sondern gegen «Fürsten und Gewaltige», gegen reine Geister.[13] Dieser Ausdruck erweitere keineswegs unsere Erkenntnis über die Sinnenwelt hinaus, er halte nur in praktischer Hinsicht die Unbegreiflichkeit des Bösen fest. In *praktischer* Hinsicht sei es gleichgültig, ob wir den Teufel uns außerhalb oder innerhalb unserer vorstellen, denn in beiden Fällen trifft die Schuld uns selber, wenn wir dem Verführer nachgeben. Das Konzept der Freiheit zählt, nicht die Vorstellungen der alten Satanslehren. Solche Bilder halten den Ernst und Kampfcharakter der Selbstgründung einer moralischen Persönlichkeit fest, ebenso wie die augustinischen Vorstellungen vom ‹Staat Gottes› (144) oder vom ‹Volk Gottes›, dem ‹die Rotte des bösen Prinzips› gegenübersteht (140). Deshalb erübrigen sich auch Fragen wie die nach der Ewigkeit der Höllenstrafen *(Religion* S. 89–93). Allerdings kann Kant in der umdeutenden Aneignung der kirchlichen Bildersprache so weit gehen, daß er das radikal Böse zwar niemals als die Person des Teufels bezeichnet, aber doch als eine allem guten Handeln vorausliegende Schuld (*Religion* S. 94). Die in der kirchlichen Erbsündenlehre enthaltene Ansicht von der Vererbbarkeit der Sünde findet er unerträglich; sie widerspricht dem Prinzip der Freiheit, der Verantwortlichkeit und Persönlichkeit. Ähnlich kritisiert er das Konzept der Erlösung als Genugtuung und die Idee der Gnadenwahl. Darüber kann nichts geoffenbart worden sein, denn wir verstehen das nicht (*Religion* S. 217).

Im *Streit der Fakultäten* von 1798 erklärt Kant, warum die Philosophie das Recht hat, die Schriftauslegung der Theologen zu kritisieren. Der Philosoph als der ‹Vernunftgelehrte für den Religionsglauben› folgt Gesetzen, die sich aus der Vernunft jedes Menschen entwickeln lassen, während der biblische Theologe als ‹ein Schriftgelehrter für den Kirchenglauben› sich auf Zufälliges stützt, auf historische Details, die nur innerhalb einer einzelnen Kirche geglaubt werden, während der Religionsglaube nur *einer* ist in allen Menschen. Daher ist der Religionsglaube der höchste Ausleger des Kirchenglaubens. Dieser gründet auf Satzungen, nicht auf Vernunft (*Streit* S. 44). Die dogmatischen Inhalte des Kirchenglaubens sind theoretisch unzugänglich, denn die menschliche Theorie beruht auf Anschauung und Denken; sie kann die Mysterien nicht erkennen, zumal dann nicht, wenn sie in ethisch-praktischer Hinsicht keinen Inhalt geben, was nach Kants Ansicht insbesondere für die Lehre von der Trinität gelte. «Das Theoretische des Kirchenglaubens kann uns moralisch nicht interessieren, wenn es nicht zur Erfüllung aller Menschenpflichten als göttlicher Gebote, was das Wesentliche aller Religion ausmacht, hinwirkt.»

Nun stehen aber neben schroffen Erklärungen der Superiorität der Vernunft bei Kant Sätze, die auch ein pietistischer Theologe geschrieben haben könnte. Schon Kants Lehre von den Postulaten der praktischen Vernunft, also von Unsterblichkeit, Freiheit und Dasein Gottes, erlauben die Frage, ob, wenn sie unsere theoretische Erkenntnis nicht erweitern, wenn sie uns also nichts sagen «in Ansehung des Objekts», ob sie denn Hypothesen seien, um sittliche Tatsachen zu verstehen, und ob nicht auch Hypothesen einen theoretischen Inhalt haben. Gott, Freiheit und Unsterblichkeit müssen wir annehmen, also mit Notwendigkeit denken, um nicht die moralischen Gesetze «als Hirngespinste anzusehen» (B 839). Gott und jenseitiges Leben sind Voraussetzungen, ohne die wir moralisches Leben nicht als wirklich denken können, aber sie sind nicht Wissen, sondern Glauben, nicht Kirchenglauben, sondern Vernunftglauben. Kein dogmatischer Lehrpunkt der lutherischen Orthodoxie, nicht Christologie und nicht Erlösungslehre, schon gar nicht Dämonologie, hat eine vergleichbar ausgezeichnete theoretische Position wie die Postulate, auch wenn ihr Theoriecharakter erklärungsbedürftig bleibt. So tritt Gott wieder in Kants Philosophie auf, nicht als theoretisch bewiesen, wohl aber als ethisch-praktisch postuliert. Und dieser Gott hat einen Sohn; es ist die Menschheit, aber die ethisch qualifizierte Menschheit: «die Menschheit (das vernünftige Weltwesen überhaupt), in ihrer moralischen ganzen Vollkommenheit … Dieser allein Gott wohlgefällige Mensch ‹ist in ihm von Ewigkeit her›; die Idee desselben geht von seinem Wesen aus; er ist insofern kein erschaffenes Ding, sondern sein eingeborner Sohn, ‹das Wort›». Diese Sätze über den Sohn Gottes klingen wie der Prolog des Johannesevangeliums, noch in neuplatonischer Auslegung dazu. Kant weiß von dieser Idee, daß sie aus dem Wesen Gottes hervorgeht. Sie geht aber nur von seinem Theorieentwurf aus. Er allein leitet *seine* Idee direkt vom Wesen Gottes ab. Hat er seine These vergessen, Religion unterscheide sich der Sache nach nicht von der Moral? Wie sollen Menschen diesen erhabenen Ursprung erkennen, wenn sie auf Anschauung und deren begriffliche Bearbeitung durch Kategorien angewiesen sind? Von diesem ewigen Gottmenschen sollen wir uns vorstellen, daß er vom Himmel gekommen ist und in der Menschheit Platz genommen hat, und als Menschen sollen wir gar noch denken, wir seien seiner nicht würdig. Kant antwortet auf diese Fragen, indem er erklärt, die Menschheitsidee Gottes sei die «personifizierte Idee des guten Prinzips» (*Religion* S. 73), «das Ideal der moralischen Vollkommenheit, das Urbild der sittlichen Gesinnung in ihrer ganzen Lauterkeit» (*Religion* S. 74). Es ist unsere Vernunft, die uns dieses Ideal zur «Nachstrebung» vorlegt.

Wir dürfen uns *vorstellen*, sie gehe direkt aus dem Wesen Gottes hervor, denn wir können uns den gottwohlgefälligen Menschen nicht anders denken denn als von sittlicher Vollkommenheit; dieses Bild motiviert stärker, nach diesem Ideal zu leben. Jeder Mensch soll in diesem Sinne zum Sohn Gottes werden; die Gottessohnschaft ist nicht auf ein einzelnes Individuum begrenzt. Es ist gleichgültig, ob es einen solchen Menschen je gegeben hat; diese Idee ist gültig, auch wenn es keine Erfahrung von ihr je gab, denn sie liegt als solche in unserer Vernunft (*Religion* S. 76). Sie bleibt auch innerhalb unserer Vernunft, denn kein äußeres Beispiel kann die völlige Übereinstimmung mit dem Ideal beweisen; das Urbild eines solchen Menschen ist immer nur in unserer Vernunft zu suchen (*Religion* S. 79). Wird ein solcher Mensch als zusammengesetzt vorgestellt aus Gottheit und Menschheit, wie die theologische Zwei-Naturen-Lehre fordert, dann mindert das eher den Impuls zum idealgemäßen Handeln, denn wie könnten wir als sterbliche Menschen uns einen irdischen Gott zum Vorbild des Handelns nehmen?

Kant bleibt also bei der Reduktion der Religion auf Moral. Er legt das Bild vom Sohn Gottes aus als «Ideal der moralischen Vollkommenheit» (*Religion* S. 74). Fast nimmt er sein Zugeständnis an die Predigersprache wieder zurück; jedenfalls wehrt er ihre theologisch-substanzielle Deutung eindeutig ab. Den Sohn Gottes zu konkret zu nehmen, gefährdet eher die ethische Motivation; sie kann zu schein-ethischen Handlungen führen, die uns Furcht oder Hoffnung aufnötigen. Assoziationen wie Gnade und Wunder sind fernzuhalten. Sie begünstigen die kirchliche Veräußerlichung, die Kant im *Vierten Stück* der *Religion innerhalb der Grenzen der bloßen Vernunft* verächtlich kritisiert als «Afterdienst» der Religion und «Pfaffentum».

Kants Befassung mit dem Teufel läßt sich also dahin zusammenfassen: Selbst wenn es ihn gäbe, ist das radikal Böse in uns zu suchen, nicht außerhalb unser. Die gesamte dogmatische Theologie ist uns theoretisch unzugänglich, aber doch haben ihre drei Ideen – Gott, Freiheit, ewiges Leben – als Postulate einen allerdings nicht ganz geklärten philosophischen Status. Auch die Idee der Menschheit als des gottwohlgefälligen Sohnes Gottes läßt sich moralphilosophisch plausibel machen. Die Seite der Religionskritik ist eindeutig formuliert, aber die einzige, die wahre Religion ist nur auf dem Weg über die Moral zu finden. Es bleibt der Eindruck eines gewissen Zwiespalts: einerseits die scharfen Einschränkungen aller Grenzüberschreitungen, andererseits die Postulate und die Hinweise, was wir uns vorstellen dürften.

Goethe berichtet über seine Erfahrung mit Kant, vermutlich in den ausgehenden achtziger Jahren:

«Als ich die Kantische Lehre, wo nicht zu durchdringen, doch möglichst zu nutzen suchte, wollte mir manchmal dünken, der köstliche Mann verfahre schalkhaft ironisch, indem er bald das Erkenntnisvermögen aufs engste einzuschränken bemüht schien, bald über die Grenzen, die er selbst gezogen hatte, mit einem Seitenwink hinausdeutete … Nachdem er uns genugsam in die Enge getrieben, ja zur Verzweiflung gebracht, entschließt er sich zu den liberalsten Äußerungen und überläßt uns, welchen Gebrauch wir von der Freiheit machen, die er einigermaßen zugesteht.»[14]

Goethe gibt das Gesamtbild gut wieder, wenn man von Warnungen und moralphilosophischen Reduktionen absieht, die Kant regelmäßig nachsetzt, nachdem er unseren Vorstellungsvorrat gestattet hat. Der Teufel profitiert, soviel ich sehe, von den Seitenwinken nichts. Die augustinischen Lehren von Gottesstaat und Teufelsstaat nimmt er strikt als Metaphern, ebenso den Kampf des guten Prinzips mit dem Bösen; er findet in uns statt. Das radikale Böse hat einen philosophischen Titel, denn es ist in uns, *der* radikal Böse nicht. Merkwürdig bleibt, daß Kant das radikale Böse an den Anfang seiner Religionsphilosophie gestellt hat. Das klingt doch, als wolle er uns als von Natur verdorben hinstellen; das scheint doch ein Zugeständnis an die lutherische Erbsündenlehre zu sein, obwohl er die Idee vererbbarer Schuld für widervernünftig hielt. Kant sagte mehrfach, daß wie das radikal Böse auch das Gute in uns möglich liegt: Was wir sollen, können wir auch; er ließ nicht die

Menschheit ständig die Erfahrung des Versagens machen. Das war moralphilosophisch wieder klar. Trotzdem gefiel Goethe der Ansatz nicht, und er schrieb am 7.6.1793 in einem Brief an das Ehepaar Herder, Kant habe «seinen philosophischen Mantel … freventlich mit dem Schandfleck des radikalen Bösen beschlappert, damit doch auch Christen herbeigelockt werden, den Saum zu küssen.»

Das ist ein Schreiben Goethes aus dem Feldlager Marienborn bei Mainz an den Generalsuperintendenten Herder, der aus einem Verehrer Kants zu dessen Feind geworden war, nachdem Kant dessen *Ideen zur Philosophie der Geschichte der Menschheit*, Riga 1784, kritisiert hatte. Die Lage Kants war seit 1788 prekär. Die in Berlin regierenden Prediger lauerten darauf, seine Arbeit behördlich zu behindern; sie taten es seit 1794 auch. Das erste der Vier Stücke über das radikale Böse war von Anfang an als Teil des Religionsbuches geplant; Goethe war mit der Belagerung von Mainz beschäftigt; er war, wie er erzählt,[15] erst am 27. Mai in Marienborn angekommen und dürfte das Buch noch nicht gelesen haben. Er spottet darüber, daß Kant ein lutherisch-theologisch klingendes Thema behandelte, das nach Erbsünde oder Teufel roch, aber mit dem radikal Bösen etwas anderes meinte. In der Tat hätte Kant seine Religionsphilosophie auch mit dem Postulat der Existenz Gottes oder mit der Befähigung zum Guten beginnen können; eine liebedienerische Verharmlosung seiner Philosophie oder bloße Anpassung an lutherische Orthodoxie hat er nicht begangen. Mag er Goethes Spott nur wenig verdient haben; die Berliner Christenmäuler kamen nicht, um den Saum seines Philosophenmantels zu küssen; sie haben ihm am 12. Oktober 1794 Schreibverbot erteilt.

II. Was macht den Teufel interessant?

‹Der Teufel und seine Engel› haben schon bessere Zeiten gesehen. Früher – sagen wir zwischen 1200 und 1700 – tadelten glaubensstarke Männer, die dem Volk aufs Maul schauten, die Teufelsangst sei oft größer als die Gottesfurcht. Heute machen selbst die Kirchen von ihnen praktisch kaum noch Gebrauch, wenigstens in Westeuropa. Sie reden, als hätten sie im Wüstensand eine neue, eine andere Bibel entdeckt. Aber präsent sind Teufelsbilder immer noch – in Romanen und Karikaturen, an Kirchenwänden und in Kinos, in Ortsnamen, Phobien und Blocksberggeschichten. Daß sie nicht ganz vergangen sind, beweisen satanistische Clubs, und sie kommen noch vor in harmlos gewordenen Alltagswörtern wie ‹Teufelskreis› und ‹Höllenglut›. Sie liegen da wie Requisiten verlassener Bühnen und lassen uns mit Fragen zurück: Wieso galten Satan und die Dämonen jahrhundertelang als ‹Herren dieser Welt›? Welche Ängste, welche Zwänge, welche Ideen haben das ermöglicht? Wie ist Europa sie losgeworden? Wie sind sie außer Mode gekommen?

Ich krame die alten Personalakten des Bösen und seiner Scharen noch einmal hervor und nenne zuvor einige Gründe, warum ich das tue. Ich schicke als Leitgedanken den Hinweis von Max Weber voraus: *Zu den wichtigsten formenden Elementen der Lebensführung gehörten in der Vergangenheit überall die magischen und religiösen Mächte und die im Glauben an sie verankerten ethischen Pflichtvorstellungen.*[1]

Religiöse Mächte haben die Geschichte mitbestimmt, wurden aber von einigen Historikern unterbewertet. Dieser Satz wurde seit Max Weber 1904 immer wiederholt. Konservative Politologen tauschen inzwischen die Vokabel ‹Säkularisation› mit ‹Transzendenz› aus; sie denken dabei an Gott und die lieben Englein, wie Schopenhauer gespottet hätte, nicht aber an den Teufel und die Dämonen. Aber auch diese waren in Europa wichtige «formende Elemente der Lebensführung». Deshalb interessieren sie mich. Sozusagen zur Ergänzung. Denn die philosophiehistorische Forschung ist Max Weber in bezug auf die *magischen* Kräfte nicht gefolgt. Dazu paßt folgendes Detail der Forschungsgeschichte:

Vielleicht nicht der bedeutendste, wohl aber der einflußreichste Erforscher der Philosophie des Mittelalters war im 20. Jahrhundert Étienne Gilson, 1884–1978. Er schrieb schon in den vierziger Jahren in seinem Buch *Le thomisme* – ich zitiere es in der fünften Auflage von 1947 – ein Kapitel über die Engel. Er war Thomist, und damals behaupteten die meisten Thomisten, Engel gehörten in die Theologie, nicht in die Philosophie und folglich auch nicht in die Philosophiegeschichte. Gilson aber trennte sich von diesem neuscholastischen historiographischen Konzept und der methodischen Absonderung der Theologie von der Philosophie. Er fand, der Historiker der Philosophie solle die großen Denker dort aufsuchen, wo sie ihre größte Originalität entfalten. Dies mag durchaus anläßlich eines theologischen Themas sein, wenn er nur zeigt, daß philosophisch bemerkenswert argumentiert wurde. So sei es die philosophische Überzeugung des Thomas von Aquino gewesen, die Vollkommenheit des Universums fordere die Existenz rein geistiger Wesen wie der Engel (S. 229). Ohne sie bestehe im Kosmos Diskontinuität, und diese zu vermeiden sei das Grundgesetz der thomistischen Theorie von der Erschaffung. Wer also die Philosophie des Thomas studiere, aber die Engel vernachlässige, verfehle dessen *harmonieuse synthese* (S. 243). Gilson erwähnt den Teufel nicht einmal. Ich werde zeigen, daß Thomas von Aquino über ihn originell und folgenreich nachgedacht hat. Gilson dagegen konnte gerade noch die Engellehre in sein abstraktes Modell christlicher Philosophie integrieren, die Satanologie aber nicht. Seitdem gibt es zur Engellehre der Scholastiker viele Studien, zum Teufel nicht.[2] Sie retten Gott und die Engel als wertvolle Stücke der *philosophia perennis* heraus aus dem Untergang der Scholastik; den Teufel überlassen sie den Theologen. Ich finde das verständlich, denn im 20. Jahrhundert herrschte in Europa der real existierende Satanismus; Gelehrte wollten ihm nicht auch noch auf ihrem Arbeitstisch begegnen. Sie spekulierten lieber über himmlische Lichtwesen. Das ändert sich seit kurzem. Bedeutende Gelehrte wie Tullio Gregory und Alain Boureau widmen sich dem Teufel. Ich knüpfe an die Studien dieser lange befreundeten Autoren an.

Anthropologische Interessen

Wer den *Menschen* studieren will, muß nach dem *Teufel* sehen. Engel und Teufel reizen das anthropologische Interesse. Viele Menschen galten als vom Teufel besessen. Andere, vor allem Frauen, sollen mit ihm einen Pakt geschlossen und in der Walpurgisnacht rauschende Feste gefeiert haben. Die Prosa ihres bürgerlichen Lebens scheint den Menschen nicht zu reichen. Da zeigt sich ein merkwürdiges Bedürfnis nach Zauberzeug und Dämmerlicht. Es ist, als wollten sie sowohl im Licht wie im Finstern leben. Wozu schaffen sich entwickelte Kulturen widrige Gegenwelten? Brauchten die Herrschenden sie als Instrument der Unterdrückung? Oder unterdrückten die Eliten auch sich selbst? Konnten sie die öffentliche Ordnung nicht aufrechterhalten, ohne die Bösen als Teufelskinder zu brandmarken?

Nehmen wir – noch einmal: rein methodisch – an, der Teufel und seine Engel seien bloß menschliche Erdichtungen, wir Menschen kennten sie nicht durch göttliche Offenbarung, sondern Sänger oder Priester hätten sie erfunden, sie seien rein menschliche Gedankenbilder. Warum belasteten Menschen sich mit solchen Ungeheuern? Wozu erfanden sie mächtige, intelligente und ungewöhnlich dauerhafte Störwesen? Brachten sie irgendeinen Nutzen? Waren sie nur historische Muster, Musterfälle von Ambivalenz?

Teufelslehren waren Theorien, aber gehörten auch zur gesellschaftlichen Praxis. Sie bestimmten den Alltag, sie zeichneten ihn nicht nur ab. Sie spiegeln verfremdet deren Realität: ein Kaiserpalast, ein mächtiger Vasall mit Neigung zur Rebellion, Horden von Bediensteten. Arbeitsteilung, Ordnungsbedürfnis, Frauenfeindlichkeit, Herrschaft und Fronde – im Himmel wie auf Erden. Sie zeichneten den schlimmsten

Fall vor: Wer im Palast lebte, mußte mit Absturz und Strafe rechnen. Dämonen ‹erklärten› auf diese Weise, was ansonsten unerklärlich war, Naturkatastrophen und psychiatrische Extremfälle. Was Theologen über sie theoretisch dachten, nutzten Herrschende zur Charakteristik ihrer Feinde. Obere der vielen Arten von Hierarchien erklärten sich die Widerspenstigkeit ihrer Untertanen; Erzieher und Prediger übertrugen die Teufelsgefahr ins alltägliche Selbstverständnis; sie bewegten dazu oder hielten davon ab, täglich oder eher nächtlich sich vom Teufel versucht zu sehen. In der frühen Neuzeit brauchten die zerstrittenen christlichen Konfessionen den Teufel, um ihre Gegner als Gottesfeinde darzustellen. Sie sahen bei ihnen den Antichrist herrschen und nannten die andere Konfession die «Synagoge des Satans». Luther erklärte öffentlich, es sei der Teufel gewesen, der das Papsttum gestiftet habe; katholische Regionen inszenierten theatralisch öffentliche Teufelsaustreibungen vor Tausenden von Zuschauern, sie beschäftigten Klerus und Stadtverwaltung. Erfolgreiche Teufelsaustreibungen, als Stadtfest gefeiert, bewiesen im konfessionellen Zeitalter die Wahrheit der einzig wahren Kirche. Fürsten kümmerten sich um Besessene. Weil Satan etwas mit der Macht zu tun hatte, schrieben Könige wie James I. Bücher gegen die Bestreitung der Wirklichkeit des Teufels. Kaiser Maximilian fragte bei Abt Johannes Trithemius an, wieviel Macht Dämonen besitzen. Was Klöster und Universitäten über Teufel und Dämonen lehrten, beschäftigte Regenten und Juristen. Sie wurden historisch real. Ein weiterer Grund, sich für sie zu interessieren.

Beleuchtung des Theismus

Wer über *Gott* nachdenken will, vergesse Satan nicht. Der Teufel und seine Engel beleuchten den Theismus. Sie standen in Wechselwirkung mit Gott. Monotheismus und Satanismus zeichnen sich ineinander ab. Je ethisch-strenger der Monotheismus gedacht wurde, um so mehr gewann Satan an Macht. Wer wissen wollte, wie das Teufelsreich organisiert war, blickte aufs Gottesreich. Der Teufel hieß ‹der Affe Gottes›; er sah ihm ähnlich. Er ist unverheiratet wie dieser. Er ist Herr eines Reiches. Beide können sich verwandeln; sie sind Meister der Metamorphosen. Sie wechseln ihre Gestalt; sie nehmen die verschiedensten Formen an; und sie verwandeln Menschen in Dinge, sie machen Holzstäbe zu Krokodilen. Dabei blieben beide meistens gleich unsichtbar. Um sie als formende Kräfte ins Leben einzuführen, mußten die Autoritäten sagen, was sie leisten. Woher stammten die Prädikate, die zu Unsichtbaren paßten?

Satan hatte mit Gott Schnittmengen gemeinsam. Er stand ihm spiegelbildlich-feindselig gegenüber innerhalb eines Rahmens von Ähnlichkeiten. Satan erreichte fast nie Gottes Macht und Höhe, aber war doch beinahe wie Er: unsichtbar, überall wirkend; nur Fachleute identifizieren seine Präsenz. Satan war agil, aber schon sehr alt, gar unsterblich. Er kannte das Leben aus größerer Übersicht als wir Sterblichen; er verstand die Geheimnisse der Natur besser als jeder Gelehrte; er war nicht an einen Ort gebunden. Archaische Denker kamen bei ihrer Welterklärung nicht mit *einem* Prinzip aus; sie gaben dem göttlichen Weltgrund einen Gegenspieler. Sie wollten ihren Gott als das mächtige moralisch Gute und stellten ihm den Teufel als den Bösen gegenüber, zunächst in dramatischen Erzählungen, dann in komplizierten Theoriegebäuden. Wollten sie, daß keiner der beiden Mächtigen übermächtig würde?

Gott und Teufel riefen früh vergleichbares theoretisches Interesse wach. Die Menschen wollten wissen, woraus diese Wesen bestehen und was sie können. Wie ernähren sie sich? Bestehen sie aus Luft? Warum sind sie unsichtbar? Sind sie unkörperlich? Können sie Kröten erschaffen? Vielleicht gar Pferde herbeizaubern? Dringen sie in unser Inneres ein? Wie können sie das? Antike Philosophen sprachen über Dämonen; Dichter wie Ovid erzählten von zahlreichen Verwandlungen; Ärzte untersuchten Krankheiten, die als ‹Besessenheit› galten. Zauberei und Wundergeschichten wurden mit ihnen verbunden. Hexerei war ihr Werk. Sie paßten in eine bestimmte Art, die Welt zu sehen, und diese Welt war vielfältig, bunt, bewegt, grausam und poetisch. Diese Weltsicht verdient Interesse.

Der Teufel und seine Engel gehörten in wechselnde theoretische Systeme. Sie kamen in Träumen und Schreckensbildern vor, aber *auch* in Weltbildern. In Ethiken und metaphysischen Theorien. Sie schienen etwas zu ‹erklären›, z. B. psychische Krankheiten oder exzessive Bosheiten. Gar den ersten Ursprung des Bösen. Sie stabilisierten Lebensregeln; sie nahmen die alte Neigung auf, in konträren Gegensätzen zu denken. Die alltägliche Erfahrung ergab den Gegensatz von Hell und Dunkel, von Licht und Finsternis, auch den von Gut und Böse. Aristoteles stellte im ersten Buch seiner *Metaphysik* (A 5) Gegensatzpaare der Pythagoreer zur Verfügung: Grenze – Unbegrenztes, Eines – Vieles, Links – Rechts, Krumm – Gerade, Knecht – Herr, Klein – Groß, Frau – Mann. Mußte nicht, wer das Ganze denken wollte, immer beide Seiten sehen?

Eine europäische Figur

Wer Europa erforschen will, sollte nach Gott, aber auch nach dem Teufel sehen. Beide sind hier nicht entstanden, aber hier haben sie sich als den Alltag bestimmende Macht groß entfaltet. Europäer haben ihm seine ‹Natur› zugeteilt. Hier hat die Arbeit an ihm jahrhundertelang die kulturelle Landschaft geprägt und das soziale Leben mitbestimmt, allein schon mit den öffentlichen Komplexen ‹Besessenheit› und ‹Hexen›.

Der Teufel und seine Engel *scheinen* Ewigkeitswesen. Wer ihre Existenz behauptet, denkt in der Regel, es habe sie *immer* gegeben. Aber das Gegenteil ist beweisbar: Sie haben Geschichte. Kaum jemand hielt sie für sterblich, aber sie existierten auch nicht in strahlender Überzeitlichkeit. Niemand hat sie je gesehen. Nehmen wir einmal an, sie seien Ergebnisse produktiven menschlichen Nachdenkens, Vorstellens und Gestaltens. Dann gehören sie in die Geschichte des irdischen Lebens. Dann modelliert die irdische Geschichte sie wesentlich. Warum haben Menschen ihr Bild mehrfach verändert? Und in welcher Richtung?

Der Teufel und seine Engel durchliefen Biographien und unterlagen konjunkturellen Schwankungen. Ihre öffentlichen Wirkungen geschahen in epidemischen Schüben. Einzelne und Gruppen, Kulturen und Jahrzehnte arbeiteten an ihrem Umbau. Wo immer Menschen sie in Anspruch nahmen, bauten sie die Geisterwelt auf oder ab, ließen sie heraus oder stellten sie zurück. Dämonen *mußten* zeitlos *scheinen*, um geschichtliche Prozeßteilnehmer sein zu können. Die Bibel erzählt zwar nichts von ihrer Entstehung, belegt aber Aspekte ihrer Entwicklung: Sie fehlen in deren ältesten Schichten. Das erste Buch der Bibel, die *Genesis,* erzählt den Sündenfall, sagt aber nicht, der Teufel habe verführt. Das ist spätere Zutat, entstanden in Zeiten der Hochkonjunktur des Satanismus. Jetzt erst nahm man an, den Teufel habe es immer gegeben und der Fürst des Bösen habe die Ursünde mitbewirkt. Das war die Teufelsvorstellung der vielfach bedrängten Christen des ausgehenden ersten Jahrhunderts. Sie verfestigte sich im 5. nachchristlichen Jahrhundert bei Augustin. Aber damit waren die Wesenswandlungen Satans nicht am Ende. Dies behauptet zwar Nathan Johnstone, einer unserer besten Teufelssachverständigen:

«The basic concept oft the Devil has remained fundamentally unchanged since its establishment in Christian orthodoxy around the fifth century AD.»[3]

Er folgt damit Jeffrey Burton Russell, einer anderen großen Autorität, der 1984 ein noch düstereres Bild der mittelalterlichen Theologie gezeichnet hat:

«On the whole diabology changed during this period in refined detail rather than on main points. This unusual consistency follows from the general consistency of Christian theology in the Middle Ages, which can be attributed to its relative cultural isolation and security from threatening new ideas.»[4]

Mit dem vorliegenden Buch möchte ich begründen, warum ich das alles nicht glaube. Satan und seine Engel sind ein historisches Phänomen von langer Dauer und mehrerer Umbrüche. Ohne über die Definition von ‹basic concept› zu streiten, belege ich Wesenswandlungen des Teufels vor und nach dem 5. Jahrhundert nach Christus. Ich folge damit befreundeten Forschern wie Tullio Gregory und Alain Boureau.[5] Ich erzähle von wenig beachteten Metamorphosen, ich werfe den historischen Blick auf angeblich ewige Wesen. Der blendend-jenseitige Höllenfürst fügt sich mit seinem Reich und seinen Auftritten in variablen Konzepten zu realgeschichtlichen Konstellationen. Nachdem er ausgedacht, gemalt und gepredigt worden war, sahen ihn manche in ihrer Studierstube mit bloßem Auge. Mancher gute Christ soll mit dem Tintenfaß nach ihm geworfen haben; jedenfalls kamen seine physischen, irdisch-historischen Auftritte situationsgerecht und trugen lokales und temporäres Kolorit. Seine Erscheinung entsprach dem Anlaß, zu dem er gerufen oder bei dem er befürchtet wurde. Sie spiegelte mentale und historische Bedingungen seines jeweiligen Gebrauchs. Wir haben Reflexionen über seine Natur in großer Zahl und besitzen viele Berichte über sein Erscheinen. Beide Arten von Dokumenten zeigen ihn recht verschieden nach Zeit und Ort, also nach irdischer Geschichte. Die Kunst gestaltete diesen Wechsel. Sie folgte ihm oder ging ihm wohl auch voraus.

Gewandelt hat sich erstens die Natur des Teufels, zweitens der Gebrauch, den Europäer von ihm machten. Auch die Wirkungen, die sie ihm zuschrieben, z. B. Besessenheit und Hexerei. Er diente ganz verschiedenen Zwecken. Er schloß Gruppen zusammen und half, ihre vermeintlichen oder wirklichen Feinde zu dämonisieren. Er machte gefügig, wenn ein Großer oder eine Institution glaubhaft Rettung vor seiner Übermacht versprach. Er inspirierte Revolutionen, wenn die Nachricht Glauben fand, der Herrscher diene dem Satan. Der Kontrast von guten und bösen Engeln, meist ‹Dämonen› genannt, verdeutlichte realgeschichtliche Spannungen. Mittelalterliche Mönche markierten mit dem Etikett ‹Teufelsbesitz› die Gewalttätigkeit der Ritter und die Verkommenheit der Kaufleute. Barockmaler ‹meinten› mit Bildern vom Engelsturz den Sieg über die türkischen Belagerer von Wien 1683. Satan beschränkte sich nie darauf, einsame skrupulöse Seelen zu nächtlicher Sünde zu verführen. Immer wieder wurde er geschichtlich mächtig, nie war er ein bloß individuelles Phantasieprodukt. Er war ein zeitgeprägtes *soziales* Phänomen, kein zeitloser Archetypus. Der Teufel und seine Engel wurden politisch identifiziert – als Juden, als das heidnische Slavenvolk der Liutizen, als Katharer, als Türken vor Wien, als Kommunisten oder Nazis. Widrigkeiten der Natur schrieb man ihnen zu: Seuchen und Unwetter, Erdbeben und Gewitter. Sie ‹erklärten› das tatsächlich erfahrene Negative in Natur und Geschichte. Sie entlasteten die göttliche Vorsehung und retteten den Moralismus metaphysischer Weltbilder angesichts von Roheiten in Geschichte und Natur, die sich schwerlich auf Gott zurückführen ließen.

Realgeschichte Europas

Teufelslehren waren Theorien, aber zugleich Teil der gesellschaftlichen Praxis, des Gesundheitswesens und der Gerichte. Zuweilen bestimmten sie über Leben und Tod. Sie gehören zu Europas geschichtlicher Realität. Was Theologen über sie theoretisch dachten, übertrugen Erzieher und Prediger ins alltägliche Denken; es bewegte dazu oder hielt davon ab, täglich oder eher nächtlich vom Teufel versucht zu werden. In der frühen Neuzeit brauchten die zerstrittenen christlichen Konfessionen des Teufels viele Namen, um ihre Gegner als Gottesfeinde darzustellen, mit sehr realen Folgen. Was Universitäten über Teufel und Dämonen lehrten, beschäftigte Regenten und Juristen. Sie wurden historisch real, das war auch ein Grund meines Interesses. Sie waren nicht nur Gedankendinge. Satanskult und Teufelsmessen gibt es bis heute, auf Bühnen und in Filmen, aber nicht nur dort.

Zwischen Teufelsglauben und Skepsis

In der christlichen Satanologie flossen biblische Texte, allgemeine Weltauffassungen, kosmologische Vorstellungen, uralter Aberglaube und antike philosophische Denkformen zusammen. Die Vermischung schuf Spannungen; diese waren ausgleichend und erklärend oder auch destruierend zu bearbeiten. Die Teufelslehre stieß auf Zweifel, und sie erzeugte sie selbst. Das verschaffte ihr die spezifisch europäische Dynamik, von der sich die Theologie über lange Jahrhunderte hin nicht ausnehmen konnte. Sie belebte die intellektuelle Szene und ging schließlich an ihr zugrunde. Dieser Prozeß verdient theoretisches und historisches Interesse.

Die Quellen zum Teufelsleben, die ich zitiere, stammen vorwiegend aus dem westlichen Christentum. Hier wurde die Bibel zwar verschieden ausgelegt, aber bis ins 18. Jahrhundert hinein galten einige ihrer Vorgaben durchweg, wenn auch nicht ausnahmslos als fest:

Gott existiert und regiert (mehr oder minder) die Welt,

ihm steht Satan gegenüber; er ist gefährlich, geht umher wie ein brüllender Löwe und sucht, wen er verschlinge,

es gibt Menschen, die vom Teufel besessen sind; Jünger Jesu haben Vollmacht, sie auszutreiben,

es gibt Hexen, die sich mit dem Teufel verbünden und von denen Gott will, daß wir sie vernichten.

Diese vier Lehrpunkte las man jahrhundertelang in der Bibel; sie galten als fast unbestreitbar. Deshalb waren nie *alle Teile* der Satanologie im Umbau; es gab minimale Konstanten. Aber sie waren zu vielstimmig und zu komplex, um *allein* Denken und Handeln zu bestimmen. Institutionen verbanden ihr Eigeninteresse mit dem schon in sich vielförmigen, ja widersprüchlichen Vorstellungsgewebe, nahmen es in ihren Gebrauch und modifizierten es nach ihren Bedürfnissen. Außerdem überlebten in Europa antike Ideen und Verfahren; die Logik des Aristoteles kannte keine Dämonen und wurde jahrhundertelang eingeübt für Gebildete aller Fächer; mehrfach wurden *die* Teile der antiken philosophischen Theologie aktualisiert, die anti-gnostisch den radikalen Dualismus verwarfen. Das führte zu ständigen Auseinandersetzungen, fruchtbaren wie unfruchtbaren. Im lateinischen Westen gab es außer Mönchen und Theologen die Sonderwelten der Ärzte und der Juristen. Arabische Philosophen hielten den Zweifel wach, ob angebliche Teufelswirkungen nicht ‹natürlich› erklärbar und medizinisch behandelbar seien. Dieser Zweifel war seit dem 12. Jahrhundert nicht mehr aus der Welt zu schaffen. Das Thema ‹Teufel› führte zu inneren Spannungen der europäischen Theologie, Philosophie und Wissenschaft. Teufelsgeschichten stießen regelmäßig auf Skepsis. Es gab auch im ‹Zeitalter des Glaubens› Mißtrauen gegen Wunder- und Verhexungsgeschichten. Immer wieder kämpften Theologen gegen den Unglauben an und ‹bewiesen› die Existenz von Teufeln und Hölle, von Verhexung und Zauberei; sie rechneten mit Zweifelnden. Und sie wußten, daß Besessenheit auch vorgetäuscht wurde. Sie bekämpften Skeptiker und gaben deren Einwände wieder.

Es gab Zweifel verschiedener Art. Auch mancher Dorfbewohner hörte teils ergriffen, teils mißtrauisch zu, wenn von Flügen zum Blocksberg oder von Teufelsbesessenen die Rede war. Auch wenn er die Jenseitswelt nicht grundsätzlich bezweifelte, hielt er sein Urteil zurück, blieb er ganz oder teilweise ungläubig. Auch im *Neuen Testament* kommen nicht nur Gläubige vor.

Auch Glaubensbehörden zweifelten. Sie rechneten mit Betrug. Sie verfolgten und bestraften fingierte Heiligkeit, erlogene Wunder, gespielte Besessenheit. Ihre Bürochefs hielten den Ball gern flach. Allzu häufige, allzu dramatische Wunder erregten ihr Mißtrauen. Skandale wollten sie vermeiden. Sie verteidigten den Glauben an Teufelstaten, rechneten aber mit Betrug, Wichtigtuerei und Aufschneiderei. Sie lobten ihre Besonnenheit, weder alle Berichte skeptisch zu verwerfen noch sie alle zu glauben. Die ‹zuständigen Stellen› pflegten ihr pragmatisches Mißtrauen gegenüber Wunderberichten.

Ein anderer, mehr theoretischer Typ von Skepsis bezweifelte die *Erkennbarkeit* von übernatürlichen Interventionen. Ohne die Existenz von Gott, Engeln und Teufeln zu bestreiten, hoben Bedächtige hervor, wie schwierig, fast unmöglich es sei, ihre Wirkungen zu *identifizieren.* Das suspendierte die rasche Zustimmung zu Teufelsgeschichten. Mancher Bischof blieb skeptisch und ließ die Sache auf sich beruhen. In der frühen Neuzeit belebte die konfessionelle Polemik die Skepsis: Es bestand Interesse, die Erfolge der Gegenpartei bei der Heilung von Besessenen zu bestreiten, besonders die der feierlichen katholischen Exorzismen; Calvinisten griffen auf die Ansicht der Frühschriften Augustins zurück, Wunder habe es nur in der Anfangszeit des Christentums gegeben, die Vorsehung habe sie nur zu dessen erster Ausbreitung bestimmt. Der späte Augustin hatte diese Skepsis verworfen; die katholische Kirche folgt ihm bis heute; sie braucht zu jeder Heiligsprechung ein Wunder und bekommt es auch.

Einige Theoretiker bestritten die *Erkennbarkeit* prinzipiell, hüteten sich aber, die *Existenz* von Dämonen zu leugnen. Theologen hatten oft genug gesagt, nur Ungläubige bestritten die Existenz des Satans. Wer laut zweifelte, geriet in den Verdacht, er stehe mit dem Teufel im Bund. Es war klug, sich auf die Schwierigkeit zu beschränken, den Teufel zu *identifizieren.* Das vermied den Konflikt mit der herrschenden Dogmatik.

Es gab immer, auch im Mittelalter, die radikale Form der Skepsis, die generell die Existenz von Teufeln und Konsorten bestritt. Sie erklärte alles, was über Teufel und Hexen erzählt wurde, für das Produkt volkstümlicher Phantasie. Diese theoretische Position war im Mittelalter bekannt. Um sie mit einem einzigen Text zu belegen: Ovids *Metamorphosen* wurden im Mittelalter gelesen. Dort tritt im 15. Buch der antike Philosoph Pythagoras auf. Er begründet seinen Vegetarismus mit der Seelenwanderung und erklärt alle Jenseitsängste für unbegründet. Keine Seele leide nach dem Tod: Was ihr da fürchtet, gibt es nicht, *vana timetis*. Die Unterwelten sind Erfindungen der Dichter (15, 153–175). Dort brennt kein Feuer. Wer diese Position stärken wollte, konnte sich berufen auf Aristoteles und Avicenna. Naturphilosophen und Ärzte neigten zu dieser Ansicht. Diese Konstellation beleuchtet die spezifisch europäische Situation. Die Zeit vor 1700 war nicht alternativlos. Auch die heftigen Widerlegungen durch Orthodoxe belegen dies. Der Zweifel erzwang den Versuch der Verbindung von Glauben und Vernunft, der schließlich seine eigenen Grundlagen zerstörte.

Methodisch interessant

Teufelsforschung wirft eine Reihe weiterführender Probleme auf. Sie ist voller historiographischer und methodologischer Anreize. Ich erwähne davon nur vier:

Erstens: Sie stört Epochenbilder und Konfessionszuteilungen. Weder Renaissance noch Reformation bilden in Satanismus und Hexenverfolgung eine namhafte Zäsur. Die wildeste Hexenjagd fand nicht im «Mittelalter» statt. Es sieht danach aus, als müßten wir unsere Epochenbilder korrigieren oder ganz suspendieren.

Zweitens fragt sich: Erreicht die traditionelle philosophie- und theologiegeschichtliche Satanologie die Alltagsfragen einfacher Leute früherer Jahrhunderte oder beschränkt sie sich auf Fragen der Eliten und Theologen? Vielleicht bezog das nicht-akademische Volk seine Teufels- und Hexenlehren mit anderen Motiven aus ganz anderen Quellen?

Drittens fragt der Teufelsforscher sich selbst: Fördert es seine Teufelsstudien oder schadet es ihnen, wenn er selbst nicht an Teufel und Hexen glaubt?

Viertens kommt die Frage: Wie wird seine Erforschung und Darstellung fertig mit der großen regionalen und temporären Mannigfaltigkeit der rechtlichen, politischen und theologischen Bedingungen von Teufelsangst und Hexenverfolgung?

Zu jedem dieser vier Fragepunkte einige einleitende Hinweise:

1. Die große, relativ zusammenhängende Welle der Hexenverfolgung lief, grob datiert, von etwa 1430 bis etwa 1700. Sie durchschneidet sowohl die Epochenschranken zwischen Mittelalter und Neuzeit als auch die Konfessionsgrenzen. Jemand könnte folgern, das Mittelalter dauere bis etwa 1700 und herrsche in Wittenberg mehr als in Rom. ‹Renaissance› und ‹Humanismus›, sowohl der philologische wie der philosophische, verschwinden in diesen Schemata. Die regionalen Differenzen hingegen sind erheblich, oft im selben Zeitraum. Hexenjagd galt lange als besonders ‹mittelalterlich›, hat sich aber erst seit dem 13. Jahrhundert entwickelt, in der ersten Hälfte des 15. Jahrhunderts voll entfaltet und bis ans Ende des 17. Jahrhundert gehalten. Die Rechtsverhältnisse waren regional stark unterschieden, aber die Theologie des Teufels und der Hexen, die sich bis ins 14. Jahrhundert lebhaft entwickelte, dachte in diesen christlich-traditionsgeschichtlich *späten* Jahrhunderten europaweit theoretisch recht einheitlich. Die Reformatoren haben *andere* Lehrpunkte radikal verändert, z. B. die Auffassung der Sakramente oder den Begriff des Glaubens und der Kirche. Aber die Konzeption des Teufels und der Hexe blieb vom 15. zum 17. Jahrhundert relativ konstant. In dieser Zeitspanne waren Hexen relativ definiert als Menschen, überwiegend Frauen, die mit Satan einen Pakt geschlossen haben, um Schadenszauber zu bewirken; sie haben den Teufel anstelle Gottes zu ihrem Herrn gemacht, also den christlichen Glauben verleugnet und die schwerste Strafe, verbrannt zu werden, verdient. Sie sind als eine Art Gegenkirche organisiert und treffen sich regelmäßig zu blasphemischen und sexuellen Exzessen an entfernten Orten, zu denen sie der Teufel durch die Luft transportiert.

Die systematische Jagd auf sie entwickelte sich im 15. Jahrhundert und endete in den Niederlanden zu Beginn des 17. Jahrhunderts, in England 1684, in Frankreich in denselben Jahren, in Deutschland, in der Schweiz und sogar in Polen jedenfalls im 18. Jahrhundert. Die aggressiv-eingreifende Teufels- und Hexenphobie verlief in der juristischen und sozialen Praxis geographisch, konfessionell, rechtlich und kulturell verschieden, beruhte aber auf einem einheitlichen Konzept und blieb beschränkt auf die genannten Jahrhunderte. Diese tiefgreifende Epidemie zerschnitt die üblichen Zeiteinteilungen in Mittelalter, Renaissance, Reformation und früher Neuzeit.

2. Das Thema Teufel und Hexen fand in den letzten 30 Jahren neue Interessenten. Die Frauenbewegung hat sich seiner angenommen. Es kam zu erheblichen Revisionen des Geschichtsbildes zugunsten volkstümlicher Wissens- und Verhaltensformen. Hebammen und die weisen, kräuterkundigen Frauen wurden rehabilitiert; Hildegardmedizin, Geistheiler und andere alternative und volkstümliche Heilkünste werden bewundert und gegen die Universitätsmedizin abgesetzt. Uralte Traditionen wurden wirklich oder vermeintlich entdeckt, verkannte Volksweisheiten und matriarchalische Geheimkulte. Nicht allein Himmler suchte nach Kenntnissen alter Germanen. Diese neuen Interessen machen die Frage unumgänglich: Erschließt die Beschäftigung mit den intellektuellen Meinungsführern, mit den hohen Theoretikern, mit Philosophen, akademischen Medizinern und Theologen die Teufels-, Höllen- und Hexenvorstellungen der älteren Zeit?[6]

Zweifellos wurden einige theologische Spekulationen und Legenden populär durch Predigten, Beichtbücher und Kunstwerke. Es gab lebhaften Austausch zwischen Wissenschaftlern und Volksmeinungen; Vorstellungen gingen hin und her. Einerseits bezeugen karolingische Kirchenbeschlüsse, das Bußbuch des Bischofs Burchard von Worms 1025,[7] auch noch Wilhelm von Auvergne, † 1249,[8] volkstümliche, vorchristliche Teufels- und Zaubermotive, andrerseits hat Petrus Lombardus das Thema der Impotenz durch Magie an die große theologische Glocke gehängt. Er hat das Thema im vierten Buch seiner *Sentenzen, Distinctio* 34 erörtert und damit allen Theologen zur Pflicht gemacht.

Manche kirchenrechtliche Fragen interessierten Laien brennend.

Zum Beispiel: Erzbischof Hinkmar von Reims hatte amtlich entschieden: Ein Mann, durch Magie impotent geworden, der sich mit einer neuen Frau durchaus als geschlechtstüchtig erwies, dürfe diese heiraten, freilich nach einer Generalbeichte, nach dem Vergießen vieler Tränen und dem Austeilen großer Almosen. Dagegen verteidigten Theologen die Unauflöslichkeit der Ehe, der Rechtslehrer Gratian nahm diesen Disput in sein *Decretum* auf.[9] Auch Thomas von Aquino und Duns Scotus sowie ihre Nachfolger erörterten das Thema. Diskussionen der Kirchenrechtler waren die Folge, und diese aktuelle Frage blieb nachweisbar nicht auf den Kreis der Fachleute beschränkt.[10]

Die Differenz zwischen lateinischer Klerikerkultur und volkstümlichen Ansichten bestand, war aber in Bewegung: Die Kirche war eine gut organisierte Vermittlungsinstanz, vor allem seit es im 13. Jahrhundert die predigenden Bettelorden gab. Die Kirche *erreichte* nicht nur die populären Ansichten; sie *bildete* sie teilweise auch; sie kontrollierte und korrigierte sie. Was Teufel und Hexen angeht, so gehörten zum Ritual der Hinrichtung von Zauberern und Hexen deren öffentliches Schuldbekenntnis und die Predigt, die vor vielem Volk das Unrecht der Hinzurichtenden erklärte.

Bei der Untersuchung, wieweit das Wissen der Eliten im Mittelalter auch volkstümlich geworden ist, besteht folgende Fehlerquelle: Eine Reihe historischer Studien zu Denkern und berühmten Theologen, sagen wir: zu Augustin und Thomas von Aquino, hat aus apologetischem Interesse die volkstümliche Seite ihrer Teufels- und Hexenvorstellungen teils ignoriert, teils minimiert. Auch deshalb gehe ich relativ ausführlich auf Augustin und Thomas von Aquino ein. Stünden sie populären Motiven wie Magie und Teufelspakt näher, verschöbe sich das Verhältnis von Volksglauben und hoher Kultur. Im Gesamtbild plädiere ich für die Priorität der professionellen Lehrer. Allemal ist ihre Lehre ungleich zuverlässiger zu ermitteln als die zu erschließenden älteren Sichtweisen, und jedenfalls hat sich das Verhältnis im Laufe der Jahrhunderte verschoben, je nach dem Grad des Interesses für Ansichten und Praktiken des Volkes. Massiv-populäre Vorstellungen bei Augustinus und Thomas von Aquino wurden oft apologetisch verdeckt. Diese größten Lehrer wurden nicht selten spekulativ überhöht und als von

‹Aberglauben› gereinigt dargestellt. Dies ist zu korrigieren; gleichzeitig empfiehlt sich der Blick auf die volkstümlichen Teufelsgeschichten. Wahre Fundgruben populären Erzählstoffs bilden frühe Geschichtsdarstellungen wie die von Radulf Glaber (*Historiae,* † 1047) und die Autobiographie des Guibert von Nogent (*De vita sua,* † um 1125), auch Heiligenlegenden wie die *Legenda aurea* und Predigtsammlungen. Volkstümliche Schriftsteller wie die Zisterzienser Richalm von Schöntal († 1219) und Caesarius von Heisterbach († um 1240) bringen erbauliche Beispielerzählungen (*Exempla*), Höllenvisionen und Dämonengespräche, die dem Lob des Zisterzienserordens dienen als dem besten Mittel, der Höllenstrafe zu entgehen. Die Erzählungen dienen auch der Ketzerbekämpfung, z. B. die Widerlegung der Irrlehre der Albigenser, von denen es heißt, ihre Irrlehren entstammten teils den Manichäern, teils der Schrift des Origenes *De principiis.*[11] Die Geschichten sind vergnüglich zu lesen; sie handeln von Versuchungen und von Totenbeschwörungen, die Nachrichten vom Jenseitsschicksal eines Verstorbenen erbringen. Sie veranschaulichen die monastische Ethik; sie ermahnen zu Reue und Buße; sie erklären, wofür man vor allem in die Hölle kommt, z. B. weil Landesfürsten reiche Klostergüter konfiszieren. Sie preisen das cluniazensische oder zisterziensische Leben als den sichersten Weg zum Himmel. Sie sorgen ungeniert für Nachwuchs und Dotationen. Bei ihm kommen Volksmeinungen über den Teufel vor, die ich bei den großen Theologen nicht gelesen habe, z. B. die Annahme, wer auf dem Boden einen Kreis ziehe, stelle sich unter den Schutz Gottes und entgehe dem Teufel. Dazu erzählt Caesarius folgende Geschichte:

In Hasselo, einem Dorf in der Diözese Utrecht, lebte eine *maga*, eine Zauberin. Es ging ihr sehr schlecht. Eines Tages stellte sie sich mit den Füßen in einen großen Bottich, sprang aus ihm rückwärts heraus und rief: «Hier springe ich aus der Macht Gottes in die Macht des Teufels». Sofort packte sie der Teufel, hob sie in die Höhe – was viele im Dorf und außerhalb des Dorfes gesehen haben –, höher als die Bäume des Waldes, so daß sie bis heute verschwunden ist.[12]

Es ist gefährlich, den magischen Kreis zu verlassen.[13] Caesarius erzählt dem Novizen Geschichten über den Erfolg der teuflischen Kunst der Nekromantie, über Verhaltensweisen der Dämonen, die sich durch

Zaubersprüche, *carmina*, herbeirufen ließen. Ein Teufel sitzt auf dem glühenden Deckel eines tiefen Brunnens und ruft mit einer kupfernen Trompete die Seele des verstorbenen thüringischen Landgrafen herauf, der Kirchengüter an sich gerissen hatte. Die Teufel halten sich an Regeln, die der Kleriker kennt, der früher die Kunst der Nekromantie erlernt hat. Beneidete Mönche sehen Satan und seine Engel mit körperlichen Augen: Er tritt auf als eleganter Herr, aber auch als Riese oder als Schwarzer oder auch als großer Hund, als große Kröte, als Bär oder schwarze Katze. Manchem begegnet er als verführerische schöne junge Frau.[14] Dämonen kommen als Drachen oder huschen vorbei als Schatten. Ein Dämon verwandelt sich in einen Kälberschwanz, um den Mönch beim Chorgesang zu verwirren (5, 5 S. 968). Die Geschichten enden oft lebenspraktisch mit der Empfehlung des Zisterzienserordens.[15] Der Teufel rät vom Klostereintritt ab, Dämonen bewirken, daß der Mönchsgesang mißrät, (5, 5 S. 970); das klösterliche Schweigegebot stört sie (5, 44 S. 1104). Ein schlechter Mönch beherbergt gleich mehrere Dämonen bei sich. Kein Wunder bei diesem verdorbenen Kerl: ein mürrischer und schlechtgelaunter Mensch, der im Chor gern schlief. Er war beim Zechen fröhlicher als beim Singen; die kürzesten Nachtgebete dauerten ihm immer noch zu lange (5, 5 S. 970).

Das Buch des Caesarius gliedert sich in zwölf große Abschnitte, sog. Distinktionen, und die ganze fünfte Distinktion ist den Dämonen gewidmet. Darin erzählt der Mönch Caesarius einem Novizen nicht weniger als 56 Teufelsgeschichten. Mit auffälligem Eifer verlangt der Novize, daß ihm *bewiesen* werde, daß es sie gibt; mehrfach kommt er auf seine Skepsis und/oder Unwissenheit bezüglich des Teufels zurück.[16] Der Lehrer beweist ihm aus der Schrift und aus über fünfzig Exempeln, daß wir ständig von Dämonen umgeben sind. Der Teufel ist der Gott dieser Welt (5, 25 S. 1046); er ist voller List,[17] er ist der Zentralgeist des Irrtums,[18] er stiftet überall Zwietracht (5, 39 S. 1042). In der ersten Hälfte des 13. Jahrhunderts wimmelt es von Häretikern; sie sind Glieder am geheimnisvollen Leib Satans (5, 25 S. 1048). Der Teufel inspiriert die Häresien (5, 22 S, 1034). Jetzt gibt es Leute, die behaupten, Ovid rede ebensogut von Gott wie Augustinus (5, 22 S. 1034). Irrlehrer behaupten heute, es gebe weder Auferstehung noch Hölle (5, 24 S. 1046).

So wichtig den Dämonen das Erzeugen von Häresien ist, ihr Hauptarbeitsgebiet ist die menschliche Sexualität, besonders die Homosexualität in Klöstern. Sie sammeln menschlichen Samen, männlichen wie weiblichen. Die medizinischen Kenntnisse des Caesarius darüber stammen wohl von Galen. Sie holen vollständig allen Samen von allen Sündern, die ‹widernatürlichen›, also homosexuellen Geschlechtsverkehr haben. Sie formen aus männlichem Samen männliche Körper und aus weiblichem weibliche, die sie brauchen, um von Menschen gesehen und berührt zu werden.[19] Dann können sie als *incubus* und *succubus* agieren. Organische Substanz erschaffen können sie nicht.

Caesarius wittert ständig die Werke des Teufels und seiner Diener. Sie sind überall (5, 42), aber er plaudert auch rheinisch-unbefangen von ihnen daher. Einige von ihnen sind umgängliche und fidele Burschen. Manchmal zeigt auch einer Mitleid, ist also nicht immer nur böse (5, 4 S. 964). Es kam auch schon einmal ein Dämon zur Beichte (5, 26). Man kann mit ihnen verhandeln, und einige sind ausgesprochen gutmütig. Damit bewegte sich Caesarius am Rand der politischen Korrektheit des 13. Jahrhunderts. Er nahm es manchmal mit der Dogmatik nicht zu genau; er ließ auch schon mal einen Menschen aus der Hölle zur Erde zurückkommen (5, 4 S. 964). Und da gab es einen Dämon, sprachgewandt und gut aussehend, der, ohne Lohn zu fordern, einem Ritter selbstlos dient. Als die Frau des Ritters erkrankte, erkannte er, daß ihr nur geholfen werden kann, wenn sie mit Löwenmilch gesalbt würde. Innerhalb einer Stunde holt er aus den Bergen Arabiens einen Krug voll Löwenmilch. Er war in die Löwenhöhle eingedrungen, hatte die Junglöwen verjagt und die Löwenmutter gemolken (5, 36 S. 1076). Da muß man schon von ‹teuflischer Güte›, *diabolica bonitas*, sprechen (5, 36 S. 1080). Etwas systemwidrig, aber wahrheitsliebend poetisch.

3. Der Teufelsforscher des 21. Jahrhunderts steht vor einer weiteren fruchtbringenden Verlegenheit: Er glaubt selten an Satan, Höllenpfuhl und Hexen, er will aber objektiv ermitteln und mit historischer Gerechtigkeit darstellen. Vielleicht ekelt ihn der *Hexenhammer*, aber er weiß, daß er ihn nach Bedingungen des 15. Jahrhunderts bewerten soll. Er erwähnt den Widerstand, den das Buch damals auslöste. Er führt

nicht das Gesamtphänomen der Hexenjagd nur auf diesen Text zurück. Wir verlangen nicht, daß er die Lobesworte des damaligen Papstes teilt. Er wird sie zitieren, aber er legt nicht die eigene Sicht und Bewertung ab, er stellt sie phasenweise zurück, ohne sie zu vergessen. Er ermittle informativ, was eine Predigt des 16. Jahrhunderts über den Teufel sagt, und das so genau wie möglich. Er kann dann auch sagen, er sei in diesem Text dem Teufel begegnet und er ‹glaube› jetzt, daß es ihn ‹gibt›. Er darf aber auch ironisch schmunzeln. Er gehe methodisch vor und suche nach gleichzeitigen Texten, die beweisen, daß die Teufelsüberzeugung dieses Predigers *auch in seiner Zeit* ein individueller Exzeß war. Dann kann er sagen, er schmunzle über Luthers Teufelsglauben, bewerte ihn aber korrekt im Blick auf Maßstäbe der Lutherzeit. Nur nennt er die Gründe hinzu, warum Luther die Maßstäbe nicht hatte, die sein Zeitgenosse Pomponazzi risikoreich entwickelte.

Er erforscht diese Gründe und belegt sie. Aber verkündete er seinen Teufelsunglauben als das definitive Resultat der Geschichte, dann hielte er nur eine Anti-Predigt; er würde einen Ewigkeitshorizont beanspruchen wie die Lutherpredigt. Die Geschichte erbringt keine definitiven Ergebnisse. Sie beweist noch nicht einmal, daß es niemals mehr Hexenverbrennungen geben wird; ähnliche Hinrichtungen mit geringfügig anderen Begründungen kannte auch das zwanzigste Jahrhundert. Es genügt, wenn er aus der Geschichte das Resultat zieht, Teufelspredigten seien heute für uns «unzumutbar», und das habe schon der große Theologe Schleiermacher gefunden.

Die Hexenjagd verschärft dem Historiker noch einmal die Probleme mit dem Teufelsglauben. Er referiert sorgfältig die Gründe, die Hexenjäger für sie vorgebracht haben; er behandelt den Verfasser des *Hexenhammers* nicht wie einen Geisteskranken, sondern wie einen gelehrten Thomisten. Er nimmt an, ‹Hexen› gebe es nicht und habe es nie gegeben; er folgert, die Hexenverfolgung habe Unschuldige betroffen. Aber ist es nötig, daß er das ausspricht? Das Hexenthema birgt heute die Gefahr, sich im Gefühl ethischer Überlegenheit mit ostentativer Empörung zu brüsten; es ermöglicht den wohlfeilen Gestus, sich nachträglich auf die Seite der Guten, gar der Opfer zu stellen. Anständig und professionell verhält er sich, indem er nach Gründen der Frauenverachtung sucht und sich fragt, wo er sie heute bekämpfen kann. Denn der Eifer, *in der Vergangenheit* auf der Seite der Gerechten gewesen sein zu wollen, ergibt nur einen Show-Effekt. Er erzeugt eitle, also un-ethische Rhetorik.

4. Wer vom Teufel und seinen Engeln historisch verläßlich berichtet, begnügt sich nicht mit dem bloßen *Konzept* des Teufels. Er sucht mit Max Weber «formende Elemente der Lebensführung». Jeffrey Burton Russell, der Teufelsforscher, eröffnete sein Buch mit einer harten antimaterialistischen Attacke und erklärte, er untersuche «the history of a concept».[20] Das verstand er als *ausschließlich,* er erforsche *nur* das Konzept. Auch mir geht es um das *Konzept* ‹Satan und seine Engel›, aber ich sehe nicht ab von seiner De-facto-Rolle in der Geschichte Europas. Das bereitet Schwierigkeiten, die ich anfangs nicht verschweigen will:

Den sichtbarsten und schrecklichsten Gebrauch des Satankonzepts machten die Hexenverfolger und die Richter über Zauberer. Deren Wirkung verläuft nach Landstrichen, Rechtsverhältnissen und Zeitumständen in so verschiedenen Formen, daß nur die regionale und zeitlich abgestufte Forschung sie historisch-empirisch aufnehmen kann. Diese Forschungsrichtung hat in den letzten Jahrzehnten große Fortschritte gemacht. Mein Buch gehört nicht zu dieser Strömung, sein Schwerpunkt liegt auf der Intellektualgeschichte, *nimmt* aber Bezug auf Realisierungen der Teufelsidee, z. B. in der Hexenjagd. Es vermeidet den proklamatorischen Idealismus eines so verdienten Teufelsforschers wie Jeffrey Burton Russell.[21]

Schreiben über etwas, das es nicht gibt

Am meisten interessiert mich am Teufel, daß ich über ihn schreibe, obwohl ich überzeugt bin, daß es ihn *nicht* gibt. Doch hier bitte ich, auf jedes Wort zu achten. Denn was heißt schon «es gibt»? Ich möchte wissen, was es heißen kann, wenn jemand sagt, daß es ihn nicht gibt. Mein Buch hat nicht das Ziel, endlich diesen Beweis der Nicht-Existenz zu bringen. Allerdings kann es plausibel machen, warum ich auf diese

Hypothese verzichte. Dies ergibt sich aus dem Buch als Ganzem, aber, um die Orientierung zu erleichtern, gebe ich hier einleitend kurz drei Hinweise:

Erstens: Ob jemand die Existenz des Teufels bejaht oder verneint: in jedem Fall hat dieses Wort heute eine andere Bedeutung als, sagen wir, im lateinischen 13. oder im deutschen 17. Jahrhundert: Heute schreibt im Westen niemand mehr dem Teufel irgendeine Einwirkung auf die Natur zu. Niemand führt Blitzschlag oder Tsunami auf ihn zurück. Als in Amerika Aids bekannt wurde, deuteten Kirchenfürsten diese Epidemie noch manchmal als Strafe Gottes für das westliche Lasterleben; bei der gegenwärtigen Ebola-Plage hört man Ähnliches nicht mehr. Der Teufel von heute ist abgemagert. Er hat heute auch bei denen, die seine Existenz behaupten, nur noch sehr eingeschränkte Funktionen; man braucht ihn für individuelle Sünden, diabolische Verbrechen und ungeliebte geschichtliche Umbrüche. Außerdem brauchen ihn die wenigen um ihren Stil besorgten Prediger: Er peppt die meist langweilige christliche Verkündigung etwas auf. Er hat einen Großteil seiner alten Funktionen für die Menschen verloren.

Zweitens: Ich gebrauche zwar wie alle das Wort ‹diabolisch›, um besonders harte Verbrechen zu bezeichnen, aber ich meine damit nicht, ihren Ursprung zu benennen, sondern nur ihre fast unbegreifliche, ungewöhnliche Grausamkeit. Ich weiß, daß ich die Grenze menschlicher Bosheit nicht kenne. Ich schaue auf meine Erfahrung und die Skandalseite der Zeitungen, um zu ermessen, wozu Menschen heute fähig sind. Ich habe keinen Grund und kein Motiv, extreme Untaten auf den Teufel zurückzuführen. Ich leugne oder übersehe sie deshalb nicht; ich halte nur die Grenzen meines Wissens und Nicht-Wissens fest. Ich weiß nicht vorher, wie weit Menschen gehen können. Ich kann die Grenzen menschlicher Bosheit nicht festlegen. Daher verzichte ich auf die Teufels-Hypothese, nicht nur – wie alle bei uns – für Naturvorgänge, sondern prinzipiell.

Drittens: Ich stelle mir das denkbar größte Verbrechen vor. Sagen wir: die Auslöschung der Menschheit durch Atomkrieg. Selbst in diesem Fall wüßte ich nicht, woran ich erkennen könnte, daß der Teufel ihn verursacht habe. Ich traue ihn Menschen zu. Als fiktiver Überlebender würde ich nach politischen, sozialen und psychologischen Ursachen suchen. Käme ich damit nicht durch, würde ich meine Wissenslücke nicht mit dem Teufel füllen, sondern zugeben, daß ich nicht weiß, warum diese merkwürdige Art von Lebewesen sich selbst vernichtet hat. Den Teufel brauche ich auch dann nicht. Es könnte ja auch der Zorn Gottes über unsere Sünden gewesen sein. Er hat ja schon einmal versucht, die Menschheit zu ersäufen, wie die Bibel berichtet. Nur ging er bei der Sintflut nicht ganz konsequent vor. Dann steht Hypothese gegen Hypothese. Beide sind unbeweisbar. Da ich mich mit unentscheidbaren Hypothesen nicht weiter beschäftige, gibt es in meiner Welt keinen Teufel; ich kenne ihn nur ein wenig als historischen Gegenstand.

Daß es den Teufel nicht in dem Sinn gibt, in dem es heute noch unseren Kater Felix gibt, gestehen auch orthodoxeste Theologen zu. Sie zitieren gern den Spruch, «einen Gott, den ‹es gibt›, den gibt es nicht». Der volkstümliche Glaube sprach dem Teufel widersprechende Körpergestalten zu. Einmal tritt er auf als Geißbock, dann wieder als großer schwarzer Pudel. Manchmal verkleidet er sich als ‹Engel des Lichts›. Empirisch eindeutig zu identifizieren war eine solche Figur nicht. Wer eine Katze erblickte und in ihr den Teufel sah, brachte die Teufelsidee schon mit. Er hat sie nicht erfunden; er war eingeübt worden in einen bestimmten Wortschatz und Sprachgebrauch, in gruppenspezifische Erwartungen, Bewertungen und Verhaltensweisen. Die katholische Kirche nimmt auch heute noch Teufelsaustreibungen (Exorzismen) vor; wenn ein Zuschauer dann sagt, er habe gesehen, wie der Teufel ausgetrieben wurde, sagt er nur, daß er einer bestimmten Gruppe angehört und ihre Sprache zu verwenden gelernt hat. Im Fall der schwarzen Katze weiß er, daß der Teufel nur ad hoc einen Katzenkörper ‹angenommen› habe, mit dem er nicht identisch ist und aufgrund dessen wir ihn nicht definieren können. Es gehören Erziehung und Interesse dazu, die physiognomische Vielfalt des Teufels, seine diabolische Verwandlungskunst zu ertragen; es sind Verhältnisse denkbar, unter denen sie als Beweis der Fiktionalität gelten. Wenn niemand mehr bereit oder fähig ist, die vielen Erscheinungsformen als die des Teufels zu synthetisieren, geht der Teufelsglaube zurück; dann kommt die Ansicht auf, nur Kinder und Künstler ließen sich von der Gestaltenüberlagerung oder -mischung nicht stören.

Aber der Fromme besteht darauf, daß der Teufel auf Menschen *wirke* und daß es ihn folglich *wirklich* gebe. Er versichert, es gebe ihn außerhalb meiner und ohne mich. Er behauptet von ihm, daß er Böses plane und daß er klug seine Aktionen wähle. Satan wisse vieles, was uns unbekannt sei. Wenn er kein Verächter der Philosophie ist, fügt der Gläubige wohl hinzu, der Böse sei ‹Person›. Damit schreibe er ihm keinen Leib, wohl aber Macht, Wille, Bewußtsein zu. Er halte ihn für ein selbständiges Handlungszentrum, bleibe er doch derselbe in der Vielfalt der Körper, die er annehme. Der Gläubige fügt vielleicht hinzu, der Teufel müsse nun schon älter, etwa so alt wie die Schöpfung sein, schließlich habe er Eva verführt und Jesus in der Wüste aufgesucht. Und in diesem Sinn, als bleibender Ursprung von Handlungen, nenne er ihn ‹Person›. Man müsse ihn ‹ernst nehmen›, ja sich bewußt vor ihm hüten. Er könne nicht nur seelischen, sondern auch leiblichen Schaden zufügen.

In keiner dieser Bedeutungen des Wortes glaube ich, daß es den Teufel gibt. Selbst wenn der Theologe mir entgegenkommt und sich bereit erklärt, auf den Titel ‹Person› für ihn zu verzichten – schließlich erkläre Augustinus, er wisse nicht, was das Wort ‹Person› bedeute, wenn die Kirchenlehre von drei Personen in Gott rede –, frage ich weiter, ob der Teufel das radikal Böse oder das böse Prinzip sei, und zwar nicht nur als ein Wort unserer Sprache und ein Begriff unseres Denkens, sondern als selbständig Handelnder, der jemanden verführe und zuweilen einen Mann auf einen hohen Berg transportiere. Auch in *dieser* Bedeutung fürchte ich den Teufel nicht. Er interessiert mich als Gegenstand menschlichen Redens und Denkens, als Faktor politischen, ethischen und künstlerischen Gestaltens; er ist ein erforschbares und ein interessantes Objekt des Wissenwollens. Er war nie ein bloß individuelles Phantasieprodukt; er hatte einen allgemein bekannten Namen; jeder wußte, was gemeint war, wenn das Wort ‹Teufel› fiel. Er war ein sozial anerkannter, ein für sinnvoll gehaltener Inhalt.

Wieso ist er interessant, auch wenn er gar nicht existiert? Wird er nicht dadurch interessanter, daß er nicht existiert? Dann fragt sich, wie er seine Macht bekam und sie lange behalten konnte. Beruht sie auf einer anthropologischen Konstante, einer geheimen Psycho-Disposition? Die Antwort auf diese Frage fordert ein ganzes Buch, einen Grundriß der nicht-realistischen Theorie des Erkennens. Dazu wenige Hinweise:

Viele Jahrhunderte nahmen den Teufel in dem Sinn ‹realistisch›, daß sie ihn für ein reales Agens hielten, das man zu fürchten hatte. Diese Realitäts-Unterstellung ergab eine ganze Reihe ‹realistischer› Konsequenzen – im Denken, im privaten wie im öffentlichen Verhalten. Als geglaubter Teufel wurde Satan Teil der geschichtlichen Realität. Als die ersten Kreuzzugsfahrer Jerusalem erobert hatten, meldeten sie in einem offiziellen Brief an den Papst, sie hätten *den Teufel besiegt.*

Der Teufel war jahrhundertelang ein vielbeachtetes und in vielerlei Hinsicht durchdachtes Objekt. Der Denkinhalt ‹Satan› wurde in Verbindung gebracht mit lebensleitenden Ideen, zum Beispiel stand er in Wechselwirkung mit Erkenntnisinhalten wie ‹eigenes Volk› oder ‹Privilegien meines Klosters›. Sein Bild durchdrang die christliche Religion in ihren anderen Inhalten, berührte die Begriffe von ‹Sünde›, ‹Erlösung›, ‹Familie›, ‹Erziehung›, ‹Tod›, ‹Hölle› und ‹Engel›. Die Frau galt als für den Teufel besonders anfällig; die Vorstellung ‹Teufel› wirkte zurück auf das Selbstverständnis von Männern und Frauen. Sie verursachte Kleidervorschriften, Raumaufteilungen wie Frauenemporen in romanischen Domen und Überwachungstechniken. Der Teufel gehörte zu den Realien älterer Kulturen und auch einiger heutiger Gruppen. Er war schwer greifbar; einige Menschen zweifelten an seiner Existenz. Es ist interessant nachzusehen, wie man diese Zweifel zu widerlegen versuchte. Man erzählte Geschichten von erfolgreichen Teufelsaustreibungen: Wenn Besessenheit heilbar war, dann mußte es den Teufel und die göttliche Gegenmacht ja geben. Lange Zeit fand eine Mehrheit diese Widerlegungen plausibel. Wie war das möglich? Für Zweifel gab es gute Gründe und hohe Autoritäten. Seit dem 13. Jahrhundert war leicht zu wissen, daß Aristoteles, der «Meister derer, die wissen», nichts von Teufeln und Dämonen wußte. Das ließ sich als Schwäche der menschlichen Vernunft verbuchen, aber auch *gegen* den Teufelsglauben verwenden. Die Lehre vom Teufel und seinen Konsorten, von ihrer Wirkung in Natur und Gesellschaft, ihrer Rolle bei Zauberern und Hexen, dies bildete bis ins 17. Jahrhundert einen durchweg anerkannten, hochdifferenzierten Komplex von Theorien und Handlungsanweisungen. Wieso konnte dieses komplizierte Geflecht sich so lange halten? Einwände dagegen waren bekannt; berühmte Namen wie Aristoteles und Avicenna legten nahe, dieses Gedankennetzwerk abzulehnen. Warum blieb es dennoch in Geltung, bei Katholiken wie Protestanten, im Mittelalter wie in der Neuzeit?

Lucifer ohne Existenzunterstellung führte und führt ein üppiges Leben – als literarische Figur. Man kann viel von ihm wissen, mit relativ großer Gewißheit. Nicht, wie er in sich selbst ist, sondern was von ihm gehalten wurde. Wofür er gebraucht und warum er gefürchtet wurde. Satan als virtueller Gegenstand ist von großem erkenntniskritischen, religionswissenschaftlichen und soziologischen Interesse. Er griff ein in die Geschichte von Staaten und Kirchen. Er besetzte die Themen Zauberei und Hexerei. Er gehört nicht nur in die Geschichte des Aberglaubens, der Malerei und der Literatur, sondern auch der Medizin, der Rechtspflege und der Politik. Man kann ernsthaft von ihm sprechen, auch wenn es ihn ‹nicht gibt›. Fragt man weiter, ob Sätze über den Teufel, wenn es ihn ‹nicht gibt›, etwas Wahres bringen können, dann hängt die Antwort davon ab, was man unter ‹Wahrheit› versteht. Meint man damit, es werde in der Außenwelt, in der Natur oder Gesellschaft, etwas gezeigt, worauf ein solcher Satz sich bezieht, einen außersprachlichen Bezugspunkt oder ‹Referenten›, kann die Antwort nur negativ lauten.

Das zeigt folgende Überlegung: Nehmen wir an, ich könne einen fremden Gegenstand aus einiger Entfernung nicht identifizieren. Dann bewege ich mich auf ihn zu. Ich komme ihm näher und kann dann sagen, um was es sich handelt. Etwa um ein Fahrzeug. Ich äußere als Satz 1: ‹Ich sehe ein Fahrzeug›. Ich will der Sache näherkommen und erkenne bald, es sei ein VW. Ich äußere Satz 2: ‹Ich sehe einen VW›. Ich habe meine Erkenntnis verbessert, aber ich kann nicht sagen, ich hätte einen außersprachlichen Bezugspunkt erreicht; ich bin von Satz 1 zu Satz 2 weitergegangen. Vielleicht will ich mehr wissen über den VW, und ich muß noch eine Reihe weiterer Sätze bilden. Dazu muß ich gewiß das Auto genauer anschauen, aber wenn mein Bedürfnis befriedigt ist, bin ich doch auch wieder bei einem Satz meiner Sprache, bei einem relativen Kenntnisstand. Ein Unfallsachverständiger will ganz andere Einzelheiten wissen als ich. Ich kann *sagen,* meine Sätze über den Gegenstand x seien wahr, wenn der Gegenstand so ist, wie ich es sage, aber ich muß wissen, daß ich Bilder meines Bewußtseins miteinander verglichen habe. Ich kann nicht mein Bild vergleichen mit dem Gegenstand außerhalb meines Bewußtseins. Ich vergleiche immer nur Bildentwürfe meines Bewußtseins. Daher scheitert der naiv-realistische Erkenntnisbegriff schon bei der Identifizierung eines so schlichten Gegenstandes wie eines Autos. Aber woran erkennt der Gläubige, dem in einem lebensentscheidenden Augenblick eine schwarze Katze über den Weg läuft, daß dies der Teufel war? Was er sieht, ist ein kurzlebiges körperliches Lebewesen, das ihm nichts tut, aber was er denkt und zu sehen behauptet, ist ein unsinnliches, immerwährendes Feindwesen, das ihm körperlich und geistlich Schaden bringen will. In erzählten oder geschriebenen Teufelsgeschichten ist der Böse immer schon identifiziert. Eine Sprach- und Weltauslegungsgemeinschaft hat ihn als den Bösen eingeführt, und sie konnte das, weil sie über eine Reihe von Merkmalen und über deren zusammenfassende Deutung verfügt, die ihn als Satan kenntlich machen. Es ist nicht schwierig, mit einer kleinen Anzahl von Wörtern, Begriffen und Bildern ein Identitätsbild herzustellen, das es jemandem erlaubt, denjenigen zu benennen, der diesmal die Gestalt einer Katze angenommen hat. Vermutlich enthalten auch Alltagswörter wie ‹Haus› einen ähnlichen zusammenfassenden, schnell handhabbaren rhetorischen oder mythologischen Anteil, erst recht Worte wie ‹Vaterland› oder ‹Liebe›. Das sind abgekürzte Märchen, die wir reproduzieren, wenn eine Anzahl von Eindrücken mit Interessen zusammenkommt, deren Qualität und Quantität bei Individuen schwankt. Die Verbindung von ‹schwarzer Katze› und ‹Teufel› besteht, aber sie ist so prekär, so kontingent, daß jemand hier und heute eine Horde schwarzer Katzen in einer Kleinstadt loslassen könnte, ohne daß jemand den Teufel sähe. Dazu muß man zu einer bestimmten Gruppe gehören, und man muß es wollen.

Was ist, wenn diese erkenntnistheoretischen Überlegungen richtig sind, zu erwarten, was der Teufel sein wird? Ich denke: ein Konglomerat von Geschichten. Einzelne Bestandteile, Ideen, Bilder wurden ergänzt und ersetzt. Er bekam neue Titel und neue Funktionen. Man erzählte seinen Ursprung, man klärte seine endgültige Bestimmung; er wurde lokalisiert und nach seinen Elementen analysiert; er erhielt seine präzise beschreibbare Natur. Das wurde die europäische Teufelsarbeit. Die einen erzählten, er sei der längst besiegte Altfeind, er sei eingesperrt in die Hölle; andere beschrieben seine in der jetzigen Endzeit wachsende Macht. Er löste widersprechende Gefühle aus, Erlösungsfreude und Abscheu. Diese Vielfalt von Motiven, ihre Umstellbarkeit und Ausdeutbarkeit schufen ein *bewegtes* Konglomerat; die Fiktion einer einheitlichen überzeitlichen ‹Person›, diese mythopoetische Setzung verhinderte sein Zerfließen und erlaubte zugleich Anpassung und Flexibilität. Die Künstler der älteren Zeit liefern den Beweis: Ihre Darstellungen des Teufels sind vielfältiger, phantasiereicher, bunter, auch gewagter als die Bilder Gottes. Obwohl sie Gott und Teufel menschengestaltig malten, gerieten ihnen die Bilder Gottvaters untereinander recht ähnlich, während Teufelsfratzen in phantastischsten Variationen vorkommen. Sie unterlagen weniger strengen Regeln; sie waren weniger höfisch oder liturgisch prädeterminiert. Weniger ehrerbietig, durften sie das Bizarre streifen. Sie nahmen volkstümliche Teufelsvorstellungen auf; ähnlich plastische populäre Gottesbilder gab es so gut wie nicht. Sie wurden strenger kontrolliert.

Wir können also an Teufelslehren, Teufelsbilder und Teufelsgeschichten herantreten mit der Erwartung,

erstens geschichtlich variable, anpassungs- und erweiterungsfähige, später reduzierbare Vorstellungen anzutreffen, auch wenn es einige feste biblische Vorgaben und seit dem 13. Jahrhundert dogmatische Fixierungen durch Theologen und Konzilien gab. Teufelsvorstellungen waren historisch;

zweitens sprachlich gesetzte, nicht aufgefundene, sondern traditionell-selbstgeschaffene Prädikate, Bilder, Kompetenzen des Teufels zu finden, denen erzählerische Stimmigkeit als Wahrheitskriterium genügte. Reden über den Teufel hatten durchwegs Rhetorikcharakter. Dabei bedeutet ‹Rhetorik› nicht bloße Ausschmückung gegebener Ideen, Impulse, Affekte und Bilder, sondern kollektive Setzung, Bewahrung und

Veränderung. Teufelsvorstellungen sollten durch sprachliche Kunstgriffe erziehen, ermahnen, tadeln, anspornen. Teufelsvorstellungen waren eminent *rhetorisch;*

drittens: Der imaginäre Vorrat des Diabolismus war lange Zeit ausbaufähig und später abbaubar. In beiden Richtungen – sowohl in der Vermehrung und Erhöhung der Prädikate wie bei der Verminderung – gab es mehrere Wege. Wichtiger Gesichtspunkt: Zunahme und wiederum Einschränkung seiner Macht. Er wurde zum Herr eines Reiches; aus dem Vergleich mit dem Imperium Gottes wuchsen dem Teufelsstaat Kompetenzen und Eigenschaften zu. Später sank er herab zum Verführer individueller Seelen. Dazu neigten Lutheraner und Calvinisten. Für sie bestand der Kampf mit ihm primär im Bestehen der Versuchung zur Unmoral. Auch in der Flucht zur Gnadenhilfe gegen den Bösen.

Inzwischen mag deutlich geworden sein, was es heißen kann, daß es den Teufel nicht gibt. Es heißt zunächst einmal, daß wir Sätze über ihn nicht an einem außersprachlichen Gegenstand überprüfen können. Wir kennen nur innersprachliche Gegenstände. Aber das gilt nicht nur für den als unsichtbar gedachten Teufel, sondern auch für den als sichtbar vorgestellten Karl dem Großen. Der Historiker macht aber einen Unterschied zwischen dem Teufel und Karl dem Großen. Denn im Fall des Kaisers Karl kennen Historiker Verfahren, um begründete Zweifel an seiner Existenz fachlich zu prüfen. Vielleicht werden irgendwann einmal solche Zweifel an seiner Wirklichkeit vorgetragen, die niemand mehr mit dem dann vorhandenen Wissen widerlegen kann. Dann werden wir von Karl sprechen wie vom Satan. Unsere Sätze beziehen sich auf den Wissensstand der Gegenwart und müssen revidierbar sein. Der dogmatische Satz ‹Der Teufel existiert als bewußte und wollende Person› ist seiner Natur nach nicht revidierbar; er gilt auch für die äußerste Vergangenheit. Wenn ich also schreibe, daß es den Teufel nach meiner Ansicht nicht gibt, dann heißt dies: Ich kenne kein Verfahren, Zweifel an seiner Existenz zu widerlegen. Ich halte es nicht für sinnvoll, Hypothesen über seine Existenz oder Nicht-Existenz aufzustellen; nicht, als ließe ich das Problem offen. Es verschwindet, und nichts hindert mich, sinnvolle argumentierende Sätze über seine Herkunft, sein Reich und seinen Einfluß aufzustellen. Damit beschreibe ich nur den Inhalt der Teufelsrhetorik, den Alteuropa in musterhafter Klarheit auf seinen verschiedenen Entwicklungsstufen breit vorgelegt hat. Ich analysiere ihren Inhalt, als wäre sie ein abstraktes Kunstwerk; ich zeige: Ihre internen Schwierigkeiten haben Entwicklungen ausgelöst und ihrem Ende zugetrieben, dem freien poetischen Gebrauch ohne Existenzunterstellung.

III. Satan existiert historisch

Schon die erste Vorstellung des Teufels zeigte: Er durchlief im Lauf der jüdisch-christlichen Entwicklung eine wechselvolle Karriere. Zwischen dem Buch *Hiob* und dem ersten nachchristlichen Jahrhundert stieg er auf vom kleinen Angestellten am himmlischen Hof zur Quasi-Gottheit. Schon in Paulusbriefen, mehr noch in Christenbüchern des zweiten nachchristlichen Jahrhunderts herrschte zwar auch Jubel über Gnade, aber der Kampf mit dem Bösen war der Schlüssel zur Welt und zum Konzept der Erlösung. Dann brauchte Augustinus ihn für sein System von Sündenfall, Erbsünde und Gnade. Schließlich wollten Scholastiker wissen, woraus er bestand. Sie nahmen ihm den Luftkörper und machten den Unreinen zum reinen Geist. Seit dem 17. Jahrhundert setzten Metaphysiker ihn im Namen der Vernunft herab zur Metapher menschlicher Bosheit. Damit verschafften sie ihm die großartige Karriere als literarische Figur, die er bescheiden in alten Schwänken, Fastnachtsspielen und in der Commedia dell'arte begonnen hatte.[1]

Vor uns liegen Aufbau und Niedergang der Teufelsherrschaft, ein großer orientalisch-europäischer Prozeß mit komplizierten Entwicklungen und konfessionellen, regionalen und individuellen Differenzen. Ihn zu erforschen brauche ich keine Hypothese über den ersten Ursprung Satans. Ich weiß nicht, aus welcher Erfahrung des Unheimlichen er entstanden ist. Vielleicht war er eine sprachliche Zusammenfassung der Feindseligkeit eines mächtigen Nachbarstammes, eine Personifikation, wie wir uns auch den Tod oder die Zeit als übermächtige Individuen vorstellen. Manches Eroberervolk setzte die Götter der Unterlegenen zu Teufeln oder Dämonen herab und gestand ihnen so eine Art Existenz zu. Mich interessiert hier nicht die letzte Herkunft des Teufels, sondern die europäische Arbeit an ihm. Sie ist ein historischer Vorgang mit vielen Nuancen. Daher gibt es ohne Kleinarbeit kein frisches Portrait des Bösen. Damit beginne ich nun, anfangend mit der Bibel. Ich gehe auf dieses große Gebiet nur so weit ein, als es zur Vorbereitung der späteren Denkarbeit nötig ist. Ich betone die Vielfalt der biblischen Texte und beschreibe sie als Ausgangspunkte späterer Debatten.

Solange die Bibel wörtliche Autorität besaß, also bei Juden, Christen und Muslimen, galt die Vorstellung des Teufels als bleibend wahr. Unter dieser Bedingung gehörte Satan zu Gott wie Links zu Rechts, Finsternis zu Licht. Doch zeigt schon die Bibel einen geschichtlichen Entwicklungsbogen. Unter ‹Bibel› verstehe ich hier die von den Glaubensgemeinschaften übereinstimmend als kanonisch anerkannten Schriften.[2] Doch wissen gerade die sog. apokryphen Texte, also die nicht in den Kanon aufgenommen worden sind, besonders viel vom Teufel und seinen Engeln. Dies gilt besonders vom Buch *Henoch*, dem Augustin kanonische Geltung zuerkannte, weil der echte *Judasbrief* es bestätige. Und schließlich verbanden der jüdische Denker Philo im ersten nachchristlichen Jahrhundert und frühe Kirchenschriftsteller die ganze Masse biblischer Erzählungen, Lehren und Bilder mit der Dämonenvorstellung der hellenistischen Kultur. Diese drei in sich unterschiedlichen Ströme – also erstens der kanonischen Schriften von Juden und Christen, zweitens der sog. apokryphen Bücher und drittens der allgemeinantiken Dämonenvorstellungen – wurden im dritten nachchristlichen Jahrhundert in Konkurrenz zur antiken Philosophie vereinigt und bildeten so das Ausgangsmaterial der europäischen Denkarbeit.[3]

Altes Testament

Im dritten Kapitel der *Genesis* unterhält sich Eva mit der Schlange. Die Kirchenväter deuteten diese verhängnisvolle Unterhaltung im Paradies als Gespräch Evas mit dem Teufel. Das war späte Deutung. Im Text steht sie nicht. Der Text gibt sich mit dem Wunder eines sprechenden Tiers zufrieden. Die Vorstellung vom Teufel als Herr der sichtbaren

Welt und allgegenwärtigem Akteur fehlt noch in der Geschichte vom Sündenfall; sie entstand erst zwischen der Entstehungszeit von *Genesis* 3 – etwa dem 9. Jahrhundert vor Christus – und dem frühen Christentum; sie wurde aufs biblische Anfangsstadium zurückdatiert. Am Anfang herrschte Jahweh allein. Der Teufel kam später. Er ist historisches Personal mit erforschbarer geschichtlicher Entstehung und wechselndem Geschick; weil sie ihn für überzeitliche Realität hielten, machten spätere Generationen ihn im Gegensatz zum Genesistext auch zum Urheber des Sündenfalls. Aber der Teufel, der in der Sündenfallgeschichte der *Genesis* noch fehlt, wurde bis ins erste nachchristliche Jahrhundert, bis zu den Paulusbriefen, immer mächtiger. Und seine Macht steigerte sich noch einmal im Laufe des 2. Jahrhunderts.

Diese Tatsachen verdeutlichen, was es heißt, der Teufel *existiere historisch.* Das heißt: Er tritt in Texten auf, die bunt, vielfältig, vielleicht untereinander nicht kompatibel sind. Wir können sein Auftreten vielleicht nicht genau datieren, aber können es doch auf einem Zeitstrahl eintragen, der die *relative* Chronologie klarstellt. Dadurch treten seine Wandlungen hervor. Wir sehen, wo er noch gänzlich fehlt. Oder wo ihm bei einem erzählten Auftritt eine seiner späteren Eigenheiten fehlt, weil er dieses Merkmal entweder noch nicht bekommen oder inzwischen verloren hat. Die Chronologie läßt die Vielfalt, Rätselhaftigkeit und Widersprüchlichkeit von Texten, die in einem fast tausendjährigen Zeitraum entstanden sind, in ihrer Buntheit nebeneinander stehen, ohne sie zu glätten durch eine Deutung, die sich stolz ‹systematisch› nennt, die aber nur dogmatisch ist. Das unterscheidet die historisch-investigative Betrachtung von der theologisch-dogmatischen. Dafür bietet der früher höchst einflußreiche katholische Dogmatiker Matthias Scheeben ein eindrucksvolles Beispiel. Auch er erklärte die Erzählung vom Sündenfall und begann auftrumpfend mit der Gewißheit:

«Vor Allem steht fest, daß der eigentliche Versucher nicht die sinnliche Schlange, sondern der T e u f e l war.»[4] Das steht zwar nicht im Text von *Genesis* 3, aber der Dogmatiker beweist sein von ihm gesperrt gedrucktes Prädikat mit folgendem Argument:

«Denn obgleich der Bericht dieß nicht ausdrücklich sagt: so versteht es sich doch von selbst, weil die Schlange aus sich nicht reden konnte.» Die Heilige Schrift sage es an anderen (ich sage: an späteren) Stellen.

Daß die Schlange nicht reden konnte, ist zwar klug bemerkt, aber in Märchen können Tiere sprechen, und solche märchenhaft klugen Tiere kommen im *Alten Testament* vor, zum Beispiel Bileams Esel. Scheeben war überzeugt, es habe den Teufel von Urzeiten her in immer gleicher Qualität gegeben; daher setzte er ihn wie frühere Theologen schon beim Sündenfall ein und suchte gar nicht erst ältere Bewußtseinsformen, in denen Tiere noch sprechen konnten. Nach solchen sieht er sich nicht in der *Hebräischen Bibel* um, sonst wäre er auf Bileams Esel gestoßen. Er behauptet dogmatisch die überzeitliche Realität des Teufels und hält es für eine ewige Wahrheit, daß Tiere nicht sprechen können. Der Teufel hat aber eine historische Existenz: Es gab ihn nicht immer, aber Rückdatierungen setzten seine zeitfreie Existenz auch bei Erzählungen urgeschichtlicher Ereignisse ein, bei denen auch Moses nicht anwesend war. Das war gewagt, aber Professor Scheeben läßt die Unsicherheit nur anklingen durch den dreist-schroffen Ton, in dem er versichert, dies «vor Allem steht fest». Ein derart zeitunabhängiges Konzept von Wahrheit habe ich nicht, ich stelle ihm auch kein ebenso zeitfreies Gegenkonzept entgegen, sondern halte nur als historisch belegbar fest: Es gab Zeiten, in denen die Tiere den Menschen noch zuredeten und in denen es den Teufel noch nicht gab. Später redeten die Tiere nichts mehr, aber es gab den Teufel.

In welchem Maße er historisch existiert, zeigte schon die Erzählung des Thietmar von Merseburg über das Eheleben Heinrichs I.: Dieser Teufel des 10. Jahrhunderts kennt das Kirchenrecht, er bezieht sich auf dessen Vorschriften zur Enthaltsamkeit; er glaubt an die Wirksamkeit der Taufe, die ihm wegnimmt, was ihm schon gehört, weil in Sünde erzeugt; er gibt sich mit den Unruhen zufrieden, die in Zukunft die ottonische Dynastie bedrohen. Er spricht nicht aus der Ewigkeit, sondern aus der Bischofswelt des Jahres 1000. Wenn er in ihr wirklich gesprochen hat, hat er real existiert, aber real-historisch.

Der Erzähler des alten Textes vom Sündenfall in *Genesis* 3 sprach mit keinem Wort vom Teufel; ihm genügten die märchenhafte Schlange und weibliche Schwachheit zur Erklärung. Etwa 400 Jahre später folgt zeitlich der Teufelsauftritt in der Dichtung vom Manne Hiob.[5] Der

Text dürfte dem 5. vorchristlichen Jahrhundert entstammen und etwas später fixiert worden sein. Gott lobt seinen Diener Hiob, Satan als Gottes Gesprächspartner redet mißtrauisch-anklagend und skeptisch über diesen Mann, der Gott nur diene, weil es ihm wirtschaftlich glänzend gehe. Daraufhin gibt Gott dem Verleumder die Erlaubnis, Hiob zu erproben, zuerst an seinen Gütern, dann an seinem Leib. Das Prinzip alles Bösen ist der Teufel hier noch keineswegs. Aber er ist eine individuelle Figur mit klar bestimmten Aufgaben. Die griechischen Übersetzer des *Alten Testaments*, die angeblich zu siebzigst um 200 v. Chr. die sog. *Septuaginta* schufen, nannten ihn *ho diabolos*, nicht mehr nur *diabolos*, also ‹Feind› oder ‹Ankläger› allgemein, auch auf Menschen bezogen, sondern als *den* Teufel mit bestimmtem Artikel. Jetzt ist er eine stehende Figur, aber er ist noch nicht einmal böse; er gehorcht dem Auftrag des Höchsten; er erprobt mit rauhen Mitteln das Verhalten eines Menschen auf Erden. Er tut ungefähr das, was Jahweh mit Abraham ebenfalls unsanft gemacht hat, *Genesis* 22. Er spielt im himmlischen Hofstaat eine angesehene, aber untergeordnete Rolle als Gesprächspartner, Ratgeber und auftragsgebundener Menschenprüfer. Er tritt zusammen mit den ‹Gottessöhnen›, zu denen er wohl gehörte, vor den Thron Gottes. Er ist nicht deren Anführer; wir dürfen die anderen ‹Gottessöhne› als adoptiert denken; sie waren wohl Engel mit anderen Dienstaufgaben. Der Teufel agiert noch ohne Unterteufel als Gehilfen und in abhängiger Stellung; er befehligt noch kein Imperium.

Die beiden Bücher *Samuel* (in der *Vulgata* heißen sie das *Erste* und *das Zweite Buch der Könige*) stammen nach Auffassung der meisten Spezialisten aus dem sechsten Jahrhundert. Im *Zweiten Buch Samuel* (24, 1) verlangt Jahweh selbst die Volkszählung. Wer ein Volk abstrafen will, braucht statistische Unterlagen. Das *Erste Buch der Chronik* ist jedenfalls jünger und gehört wohl dem dritten vorchristlichen Jahrhundert an; in ihm bestraft Jahweh die Volkszählung. Es schreibt sie dem *Satan* zu (21, 1). Jetzt trägt Satan die Verantwortung für die moralisch anrüchige Tat, die früher Jahweh im Zorn gegen Israel bedenkenlos befahl. Er tilgt den Widerspruch in der Gottesidee; er dient der moralischen Reinigung der Gottesfigur.

Im *Ersten Buch Samuel* kam der böse Geist von Gott über Saul (I 16, 14); auch hier stand Gott noch nicht jenseits *böser* Eingebungen: Der böse Gottesgeist bringt Saul dazu, seinen Leierspieler David, der ihm zunächst gefiel und den er als seinen Musiktherapeuten und Wasserträger zu sich nahm, töten zu wollen, da Davids spektakuläre militärische Erfolge seinen eigenen Ruhm schmälern. Das vorausgehende Kapitel *1 Samuel* 15 sollte jeder genau lesen, der die allmähliche moralische Qualifizierung Gottes bestreiten möchte. In diesem Text wirkt Jahweh mit ungeheurer archaischer Roheit. Davon hat ihn erst der Teufel des dritten vorchristlichen Jahrhunderts befreit. Satan ist entstanden, als Jahweh sich moralisch qualifzierte. Im achten Jahrhundert konnte Jahweh noch von sich sagen: «Es geschieht kein Unglück in irgendeiner Stadt, ohne daß der Herr es bewirkt hat», *Amos* 3, 6. Noch zwei Jahrhunderte später rühmte er sich: «Ich erschaffe das Licht und mache das Dunkel. Ich bewirke das Heil und erschaffe das Unheil», *Deuterojesaia* 45, 7. Damals herrschte Jahweh unbeschränkt. Es bedurfte nicht des Teufels, um das Schlechte in Gottes Welt plausibel zu machen.

Erst in spätjüdischen und neutestamentlichen Texten wird Satan der Ursprung des Bösen. Jetzt ist er Sünder von Anfang an und Herr der sichtbaren Welt. Hier am ehesten tritt er als Gegenspieler Gottes auf; eine Erklärung, wie er dazu kommt, gibt die Bibel nicht. Die spätjüdische – und dadurch auch die frühchristliche – Teufelslehre entstammt wohl altorientalischem Einfluß, wahrscheinlich persischem Dualismus. Für meine Überlegung ist ihr Ursprung nicht wesentlich, denn worüber die Europäer nachzudenken hatten, war die jüdische Tradition, speziell die spätere jüdische Apokalyptik. Diese entwuchs dem politischen und sozialen Kontext: Die Juden waren jahrhundertelang von außen bedroht, zuerst von Babylonien, dann von Persien, dann von den Nachfolgern Alexanders des Großen, zuletzt von Rom. Fast immer gab es Juden, die zur Kollaboration bereit waren. ‹Teufel› wurde Deutungsinstrument und Kampfbegriff im Ringen mit Feinden von außen und gegen Freunde der Assimilation, die bereit waren, die alte Religion und Lebensweise aufzugeben. Ein rein theoretisches Konzept war er nie. Und seine Macht wuchs. Besonders als der seleukidische Herrscher Antiochus IV. Epiphanes (175–164 vor Chr.) den Tempel umwidmete, nämlich dem olympischen Zeus weihte und seine aggressive Hellenisierung den Makkabäeraufstand auslöste. Sein Widerstand ging gegen zwei Seiten: gegen den fremden Herrscher und gegen die abgefallenen Juden. Je mehr es galt, interne Feinde des eigenen Volkes zu bekämpfen, um so passender waren die neuen Erzählungen vom Ursprung Satans, die ihn nicht von außen ins Gottesvolk eindringen, sondern durch Abfall eines seiner Besten entstanden sein ließen. Der böse Feind kam aus dem eigenen Volk.

Eine wichtige Entwicklungsstufe des Teufels bietet schon das *Buch Henoch*, das in Schüben seit dem frühen 3. vorchristlichen Jahrhundert entstanden sein dürfte. Es handelt sich um eine spätjüdische Apokalypse von komplizierter Zusammensetzung und Überlieferung. Ihr erster Teil, das *Buch der Wächter*, berichtet, eine Gruppe von Engeln, verführt von der Schönheit menschlicher Frauen, sei zur Erde gekommen, habe mit ihnen Geschlechtsverkehr gehabt und Giganten erzeugt. Sie hätten die Menschen Zaubergesänge gelehrt, die Heilkraft der Pflanzen und die Geheimnisse der Sterne erklärt. Als die Giganten anfingen, die Menschen und ihre Ernten aufzuzehren, bestürmten die im Himmel verbliebenen Engel Gott, er möge sich der Menschen erbarmen. Gott ließ die Riesen fesseln oder in die Wüste schicken; schließlich fraßen sie sich gegenseitig.[6] Der Text malt den Inhalt von *Genesis* 6, 1–4 aus; er erklärt, warum es zur Sintflut gekommen ist, von der allein Noah verschont wird. Der Text wurde geplagten Juden erzählt, deren hellenistische Herrscher von Göttern abzustammen behaupteten und das Volk ausbeuteten. Für die Zukunft wurde wichtig, daß er den heidnischen Kult auf die Dämonen zurückführte.[7]

Wer im zweiten vorchristlichen Jahrhundert erklären konnte, woher das viele Böse komme, war gefragt: Hellenistische Könige eroberten Palästina. Juden litten unter Zwangsmaßnahmen der Hellenisation. Innerjüdische Fraktionskämpfe waren als Kampf Gottes gegen die Rebellion zu erklären. Wieso gab es trotz der siegreichen Makkabäerkriege immer noch den Willen zur Abweichung im eigenen Volk? Die Weltbetrachtung jüdischer Bücher wurde immer düsterer. Für das zweite vorchristliche Jahrhundert belegt dies das *Buch der Jubiläen.*[8] Es fragt, warum so viele Juden «auf den Wegen der Heiden wandeln», und beantwortet die Frage mit der Vorgeschichte des Teufels. Frommen Lesern der *Hebräischen Bibel* fiel störend auf, daß die Engel in der biblischen Geschichte der Welterschaffung überhaupt nicht vorkommen. Dort wird die Herkunft des Teufels nicht einmal erwähnt. Die Engel, ergänzte jetzt das *Buch der Jubiläen*, wurden am ersten Schöpfungstag erschaffen, nach Himmel, Erde und Meer, also nicht als allererste Wesen, wie später bei Origenes. Eine Teufelsfigur namens Mastema erhält das Recht, ein Zehntel der Menschen zu behalten; er schadet den Menschen; er verführt zum Bösen bis ans Ende der Zeiten, vor allem zum Götzendienst, also zur Anpassung an die gehaßte heidnische Umwelt.

Im *Buch der Weisheit*, dem jüngsten Buch des *Alten Testaments*, geschrieben wohl in der zweiten Hälfte des ersten Jahrhunderts vor Christus, heißt es, 2, 24: Gott hat den Menschen zur Unvergänglichkeit erschaffen, aber «durch den Neid des Teufels kam der Tod in die Welt», NJB S. 923. Diese späte Interpretation der Sündenfallerzählung von *Genesis* 3, die für Paulus und Augustinus entscheidend wurde, brachte ‹Transzendenz und Politik› zusammen; sie stellte klar, wer Gottes eigenes Volk war, und beschwor die Gefahren, die vom Abfall von der Kulteinheit ausgingen.

Dämonen oder Engel waren überall; sie konnten sowohl gut als auch böse sein. Das verstand sich fast von selbst in der hellenistischen Welt. Skeptiker mochten über sie schmunzeln, materialistische Philosophen brachten sie dennoch großzügig in ihrem System unter; wunderlich erschienen die Sadduzäer, die weder an Engel noch an die Auferstehung glaubten, was die *Apostelgeschichte* 23,8 befremdet festhält.

In der griechisch geschriebenen, wahrscheinlich jüdischen Schrift *Das Leben Adams und Evas* erliegt Eva zum zweiten Mal der Verführung Satans, und die Ureltern fragen den Teufel, warum er ihnen schaden wolle, sie hätten ihm doch nichts getan. Der Teufel erklärt ihnen seinen Haß gegen die Menschen: Der Erzengel Michael habe ihn, als Gott Adam geschaffen hatte, zwingen wollen, den ersten Menschen als Gottes Ebenbild anzubeten. Das habe er aus Stolz verweigert und sei deswegen aus Gottes Herrlichkeit vertrieben worden.[9] Jetzt erfahren wir mehr über das Innenleben des Teufels und seine Sünde: Stolz und Neid auf den Menschen. Die Stellung des Menschen *vor dem Fall* ist aufgewertet. Er erfaßt erst die Tiefe seines Falls. Das Verhältnis des Teufels zum Menschen rückt in den Vordergrund. Wieder erscheint Eva als die Anfälligere. Der Text beschreibt – wohl zum ersten Mal – den Teufel als Verführer; er spricht durch die Schlange. Dies wurde die erfolgreichste Lesart. Sie findet sich bis hoch ins zwanzigste Jahrhundert.

Die Schriften der Qumran-Gemeinde vertiefen den Dualismus. Diese abgesonderten Frommen sahen die fremde Besatzung ihres Landes und die Kollaboration vieler und folgerten, jetzt herrsche der Geist des Frevels gegenüber dem Geist der Wahrheit; Menschen gehören entweder zu den Söhnen des Lichts oder zu den Söhnen der Finsternis; sie leben entweder die strengen Regeln des Gesetzes oder sie betreiben Assimilation. Der Sieg des Guten stehe kurz bevor.[10] Die apokalyptische Naherwartung verstärkt die Warnung vor dem Abfall der eigenen Leute in der letzten Stunde.

Neues Testament

Die Frage, warum Teufel, Dämonen, Besessenheit und Hexen sich in Europa so lange haben halten können, braucht eine vielgliedrige Antwort; es gab dafür keinen einfachen Grund. Aber die wohl wichtigste Vorbedingung war die buchstäbliche Auslegung des *Neuen Testaments.* In ihm gehören Gott und Teufel zusammen wie Licht und Finsternis.[11]

Das *Neue Testament* spricht, als herrsche der gute Gott im Himmel oder in der Zukunft, aber heute gehöre die irdische Welt dem Satan. In ihr läuft er frei herum und sucht seine Opfer. Paulus gab dem Teufel eine starke Stellung; die ersten drei Evangelien zeigen Jesus vorwiegend als Austreiber von Dämonen. Sie verstehen den Teufel als physisch mächtigen Erprober Jesu und der Heiligen; er verführt Judas und andere Menschen zur Sünde.[12]

Die Macht des Teufels hat zugenommen. Bei Paulus ist er deutlich mächtiger und dämonischer als im Buch *Hiob.* Dort führte er als Handlanger göttlicher Anweisungen die Befehle Gottes durch. Er gesellt sich frei zur Versammlung der Söhne Gottes im Himmel; er berät sich mit dem Allerhöchsten, befehligt noch kein Heer von Teufeln, während er im *Neuen Testament* das vielköpfige Teufelsreich kommandiert; er wurde inzwischen zum Herrn, *archôn*, der Dämonen (Mt 9, 34). Paulus zufolge gelten die Opfer der Heiden den Dämonen, nicht Gott (1 Kor 10, 20). Er nennt den Teufel gar «Gott dieser Weltzeit, *theos* dieses *Aion*» (2 Kor 4,4). Hier nähert Satan sich dem Höhepunkt seiner Karriere und wird zum ‹Herrn dieser Welt› (Mk 4, 13; Mt 13, 19; Lk 8, 12). Doch kann er nur dort wirken, wo Gott es ihm erlaubt. Er mußte um Erlaubnis bitten, die Apostel zu erproben, sie «wie den Weizen zu sieben» (Lk 22, 31). Sein Aufstieg aus dienstbaren Anfängen war noch nicht vollendet. Es hieß von ihm, der Starke sei gefesselt (Mk 3, 26–27). Jesus sah ihn wie einen Blitz vom Himmel stürzen (Lk 10, 18–19); dann war er also nicht in der ersten Vorzeit gestürzt, sondern stürzte erst in Jesu Gegenwart oder nächster Zukunft; die Geschichte von der Rebellion Lucifers war noch nicht erfunden. Er war noch nicht der strafversetzte Engel. Das Ende seiner Herrschaft wird angesagt (Mt 12, 28 und Lk 11, 10), seine Macht wird sich aber davor noch steigern (1 Kor 15, 23–26).

Im ältesten Dokument der christlichen Literatur, im *Ersten Brief an die Thessalonicher*, geschrieben um das Jahr 50, berichtet Paulus, er habe nach Thessaloniki reisen wollen, aber Satan habe ihn daran gehindert (2, 18). Paulus erklärt nicht, wie der Teufel das geschafft hat. Er spürt dessen Feindschaft im täglichen Leben. Der Teufel ist auf alttestamentliche Weise der ‹Versucher›, der den Glauben der Gemeinde erprobt (3, 5). Im ersten Schreiben *An die Korinther* stellt Paulus folgenreich einen Zusammenhang her zwischen heidnischem Kult und Dämonen. Er behauptet, Götzendiener beteten Dämonen an (10, 14–21). Das klingt, als seien Dämonen bloß Wahnideen der Heiden, also ontologisch leere Vorstellungen von Menschen. Aber er hielt sie für reale Mächte, für lebendige Wesen, wie ja auch die Dämonen, die Jesus austrieb, physische Gewalt ausübten. Das fünfte Kapitel dieses Schreibens, 5, 5, ist dafür berühmt, daß Paulus einen Sünder aus der Gemeinde, der mit der Frau oder Konkubine seines wohl verstorbenen Vaters zusammenlebt, dem Satan übergibt, damit dieser dessen ‹Fleisch› zerstöre, damit sein Geist am Gerichtstag gerettet werde. Satan wirkt überall. In den Gemeinden treten falsche Apostel auf. Kein Wunder, denn der Satan verkleidet sich selbst als ein ‹Engel des Lichts› (2 Kor 11, 13–15). Paulus warnt die Gläubigen, sich nicht wie Eva vom Drachen täuschen zu lassen (2 Kor 11, 3). Paulus führt also den Sündenfall auf Macht und List Satans zurück und bereitet damit – über die *Genesis* hinausgehend – ein wichtiges Element der augustinischen und lutherischen Gnadenlehre vor. Nachdem er sich wieder einmal seiner besonderen Begnadung gerühmt hat, fügt der Apostel hinzu, damit er sich ihrer nicht überhebe, wurde ihm ein ‹Stachel ins Fleisch› gestoßen. Ein Bote des Satans sei ihm zugeordnet, der ihn mit Fäusten schlage. Dreimal habe er Gott gebeten, ihn zu befreien, aber Gott habe geantwortet: ‹Meine Gnade genügt dir› (2 Kor 12, 7–9).

Paulus erwartet das nahe Weltende. Die Bedrängnis durch den Teufel hat sich verstärkt. Diese Spannung kann nicht lange dauern. Die Teufelsherrschaft ist gefährlich, aber vorübergehend. Daher verspricht Paulus den Römern: «Der Gott des Friedens wird den Satan bald zertreten und unter eure Füße legen» (Röm 16, 20). Aber noch herrscht der Konflikt. Auch die Menschenwelt ist zweigeteilt: Der Gläubige hat nichts zu tun mit dem Ungläubigen, das Richtige nichts mit dem Falschen, das Licht nichts mit der Dunkelheit, der Christ nichts mit Beliar (2 Kor 6, 14–16). Der «Gott dieser Weltzeit» hat den Geist der Ungläubigen geblendet (2 Kor 4, 3–4). Bei Jesaja war es noch Gott, der bewirkte, daß Menschen, die Augen hatten, nicht sehen sollten (Jes 6, 10). Bei Paulus übernimmt der Teufel diese frühere Funktion Gottes.

Die Zunahme der Teufelsmacht erklärt sich aus der geschichtlichen Lage: In der zweiten Hälfte des ersten nachchristlichen Jahrhunderts wird die christliche Gemeinde von zwei Seiten bedrängt. Sie sieht auf beiden Seiten den Teufel am Werk. Die Juden sind nach *Johannes* 8, 44 Kinder des Teufels. Das Römische Reich, das durch den Frieden des Augustus dem Christentum so günstig war, daß die Rede aufkam, es habe eine providentielle Sendung, stellte sich zunehmend den Glaubensboten entgegen. Es wurde mit dem Satan assoziiert. Die Frage, wann der Teufel von seiner Weltherrschaft entthront werde, betraf daher die nächsten Zukunftsaussichten der Christen. Diese Art, vom Teufel zu reden, war theologisch-politische Zeitdiagnose und Politik. Der

Teufel war nicht nur das Gegenüber einer einzelnen Seele, er spaltete nicht nur Gemeinden und führte einzelne Christen in Versuchung; er dirigierte den römischen Staat, so daß dieser Christen ermordete; der «Mörder von Anfang an» spielte eine kollektive und geschichtliche Rolle. In den letzten Texten des *Neuen Testaments* ist daher von Rom, von der Weltherrschaft des Teufels und deren Ende viel die Rede, zuweilen in verschlüsselter Form, etwa indem ihm eine Zahl wie 666 oder bestimmte Bilder wie der ‹Drache› zugeordnet werden. Der *Zweite Brief an die Thessalonicher* 2 deutet in geheimnisvoller Diktion Ereignisse an, die eingetreten sein müssen, bevor der Teufel, also Rom, besiegt wird.

Das *Johannesevangelium* beginnt mit der Metaphysik des Logos, der alle Menschen, nicht nur die Gläubigen, erleuchtet. Es läßt damit eine anti-dualistische Metaphysik erwarten, aber dann nennt es Satan den ‹Fürsten dieser Welt› (*archôn*, 12, 31, auch 16, 11). Johannes zufolge bewegte der Teufel den Judas zum Verrat an Jesus: Der Satan, heißt es, sei in den Apostel Judas gefahren (13, 27). Er ist die wahre Ursache der Kreuzigung (13, 2). Er beschränkt sich nicht auf die Rolle als Ankläger und Prüfer, die er beim alten Hiob einnahm. Andererseits behauptet *Johannes* 16, 11, der Teufel sei schon gerichtet. Das sagt auch *Lukas* 22, 3. Und doch herrscht der scharfe Kontrast von Licht und Dunkel (8, 12), von Gotteskindern und Teufelssöhnen. Die Juden wollten Jesus töten; Jesus nennt sie in *Johannes* 8, 44 ‹Kinder des Teufels›. Diese Zweiteilung der Menschheit in Gotteskinder und Teufelssöhne vertieft der *1. Brief des Johannes* – vermutlich gegen 95 n. Chr., geschrieben, wohl nicht von Johannes, dem Lieblingsjünger Jesu –, zum schreienden metaphysischen Kontrast zwischen Leben und Tod, 3, 8–14. Ich komme darauf zurück.

Das letzte Buch des *Neuen Testaments*, die *Offenbarung des Johannes*, eine in Briefen gehaltene Apokalypse, ist vermutlich zur Zeit des Kaisers Domitian (81–96) entstanden.[13] Es brachte der christlichen Lehre vom Teufel eine Fülle von gedanklichen Motiven und mächtigen Bildern, die in der christlichen Kunst wirkten. Es stellte schneidend klar, daß der Kampf mit dem Teufel seit der Kreuzigung Jesu nicht zu Ende gekommen ist. Es verband aktualisierte Naherwartung mit der Hoffnung auf das Ende der Herrschaft Roms und der Verfolgung. Die *Offenbarung* warnt die Gemeinden vor Kompromissen mit dem Kaiserkult; sie verurteilt Mischehen und das Essen von Opferfleisch; sie politisiert die Satanologie; sie stellt die Präsenz Satans in der römischen Politik bildhaft dar. Das erste Kapitel schlägt das theologisch-politische Thema an: Der auferstandene Christus ist Alpha und Omega, er ist der Beherrscher der Welt, 1, 5. Aber herrscht wirklich *er*, oder herrschen der Teufel und Rom? Der Teufel, «ein großer feuriger Drache mit sieben Köpfen, darauf sieben Kronen und zehn Hörner» (Apk. 12, 3), setzt zum Endkampf an. Die sieben Köpfe erklärt die *Apokalypse* 17, 9 als die sieben Hügel Roms (17, 9). Durch das Blut des Lammes wird der ‹Ankläger› jetzt besiegt. Im Himmel kämpfte Michael gegen den Drachen und seine Engel. Der ‹Ankläger› wird aus dem Himmel gestürzt (12, 7–10). Auf der Erde verführte er als Schlange das erste Menschenpaar. Der Teufel, jetzt auf der Erde, schnaubt vor Wut; er ist extrem gefährlich, denn er weiß, daß er nur noch kurze Zeit hat (12, 1–12). Er ist mächtig; er steht hinter den verfolgenden Behörden: *Er* wirft Christen zu ihrer «Erprobung» (*peirasmos*) ins Gefängnis. In Smyrna gibt es Leute, die von sich behaupten, sie seien Juden, sie sind aber nicht das wahre Israel, sondern bilden eine «Synagoge des Teufels» (2, 9–2, 10). Die Ausgrenzung der Teufelssöhne betrifft Heiden wie Juden, die den Glauben an Christus verweigern. Seinen Thron hat er in Pergamum aufgeschlagen (2, 13), also im Verwaltungszentrum der römischen Provinz Asia. Satan hat dem ‹Tier aus dem Meer›, einem Tier «mit zehn Hörnern und sieben Köpfen», für dreieinhalb Jahre die Herrschaft überlassen, um Gott zu lästern und Krieg zu führen gegen die Christen. Der Teufel gab ihm Gewalt über alle Stämme, Völker und Nationen. Alle Menschen sollten es anbeten (13, 1–8). Die Kapitel 12 und 13 beschreiben die gewaltige Macht des Drachens und seines Stellvertretertieres; sie schildern bildhaft die Situation der Christenverfolgung: Der Drache und seine Diener konnten Kultbilder errichten, die sogar die Kraft zum Atmen hatten; er konnte die töten, die sich weigerten, das Bild anzubeten. Er drückte denen, die ihm göttliche Ehre erwiesen, ein Zeichen auf Hand oder Stirn mit dem Namen oder der Zahl des Tieres, um die Verweigerer vom Geschäftsleben auszuschließen. Aber bald kommt das

Ende: Sieben Engel werden die sieben Schalen des Zornes ausgießen über die Menschen, die Gottes Heilige hingerichtet haben (Kapitel 16). ‹Babylon›, ‹die große Hure›, der Nistplatz der Dämonen, fällt; gemeint ist Rom. Diese konkrete Politisierung des Teufels ist nicht die geringste Neuerung in seiner Biographie. Anders konnten Christen sich ihre Erfahrung nicht erklären: Gott hatte sie auserwählt, aber alle Welt lehnt sie ab, verfolgt sie sogar. Eine starke, übermenschliche Macht mußte da am Werk sein. Der Teufel blieb nicht der untergeordnete Erprober und Ankläger. Er führte nicht nur einzelne in Versuchung. Er beherrschte einen mächtigen Staatsapparat. Er schuf Märtyrer.

Die Zukunftsvision der *Geheimen Offenbarung*: Die auferstandenen Märtyrer werden tausend Jahre lang herrschen, aber danach wird Satan aus seinem Verlies freigelassen; er ruft die Völker auf zum Krieg, zieht gegen Jerusalem, zuletzt fällt Feuer vom Himmel und vernichtet ihn. Der Teufel wird in den See aus brennendem Schwefel geworfen, in dem schon das Tier und der Lügenprophet stecken. «Dort wartet Qual auf sie Tag und Nacht und für alle Ewigkeit» (20, 7–10). Gott sagt: «Ich mache alles neu». Ein neuer Himmel und eine neue Erde. Aber wer die Wahrheit verrät, «alle diese kommen in den See mit brennendem Schwefel und müssen den zweiten Tod sterben» (21, 8). Jesus kommt bald. Das ist der Grundton des Buches. Und er sagt von sich: «Ich bin der Morgenstern» (22, 16).

Die *Offenbarung des Johannes* brachte als weiterwirkendes Motiv auch dies: Sie stellte Zusammenhang her zwischen der gegenwärtigen Teufelsherrschaft und der Geschichte vom Sündenfall. Sie aktualisiert das Teufelsthema politisch und kulturell, römische Herrschaft und Religionspolitik. Sie teilt Neuigkeiten mit über Art und Dauer der Höllenstrafen: Sie bestehen in ewiger Qual in glühend-flüssigem Schwefel. Aber die Zeit Satans ist abgelaufen. Babylon fällt oder ist schon zerfallen, *Apokalypse* 14, 8 und 16, 19; 17 und 18. Die *Offenbarung* verspricht, die tausendjährige Herrschaft der Märtyrer stehe bevor, 20, 5–6. Sie beschreibt das endgültige Höllenschicksal Satans und seiner Engel. Das zeigt: Die Tradition wächst an. Der Teufel ist kein ewiges Wesen, sondern ein wandelbares. Seine Geschichte war im ersten Jahrhundert nicht am Ende. Dem Teufel, bereits gegen das Jahr

100 vom einfachen Ankläger und Prüfer zum Weltenherrn auf baldigen Widerruf avanciert, stand noch eine große Zukunft bevor. Seine Erschaffung und sein ursprünglicher Fall sind uns noch nicht erzählt. Bis zu den Versen 7 bis 12 des 12. Kapitels der *Apokalypse des Johannes* war Satan noch im Himmel; in 12, 7 agiert er noch im Himmel als «Ankläger unserer Brüder»; er wurde nicht schon, wie nach der späteren Ansicht, als rebellischer Lucifer *vor der Menschenzeit* aus dem Himmel geworfen. Erst das Blut des Lammes Christi und der Märtyrer hat ihn gestürzt. Amtierte er bis dahin weiter als einer der Engel, betraut damit, die Menschen zu kontrollieren und Christen zu erproben? Alle Königreiche der Erde waren ihm übergeben – von wem sonst als Gott? Satans Rolle im Konzept der Erlösung war noch nicht definiert. Adams Sündenfall verurteilte noch nicht das ganze menschliche Geschlecht. Am Ende des ersten christlichen Jahrhunderts war das Bild Satans noch nicht systematisch durchgearbeitet. Oder es gab in verschiedenen Christengruppen divergierende Teufelsvorstellungen. Oder die Verse 12, 10–11 sind später in den Text eingeschoben. Es gab auch die optimistischere Zusicherung, der Teufel sei zwar mächtig, aber frommen Christen könne er nichts anhaben.[14]

Das zweite nachchristliche Jahrhundert

Die Bibel beruhigte. Und sie verstörte. Ihre Aussagen gingen noch durcheinander: Sie versicherte, der Teufel liege angekettet in der Hölle. Aber dringlicher klang ihre Botschaft, er laufe drohend auf der Erde herum. Er verursache dort auch Krankheiten (Apg 10, 38). Und wir lebten in seiner letzten Stunde. Justinus der Märtyrer formulierte um die Mitte des Jahrhunderts den Eindruck allgegenwärtiger Feindseligkeit gegen die Christen: Alle Welt sucht uns zu töten. Böse Dämonen hassen und verfolgen uns; es ist, als seien die Obrigkeiten von ihnen besessen.[15]

Justin führt aus: Als Gott die Welt schuf, vertraute er das Wohlergehen der Erde und das Gedeihen der Früchte Engeln an. Aber die Engel vermischten sich aus Wollust mit Menschenweibern und zeugten Dämonen. Das waren die Erzählungen aus *Genesis* 6 und Buch *Henoch*. Justin malte sie aus: Die Dämonen unterwarfen sich das Menschengeschlecht durch Zauberei und Strafen. Sie lehrten die Menschen, wie man ihnen Räucherwerk opfert und Wein. Diese sinnlichen Genüsse brauchten die Dämonen seit ihrem Fall. Unter den Menschen verbreiteten sie Mord, Krieg und Ehebruch. Die heidnischen Dichter kannten die Herkunft der Dämonen als gefallene Engel nicht mehr und schrieben ihren Göttern diese Untaten zu.[16] Die Christen sind physisch bedroht, und sie stehen im Kampf der Kulturen. Ihre Feinde sind nicht in erster Linie Menschen, sondern die Geister in den Lüften (Eph 6, 10–13). Der apokalyptische Kampf am Ende der Zeiten steht noch bevor.

Gebildete Christen hatten um 150 n. Chr., als Justin schrieb, das Problem, wie sie die hellenistische Kultur bewerten sollten, ihre Religion, Literatur und Philosophie. Damit ihren Staat. Wer sie abwerten wollte, erklärte die heidnischen Götter zu Dämonen. Die Dämonen verleumden die Christen und werfen ihnen Orgien, Inzest und Kannibalismus vor; sie bewegen die Obrigkeit zur Verfolgung. Sie erzeugen in den Christengemeinden Zwietracht und Häresien. Der in Rom lebende Justin sah die Teufelsmacht von drei Seiten auf die Kirche zukommen: von Seiten der irregeleiteten römischen Behörden, von Seiten der feindseligen Juden und von den im 2. Jahrhundert mächtiger werdenden Häretikern, vor allem den Gnostikern, die Christen waren, aber von der sich bildenden Orthodoxie bekämpft wurden. Die Vorstellung wachsender Teufelsmacht entsprach der irdischen Lage der Christen. Jetzt sahen sie die eigenen Traditionsstoffe neu und zugespitzt. Sie nahmen sie in polemisch-aktualisierter Form in Anspruch.

Justin hatte Philosophie studiert und besaß immer noch ein Interesse an systematischem Zusammenhang. Im *Dialog mit dem Juden Trypho*, 45, gibt er zu verstehen, daß die Schlange im Paradies niemand anderes war als der Teufel. Damit gab er ihm eine entscheidende Rolle am Anfang der Menschheitsgeschichte. Seine Satanologie ist wohl die erste, die diesen Namen verdient; sie schließt den Anfang mit dem bevorstehenden Ende der Geschichte zusammen. Jesus war vom Himmel gekommen, um die Teufelsherrschaft abzuschaffen; damit identifiziert

Justin den Zusammenhang von Sündenfall und Erlösung und Endzeit als Kampf gegen Satan. Er sichert zugleich dem einzelnen Christen die Möglichkeit, dem Satan zu widerstehen: Sein Gebet kann ihn in die Flucht schlagen.

Tertullians Verteidigungsrede (*Apologeticum)* gehört in die letzten Jahre des 2. Jahrhunderts, sie ist wohl 197 geschrieben.[17] Das Buch verteidigt das Christentum gegen allgemeine Verleumdungen und gegen juristische Angriffe; es zeigt die dreifache Frontlinie: gegen Heiden, speziell gegen juristische Argumente für die Christenverfolgung, gegen Juden und gegen Häretiker. Hinter allen Angriffen stehen die Dämonen. Diese sind identisch mit den Göttern der heidnischen Religion. Daher wird die antike Kultur insgesamt zum teuflischen Gegenlager. Alles hat der Teufel verkehrt, am fühlbarsten das römische Rechtswesen; er steht als geheime Macht hinter den Richtern, die gegen alles Recht Christen verurteilen. Das Martyrium, schrieb zu Anfang des Jahrhunderts Ignatius von Antiochien im *Brief an die Römer*,[18] ist ein Kampf nicht gegen die Bestien, sondern gegen Satan.

Philosophische Dämonen

Unabhängig von der hebräischen und der neutestamentlichen Entwicklung entstand seit Platon (427 v. Chr. – 348/347 v. Chr.) die philosophische Dämonenlehre.[19] Das Wort ‹Dämon› gab es vor ihr. In den unter dem Namen Homers laufenden Schriften vermutlich der zweiten Hälfte des 8. Jahrhunderts bedeutet ‹Dämon› soviel wie ‹Gott› oder ‹das Göttliche›, aber spätestens Hesiod verstand darunter Mittelwesen zwischen Göttern und Menschen. Es gab auch böse Dämonen, aber überwiegend nutzten sie dem Menschen als Führer, Wächter und Berater. In Platons Mythen wirken sie als persönlicher Schutzgeist, *Phaidon* 107 d; *Staat* 469 a und 617 d. Gute Menschen wirken nach ihrem Tod, vergöttlicht, als Dämonen, *Kratylos* 398; *Staat* 540 b. Dies waren für Platon mythologische Bilder. In seine philosophische Theorie führt das Nachdenken über das *Daimonion* des Sokrates: Es war in ihm, oder er nahm an ihm teil. Es war sein am Guten orientiertes Nachdenken. Es hielt ihn ab, Unbesonnenes zu tun, *Apologie* 28 a, *Phaidon* 107 d und *Phaidros* 246 e. Auf dem Weg des Eros zum Guten, den Diotima im *Symposion* beschreibt (202 a ff.), führen Dämonen den Menschen. Sie wirken als Vermittler zwischen Göttern und uns. Die Schrift *Epinomis*,[20] deren Verfasserschaft fraglich ist, kennt Dämonen als Äther- und Luftwesen und beschreibt ihre Stellung im Kosmos: Sie stehen unter den Göttern, leben in der Luft, sie lenken die Sterne, *Epinomis* 984–985. Das bleibt in der platonischen Tradition eine wichtige Funktion; gleichzeitig internalisiert sie die Dämonen; sie seien unser bestes Inneres, unsere Intelligenz, die das richtige Leben sucht. Sie sind das obere Leitende im Menschen, *Timaios* 90 a. Daher heißt es – wiederum in mythologischer Betrachtung: Die Seele wählt vor ihrem Eintritt ins irdische Leben ihren Dämon und hat in ihm ihre ethische Lebensrichtung, *Staat* 617 e.

Der sog. mittlere Platonismus verschärfte die Transzendenz des ‹Guten selbst›, also des höchsten Gottes, und glich sie aus, indem Dämonen vermittelten zwischen Transzendenz und dem irdischen Leben. Plutarch (ca. 45–ca. 125 n. Chr.) und Apuleius (ca. 125–ca. 162 n. Chr.) knüpften ihre Überlegungen an das *Daimonion* des Sokrates.[21] Die Dämonen sind Vermittler; das *Daimonion* lebt in uns und über uns. Für die Folgezeit wurde wichtig: Soweit sie nicht den Dämon identifizierten mit der inneren Stimme der Vernunft, blieben selbst die als platonisch eingeordneten Autoren dabei: Dämonen waren stofflich; sie lebten als Luft in der Luft und besaßen Leidenschaften. Darauf komme ich zurück.

Plotin (205–270 n. Chr.) kommt in unserem Zusammenhang hohe Bedeutung zu. Ihm zufolge gehen aus dem Einen der Geist und das Sein hervor, die dasselbe sind; sie erzeugen die Gesamtseele, die wiederum die Einzelseelen aus sich heraussetzt und doch in sich behält. Die sinnenhafte Welt kommt aus der Gesamtseele und geht durch sie und den *Nous* zum Einen zurück. Mit dieser Systematik der Weltprinzipien schuf Plotin eine einheitliche Weltdeutung, in der es keinen realen Dualismus geben konnte. Er hat – direkt oder indirekt – fast alle europäischen Anläufe, den Satanismus auszuschließen, ermöglicht, sowohl auf dem Weg über Porphyrius und den frühen antimanichäischen Augustinus als auch über Origenes und Dionysius Areopagita. Was er gegen die Gnostiker vorbringt – *Enneade* 2, 9 (33) –, widerlegt auch eine Reihe christlich-orthodoxer Teufelslehren und hat im Konzept der Erschaffung allzu anthropomorphe Vorstellungen zurückgedrängt. Einen bösen Demiurgen, zweiten Herrscher der irdischen Welt, konnte es da nicht geben. Dämonen kommen bei Plotin als volkstümliche Vorstellungen tonlos vor, aber bedrohen nicht die Rationalität der Welt, wenn sie so aufgefaßt wird wie in der Prinzipienlehre Plotins, der Fatum und Zufall nicht leugnet.[22] Christliche Gnostiker vergröbern Platons Philosophie; sie mißverstehen sie dualistisch. Plotin setzt ihnen ruhige philosophische Analyse und Gelassenheit gegenüber Ereignissen der äußeren Welt entgegen: keine phantastische Vermehrung der Prinzipien, keine Magie, gegen apokalyptische Schreckensdramen, Zaubertechniken und Astrologie.

Die philosophische Dämonenlehre war nicht auf die platonische Schule beschränkt. Aristoteles stand ihr fern, ebenso die Skeptiker. Aber die Stoiker nahmen sie breit auf. Der griechische Philosoph Poseidonios, der um 51. v. Chr. in Rom gestorben ist, gehört der sog. mittleren Stoa an. Für ihn ist das *Daimonion* das rationale Prinzip in uns. Der Dämon ist der in uns urteilende Intellekt. Er führt zum Glück; ihm ist zu gehorchen. Er steht durch Einsicht und ethisches Handeln im Einklang mit der Allvernunft des Universums.

Im dritten Jahrhundert

Im dritten nachchristlichen Jahrhundert erhielt Satan einen Platz im System. Der entscheidende Denker war der alexandrinische Gelehrte Origenes. Es ist nicht leicht, die Bedeutung des Origenes (um 185 bis um 253) für die kirchliche Teufelslehre kurz zu beschreiben. Er ist im Vergleich zu seinen Vorrednern gelehrter Bibel- und Sprachenkenner; die allegorische Bibelauslegung verschafft ihm größere Freiheiten; die Nähe zur neuplatonischen Philosophie gibt ihm einen systematischen

Rahmen, in den er einzelne Lehrpunkte einordnet. Umfassend gebildet, antwortet er auf die Situation der ersten Hälfte des dritten Jahrhunderts: Die Lehren der Gnostiker sind jetzt verbreitet; mit dem Werk des Kelsos, dessen Schrift *Wahres Wort* gegen 180 abgefaßt worden war, lag eine intellektuell anspruchsvolle Kritik am Christentum vor, auf die er antwortet.

Die Untersuchung des Origenes über den Teufel setzt ein mit der Feststellung, der Glaube an den Teufel und seine Engel sei fester Bestandteil der kirchlichen Lehre, nur herrsche Unklarheit, *was* sie sind. Die meisten Christen nähmen an, der Teufel und die Dämonen seien zuvor Engel gewesen, sie seien in großer Zahl abtrünnig geworden.[23] Was die *Natur* des Teufels und seiner Engel angeht, stellt Origenes fest, der Begriff des ‹Unkörperlichen› sei den meisten Menschen und auch der Bibel fremd.[24] Den philosophischen Hintergrund seiner Arbeit bildet die neuplatonische Lehre vom Ausgang aller Dinge vom göttlichen Einen und der Rückkehr zu ihm. Die ursprünglich rein-geistige und freie Welt von Gleichen sei durch verschiedenen Grad des Schuldigwerdens zur differenzierten sinnlichen Welt geworden, strebe aber auf dem Weg über den Menschen zum Einen zurück. Das könnte die Versöhnung aller geistigen Wesen am Ende der Weltentwicklung bedeuten, und über Allversöhnung hat Origenes nachgedacht, sie aber nicht dogmatisch behauptet. Träte sie ein, bekäme die Höllenstrafe den Gott angemessenen Charakter allmählicher Umerziehung und Verbesserung, nicht der Rache und Genugtuung. Dann fände die Feuerqual des Teufels ein Ende; das entspräche der Idee der ursprünglichen Gleichheit aller Geistwesen.

Kelsos bewertete die christliche Lehre vom Teufel als eines Gegners Gottes als gedankliche Inkonsequenz, als Rückfall in phantasiegeleiteten Dualismus. Er fragte, ob denn der oberste Gott, wenn er Menschen Gutes zuwenden wolle, daran gehindert werden könne. Er sah in der Annahme eines mächtigen Gegenspielers Gottes einen Bruch mit dem Monotheismus. Die Christen hätten die philosophischen Lehren mißverstanden, die von «göttlichem Krieg», vom Kampfcharakter der Wirklichkeit sprechen, vor allem Heraklit.[25] Kelsos wollte kein spannungsloses Vorsehungsdenken. Aber die Idee eines göttlichen Gegenspielers hielt er für unfromm und unphilosophisch.

Origenes antwortet auf diese Kritik: Wenn Kelsos sich auf die ‹Alten›, auf Vorsokratiker wie Heraklit berufe, dann sei Moses viel älter; Hiob sei noch älter als Moses. Wenn es Kelsos aufs Alter der Quelle ankomme, verzichte er in seiner Argumentation auf die Versuchungsgeschichten bei den Synoptikern. Er hält Satan für eine überzeitliche Realität, die er nach dem *Buch Hiob* deutet. Er setzt die Schlange aus *Genesis* 3 und den Teufel auf dieselbe Zeitstufe. Er stellt die Unterordnung Satans unter Gott dadurch her, daß er hervorhebt, Satan habe Gott um Erlaubnis gebeten, den Gerechten mit Leiden erproben zu dürfen. Die Unterordnung sei metaphysisch klar: Gott sei *seinem Wesen nach* das Gute und stehe *über* allem, was nur durch Teilhabe an ihm gut ist. Also ist Satan kein gleichberechtigter Gegner. Origenes weist die Ansicht von der sexuellen Gier als Entstehungsgrund der Dämonen zurück; sie steht in der Bibel, *Genesis* 6, aber er deutet sie allegorisch. Folgenreich überträgt er die orientalisch-lyrischen Schilderungen des Königssturzes von *Ezechiel* 26–32 und *Jesaia* 14 auf Satan und entnimmt ihnen sein Wissen von der Urgeschichte des Teufels im Himmel und vom Ursprung des Bösen: Der Teufel war der höchste Engel, er glänzte mit der ‹Krone der Schönheit›, verlor aber seinen Himmelsplatz, als er sündigte. Der Engelsturz fand demnach *vor* der Erschaffung des Menschen statt, anders als in *Genesis* 6. Das ergab die große ‹historische› Erzählung vom verlorenen Paradies: zuerst die Rebellion Satans, dann seine Vertreibung aus dem Paradies; er rächt sich, indem er die Menschen verführt und in sein Reich holt; Christus bringt die mögliche Befreiung. Der christliche Osten übernahm diese Version des Origenes; Hieronymus und Augustin setzten sie im Westen durch. Sie ergibt die Handlung in Miltons *Paradise lost.*

Jeder, sei er Mensch oder reiner Geist, werde zum Satan, wenn er sich gegen die Tugend (*arete*) entscheide. Aber Gott regiert die Welt und weist auch dem Bösen einen nützlichen Platz zu: Er schafft einen Kampfplatz für die Tugend, auf dem geistige Wesen beweisen können, ob sie würdig sind, zum höchsten Gut und zu ihrer Glückseligkeit aufzusteigen. Die providentielle Aufgabe des Teufels ist demnach wie im *Buch Hiob* die Erprobung der Guten; von seiner Weltherrschaft ist nicht die Rede.[26] Aber harmlos ist er keineswegs: Er verursacht, mit

Gottes Erlaubnis und um uns zu erproben, Mißernten, Hungersnöte und Seuchen.[27]

Origenes war ein philosophischer Kopf; er fragte nach dem Ursprung des Teufels und suchte einen plausiblen Grund für seinen Fall. Er fand es undenkbar, daß der Teufel und die Dämonen schon als böse geschaffen worden wären; er dachte sie als freie Wesen, die in einer Art geistiger Trägheit sich selbst vergessen haben und herabgesunken sind.[28] Der Grund für den Sturz des Satans muß in ihm selbst gelegen haben. Um seine Argumentation auch aus der Bibel zu begründen, deutete Origenes, wie schon gesagt, die genannten zwei alttestamentlichen Stellen auf den Teufel, der sündigend seinen hohen Rang im Himmel verloren habe und danach erst die Menschengeschichte mit der Verführung begann.[29] In anderen antiken Quellen ist der Teufel irgendwann einmal da; bei Origenes erfahren wir, wo er herkommt und wie er durch antigöttliche Ambitionen böse geworden ist. Er war einmal Licht, und Jesus selbst sagt, er habe ihn wie einen Blitz vom Himmel stürzen sehen (Luk 10, 18).

Die Kirche des Westens hat unter Führung Augustins das Allegorisieren nur als sekundäre Auslegungsmöglichkeit gegenüber der primären buchstäblichen gestattet; sie behauptete gegen Origenes die Ewigkeit der Höllenstrafen im körperlichen Feuer. Sie hat den Gedanken der Freiheit dem der Gnadenwahl und Prädestination untergeordnet. Luther hat gegen Erasmus den anti-origenistischen Augustinismus gegen Origenes ausgespielt und damit seinen Satanismus gefördert.

Dämonen sind Origenes zufolge nicht von Natur aus böse. Sie stammen, anti-gnostisch konzipiert, nicht von einem bösen Erschaffer. Sie sind vernünftig und prinzipiell verbesserungsfähig. Sie können den Menschen beeinflussen, aber nicht seine Freiheit überwältigen. Nur durch augenblickliche Trägheit oder Unaufmerksamkeit des Menschen gewinnt der Dämon Macht über ihn.[30] Auch wenn der Teufel nicht existierte, würden Menschen sündigen. Der Teufel veranlaßt keineswegs alle menschlichen Verfehlungen. «Wir Menschen bieten dabei die Ansatzpunkte und Anfänge der Sünden, die feindlichen Mächte aber dehnen sie aus in die Breite und Länge.»[31] Menschliche Maßlosigkeit, *intemperantia*, schafft den Dämonen im menschlichen Geist Platz, damit sie dort wirken können.

Kelsos hatte argumentiert, wer den höchsten Gott verehre und die Vorsehung verstehe, könne auch Dämonen ehren, sofern sie von Gott regiert und insofern gut sind.[32] Für Origenes gab es im Gegensatz zum hellenistischen Sprachgebrauch keine guten Dämonen. Das, sagte er, bewiesen allein schon ihre Anrufungen durch Zauberer und andere Unholde. Daher lehnte er jede Art von Verehrung der Dämonen ab.

Christen argumentierten, sie könnten nicht zwei Herren zugleich dienen, aber der Sache nach haben sie nicht viel anders gedacht: Sie nannten die guten Dämonen ‹Engel›, die sie kultisch verehrten, und beließen das Etikett ‹Dämon› nur den bösen. Origenes leugnet nicht die gefährliche Bosheit der Dämonen; er verknüpft ihre Bosheit mit der Abscheulichkeit der heidnischen Kulte, denn im Anschluß an *Psalm* 95, 5 nennt er alle Götter der Heiden ‹Dämonen›;[33] er grenzt ihre Bosheit aber ein: Weder ist ihre Natur böse, noch besteht ihre Bosheit notwendigerweise für immer, noch setzt sie den freien Willen außer Kraft. Fromme, die bei Versuchungen siegen, schwächen das Heer der bösen Geister. Diese Überzeugung steigerte im vierten Jahrhundert den christlichen Kampfgeist zum mönchischen Asketismus. Die Feindseligkeit der kaiserlichen Verwaltung war seit 312 weggefallen (Toleranzedikt des Galerius); seit 392 war der heidnische Kult verboten. Jetzt hielten Mönche sich für besonders erwählt, wenn der Teufel gerade sie besonders hart erprobte. Der Kampf verlagerte sich ins Innere der Mönche, zum Beispiel in das des heiligen Antonius. Dieses Thema erwies sich als literarisch und künstlerisch besonders fruchtbar. Die Kleriker, die sich die *Versuchung* von Matthias Grünewald malen ließen, brauchten sie bedrohlich, verletzend, widerlich, nicht verlockend. Sie beseitigten alle sinnlichen Reize der teuflischen Angriffe, um sie anschauen zu dürfen.

Noch ein anderer alter Teufelsverbündeter war übriggeblieben: das Judentum. Die Christenheit tobte von jetzt an den Kampf gegen den Satan als Kampf gegen die Juden aus oder verlegte ihn in verstiegene asketische Übungen. Die Taufkatechesen des Johannes Chrysostomus († 407) zeigen, was jetzt Christentum war: Kampf mit dem Teufel, strenger Asketismus möglichst im «engelgleichen Leben» von Mönchen, feindselige Absetzung gegen die Juden.[34]

Die wichtigste antike Fortentwicklung der christlichen Teufelslehre fand zwischen 397 und 430 statt, bei Augustinus von Hippo.[35] Er führte in vielen Lehrpunkten und Schriftauslegungen die Ergebnisse des Origenes fort, bekämpfte aber dessen spirituelle, mildernde Deutung der Hölle und der Höllenstrafen; er nahm nicht dessen Tendenz zur Unkörperlichkeit der Engel und Teufel an; er organisierte geschichtstheologisch-adversativ die beiden Reiche, die *civitas Dei* und die *civitas diaboli*; er deutete die Erlösung durch Christus als Loskauf der Auserwählten vom Teufel. Mehr noch als durch Einzellehren schuf seine Satansrhetorik die Atmosphäre von mächtiger, sexorientierter Teufelsherrschaft. Der Teufel war allgegenwärtig; Thietmar von Merseburg kannte ihn daher als fast Allwissenden.[36] Satan nutzt die Aufsässigkeit der Geschlechtsorgane, besonders der männlichen, die sich der Vernunft widersetzen, was die gerechte Strafe dafür ist, daß Adam sich dem göttlichen Gebot widersetzt hat.[37] Der vom Teufel dominierte sexuelle Tumult ist die verdiente Folge des Sündenfalls. Seitdem rebelliert die niedere Schicht gegen die höhere.

In der deutschsprachigen Augustinusdeutung bestand lange die Tendenz, die hohen Themen der Wahrheit und der Schönheit, Theodizee und Gnadenlehre bevorzugt zu erörtern und darüber die magischen und banaleren Aspekte zu vergessen, obwohl Thomas von Aquino, der Augustins philosophische Metaphysik und Erkenntnislehre kritisiert hat, gerade diese kritiklos übernommen und sanktioniert hat, z. B. den Zusammenhang von Teufelsmacht und Samenerguß des schlafenden Mannes, II–II, 154,5. In dieser Form haben Augustin und Thomas gemeinsam die spätere Teufelsangst und Hexenjagd ermöglicht. Auf Augustins metaphysische und spekulativ-theologische Ideen werde ich später genauer eingehen; hier nenne ich nur einige seiner *spezielleren* Lehrpunkte:

Erstens die Verteufelung der Sexualität: Seine Erbsünde wird jedem Neugeborenen durch Geschlechtsverkehr vermittelt.

Zweitens zeigt er ausgesprochen sexistisches Interesse. Er geht ihm genau und ausführlich nach und unterscheidet die Dämonen nach ihrer sexuellen Position in *incubi* und *succubi*. Diese Wörter würden im Volksmund gebraucht für Silvane und Pane. An ihrer realen Existenz dürfe man nicht zweifeln.[38] Augustin zufolge bestand der großen Sündenfall der Engel nicht mehr wie nach *Genesis* 6 im Geschlechtsverkehr mit Frauen; er fand *vor* Beginn der irdischen Welt statt, aber den gefallenen Engeln beließ er sexuelle Gier. Sie konnten und können heute noch Riesen erzeugen, und Thomas von Aquino zitierte zustimmend Augustin, *De civitate Dei* 15, 23, um fachkundig und detailfreudig zu erklären, wie das geht: Ein Dämon in der Position des *succubus* empfängt den Samen eines außerordentlich großen Mannes und überträgt als *incubus* diesen Samen auf eine Frau. Was daraus geboren wird, ist nicht das Kind des Dämons, sondern des Mannes, *Summa theologiae* 1, 51, 3 ad 6. Damit schufen Augustin und Thomas gemeinsam eine der theoretischen Voraussetzungen der Hexenjagd des späten Mittelalters und der frühen Neuzeit.

Drittens sanktionierte Augustin für den lateinischen Westen die Idee des Teufelspakts. Eine solche Übereinkunft kann wahres Zukunftswissen ermöglichen, ist aber streng zu verwerfen. Dieses Verbot nahm Gratian ins Kirchenrecht, Thomas von Aquino bestätigte es. Augustin, Gratian und Thomas haben damit eine weitere Grundlage der Hexenjagd geschaffen, nicht deren ‹Ursache›, wohl aber ihre *conditio sine qua non.*[39]

Viertens konzipierte Augustin den Menschen, besonders die Frau, als durchlässig für Teufelseinwirkungen. Dämonen dringen von allen Seiten der sinnlichen Welt her in uns ein. Sie erkennen zwar nicht unsere innerste Willensrichtung, wohl aber unsere sinnlichen Vorstellungen und beeinflussen sie bei Tag und bei Nacht. Sie erzeugen Bilder und verführerische Träume.[40]

Fünftens nahm Augustin aus Diskussionen mit Zeitgenossen die enge Verbindung der Dämonen mit dem Vorhersagen zukünftiger Ereignisse auf. Er widmete dem Problem eine eigene Schrift: Wieso können Dämonen manchmal korrekt die Zukunft voraussagen?[41]

Sechstens hat Augustin nie daran gezweifelt, daß es erfolgreiche magische Praktiken gibt. Zu diesen zählen das soeben genannte Zukunftswissen und das Erstellen von Horoskopen. Aber ‹Magie› umfaßte für ihn viel mehr: Schadenszauber an der Ernte, das Tragen von Amuletten, das böse Auge, das jemandem schaden soll, die Verwandlung von Menschen zu Tieren, das Verursachen von Unwetter. Schließlich berichtet die Bibel, daß die Zauberer des Pharao wirkliche Wunder vollbrachten. Dies alles verwarf Augustin, weil es auf der Mitwirkung des Teufels beruhe. Weder für Augustin noch für Thomas von Aquino gab es ‹natürliche Magie›.[42]

Die konkreten Vorgaben der lateinisch-patristischen Zeit, vor allem diejenigen Augustins und Gregors des Großen, drangen früh in kirchenrechtliche Sammlungen ein, beginnend mit dem skythischen Mönch Dionysius Exiguus, der im sechsten Jahrhundert einige Jahrzehnte in Rom lebte und dessen Canonessammlung Papst Johannes II. 534 zum offiziellen kirchlichen Gesetzbuch erhob. Konzilien der Zeit zwischen dem sechsten und neunten Jahrhundert bestätigten sie. Die Vorstellungen – zum Beispiel von der Magie als Teufelswerk – bestimmten zunehmend die weltliche Gesetzgebung. Diese mußte entscheiden, was mit jemandem geschehen sollte, der eine Wachspuppe mit dem Messer zerstach, um den Dargestellten mit Teufelshilfe in der Ferne zu töten. So blieben sie geltend im ganzen westlichen Mittelalter. Die Hexenjagd der späteren Jahrhunderte war früh vorbereitet. Die Begriffe Hexer (*maleficus*) und Hexe (*malefica*) waren vorhanden, bezeichneten aber noch nicht Angehörige einer gegenkirchlichen, teufelsverschworenen Gruppe, sondern einzelne Personen. Gewiß brauchten sie schon den Teufel, aber sie fuhren noch nicht nächtens durch die Luft zur Walpurgisnacht; sie vollzogen noch nicht antichristliche Liturgien. Das heißt nicht, die Geschichte Satans habe von 500 bis 1500 stillgestanden: Die kirchenrechtlichen Regeln erhielten ihre erste Fasssung; Karl der Große ordnete 787 in seinem *Capitulare* für die Sachsen die Todesstrafe für diejenigen an, die Wotan oder anderen heidnischen Göttern opferten. Kirchenrecht und Kirchenpolitik entwickelten sich weiter, es wurden – wie in der heidnischen Antike – einzelne Schadenszauberer bestraft, aber eine Hexenjagd wie im 16. Jahrhundert gab es zwischen 800 und 1200 nicht. Danach erst ermöglichten zwei entscheidende prozeßtechnische Neuerungen die kommende Flut von Hexenprozessen. Erstens: Der Inquisitionsprozeß trat an die Stelle des Akkusationsprozesses. ‹Inquisition› bezeichnet zunächst die Art des Prozesses; er wurde von Amts wegen geführt; kirchliche und staatlich beauftragte Richter eröffneten von sich aus den Prozeß, forschten nach

Straftatbeständen, besonders nach Verstößen gegen kirchliche Lehren. Im *vor* 1200 allein üblichen Akkusationsprozeß klagte ein Privatmann den Verdächtigen an. Ihm, nicht dem Richter, oblag die Beweisführung. Dies war oft schwierig und mit Risiken verbunden und fand daher viel seltener statt. Der Richter im Inquisitionsprozeß besaß höhere Autorität, zumal Papst Innozenz IV. 1252 die Folter erlaubte. Er konnte Beschuldigte ermitteln und gefangennehmen; er bestellte Zeugen und Gutachten. Der Prozeß wurde behördliche Maßnahme. Er sah wissenschaftlicher aus als der Akkusationsprozeß. Dieser war eine Auseinandersetzung vor dem Richter zwischen dem privaten Beschuldiger und dem von ihm Angezeigten. Der Inquisitionsprozeß wurde im späten Mittelalter im kirchlichen wie im weltlichen Recht ausgebaut; er erschien als Rationalisierung und Fortschritt des Rechtswesens; Denunzianten blieben anonym; die Rechte des Angeklagten wurden zunehmend eingeschränkt. Die Zahl der Ketzerprozesse nahm zu, zumal als die Hexe als Häretikerin galt.

Die zweite prozeßtechnische Veränderung des 15. und 16. Jahrhunderts war die Abschaffung der Talion. Darunter verstand man die Rechtsvorschrift, nach der ein Ankläger im Akkusationsverfahren, der seine Anklage nicht beweisen konnte, dieselbe Strafe erhielt, die der von ihm Beschuldigte erhalten hätte. Diese Regel des römischen Rechts hatte zuvor die Zahl der Anklagen wegen Hexerei gering gehalten.

Parallel dazu verliefen lebhafte theoretische Diskussionen über den Teufel und seine Engel. Jetzt wollte man genau wissen, was ein Dämon ist. Seit dem 12. Jahrhundert setzten Scholastiker die Unkörperlichkeit der Engel und Teufel gegen Augustin und Gregor durch.[43] Der gesamte dogmatische Rahmen geriet in Bewegung; die Aristotelesrezeption veränderte die Terminologie und schuf neue Themen. Einige Autoren bestritten die augustinische Konzeption der Erlösung, andere verteidigten sie. Die erfolgreichsten Lehrer modifizierten und kombinierten sie. Seit Anselm von Canterbury wurde sie zum Thema lebhafter Streitigkeiten.[44] Kurz: Wenn wie oben gefragt wird, wie sich der Teufelskomplex im lateinischen Westen trotz vorhandener Skepsis so lange hat behaupten können, dann lautet eine zweite Antwort: Augustin hat sich durchgesetzt, Thomas von Aquino hat spezielle Lehrpunkte Augustins übernommen; Luther hat sie intensiviert. Der ganze Komplex erhielt sich so lange, weil er auch nach dem fünften Jahrhundert tiefgreifend erneuert und umgebaut worden ist. Das will ich in den kommenden Abschnitten beweisen.

Der unsichtbare Feind

Wenn der Teufel in der Welt herumläuft wie ein brüllender Löwe, dann *wirkt* er; dann ist er für Christen *wirklich.* Die Frage ist, was das heißt.

Sie können ihn sich vorstellen, schwer zwar, denn er wechselt die Gestalt, ist auf keine von ihnen festgelegt. Er tritt auf als Schlange, Drache, Katze, schwarzer Pudel. Er erscheint auch als Mensch. Auch wieder als ‹Engel des Lichts›. Sie lokalisieren ihn; sie sagen, er sei *hier* oder *dort,* er *komme* oder *gehe.* Sie schreiben ihm Absichten und Einsichten zu; er sei intelligent und mächtig; er habe Einfluß auf Menschen und Naturvorgänge. Er zaubert und bringt dabei richtige Frösche hervor. Sie sagen, er sei *Person.* Zugleich nehmen sie ihn als *Inbegriff;* er ist für sie das verdichtete Ungeheure, das Unheimliche oder der schlechthin Böse.

Da wir Furchtbares erfahren oder ahnen, ist der Teufel, so genommen, ein Inhalt von Erfahrung. Den Teufel zu assoziieren mit dem Ungeheuren liegt nicht in der menschlichen Natur, sondern war zunächst das Ergebnis spätjüdischer sozialer und intellektueller Entwicklungen, danach das geschichtlich-kontingente Ergebnis christlicher Indoktrination und Erziehung. Keineswegs haben die Menschen aller Zivilisationen sie vorgenommen, selbst wenn alle Menschen ‹das Unheimliche› erfahren haben sollten, was nicht wahrscheinlich ist, denn ‹das Ungeheure› kommt nur vor – ebenso wie das religionsphilosophisch strapazierte ‹*Tremendum*› – als Gegenbegriff zum rational geordneten Alltag später Gesellschaften.

Ist der Erfahrungsinhalt ‹Teufel› eine Symbolfigur wie Frau Holle? Ist er eine wirkend-wirkliche Kraft nach Art einer lebenden Person? Christen sagten lange und oft, er sei keine bloß literarische Gestalt wie Rotkäppchen oder Lohengrin. Ihre autoritativen Texte beschreiben ihn als selbständiges Subjekt von Handlungen. Ihr Teufel fuhr in den Apostel Judas und stiftete ihn an, Jesus gegen Geld zu verraten. Satan gehört offensichtlich in eine andere Erzählungsart als eine Märchenfigur. Wenn es von ihm heißt, Christus habe ihn *besiegt*, hätte es keinen Sinn zu sagen, Christus habe *meine personifizierte Vorstellung* vom Ungeheuren besiegt. Zu dieser Art von Erzählung gehört, er habe die Patriarchen des Alten Bundes aus der Hölle befreit, er habe sie der Herrschaft Satans entrissen und eine neue Epoche der Weltgeschichte eröffnet. Der Teufel ist eine literarische Figur, zu der gehört, daß der Erzähler auf Anfrage von ihr sagt, er sei realiter, also nicht nur in der Vorstellung frommer Menschen, der Herr dieser Welt. Er ist so imaginiert, daß er nicht von sich sagen darf, er sei imaginiert. Er spielt seine *Rolle* als Gott dieser Weltzeit. Luther sah ihn bedrohlich auf sich anstürmen. In seinem Lied, das Heinrich Heine die «Marseillaise der Reformation» nannte, besang er ihn:

> Der alt' böse Feind
> Mit Ernst er's jetzt meint;
> Groß Macht und viel List
> Sein grausam Rüstung ist,
> auf Erd ist nicht seinsgleichen.

Eigentlich handelt das Lied von Gott, es kommt aber sofort auf den Bösen zu sprechen. Es belegt die Rückwirkung der Konzeption des Teufels auf das Bild von Gott: Gott wird zur Festungsanlage. Christsein heißt: im Krieg sein. Luther poetisiert den Glauben altmodisch-militärisch, trutzig-defensiv, aber so, daß die poetische Logik es ausschließt, von ihm zu sagen, er sei nur Poesie.[45]

Das hat Folgen für die Art, wie vom Teufel gesprochen wird. Jemand könnte sagen, der Teufel habe Hitler zum Überfall auf die Sowjetunion inspiriert. Wollte ich hinzufügen, dieser Satz sei ‹wahr›, woher sollte ich das ‹wissen›? Selbst wer dabei war, als Hitler diesen Beschluß faßte, *sah* nicht die Einwirkung des Teufels. Er *sah* nur irdisch-bedingte Vorgänge. Er suchte die Ursachen dieses Beschlusses in der Kriegslage, in der politisch-sozialen Vorgeschichte, in der geographischen Lage Deutschlands, wie Hitler sie wahrnahm, in der Biographie Hitlers; den Teufel hätte er nicht angetroffen. Der Satz «Der Teufel hat Hitler inspiriert» ist in dem Sinne ‹wahr›, daß Hitler damit ein Verbrechen diabolischen Ausmaßes begangen hat. Er ist wahr, weil ich ihn dafür hasse. ‹Objektiven› Gehalt hat der Satz nicht; ich kann nichts in der Außenwelt vorweisen, was ihn bestätigt. Wie kann ich den Teufel ‹wirklich› und ‹wirksam› nennen, wenn nie jemand sein Wirken gesehen hat?

‹Gott› ist, so gesehen, in keiner anderen Lage als der Teufel: Er wird für wirklich gehalten, aber niemand hat sein Wirken je gesehen. Nehmen wir an, ein Kunsthistoriker besichtige eine französische Kathedrale, und zufällig sei dort an diesem Tag die Leiche des verstorbenen Bischofs aufgebahrt. In den Zeitungen steht, Gott habe den hochwürdigsten Herrn zu sich ‹gerufen›. Niemand hat dieses Rufen gehört. Vielleicht hat der Teufel den hohen Herrn geholt. Aber auch das hätte niemand bemerkt. Unser Kunstfreund könnte den Unterschied nicht benennen zwischen dem Rufen Gottes und der Abholung durch den Teufel.

Ein Apologet könnte erwidern, die *Wirkung Gottes* sehe man doch; die ganze Welt sei das, was der Schöpfer bewirkt habe, also sei er wirklich. Aber niemand hat sein *Wirken* gesehen. Wir haben nur aus Erzählungen davon erfahren, und die Erzähler waren sowenig dabei wie wir. Gott werden allumfassende Wirkungen zugeschrieben, dem Teufel einzelne Effekte. Gläubige kennen noch viele andere partikuläre Wirkungen aus der jenseitigen Welt; sie bringen Votivtafeln an, auf denen steht: «Der heilige Konrad hat geholfen.» Sein Helfen hat niemand gesehen. Erforscht jemand einen derartigen Vorgang, findet er immer nur empirische Details; deren Rückführung auf jenseitige Ursachen bleibt *seine* Interpretation. Wer fragt, wie man von den beobachteten Tatsachen zur theistischen oder diabolischen Interpretation kommt, erhält Antworten, die die angezielte Interpretation schon voraussetzen. Wer Geisteskrankheit als Besessenheit verstand, konnte den Anteil des Teufels nicht nachweisen. Christen des 16. und 17. Jahrhunderts wie der Calvinist Balthasar Bekker drängten im Interesse einer reineren Konzeption des Christlichen die Rolle des Teufels und des mit ihm verknüpften Hexenwahns zurück und benutzten dazu dieses philosophische Argument. Vereinzelt sah ein Denker wie Philipp van Limborch, † 1712, voraus, die streng-empirischen Argumente gegen die Kausalität des Teufels würden leicht zu Einwänden gegen die vernünftige Erkennbarkeit der Existenz Gottes. Sie eliminierten den Teufel aus dem philosophischen Denken, aber ihr Argument bedrohte auch das Wissen von Gott.

IV. Entmaterialisierung

Daemones aeria sunt animalia.
AUGUSTINUS, DE GENESI AD
LITTERAM 3, 10 CSEL 28,
1 p. 72,22

Stoff als Wirklichkeitskriterium. Oder: Was heißt: «Es gibt ihn ‹wirklich›»?

Der Teufel konnte sich in Europa so lange halten, weil er sich mit ihm wandelte. Daher gehe ich jetzt auf seine Entwicklungen genauer ein, besonders auf die *nach* dem fünften nachchristlichen Jahrhundert, die, wie gezeigt, mancher Spezialist leugnet. Hier ist noch etwas zu entdekken, also schlage ich meine alten Bücher noch einmal auf.

Zuvor muß ich einen Umweg machen und, halb im Rückblick, halb im Vorgriff, fragen: Wann eigentlich gilt etwas als ‹wirklich›? Was mögen die Leute sich dabei gedacht haben, wenn sie in früheren Jahrhunderten darüber stritten, ob es den Teufel ‹wirklich› gebe? Wer ihm die Existenz *bestritt,* hielt ihn für Menschenerfindung, Volksaberglauben oder poetische Fiktion. Ihm kam es darauf an, dass der Teufel nichts sei, vor dem man sich fürchten müsse, da er keine Macht in der Natur oder im Menschenleben darstelle. Was auf Satan zurückgeführt wird, sei ‹natürlich› zu erklären, medizinisch oder physikalisch. Was wollte der sagen, der behauptete, der Teufel existiere *wirklich*? Ihm ging es darum, Satan bestehe nicht nur in der Vorstellung der Gläubigen, sondern wirke als reale Macht in der wirklichen Welt. Er wolle den Menschen schaden und spähe hochintelligent Möglichkeiten aus, Macht über sie zu gewinnen und sie in Abhängigkeit zu halten. Wer ihn für ‹wirklich› hielt, nahm an, es gebe ihn schon lange, wohl vom Weltanfang an, und er werde noch lange bedrohlich sein, denn er sei psychisch und physisch wirkungsstark. Er sei etwas, das bleibe. Er lebe, und er lebe länger als ein Menschenleben. Er sei keine vorübergehende Eigenschaft, sondern ein beharrendes Wesen. Er habe Bestand in sich selbst, wenn auch *unter* Gott als seiner Erstursache. So etwas nannte man früher eine ‹Substanz›. Er sei aber eine besondere Art von Substanz, da er rede, denke und weltkundig handle. Er sei ein Zentrum hoher Intelligenz und mächtigen Willens. Ein solches Wesen hieß etwa seit dem 5. Jahrhundert eine ‹Person›. Boethius hat *persona* definiert als «individuelle Substanz geistiger Natur». Niemand hielt den Teufel für einen Körper mit Fleisch und Blut. Er sollte unsichtbar sein, aber einen Luftkörper haben und bei Bedarf wie ein sinnlicher Körper auftreten, also z. B. den Leib eines schwarzen Hundes annehmen können.

Bleiben wir noch für einen Augenblick bei Disputanten über Existenz oder Nichtexistenz des Teufels. Mit ihren Behauptungen standen sie sich diametral gegenüber. Aber sie hatten zugleich eine Reihe von abstrakteren Fragen gemeinsam. Zum Beispiel: Was verstehen wir, während wir streiten, unter ‹wirklich›, unter ‹Substanz› und unter ‹Person›? Diese Fragen konnten sie weder aus der Bibel noch aus ihrem Glauben beantworten. Sie mußten darüber philosophieren, und das veränderte ihre fromme oder auch unfromme Behauptung. Übrigens sagte kaum einer von ihnen, wirklich real sei nur, was man sehen, anfassen oder wenigstens bildhaft vorstellen könne. Mancher Autor, auch mancher Theologe, besonders wenn er vom leeren Grab oder von der Transsubstantiation sprach, gestand, ‹wirklich real› sei für ihn gleichbedeutend mit ‹physisch real›. Auf dem Hintergrund dieser Konzeption agierten fast alle. Nur wenige wußten noch, daß dies die Philosophie der Stoiker war.

Es stellte sich eine Reihe weiterer Fragen, z. B.:

1. Was meinen wir, wenn wir Satan ein ‹geistiges› Wesen nennen? Das Wort ‹Geist› (*spiritus, pneuma*) war nicht klar; es bezeichnete irgend etwas zwischen Weingeist, Lebensgeist, Wind und Heiligem Geist; auch im Lateinischen lagen die Felder von *spiritus* und *intellec-*

tus weit auseinander. Denkende Christen beseitigten allmählich den Druck dieser Mehrdeutigkeit; dann erst entwickelte Satan sich nach Jahrhunderten zum reingeistigen, stofffreien Wesen. Er wurde ‹Geist›, *nous, intellectus.*

2. Teufelsgläubige wie Ungläubige, ob sie ihn fürchteten oder bestritten, dachten ihn als ‹Individuum›. Sie stellten ihn sich in einem Raum vor, im Himmel oder in der Hölle oder auf der Erde. Sie unterschieden ihn von Bäumen, Tieren und anderen Engeln. Professoren in Paris gingen wohl davon aus, was wirklich sei, habe einen Ort, und überlegten laut, *wo* er denn nun sei, in der Hölle oder in der Luft.

3. Sie stellten ihn sich vor als gefallenen Engel an der Spitze einer großen Anzahl von Unterteufeln. Mit ihnen zusammen verursachte er in der irdischen Welt Glaubenszweifel und Häresien, Zauberei und Hexerei, Besessenheit und Naturkatastrophen.

4. Die Teufelsvorstellung beeinflußte den Begriff von Gott. Er stand dem Teufel ‹gegenüber›, allerdings übernahm Erzengel Michael die direkte Feindberührung. Wer Satans Existenz bestritt, hieß schon früh, spätestens im 16. Jahrhundert, ‹Atheist›, als bezweifle, wer die Existenz des Teufels leugne, auch das Dasein Gottes. Als bestehe zwischen Gott und seinem Widersacher nicht nur Gegensatz, sondern Systemzusammenhang. Entsprachen sie einander wie Urbild und Abbild? Stritten sie wie feindliche Brüder? Verliert man beide nur zusammen?

Jeden dieser vier Punkte möchte ich etwas genauer ansehen, zunächst den Übergang des Teufels zum reinen Geist.

Im 13. Jahrhundert verlor der Teufel endgültig seinen Luftkörper. Bis dahin hatte er schon mehrere Umwandlungen mitgemacht, *diese* war nicht die letzte, aber sie war von besonderer Wichtigkeit. Sie war konfessionsübergreifend von Dauer: Er wurde reiner Geist.[1] Seit dem 13. Jahrhundert nannten die Fachleute den Teufel eine *substantia separata*, eine abgetrennte Substanz. Das hieß: Er war ein bleibendes Wesen bei wechselnden Eigenschaften und Taten; er wurde unstofflich, ausdehnungslos. Er war Raum und Zeit überlegen, konnte aber in Raum und Zeit wirken, war also nicht ‹abgetrennt› von der Menschenwelt;

‹abgetrennt› hieß er, weil er als geistiges Wesen keine räumliche Ausdehnung hatte. Er war unsterblich, und zwar nicht mehr, weil er einen Luftkörper hatte, der sich nicht zerteilen ließ, sondern weil er als Geistwesen keine materiellen Einzelteile hatte, durch die man ihn hätte zerlegen und also töten können. Wer nur theologische Bücher liest, die *nach* dem 13. Jahrhundert geschrieben sind, rechnet nicht damit, daß bis dahin der Teufel ein stoffliches Wesen war; sein Körper, sagten Kirchendenker der älteren Zeit, bestehe aus Luft. Daher könne er überall eindringen, in Besessene und Hexen. Sein spezieller Aufenthalt war daher der Luftraum. Der *Brief an die Epheser* (2, 29) nennt ihn «Machthaber der Luft».

Der Teufel aus Luft

Die Entstofflichung des Teufels ist ein ideengeschichtlich wichtiger Vorgang, der nicht immer scharf wahrgenommen wird. Als Ausgangspunkt ist festzuhalten: Für den Westen maßgebliche Kirchendenker wie Origenes, Ambrosius und Augustinus hielten ihn für ein stoffliches Wesen. Sie hielten ihn nicht für Fleisch.[2] Sie dachten, er bestehe aus Luft. Und nannten ihn eine *substantia sensibilis*. Hier einige Belege:[3]

Origenes zufolge ist es das Privileg der Gottheit, reiner Geist zu sein. Er allein ist völlig unstofflich. Engel und Dämonen können es nicht sein. Auch der Teufel ist es nicht.

Ambrosius erklärt in seiner vermutlich 382/383 verfaßten Schrift *De Abraham* 2, 58, kein Wesen außer der Gottheit existiere ohne materielle Zusammensetzung.[4] Auch Augustinus predigte diese Teufelslehre. Er sagt von den Engeln, zu denen er den Teufel seiner ursprünglichen Natur nach zählte:

«Sie hatten, obwohl nicht von einer Frau geboren, dennoch einen richtigen Körper. Deswegen konnten sie ihn ständig verwandeln – aus jeder beliebigen *species*, aus jeder Art von Anblick, in jede andere *species*.» Sie geben sich jeweils ein anderes Aussehen, je nach Auftrag. Augustin hatte keine theoretischen Bedenken; er war, wenn es um Engel oder Teufel ging, Halb-Materialist.[5]

«Die Dämonen» – das Wort konnte, wie gesagt, Engel und Teufel bezeichnen, wenn auch der normale christliche Sprachgebrauch die guten ‹Dämonen› ‹Engel› nannte – «sind Lebewesen aus Luft», *aeria sunt animalia*.[6]

Der Tatbestand ist klar: Der Teufel war bei maßgeblichen alten Kirchendenkern aus Stoff. Er war es sogar bei Denkern wie Origenes, Ambrosius (für eine Weile) und Augustin, die für die Unsterblichkeit der menschlichen Geistseele philosophisch argumentierten und – neoplatonisierend – die biblischen Texte allegorisch auslegten, um eine zu stoffliche Auslegung des Christlichen zu vermeiden, während andere christliche Autoren wie Tertullian, die ich hier bewußt *nicht* zitiere, auch die Menschenseele für stofflich erklärten. Diese Autoren hatten gar kein Problem damit, Teufel und Engel für ‹Lufttiere› zu halten. Sie folgten dem in der Spätantike weitverbreiteten Materialismus der Stoiker. Wenn die Bibel vom Teufel erzählte, er habe auf Befehl Jesu den Besessenen verlassen, dann hielten sie diese Bewegung für einen sinnlich-räumlichen Vorgang.

Die lange Tradition

Scholastiker des 12. und 13. Jahrhunderts rückten von dieser Position ab. Diese Sublimierung schnitt ein ins christliche Selbstverständnis. Sie schuf eine markante Differenz zu früheren Auslegungen. Wie lange genau blieb die alte, die stoffbetonende Lehre in Geltung? Wann genau und wie wurde der Teufel zu einem rein geistigen Wesen?

Betrachtete ein Christ der ersten Jahrhunderte das Ergebnis der antiken Philosophie, dann fand er neben dem breiten Strom lebenspraktisch-ethischen Nachdenkens über das Glück des Menschen, über seine sprachliche, soziale und politische Natur und neben einer kleineren skeptischen Tradition zwei theoretische Großkonzeptionen: Einerseits sah er den materialistischen Strang. Dieser kam von Demokrit her und war oft mit Atomismus verbunden. Epikur hatte ihn im Bewußtsein gebildeter hellenistischer Schichten verbreitet; Lucretius Carus hatte ihm in der römischen Welt poetische Form gegeben.

Lukrez erklärte, Geist (*animus*), den wir oft auch Denkvermögen, *mens*, nennen und an dem Einsicht und Lebensführung hängen, sei kein jenseitiges Wesen, sondern ein Teil des Menschen. Er ist wie Hand, Fuß und Auge Teil des ganzen Lebewesens. ‹Geist› ist demnach keine ‹abgetrennte Substanz›, sondern eine Funktion des menschlichen Lebens. Lukrez formulierte das Programm einer nicht-mehr-dualistischen, einer ganzheitlichen Anthropologie.[7] Sein Werk *De rerum natura* bildete seit seiner Entdeckung im Jahr 1417 durch Poggio Bracciolini einen mächtigen Impuls zur Skepsis und zur materialistischen Verwerfung übernatürlicher Wesen, seien es Engel oder Teufel. Es wirkte gegen Höllenangst.

Dieser Strömung philosophischen Nachdenkens stand die eher idealistische und dualistische Position gegenüber. Sie sprach von Seele und Geist als Elementen einer anderen, ‹jenseitigen› Welt. Anaxagoras hatte sich dem vielfältig vorhandenen Halb-Materialismus entgegengestellt;[8] Platon und Aristoteles haben die Theorie der Seele und des Geistes theoretisch ausgearbeitet und den ‹Geist› als ‹göttlich› anerkannt, weshalb Christen ihnen vorwarfen, sie rückten Geist zu sehr an Gott;[9] Plotin hat deren Resultate mit den Fragen der Spätantike verknüpft und auf das christliche Denken großen Einfluß ausgeübt – bei Origenes und Marius Victorinus, bei Augustin und Dionysius Areopagita.[10] Platonisches/Neuplatonisches war in der Spätantike verbreitet, ganz unberührt davon konnte die christliche Lehre von Engeln und Teufeln nicht bleiben in einer Zeit, in der die Naherwartung auf einen neuen Himmel und eine neue Erde verblaßte, die Bedeutung der Kirchenorganisation, vor allem des monarchischen Episkopats, zunahm und die Hoffnung der Christen sich auf das Unsichtbare, Jenseitige verlagerte. Es hat keinen Sinn, sie dafür zu tadeln; die intellektuelle Situation und die internen Theoriedefizite der christlichen Botschaft verlangten danach, sie durch Elemente der hellenistischen Kultur zu stützen. Zwar enthält der Brief des Ignatius von Antiochien *Ad Trallenses* noch nicht, wie man gemeint hat, das Konzept von Engeln und Dämonen als reinen Geistern, doch findet es sich bei Gregor von Nyssa und bei Eusebius von Caesarea.[11] Entschieden durchgeführt hat es Dionysius Areopagita in seinem Buch *Über die Himmlische Hierarchie;* Johannes Damascenus gab der idealistischen Doktrin in *De fide orthodoxa* die schulmäßigere Form.[12]

Dieser beträchtlichen Tradition zum Trotz hielt sich die Theorie vom stofflichen Charakter Satans, der Dämonen und der Engel im westlichen Christentum noch lange; man fragt sich, wie das möglich war. Das lag zunächst am Erbe der antiken Philosophie, die seit Platon viel über Dämonen nachgedacht hatte. Daß Gott unkörperlich gedacht werden müsse, entnahm man Platon und Aristoteles und ihren Schülern, aber dies sollte die Sonderstellung Gottes ausmachen: Alles Erschaffene ist körperlich,[13] die Dämonen galten als intelligente, aber körperliche Wesen. Sie sollten denken können, aber einen Luftleib haben. Augustin zitierte die Dämonendefinition des Apuleius von Madaura, eines paganen Autors des 2. Jahrhunderts, der als Platoniker galt, aber die Dämonen als denkende Lufttiere ansah.[14] Apuleius rühmte sie wegen der Feinheit und Dauerhaftigkeit ihrer Körper, sah sie aber vor allem mit Magie und Voraussagekünsten beschäftigt, die Augustin verurteilte. Die Dämonen haben ihren Ort in der Luft so wie wir auf der Erde (civ. 8, 15). Augustin machte viele Einwände gegen die Dämonenlehre des Apuleius, zum Beispiel gegen ihre Vermittlerrolle zwischen Gott und Mensch, aber nicht gegen die Körperlichkeit der Dämonen; er zitierte aus dessen Schrift *De Deo Socratis* deren Definition als rationale Wesen mit Luftkörpern.[15] Das war die Stimme eines als ‹Platoniker› bekannten Autors. Indem Augustin sie zitierte, verschaffte er ihm für lange Zeit Gehör, oft auch Geltung: Petrus Lombardus bezog sich auf Apuleius.[16] Auch Wilhelm von Auvergne zitierte ihn. Als Bartholomaeus Anglicus, der englische Franziskaner, etwa ab 1235 in Magdeburg sein erfolgreiches Lexikon schrieb, *De rerum proprietatibus,* griff er immer noch auf die Definition des Apuleius zurück und ließ die Dämonen aus Luft bestehen, den Engeln wies er ‹himmlische Körper› zu, worunter er wohl Äther verstand.[17] 30 Jahre später war die intellektuelle Lage bezüglich des Teufels und seiner Engel verändert: Der englische Franziskaner Roger Bacon schrieb ab 1266 sein *Opus maius* und zitierte ausführlich, was Apuleius und Porphyrius über Engel geschrieben hatten. Er verteidigte diese Philosophen und warnte davor, sie oberflächlich zu kritisieren; aber die Lehre von körperlichen Dämonen nahm er nicht mehr auf.[18] Aber fast bis dahin hatte die gemeinsame Autorität von Apuleius und der zitierten Kirchenschriftsteller die Lehre von Luftkörpern durchgesetzt. Sie hatte die Autorität Augustins und Papst Gregors auf ihrer Seite;[19] sie stand bei

Isidor von Sevilla mit der Bemerkung, sie seien aus ihrem ursprünglich ätherischen Wesen beim Engelsturz in Luftwesen verwandelt worden, *Eymologiae* 8, 11, 17; sie findet sich noch spät im populären Lexikon des Bartholomaeus Anglicus; Gratian hatte sie in sein *Decretum,* das wichtigste Rechtsbuch des Kirchenrechts, aufgenommen.[20]

Auch der allgemein verbreitete Materialismus der Stoiker drängte in diese Richtung. Thomas erklärte, die ältesten Philosophen hätten auf diesem Feld Irrtümer gesät, weil sie keinen Begriff von Vernunft hatten, sondern nur Wahrnehmen und Vorstellen, aber nicht den strengen Begriff des Denkens kannten. Der Begriff ‹Intellekt› verlange Stofflosigkeit.[21] Dem entgegen wirkte die bildhafte Sprache des *Neuen Testaments.* Selbst platonisch beeinflußte christliche Denker waren Prediger und schrieben Wissenschaft für Prediger; sie wollten mit der allegorischen Auslegung von Metaphern wie dem brüllend umhergehenden Löwen nicht zu konsequent verfahren und ließen es lieber beim Wortlaut der Schrift. Diese lokalisierte den Teufelsauftritt. Sie setzte den Fürsten der Finsternis abwechslungsweise wie ein normales Lebewesen in die Erfahrungswelt, an einen physischen Ort mit einem körperlichen Gegenüber. Er drang in einen Menschenleib ein und, von göttlicher Macht vertrieben, verließ er ihn wieder. Wirksame Dämonenaustreibung war im Christentum der ersten Jahrhunderte ein bevorzugtes Werbemittel; Teufelaustreiber bildeten innerhalb des Klerus eine wichtige Gruppe, einen ‹Stand›; bildliche Deutung ihrer Erfolge hätte den Alltagswert ihres Tuns verringert. Weder Origenes, der die empirische Welt für ein sekundäres Produkt, eine Folge des Sündenfalls hielt, noch Augustinus, der in seinem Buch *De Trinitate* eine ausführliche Geistphilosophie entwickelt hat, dachten Teufel und Engel als reine Geister. Darüber haben sich schon mittelalterliche Autoren gewundert; sie haben sich damit geholfen, diese Augustintexte berichteten nur über Ansichten anderer Theologen.[22] Der spätantik-alltägliche Materialismus, den Tertullian aus der stoischen Philosophie aufgenommen hatte, sicherte, zusammen mit buchstäblicher Bibelauslegung und dem Berufsinteresse der Exorzisten, dem Teufel lange seine Luftnatur. Selbst wenn sie ihn ‹Geist›, *spiritus,* nannten, hielten sie ihn und alle Engel für subtile, höchst bewegliche und intelligente Luftwesen.

Der Unreine wird reiner Geist

Wie lange bestand die halbmaterialistische Engel- und Teufelslehre? Das 12. Jahrhundert brachte dem Westen die Wende. Einige einflußreiche Lehrer vertraten weiterhin die Teufelslehre Augustins, also den Teufel aus Luft, so Bernhard von Clairvaux und Rupert von Deutz. Honorius Augustodunensis bot die Variante, Engel hätten ätherische Körper, Dämonen Luftkörper. Lombardus zweifelte. Er erwähnte die Ansicht, Augustin habe mit der These von der Stofflichkeit des Teufels nur die Ansicht anderer wiedergegeben, heute lehrten Christen übereinstimmend die Unkörperlichkeit der Engel und damit auch des Teufels.[23] Petrus Lombardus schloß sich dieser neuen *opinio communis* nicht an. Er ließ Engel und Teufel Luftkörper sein, Augustin selbst halte – besonders in *De civitate Dei* 21, 10 – Engel und Teufel für *körperliche* Wesen. Gratian nahm die augustinische Lehre in sein *Decretum* auf und machte sie so zum Bestand der Kirchenrechtslehre.[24]

Der Durchbruch kam von anderer Seite. Dionysius Areopagita hatte in seinem Buch über *Die himmlische Hierarchie* die Engel reine, körperlose Geister genannt. Sie hätten keinen Körper, sondern seien als Geister reine, materiefreie Kräfte; die sinnlichen Bilder, in denen sie beschrieben würden, seien bloß Bilder.[25] Das war eine Ansicht der Zeit um 500, geschrieben unter dem Einfluß des Philosophen Proklos, der von der hohen Geistmetaphysik Plotins profitierte. Im christlichen Osten fand sie die Unterstützung des Johannes von Damaskus, aber im Westen konnte sie sich, wie die Beispiele Bernhards und Petrus' Lombardus zeigen, nicht früh durchsetzen. Die entgegenstehende Tradition war zu stark; der Bibel fehlte völlig, wie schon Origenes bemerkte, der Begriff der Körperlosigkeit;[26] erst die Rezeption der ausgearbeiteten Theorien des Geistes bei Aristoteles und Averroes, erklärt durch Albert in seinem *De intellectu et intelligibili,* setzten im Westen die reine Geistigkeit der Engel und Teufel endgültig durch; der Kommentar des Hugo von St. Viktor († 1141) zu der genannten Schrift des Dionysius hatte den Weg gebahnt.[27] Richard von St. Viktor († 1173) behauptet den Geistcharakter der Engel und wendet sich in seiner

Schrift *De Trinitate* (4, 25) dagegen, ihnen subtile Körperlichkeit zuzuschreiben.

Caesarius von Heisterbach konnte sich um 1220 das Eindringen des Teufels in eine fromme Seele nicht anders vorstellen, als daß sein Luftkörper in Hohlräume des Leibes eindrang; er halte sich auf «in Körperhöhlen und in Gedärmen, wo sich der Kot befindet».[28] Bonaventura berichtet im frühen Sentenzenkommentar, in dieser Frage zweifelten ‹große Lehrer›, *magni doctores*; er berichtet von der Vielfalt der Meinungen: *De hoc tamen plures dubitant.*[29] Er entscheidet sich für die Position Richards bezüglich der Engel und der Dämonen. Er erklärte die anderslautenden Sätze Augustins als Wiedergabe fremder Ansichten. Immerhin gebrauchte er noch für die Geistigkeit von Dämonen folgendes merkwürdige Argument Richards: Wenn ein Dämon von sich sage, er heiße ‹Legion›, und wenn eine Legion 6666 Soldaten umfasse, dann müsse der Dämon, der in einen Menschenleib passe, ausdehnungslos, also rein geistig sein.[30]

Wilhelm von Auvergne hat um 1230, auf Aristoteles gestützt, die Nichtstofflichkeit der Engel und Teufel gelehrt. Er fragte auch, wie denn aus ungegliederter Luft eine körperliche Gestalt werden könne. Und: Wie kann ein Körper aus Luft ein Schwert oder sonst einen schweren Gegenstand tragen?[31] Gegen 1250 hat der griechische Intellektbegriff sich in der Satanologie durchgesetzt. Im Sentenzenkommentar Alberts des Großen, zwischen 1245 und 1248 geschrieben,[32] und in dem des Thomas von Aquino, 1254–1256 entstanden, erreicht der Teufel reine Geistigkeit, ohne das Privileg zu verlieren, auch in Menschengestalt aufzutreten: In Engeln gebe es auf gar keine Weise Materie,[33] schrieb Albert.

Seit dem 13. Jahrhundert gehörte es zu den philosophischen Grundkenntnissen, zu wissen, wie Apuleius die Dämonen – christlich gesprochen: Engel und Teufel – definiert hatte, nämlich als Lebewesen, die Passionen haben, intelligent sind und zeitüberdauernd als Luftkörper bestehen. Diese Definition kam im Schulhandbuch der sog. *Auctoritates Aristotelis* vor.[34] Albert bildet eine wichtige Instanz in der Geschichte der Entmaterialisierung der Engel und Teufel; er hat sich mit dieser Definition mehrfach gründlich beschäftigt. Er hat erkannt, daß sie in die Geschichte des antiken, besonders des stoischen Materialismus gehört.[35] Damit hat er ihre Autorität historisch relativiert. Dionysius Areopagita und Johannes Damascenus konnten dann als *Autoritäten* die Hauptrolle spielen; Dionysius kannte den Begriff des Geistes aus Proklos, und seine Anstrengung im *Engelbuch* und im *Werk über Göttliche Namen* geht dahin, die immateriellen Hierarchien als in unseren Bildern und Begriffen nur *gemeint,* aber nicht *erfaßt* darzustellen.[36] Den Teufel würdigt er, wenn ich nichts übersehen habe, keines Wortes; er spricht aber, wie unter Hellenen üblich, von Dämonen, hat aber dabei das Interesse, sie als nicht völlig bösartig darzustellen. Was an Bosheit in ihnen ist, interpretiert er als ihre Schwäche.[37]

Albert und Thomas stützten ihre Argumentation auf den *intellectus*-Begriff der aristotelisch-averroistischen Tradition und auf Augustins Analysen der *mens.* Wieso verhinderten die Theorien Augustins über die menschliche Geistseele und seine ausgearbeitete Philosophie der *mens* in *De Trinitate,* dazu noch die entschieden geisttheoretische Position des Dionysius im Westen die Körperlichkeit der Engel und Dämonen nicht schon früher? [38]

Die sublime Spekulation des Dionysius setzte sich im römisch-rechtlich denkenden Westen nicht leicht durch. Sie war vor dem 12. Jahrhundert wenig verbreitet. Augustin und Gregor I. standen dieser Reform im Wege. Dionysius lenkte vor allem bei dieser Frage den Blick auf die Grenzen menschlicher Erkenntnis: Wir Menschen brauchen zur ersten Hinführung sinnliche Bilder und sprachliche Begriffe, aber nur um zu lernen, daß die himmlischen Wesen allem Stofflichen in unvorstellbarer Weise entrückt sind.[39] Diese erkenntnistheoretisch-religionsphilosophische Option griff der Westen in seiner vorwiegend kirchenorganisatorischen Intention nur zögernd auf; sie störte die thesenförmige Aufstellung einzelner Glaubenssätze und die Praxis verwaltbarer Religion. Wir Menschen brauchen zwar, dachte Dionysius, religiöse Aussagen bildlicher oder begrifflicher Art; sie zeigen *unsere* Art der Erkenntnis an, und wenn wir dies bedenken, führen sie zum Unvorstellbaren und Überbegrifflichen, zur allesumfassenden Einheit, der kein Teufel an die Seite gestellt werden kann. Die ungeeignetsten Analogien, die gröbsten Bilder – von der Art, daß von Gott gesagt wird, er sei ein

«Wurm» – sind nützlich, denn sie stören das Verharren bei vorläufigen Bestimmungen und fördern den denkenden Prozeß der Verneinung.[40]

Diese subtile Position blieb dem lateinischen Westen lange fremd; sie zu begreifen, erschwerte auch die ungewohnte Sprache des Areopagiten; vollends verhindert haben es die buchstäbliche Interpretation der Bibel, der jahrhundertlange Unterricht in aristotelischer Logik und das kirchenamtliche Interesse an thesenhafter Form der christlichen Wahrheit, ihre Logik des Festlegens und Verurteilens. Vielleicht haben nur Johannes Eriugena und Nikolaus von Kues in einigen Passagen die Höhe des Dionysius erreicht. Was ihm jeder entnahm, war seine abgestufte Einteilung der Engelchöre. Immerhin dürfte Dionysius derjenige christliche Denker sein, in dessen Welt Satan und seine Engel die geringste Macht haben.[41]

Das Ergebnis

Verdienstvolle Historiker der frühen Neuzeit, in der Geschichte der christlichen Lehre weniger bewandert, behaupten gelegentlich, die Satanologie des lateinischen Westens sei seit dem 5. Jahrhundert im wesentlichen unverändert geblieben.[42] Diese Meinung ist falsch. Die Teufelslehre ist *in wesentlichen Hinsichten* verändert worden. Das zeigen viele Einzelheiten, zunächst der Prozeß der Entmaterialisierung zwischen dem 5. und 13. Jahrhundert. Der Teufel wurde Intellekt. Der Unreine wurde reiner Geist.

Rangerhöhung. Teufel wie Engel

Welche Folgen hatte die Nobilitierung des Teufels und der Dämonen zu ‹reinen Geistern›? Zunächst einmal diese: Um über ihre Natur etwas zu erfahren, mußte man seit dem 13. Jahrhundert den Abschnitt über die *Engel* aufschlagen.[43] Das blieb auch so bei den orthodox-protestantischen Theologen des 16. und 17. Jahrhunderts; sie folgten in dieser Themenanordnung durchweg den Scholastikern des 13. Jahrhunderts.

Die Rangerhöhung des Teufels und ‹seiner Engel›, also der Unterteufel oder Dämonen, rückte sie in der Stufenordnung des Universums nach oben; jetzt standen sie nach Natur und Ausstattung ontologisch entschieden höher als Menschen, von denen es bisher geheißen hatte, einige von ihnen, die Auserwählten, seien bestimmt, die Himmelssessel einzunehmen, die durch den Engelsturz frei geworden waren.[44] Bisher waren Engel dem Menschen nur durch Umformbarkeit, Schnelligkeit und lange Lebensdauer, vor allem durch höhere Dienstaufträge und heilige Botenflüge überlegen. Also aufgrund ihrer Funktion, nicht aufgrund ihrer Substanz. Jetzt gehörten sie einer höheren Ordnung an, nicht der übernatürlichen Ordnung im Sinne der Thomisten, sondern der Ordnung der Intellekte, zu der auch die Engel Satans gehören ebenso wie die Geistseelen der Menschen, auch die der Verdammten. Eine Höherbewertung der Körperwelt lag in dieser Entkörperung der Engel und Dämonen nicht. Es wurde nur der Luftkörper der Engel und Teufel als Scheinkörper enttarnt. Wenn Dämonen einen Körper annehmen, dann mußte es ein organischer Leib sein, wenn auch nur ad hoc. Das war allerdings auch nur ein Scheinleib, nur anderer Art. Aus der Vergeistigung Satans ließ sich aber auch folgern, er selbst könne keine physische Wirkung auslösen, da diese an körperlichen Kontakt gebunden sei; er brauche irdische Helfer, zum Beispiel die Hexen.

Das waren tiefgreifende Änderungen, die entsprechend ausführlich diskutiert worden sind. Thomas hielt sie für so wichtig, daß er mehrfach und nachdrücklich auf sie zurückgekommen ist. Aber durchsetzen konnte er sie nur, indem er ihre intern-dogmatische Bedeutung herunterspielte. Das tat er insofern, als er in *De malo* 16, 1 erklärte, sie berührten kaum den christlichen Glauben; sie hätten rein theoretischen Charakter. Sie änderten nicht das Credo, sondern ‹nur› seine Interpretation. Es blieb ihm nichts anderes übrig: Unmöglich konnte er die Rechtgläubigkeit Augustins, Gregors und des Petrus Lombardus bestreiten. Versprach die Neuerung irgendeinen erbaulichen oder kirchenpolitischen Vorteil? Immerhin glaubte er, den rein geistigen Charakter der Engel und Teufel damit beweisen zu können, daß die Schöpfung den Sinn habe, die Vollkommenheit Gottes zu demonstrieren, und daß dies nur unvollkommen geschehe, wenn es keine rein intellektuellen Geschöpfe gebe (Sth I 50, 1). Dann stünde dem gegliederten Aufbau der sichtbaren Welt von Anorganischem, Beseeltem und dem Menschen als der Einheit von Animalität und Geist auf der Seite des Unsichtbaren nur der reine Abgrund des unendlichen Geistes gegenüber. Das schien ihm etwas Beunruhigendes an sich zu haben. Eine ausgewogene, viergliedrige Proportion von zwei zu zwei Seinsbezirken leistete die göttliche Repräsentation durch perfekte Harmonie des Universums. Das ließ sich auswerten gegen die seit dem 12. Jahrhundert immer wieder aufflackernde Neigung zum Dualismus, Manichäismus, Katharismus.

Das war ein Eingriff in die altchristliche Glaubenssubstanz, an der Bernhard und Petrus Lombardus glaubten festhalten zu müssen; nur weil die Reform sich durchgesetzt hat, erscheint sie nicht sofort als Umdeutung. Thomas hat diese Wende nicht verursacht; sie war älter. Petrus Lombardus berichtet, schon zu seiner Zeit hätten viele christliche Lehrer sie vertreten.[45] Wilhelm von Auvergne stand für sie. Albert hatte in der einflußreichen Dämonendefinition des Apuleius den Materialismus der Stoiker diagnostiziert. Vor allem stieg der Einfluß des Dionysius Areopagita, aber die Entstofflichung entsprach wie dieser dem Wandel der intellektuellen Lage seit dem 12. Jahrhundert. Eine so vielfach vertretene und reich durchdiskutierte Wende wird einem Bedürfnis entsprochen haben. Die Welt bekam ein neues, ein rationales Gesicht. Dann war auch das Universum als Ganzes geordnet zu denken; die Stufung: Gott – reine Geister – Menschen – Tiere – Steine sollte klar und verläßlich erscheinen, auch wenn es immer noch ein lebhaftes Hin und Her zwischen diesen Ordnungen gab: Engelserscheinungen, Teufelswunder, sichtbarer Aufstieg einer frommen Seele zum Himmel. Aber kein Engel sollte mehr zur Strafe in einen Menschenleib verbannt werden können. Engel blieben Engel, Menschen waren Menschen, keine verkleideten Engel, und blieben in ihrer Ordnung. Es gab zwar immer noch Wesensverwandlungen wie in der Eucharistie; es gab vielerart ‹Erscheinungen›, aber der Gesamtaufbau des Universums sollte klar und unveränderlich sein, sonst wäre die Vernunft, die Rechtssysteme schuf und Stadtgrundrisse plante, ihrer selbst nicht sicher gewesen. Ein Prediger mochte aus der Entmaterialisierung der Dämonen folgern, die Christen sollten froh sein, daß sie noch ‹im Fleische wandeln›, weil sie nur so Buße tun können, anders als die für immer fixierten Dämonen. Ein Theologe konnte mit einer ähnlichen Argumentation den Einfluß des Origenes zurückdrängen wollen. Die entstofflichende Reform des Himmels und der Hölle war ein Gesamtprozeß; er war zu umfassend, um auf eine einzige Interessenrichtung oder zweckmäßige Anwendung zurückgeführt werden zu können. Was erreicht war – das Selbstbewußtsein des durchgehend-rationalen Vorgehens auf dem Feld der christlichen Weltansicht –, haben erst die Erfahrungen des 14. Jahrhunderts (Pest, Hunger, Krieg, Zerfall der Kirche) in Frage gestellt.[46]

Ontologie der diabolischen Natur

Ontologisch gesehen, haftete dem Teufel in der Zeit vor 1200 etwas Vagabundierendes an. Zwar lief er auch danach noch herum wie ein brüllender Löwe. Aber jetzt war seine Wesensart klar bestimmt; sie war aufgestellt zwischen der Natur Gottes und der des Menschen. Sie war gestärkt, war reiner Intellekt und mächtiger Wille, ohne jeden quasibiologischen Apparat des Luftkörpers und die damit verbundenen affektiven Wallungen des Zornes und der Begierde. Er war nun eine ‹getrennte Substanz›, stofflos und unsterblich, die freilich zu bestimmten Zwecken eine Art Körper annehmen konnte. Dieser zweckbedingt angenommene Körper bestand auch aus Luft, aber Bonaventura gab zu bedenken, daß eine formlose Luftmasse kein Engelsbild abgeben konnte; er verlieh dem Engel, der einem Menschen erscheinen wollte, die Kraft, die Luft zu verdichten, so ähnlich wie Kälte das Wasser zu geformtem Eis verfestigt.[47] Irgendwie mußte auch der Erscheinungsleib des Engels zu organartigen Teilen von verschiedener Farbe und Funktion kommen. Nur mit Luft – auch wenn man sie zusammenpresste, was mancher Lehrer erwogen hat – war keine gute Figur zu machen.

Jetzt hatten der Teufel und seine Engel ihren präzis definierten Ort im Aufbau des Universums. Die neue Ordnung verschaffte schematischen Überblick über alles Seiende. Der katholische Kosmos verlor seinen weichen Unterleib. Dessen Hauptstufen von Gott bis herab zum Stein ließen sich *zeichnen;* aus dieser gesicherten Stellung heraus konnten Engel und Teufel jede Körperform annehmen, nicht mehr, um in ihr zu leben, sondern um sie instrumental für seine Zuschauer zu benutzen. Biblische Geschichten und heilige Legenden erzählten zu oft, Heilige hätten Engel oder Teufel *gesehen,* sie mußten also sichtbar und greifbar sein können. Nachdem sie den alten, angeborenen Luftkörper verloren hatten, nahmen sie temporär, ad hoc und zweckgebunden Körperform an; sie wählten sie bewußt und legten sie nach erfolgreicher Mission wieder ab. Ihr Körper wurde das Produkt eigener Wahl. Das war ein neues, ein anfänglich technokratisches Konzept von Körperlichkeit: Der Dämon wurde bewußter Herr seiner Erscheinung. Er wählte sie, wie man ein Kleid wählt. Er wählte sie nicht für sich, sondern für uns (Sth I 51, 2). Er konnte sich Formen verschiedener Art, menschliche oder tierische, frei aussuchen. Das Geist-Körper-Verhältnis wurde prinzipiell anders: Der frühere Luftkörper war seine Natur; der neuerdings ‹angenommene› Leib war rationale Konstruktion zu einem Zweck. Er lebte nicht; daß er keine Zeugungskraft besaß, war ein beliebtes Thema der Satanologen. Er war Funktion, nicht Substanz. Sie gebrauchten das Wort *assumere,* das in der Inkarnationslehre die Vereinigung Gottes mit der menschlichen Natur bezeichnete. Der Engel/Teufel hatte keinen *physischen* Ort mehr außer dem, an dem er wirkte. Aber sein *metaphysischer* Ort war vorstellbar im graphischen Schema des Kosmos. Diese entstofflichten Dämonen paßten in die neue Welt, die immer lauter darüber klagte, daß Priester nur Reichtum und Macht im Sinn hatten, die sie durch kirchenrechtliche Studien vorzubereiten dachten. Die altadlige Wohlerzogenheit und feudalistische Förmlichkeit, auch Geselligkeit und Gemütlichkeit, lautete die Klage, sei dem nüchternen Egoismus von Advokaten, Geldmännern und kirchlichen Karrieristen gewichen. Nur als reiner Intellekt, als Logiker, Jurist und Rechenkünstler war seit der neuen Geldwirtschaft ein Dämon auf der Höhe der Zeit. Florenz lebte nicht mehr im alten Mauerkreis, nicht mehr *in pace, sobria e pudica* (Dante *Paradiso* 15, 99).

Reiner Geist plus Totenbeschwörung

Nun hatten Theologen-Philosophen den Teufel vergeistigt. Seine hohe Herkunft war geklärt: Er war einer der Engel, vergleichbar den Wesen geistiger Art, wie sie nach Aristoteles die Himmelsschalen in ewiger Ordnung hielten und bewegten. Zu einem so erhabenen Geist und seiner hohen Stellung in der Hierarchie des Universums paßten die populären Geschichten nicht mehr von Teufelsspuk und Botendienst, von Teufelspakt und Hexensabbat, von Teufelsbuhlschaft, Nekromantie und Hexensabbat, und es ist ein sozial- und kirchengeschichtlich lösbares Rätsel der Ideengeschichte, daß diese vom 15. bis zum 17. Jahrhundert ihre höchste Wirkung erreichten. Die philosophische Reform des Teufelsreichs hätte das Zeug gehabt, den Satan für immer herauszuholen aus der Alptraumwelt von Spuk und Sex, von Hexen und Aberglauben. Das wäre rein theoretisch zu erwarten gewesen, aber Sexismus, Frauenverachtung und Teufelspakt waren seit Augustin im Westen installiert. Thomas von Aquino kannte noch nicht den Hexensabbat, er erzählt noch nichts von nächtlichen Versammlungen zur Dämonenverehrung, er verwarf den Teufelspakt als Sünde, aber zweifelte nicht an seiner Tatsächlichkeit und Wirksamkeit; er gewähre richtiges Vorauswissen zukünftiger kontingenter Ereignisse.[48] Mitteilungen der Dämonen über Zukünftiges seien nicht selten wahr; auf diese Weise wollten sie Vertrauen auf ihre Aussagen schaffen, damit sie mit anderen Vorhersagen den Menschen schaden könnten. Thomas warnte vor Schlangenbeschwörungen mit der Begründung, sie seien sündhaft, sei doch die Schlange das erste Mittel des Dämons gewesen, den Menschen irrezuführen (II–II 96, 4 ad 2). Diese Argumentation beruht rein auf der Allegorie, ohne jeden kausalen Konnex. Thomas von Aquino, dem manche Leser eine kompakte Auffassung von *Natur* nachsagen, behauptete, *alle* Vorgänge der sichtbaren Natur können von Dämonen verursacht sein (*De malo* 16, 9 ad 1). Jetzt waren der Teufel und seine Dämonen nicht mehr wie bei Augustin ‹Lufttiere›, *aeria animalia*, sondern reine Geister, menschenüberlegene Intelligenzen; sie waren Willenspotenzen, die kein sinnlicher Affekt störte. Jetzt wurde ihnen reine Geistigkeit attestiert. Das vergrößerte eher ihren Einfluß auf alltägliche und allnächtliche Vorgänge, statt sie von diesen abzuheben. Die Bösen wurden stärker. Sie wurden nicht ins Jenseits zurückgezogen; sie herrschten im Diesseits leidenschaftslos. Die Vergeistigung der Dämonen wurde um so weniger als Widerspruch zu ihren physischen Leistungen gesehen, als der aristotelische Grundsatz galt, jede physische Wirkung erfordere Kontakt. Wenn sie hinfort noch einem irdischen Wesen vergleichbar waren, dann nicht mehr einem schwarzen Hund oder einer leise anschleichenden Katze, sondern einem toskanischen Bankbeamten, der im neuen florentinischen Goldwährungssystem seinen Vorteil kalkulierte. Jetzt hat eine neue Menschenart von Aristokraten wie Friedrich II. und von Kaufleuten wie die Bardi den alten Satan nach ihrem Bild und Gleichnis umgestaltet. Sie hat ihn rationalisisiert. Seit dem 12. Jahrhundert hatte die westliche Welt einen Schub der Rationalisierung und der Selbstorganisation erfahren; in ihr mußten der Teufel und die Seinen, wenn sie dort herrschen sollten, von hoher Intelligenz und überwältigender Willenskraft sein. Die Dämonen der alten Art waren sprunghaft und tolpatschig von Leidenschaften, *pathe*, bewegt. So las man es bei Platon, bei Poseidonios, Plutarch und Apuleius. Sie hatten insofern eine passive Natur. Sie verloren nicht den Zusammenhang mit Totenkult und Zauberwesen, mit Blut und Krankheit. Sie galten als unrein; ihretwegen wurde das Händewaschen am Morgen empfohlen (THWNT 2, 13). Die neuen Geistwesen waren wesenhaft aktive Intellekte; ihre Wesenstätigkeit (*energeia*) war stromlinienförmig darauf gerichtet, den Menschen zu schaden.

Offene Fragen

Die christliche Vernunft beruhigte sich, indem sie das Teufelsreich organisierte. Sie hat es ab 1200 im kunstvoll abgestuften Universum installiert. Das war ein Höhepunkt christlicher Spekulation, ein mutiger Eingriff in die jüdisch-christliche Überlieferungsmasse – aber es war auch der Anfang des Zerfalls: Der zum reinen Geist aufgestiegene Teufel taugte noch weniger als der urige Beelzebub zur Erklärung des Ursprungs des Bösen. Wer fragte, woher das Böse komme, den verwiesen die christlichen Denker zunächst auf die Unbotmäßigkeit des Weibes Eva. Er fragte weiter: Wieso ließ die soeben frisch von Gott hervorgebrachte Gattin des ersten Mannes im Vollbesitz vernünftiger Erkenntnis sich im Licht des ersten Schöpfungsmorgens von einer Schlange zum Ungehorsam gegen Gottes Willen überreden? Wieso gebot ihr Adam nicht mit seinem mächtigen Willen als Menschheitsvertreter, noch von keiner Erbsünde gebrochen, Einhalt? Warum ist er ihr gefolgt? Die Antwort war, der Teufel habe Eva durch Überredung verführt. Aber wie kam die Bosheit in den Willen des Teufels, wenn er eine hohe Intelligenz war und wenn sein Wille, wie es der intellektuellen Natur entspricht, ganz auf Gott, das höchste Gut, gewandt war? Bei einem rein geistigen Wesen wurde der Sündenfall unwahrscheinlicher. Denn Pariser Professoren des 13. Jahrhunderts verbanden mit dem Begriff des Geistes folgende Bestimmungen:

Anders als die sinnlichen Dinge, die ständigem Wandel unterliegen, verbürge die geistige Natur Kontinuität und Konstanz. Wie sollte Wandelhaftigkeit in den hohen Intellekt Satans gekommen sein? Als Intellekt war er die Wesensbeziehung zum allgemeinen, allumfassenden Guten, von dem er einsah, daß es das Gute in allem Guten, das *bonum omnis boni*, war – wie könnte ein Geist sich je auf seinen individuellen Eigensinn festlegen und vom unendlich Guten abwenden? Der Ursprung des Bösen wurde unbegreiflicher als aus der Verführbarkeit einer schwachen Frau. Die Einführung des Teufels als Erklärungsgrund der Sünde der Menschen schlug ins Gegenteil um. Wie konnte der gute Gott ein hohes Geistwesen erschaffen, das so unbesonnen die von Gott gewollte Menschenwelt störte?

Wie konnte der Teufel mit seiner hohen Intelligenz und im Angesicht Gottes lebend verkennen, daß er nicht Gott gleich werden konnte? Dieser Teufel erfüllt seine angestammte Funktion nicht mehr, Gott vom Bösen in der Welt zu entlasten. Er macht die Rechtfertigung Gottes schwerer als zuvor. Diese Figur war nun nicht mehr kohärent konstruiert. Die Christen behaupteten schon zuvor Widersprechendes von ihm. Sie sagten einerseits, Christus habe ihn besiegt und in der Hölle «mit ewigen Fesseln» (*Judasbrief* 6, auch 2 *Petrusbrief* 2, 4) gebunden, andererseits sagten sie, er laufe in der Welt frei herum wie ein brüllender Löwe. Was denn nun? Nachdem er vom wilden Naturburschen, vom chaotischen Satyr, vom sexgierigen Pan zum glänzenden Geistwesen avanciert war, mußten Christen erklären, ob der Teufel die Sünde im Menschen verursachen könne, zumal als Adam, vor der Sünde noch im Vollbesitz seiner Freiheit, nach der verbotenen Frucht griff. Konnte der Mensch danach noch frei handeln und damit schuldig werden?

Thomas macht Einwände

Thomas von Aquino, der nach Dionysius und Richard von St. Viktor mit Albert zusammen am meisten zur Umwandlung des Teufels vom Luftlebewesen zum reinen Geist beigetragen hat, überblickte gegen Ende seines Lebens, wohl 1272/1273, diese Teufelsentwicklung; er äußerte Einwände dagegen. Er bewertete sie nicht umstandslos als Fortschritt aus primitiven, vorstellungsgebundenen Anfängen, als den Weg aus volkstümlichen Teufelsbildern zum Höhepunkt philosophischer Einsicht. Er machte sich noch einmal die Logik der älteren Ansicht klar; er analysierte die Schwächen der neueren, der geisttheoretisch sublimierten Teufelslehre. Er sah, daß sie viele Schwierigkeiten mit sich brachte: *multas difficultates habet.*[49] Jetzt bringt er folgende Argumente gegen sie vor:

1. In reinen Intellekten ist auch das *Streben* intellekthaft, und von ihm zeige Aristoteles – ich füge hinzu: als Platonschüler –, daß es sich seinem Wesen nach dem schlechthin Guten zuwendet. Ein solches Wesen könne nicht böse handeln, indem es sich dem schlechthin Guten zubewegt, sondern nur, indem es ein beschränktes, endliches Gute für das schlechthin Gute halte. Ein solcher Irrtum sei aber bei einem Wesen von höchster Intelligenz kaum denkbar. Hätte der Teufel das getan, könne er wohl kein reiner Geist sein.

2. Jedes Streben richtet sich auf etwas Gutes, entweder ein scheinbar Gutes oder ein wirklich Gutes. Niemand wird böse, indem er sich dem wahren Guten zuwendet. Böse wird nur, wer ein scheinbar Gutes für

das wirklich Gute hält. Böse wird also nur, wer sich geirrt hat. In einem Wesen, das reiner, körperfreier Intellekt ist, kann kein Irrtum auftreten. Das zeige auch der menschliche Intellekt: Entweder erfaßt er das Wahre, oder er erfaßt gar nichts. Ist er im Irrtum, dann ist er überhaupt nicht Intellekt. Wer sich täuscht, hat keine Einsicht, das sage auch Augustinus. Daher scheint es unmöglich, daß ein wesenhafter Intellekt sich täuscht und damit böse wird.

3. Der Intellekt hat es mit Zeitunabhängigem zu tun. Er abstrahiert das Allgemeine aus vielen Einzelfällen; sein Inhalt und folglich er selbst – denn er *ist* sein Objekt – sind als allgemeines nicht an Ort und Zeitpunkt gebunden. Er hängt nicht ab von wechselnden Vorstellungsbildern wie wir. Er denkt das Bleibende und ist bleibend. Er ist nicht wandelbar wie wir. Er war also entweder immer schon böse – also böse erschaffen, was unmöglich sei –, oder er ist es nie geworden.

4. Die Intellektualisierung des Teufels macht ihn gottähnlich. Schon in der sichtbaren Welt bewegen die höheren Wesen, die Sterne, sich regelgemäßer als die niederen Dinge. Sie nehmen das Böse oder Regelwidrige nicht in sich auf. Sie haben größere Ähnlichkeit mit Gott, dem Bleibend-Guten. Intellekte, die wie beim Menschen an einen Körper gebunden sind, versagen eher als ewige, reine Geister.

Thomas hat auf diese Einwände nicht mehr geantwortet. Sein Traktat *De substantiis separatis*, der eines seiner philosophischsten Werke hätte werden können, bricht an dieser Stelle ab. Er schließt mit der Bemerkung, solche Einwände dürften bedeutende Denker bestimmt haben, Teufel und Dämonen für körperlich, also niederen Ranges, zu halten.

Thomas zieht die Grundlinien des griechischen Intellektualismus hart aus: Ein Teilgut dem Gesamtguten vorzuziehen beruht immer auf Irrtum. Der Intellekt *ist* seine Inhalte, und diese sind allgemein, vom Hier und Jetzt unabhängig, also bleibend. Ein Intellekt schwankt nicht. Wer irrt, ist kein Intellekt. Der Mensch stünde besser da, wenn der Teufel kein reiner Geist wäre. Als solcher steht der Satan höher als der Mensch. Thomas bedachte, die Christenheit müsse sich klarmachen, welche Folgen die verspätet durchgezogene Reform des Dionysius und der Scholastiker habe. Sie legen Zweifel nahe. Vielleicht war die Aufstockung des Satans zum reinen Geist ein Fehler. Sie könnte ihn entbehrlich machen. Das sexuelle Possenspiel der Dämonen als *succubi* und *incubi* paßte nicht zu reinen Geistern. Der als strenger Logiker berühmte Kardinal Cajetan, der Gegner Luthers in Augsburg, erregte Unmut, als er im 16. Jahrhundert die Entmaterialisierung der Engel und Dämonen zurücknehmen wollte. Er plädierte wieder für Dämonen als feinste Luftkörper. Er wollte die Last wieder abwerfen, die durch die Entstofflichung der Dämonen dem christlichen Denken entstanden war.[50]

Intellekt

Noch ist es nicht soweit. Thomas scheint 1270/73 gehofft zu haben, er könne die Argumente gegen den Teufel als reinen Geist noch widerlegen. Denn er beginnt seine fast gleichzeitige *Quaestio 16* von *De Malo* mit einem Angriff auf die Lehre vom Luftkörper des Teufels. Einem Luftkörper fehlen Umgrenzung und Organe, er kann nichts ertasten, aber Tasten ist die Grundlage aller Wahrnehmungen. Ohne sie kann kein Lebewesen Wahrnehmungen machen und Erfahrungen sammeln, aber wozu sollten Engel und Dämonen einen Körper haben, wenn nicht dazu? Thomas hat mit dem Biologen Aristoteles über das Lebewesen nachgedacht und gefunden, daß ihm mit einem Luftkörper nicht gedient ist. Christen schreiben Engeln und Dämonen Bewußtsein zu; sie reden von deren Einsichten, Plänen und Willensakten, aber dann müssen sie, fordert Thomas, den strengen Begriff des Geistes (des *intellectus*) dabei zugrunde legen, den die besten griechischen Denker von Anaxagoras und Platon bis Dionysius Areopagita und Johannes von Damaskus entwickelt haben. Thomas skizziert dieses Konzept des Geistes und vermerkt einleitend, Geist übersteige die Vorstellung. Wer geistige Einsicht mit bloßem Vorstellen (*ymaginatio*) verwechsle, könne ‹Intellekt› nie begreifen.[51] Die eigentlich intellekthafte Tätigkeit vollziehe sich in keinem körperlichen Organ, *non potest esse operatio corporis*, wie Aristoteles sage. Dies schränkt Thomas für den Menschen dahin ein, der Mensch könne selbst die höchsten Gegenstände nicht ohne Vorstellungsbilder denken und diese ohne Gehirn nicht bilden.

Der Intellekt sei, wie Anaxagoras lehre, völlig unvermischt mit allem, *omnibus immixtus*. Körperliche Ausdehnung kann ihm nicht zukommen, *caret omni magnitudine corporali*. Damit hat Thomas klargestellt, was es bedeutet, daß Dämonen ‹getrennte Substanzen› sind. Ihre Natur ist die der Engel; ihr Wesen und ihre Ausstattung entsprechen, was die Natur angeht, genau derjenigen von Engeln.

Ein reiner, abgetrennter Geist wäre eine sinnlose Konstruktion des Schöpfers, wenn Mangel an körperlichen Organen ihm jede Erkenntnis verschlösse. Thomas folgert weiter: Ein solcher Geist leitet aus seinen unbezweifelbar-gewissen Erkenntnisgründen, also aus seinen Erkenntnisprinzipien, alle Einzelerkenntnisse ab. Unbezweifelbare Erkenntnisgründe kennen wir Menschen auch. So wissen wir mit Sicherheit, daß zwei widersprechende Sätze nicht im selben Sinne wahr sein können. Das brauchen wir nicht aus der Erfahrung zu überprüfen. Das bringen wir zur Erfahrung mit, nur bleiben entsprechende Grundsätze beim Menschen leer, wenn er sie nicht in der sinnlichen Erfahrung anwendet. Aber bei Engeln und Dämonen bestehe die intellektuelle Einsicht hingegen in der *gefüllten* Einsicht in die Erkenntnisprinzipien. Menschen müssen ihre Prinzipienerkenntnis erst durch Anschauen und Erfahren füllen, ohne sie aus einzelnen Erfahrungen ableiten zu können oder zu brauchen. In der menschlichen Erkenntnis gibt es Elemente, die gewiß, aber leer sind. Die Erkenntnis der Dämonen erfaßt, Thomas zufolge, Grundsätze, die gewiß sind und zugleich allen empirischen Inhalt einschließen. Wir brauchen unseren Körper mit den Organen; sie nicht.

Wenn die bösen Engel dieselbe Naturausstattung haben wie die guten, eröffnen sich, Thomas zufolge, eine Reihe von Einsichten in die Natur des Teufels. Er wird ein erhabenes Wesen, seiner Natur nach weit über dem Menschen stehend, ein kosmischer und theologischer Machthaber, streng abgesetzt von Fabelwesen und Figuren des volkstümlichen Aberglaubens. Die Intellekttheorie erzeugt jetzt Theologenwissen über die Natur des Teufels.

Andererseits heißt der Teufel weiterhin ‹Dämon›; er ist einer von ihnen, wohl als der höchstbegabte Dämon Herr der Teufelsheere. Thomas beließ ihm die Kompetenzen, die Dämonen gewöhnlich zugeschrieben wurden; er ließ ihm die kleineren Teufelsspezialitäten wie das Bewirken von Besessenheit und Totenbeschwörungen, *in arrepticiis et in nigromanticis artibus* (*Quaestio* 16, 1, S. 282 b, Zeile 303). Thomas beließ es bei der alten Möglichkeit, einen Pakt mit dem Teufel zu schließen, um Wünsche erfüllt zu bekommen; die philosophische Rangerhöhung des Teufels zum rein-geistigen Wesen beraubte seinen Teufel nicht der alltäglichen Funktionen, die ihm der Volksaberglauben zuteilte.

Thomas nahm an, er erkenne Handlungen von Dämonen daran, daß sie auf keine Weise aus anderen natürlichen Ursachen hervorgehen können, z. B. wenn jemand eine Sprache sprechen kann, der sie nie erlernt hat (*Quaestio* 16, 1, S. 282, Zeile 299–305). Thomas setzt hier eine Vollständigkeit der Naturerkenntnis voraus, die bis heute nicht erreicht ist. Dieser Einwand gilt auch für den Fall, wenn jemand die Wirkung eines guten Engels oder Gottes daran zu erkennen glaubt, daß sie aus keiner anderen Ursache hervorgehen könne.

Wollust ade!

Die *Genesis* erzählt in Kapitel 6, 1–4 folgende Legende: Die Menschen vermehrten sich, und ihnen wurden Töchter geboren. Die ‹Gottessöhne› sahen, wie schön die Menschentöchter waren, «und sie nahmen sich von ihnen Frauen, wie es ihnen gefiel». Und die Menschentöchter, mit denen die Gottessöhne sich eingelassen hatten, gebaren Giganten. «Das sind die Helden der Vorzeit, die berühmten Männer.»

Die *Genesis* erzählt diese Geschichte im Vorfeld der Sintfluterzählung. «Der Herr sah, daß auf der Erde die Schlechtigkeit der Menschen zunahm» (6, 5) – als habe die Verderbnis der Menschenfrauen und nicht die der Gottessöhne zur Erzeugung der Giganten geführt. Der Text gehört zur ältesten Schicht der *Hebräischen Bibel*; ihre zeugungskräftigen Gottessöhne sind noch alles andere als reine Geister. Der Text stellt sie auch nicht mit Satan zusammen; vom Teufel ist nicht die Rede; er taucht nicht etwa als Herr dieser Engelgruppe auf. Der Himmel wirkt noch unorganisiert. Wir sind auf einer Entwicklungsstufe, die *vor* dem *Buch Hiob* liegt.

Der Text ist kurz und schwer verständlich; er handelt nicht vom Teufel, regte aber an, den Engelfall als sexuelle Verführbarkeit der Gottessöhne zu denken. Einige Kirchenväter hielten diese Art von Sünde der Gottessöhne für besonders schändlich; sie halfen sich damit, daß sie erklärten, das Kapitel 6 handle gar nicht von Engeln, sondern von sündhaften Männern. Origenes schrieb, die Engel hätten gesündigt vor der Erschaffung der sinnlichen Welt; welcher Art ihre Sünde gewesen sei, das wüßten wir nicht.[52]

Der Text von *Genesis* 6 hätte eine folgenlose Episode bleiben können, ein archaischer Rest, aber das spätjüdische *Henoch-Buch* hat ihn ausgemalt und in die apokalyptische Literatur eingeführt. Das *Henoch-Buch* vereinigt divergierende Texte aus verschiedenen Zeitabschnitten zwischen dem dritten und dem ersten vorchristlichen Jahrhundert. Der neutestamentliche *Judasbrief* zitiert es wegen seiner Vorstellungen vom Weltgericht (14); es wurde ins Lateinische übersetzt, von Augustin als kanonischer Text anerkannt und war im lateinischen Mittelalter wohlbekannt; es widmet die Kapitel 1 bis 36 dem Sturz der Engel und führt ihn wie *Genesis* 6 auf sexuelle Gier der Gottessöhne zurück. Diese Engel wurden von der Schönheit der Frauen angelockt; sie folgten ihrer sinnlichen Begierde, nicht dem Befehl des Satans. Die von ihnen erzeugten Riesen richteten untereinander und bei Menschen Blutbäder an; die Gottessöhne brachten den Menschen die Grundbegriffe der Rüstungsindustrie bei:

«Agazel lehrte die Menschen Schwerter, Messer, Schilde und Brustpanzer machen» (8, 1);

er wußte, was Frauen wollen, und brachte kosmetische Kenntnisse vom Himmel zur Erde:

«Armspangen, Schmucksachen, den Gebrauch von Augenschminke und das Verschönern der Augenlider, alle Arten von Edelsteinen und allerhand Färbemittel. So herrschte viel Gottlosigkeit». (8, 2)

Als Beschwerden darüber zu Gott dem Herrn drangen, beauftragte «der Höchste, Heilige und Große» den Raphael, diesen Agazel an Händen und Füßen zu binden und ihn in die Finsternis zu werfen:

«Leg scharfe, spitze Steine unter ihn
und bedeck ihn mit Finsternis!

... Am Tag des großen Gerichtes soll er in den Feuerpfuhl geworfen werden» (10, 1–6).

Gott verspricht, die Plage werde vorübergehen, die endgültige Strafe ereile die gefallenen Engel, allerdings erst am Tag des großen Gerichts. Bis dahin haben sie noch Auslauf. Damit war die Vorstellung einer beschränkten Zeit der Teufelsherrschaft auch in der westlichen Welt präsent, obwohl Henoch nicht vom großen Satan, sondern von einer Sondergruppe von etwa 200 wollüstigen Engeln sprach. Jetzt wußten auch westliche Christen, womit Teufel sich beschäftigen: Sie haben Geschlechtsverkehr mit Menschenfrauen; sie lehren Metallverarbeitung, die Herstellung von Waffen und kosmetischen Produkten. Sie werden die Ermordung ihrer Kinder erleben, und sie werden am Ende immer leiden, also weder Gnade noch Frieden finden (12, 4).

Der Kirchenschriftsteller Tertullian hat sich lebhaft für Damenkleidung und Schmuck interessiert; er zog aus seiner Kenntnis des Engelsturzes Warnungen für die Frauen.[53] Besonders ereiferte er sich für die Verschleierung der Jungfrauen, denn die gestürzten Engel von *Genesis* 6 seien besonders von der Blüte junger Mädchen entbrannt gewesen.[54] Prediger, die gegen weibliche Eitelkeit wetterten, besaßen jetzt eine Bibelstelle, um Gottes Stimme gegen weiblichen Putz ertönen zu lassen. Nachdem die Dämonen reine Geister geworden waren, verlor die Stelle freilich ihren Wert zur Erklärung des Teufelssturzes, den sie bis ins 13. Jahrhundert behalten hatte. Weiterhin gültig blieb unter Christen das Kopftuchgebot, das Paulus, 1 *Korinther* 11, 10, damit begründet hatte, daß sexgierige Dämonen in den Lüften kreisen.

Die Entmaterialisierung der Engel und Teufel schloß aus, daß sie aus sinnlicher Gier sündigten. Sie waren als Intellekte nicht mehr passiv und von Leidenschaften bewegt. Die westliche Kirche kämpfte seit der zweiten Hälfte des 11. Jahrhunderts um die Durchsetzung des Zölibats. Die kirchliche Hierarchie sollte die himmlische abbilden. Jetzt konstruierte sie die Engel als versuchungsfrei; sexuelle Begierden konnte es bei ihnen nicht mehr geben. Für Lebensmuster von Klerikern und Mönchen war das ein Gewinn. Thomas von Aquino hieß dementsprechend ‹der engelgleiche Lehrer›, *doctor angelicus*. Freilich übten auch nach der geisttheoretischen Reform der Geisterwelt die *bösen* Engel immer noch sexuelle

Aktivitäten aus, auch nach Ansicht des Thomas von Aquino; sie taten das sogar mit Vorliebe. Zu begreifen war das allerdings nicht mehr. Wie sollten sie sich mit Frauen vergnügen, wenn sie keiner sinnlichen Freude fähig waren? Wäre es nicht plausibler, sie würden sich mit ihresgleichen ergötzen? Augustin hatte von ihrem Vergnügen an sexuellen Obszönitäten gesprochen; er dachte dabei an unanständige Theaterstücke, die sie veranlassen, um die Völker zu verderben.[55] Er zweifelte nicht, daß Dämonen mit Frauen Geschlechtsverkehr hatten, er wußte nur nicht, wie sie mit ihrem Luftkörper dabei Vergnügen hätten.[56] Thomas korrigiert Augustin, indem er ihre Freuden spiritualisiert (Sth 63, 2 ad 1). Ihre Freude an sexuellen Vergnügungen war Willensakt, nicht Leidenschaft. Denn reinen Geistern blieben nur geistige Laster wie Stolz und Neid. Sie sind ernsthafte Persönlichkeiten geworden, ohne Leichtsinn, ohne Ausschweifung; sie bestehen nur aus nüchternem Verstand und dem kalten Willen, den Menschen zu schaden (Sth I 64, 3). Aber dazu nehmen sie wohlgeplant Körper an, denn inzwischen war jedem Aristotelesleser klar: Nur ein organisch ausgestatteter Leib konnte leben; Luft, mochte der Dämon sie noch so komprimieren, erlaubte keinen Coitus. Jetzt endlich, gegen 1250/60, standen Engel und Dämonen auf der wissenschaftlichen und kirchenpolitischen Höhe ihrer Zeit. Das Ideal engelgleichen Lebens der Zölibatäre war stabilisiert, und der Gedanke des Aristoteles, ohne organische Substanz und ohne Organe gebe es kein Leben, war aktualisiert.

Lucifer

Wie kam Satan zu Fall? Was, wenn nicht sexuelle Gier, war die verhängnisvolle Sünde, mit der alle Bosheit den Anfang nahm? Dichter und Denker, Maler und Bildhauer suchten eine Erklärung. Sie fanden sie im 14. Kapitel des Propheten *Jesaja.* Dort wird berichtet, ein Großer, der König von Babylon, sei gestorben; er sank machtlos hinab in die Unterwelt, und dort verhöhnten ihn kleinere orientalische Könige schadenfroh mit folgenden Worten:

«O, du bist vom Himmel gestürzt,
du strahlender Sohn der Morgenröte!

Zu Boden bist du geschmettert,
du Bezwinger der Völker!
Du aber hattest in deinem Herzen gedacht:
Ich ersteige den Himmel;
dort oben stelle ich meinen Thron auf,
über den Sternen Gottes;
auf den Berg der Götterversammlung setze ich mich,
im äußersten Norden.
Ich steige weit über die Wolken hinauf,
um dem Höchsten zu gleichen.
Doch in die Unterwelt wirst du hinabgeworfen,
in die äußerste Tiefe.»[57]

Dieses Spottlied galt einem orientalischen Fürsten, der glanzlos in die Unterwelt abstürzt. Seine Sünde war nicht Sinnengier, sondern Hochmut: Er wollte dem Höchsten gleich sein oder ihn gar übertreffen. Dieser Großfürst hatte ganze Völker bezwungen und wollte auch noch Herrscher des Himmels werden. Er strebte über die Wolken hinaus; seine Anmaßung stürzte ihn in die äußerste Unterwelt.

Während die *Hebräische Bibel* sich – im Gegensatz zu Ägyptern und Babyloniern – wenig, fast gar nicht um das Schicksal der Seele nach dem Tod kümmerte, spielt diese poetische Szene in der Unterwelt und blickt auf die nächste Zukunft. Könige sitzen ringsum auf ihren Thronen, da kommt Lucifer, der Sohn der Morgenröte, herabgestürzt in die Hölle und bleibt, wie es in Vers 12 heißt, liegen in Schlamm und Gewürm. Er wurde nicht ordentlich bestattet; er sitzt auf keinem Thron. Von Gott oder Totengericht ist nicht die Rede. Die Erzählung konzentriert sich auf den Absturz und die Vergehen des Gestürzten. Er war ein Morgenstern – den Stern müssen wir beseelt denken –, aber er wollte höher hinauf und ist deshalb herabgestürzt. Er wollte sein wie Gott. Er wollte Platz nehmen in der Götterversammlung auf dem hohen Berg im Norden. Der Götterberg ist hier nicht der Sinai.

Der alttestamentliche Dichter spricht vom soeben verstorbenen zeitgenössischen König von Babel, aber Origenes deutete die Stelle auf den Sturz Satans, der nicht aus der Finsternis stamme, sondern vom Licht herkomme. Seitdem heißt der Böse ‹Lucifer›. Origenes beruft sich auf den Satz Christi: «Seht, ich sehe den Satan vom Himmel fallen wie einen Blitz» (Luk 10, 18).[58] Bezog dieser Satz sich auf den urzeitlichen Sturz des Satanas oder darauf, daß das Auftreten Jesu den Sturz des Teufels bewirkte? Jedenfalls kam der Teufel vom Himmel. Damit war die Erklärung des Teufelssturzes aus der sinnlichen Gier zurückgewiesen. Sein Fehler beschreibt das jetzt umgedeutete Jesaja-Zitat: Er wollte wie Gott sein. Was das genau heißt, muß uns noch beschäftigen.

V. Drei Klippen

Erste Klippe: Sünde

Christen hatten gute Gründe, über Satan gründlich nachzudenken, und sie haben es getan. Das taten nicht nur die katholischen Denker, wie manche aus Unkenntnis der evangelischen Theologiegeschichte unterstellen. Die Konzeption des Teufels modifizierte für alle westlichen Christen ihr Verhältnis zur Natur, zur Gesellschaft, zur Wissenschaft und zur christlichen Religion. Sie färbte alles. Sie prägte Alltagsleben und Kulturen, Erziehungslehre, Theaterstücke und Romane. Daher kam es bis etwa 1800 zu intensiven Reflexionen über Satan. Die geistphilosophische Transformation schuf neue Probleme. Deren Erörterung deckte ungelöste Schwierigkeiten der christlichen Lehre auf, mit weittragenden Folgen für das Verhältnis von Glaube und Modernität. Ich beschreibe drei Konsequenzen dieser intellektuellen Arbeiten:

Die *Sünde* Satans, also sein Abfall, wurde fast oder ganz unbegreiflich.

Die *Strafe* des Teufels wurde ganz und gar unfassbar.

Daß dem Teufel Reue und *Umkehr* versagt war, fand mancher Denker empörend. Diese Verweigerung kollidierte mit dem Konzept der Freiheit.

Damit verstieß die Satanologie gegen drei Grundannahmen und Interessen der neuzeitlichen Welt.

Bis ins 13. Jahrhundert war der Christenteufel ein denkendes Lufttier. Keineswegs stand er im Rang *unter* der menschlichen Geistseele. Schließlich war er der Herr gewaltiger Heere; er spielte in der Geschichte Gottes mit den Menschen eine wichtige Rolle; er teilte nicht das menschliche Todeslos. Aber man konnte ihn auch lächerlich finden – mit seinen Buhlschaften und Hexenveranstaltungen. Bis ins 13. Jahrhundert ließ sich ihm leicht eine schwere Verfehlung ansinnen, einen normalen Männerfehltritt, der ihn den Himmelsplatz kostete. Seine Freiheit war zwar unterstellt, war aber *konzeptionell* nicht gesichert. Es gab keinen Begriff von ihr. Dazu bedurfte es des neuen Nachdenkens über Intellekt und Willen. Aber dabei kam heraus: Unter der Bedingung, daß er die Natur eines Engels besaß, war seine Sünde schwer oder gar nicht zu verstehen.

Thomas von Aquino beschrieb diese Bedingungen sorgfältig:

Der Satan war als Intellekt zu denken. ‹Intellekt› bedeutete für Thomas: universale Zuordnung zu allem Guten. Er war auf nichts Einzelnes festgelegt; er konnte alles unter dem allgemeinsten Aspekt des Guten bewerten, bejahen oder verneinen. Den generellen Bezug zum Guten hatte er, weil er seiner Natur nach den Bezug zur Wahrheit hatte; er suchte das wahre Gute. Sowohl Aristoteles wie Augustinus und viele mittelalterliche Lehrer behaupteten weiterhin, der Intellekt als Intellekt könne nicht irren. Wenn er irre, sei er nicht bei der zu erkennenden Sache, dann sei er kein Intellekt. Diese Konzeption kannte keinen suchenden Intellekt. Alles, was schwankte oder experimentierte, was Hypothesen probeweise entwarf und aus Fehlern lernte, war kein Intellekt. Er war definiert als Fähigkeit zu stabilem Wahrheitsbesitz. Als reiner Geist sollte er, wie oben berichtet, Erkenntnisse von der Art unserer Erkenntnisprinzipien haben, nur daß sie bei ihm immer schon mit Sacherkenntnis gefüllt seien, während Menschen sie in der Erfahrung anwenden müssen.

Diese Beschreibung des älteren Intellektbegriffs löst heute Zweifel aus. Der heutige Leser findet sich schwer ab mit seiner unwahrscheinlichen Irrtumsfreiheit. Diese Identifikation bietet ihm zuviel an Zuversicht. Deswegen gebe ich hier eine Liste der Belege, um sicherzustellen, daß Thomas sie tatsächlich gelehrt hat. Sie beleuchten die Neuerung, der Teufel sei reiner Geist, sei eine *substantia intellectualis*, vom Körper getrennt, sein Begehren sei intellektueller Art, sei also geistiger Wille.[1] Irrt der Intellekt, dann hat er eine Meinung, aber keine

Einsicht. Ohne Einsicht ist er kein Intellekt. Thomas erklärt die Satanssünde wie folgt: Der Teufel erstrebte nichts Böses, sondern ein ihm entsprechendes Gutes.[2] Der Teufel erstrebte dieses gute Ziel nur auf ungeordnete Weise, *inordinate tamen et immoderate illud appetiit.* Er wollte die höchste Seligkeit nicht durch Gottes Gnade geschenkt haben, sondern durch eigene Kraft erreichen. In der Zielrichtung lag er nicht falsch.

Doch bleiben wir vorerst bei der Natur des Intellekts: Sie schließt naturhafte Gerechtigkeit ein. Sie ist kein wertfreier Naturbestand. Sie hat in sich ethische Qualität. Gott kann sie normalerweise der geistigen Natur gar nicht entziehen. Gott respektiert die in der geistigen Natur mitgegebene Zuordnung zum Wahren und Guten; freilich könnte er sie kraft absoluter Macht vernichten, aber nicht verändern.[3] Diese Lehre folge aus der Geistnatur, die den Dämonen vollständig erhalten bleibe:[4] Kein geistiger Wille will etwas Schlechtes.[5]

Ein weiteres Privileg kommt hinzu: Das reine Geistwesen, ob Engel oder Teufel, ist im aktualen Dauerbesitz seiner Kenntnisse. Es braucht seine Prinzipien nicht in der Zeit an Erfahrungsdingen zu überprüfen. Sie enthalten bereits in sich die einzelnen Dinge.[6] Es erfaßt einen Erkenntnisgegenstand und sieht sofort, welche Prädikate diesem Subjekt zukommen, *De malo* 16, 6 ad 1. Es steht – zugleich bewegt und still – immer aktual in dieser Erkenntnis, die es ständig vollkommen hat, ohne sie immer als Ganze betrachten zu können.

Thomas ist dabei, Sündenfall und Satanssturz zu erklären, und bricht ins Loblied eines reinen Geistes aus, dessen Wille immer nur das Gute will und der keine Erfahrung braucht, sondern vorher weiß, welches Prädikat welchem Subjekt zukommt. Diese Satanologie lädt zum Nachdenken ein; sie beginnt damit, daß der Intellekt, auch der des Teufels, immer das Richtige denke, *intellectus semper est rectus.* Gewiß kommen Irrtümer vor; Thomas erinnert an sie,[7] aber sie sind nur falsche Meinungen, keine geistige Erkenntnis. Sie sind nicht ‹Einsicht› oder *intellectus.* Versuche, Hypothesen, Vermutungen, Lösungsvorschläge sind nicht *intellectus.* Allein jenes punktuelle Auftreffen darf ‹Einsicht›, *intellectus,* heißen, die allein das wesentlich Wirkliche erreicht. Das suchende oder irrende Denken ist auch eine Operation des *intellectus,* wird an ihm gemessen, verhält sich aber zu ihm wie eine Mißgeburt zur

Intention der Natur, die ein vollständiges Lebewesen hervorbringen will. Thomas setzt einen normativen Begriff von *natura* und *intellectus* voraus; er versichert jedem Intellekt, er sei ein naturhaft-fester Bezug zum Wahren und Guten. Der Intellekt *ist* ihm zufolge dieser Bezug. Es handelt sich um eine Definitionsfrage: Unter platonischen Voraussetzungen hat man sich darauf verständigt, die Natur intendiere ‹richtige› Pferde und der Intellekt sei nur Intellekt, wenn er die Wirklichkeit durchschaut, wenn er wahre Erkenntnis bewirkt. Thomas denkt den Irrtum im Blick auf den aktualen Intellekt, der die vollkommene Erkenntnis ständig *ist,* und bemißt danach einen Irrenden, der sich zu dem normgerecht agierenden Intellekt verhält wie das mißgeborene Fohlen mit drei Beinen zum ‹richtigen› Pferd. Das entstellte Fohlen ist kein ‹richtiges› Pferd, der irrende Intellekt ist kein Intellekt.

Diese eidetisch konzipierte Weltansicht schafft Prämissen für das Selbstverständnis des Menschen, der Engel und Teufel. Diese letzteren tragen als geistige Wesen (*substantiae separatae*) oder Intellekte den ganzen Erkenntnisreichtum, der ihrer höheren Natur zukommt, aktual in sich, auch wenn sie ihn nicht immer vollständig aktual betrachten.

Der Intellekt erfaßt immer Wahres, *intellectus semper est rectus,* diese These bildet den Ausgangspunkt der Theorie des Intellekts bei Thomas. Deren zweites Charakteristikum könnte man ‹geisttheoretischen Aktualismus› nennen. Diesem zufolge trägt jede Geistnatur das Gesamt ihrer Inhalte aktual tätig immer in sich.[8] Der reine Geist erkennt nicht alles, aber alles, was er erkennt, trägt er *actu* in sich, so wie Menschen den Satz vom ausgeschlossenen Widerspruch immer in sich tragen, nur daß sie aus diesem Prinzip nicht zeitfrei gegenständliche Erkenntnis gewinnen können, während reine Geistwesen ‹sofort›, *statim,* in ihren Prinzipien sämtliche Konklusionen sehen. Thomas bewertet die menschliche Erkenntnis als defektive Form der Erkenntnis reiner Geistwesen, als hätten Menschen zwar intellektuale Rudimente, eben die Prinzipien, die aber leer seien an Einzelerkenntnissen, die wir erst durch Erfahrung zeitgebunden aufnehmen müssen, während reine Geister ‹Ideen› oder Prinzipien immer schon zusammen mit der Anwendung haben. Das nenne ich seinen geisttheoretischen Aktualismus, wobei ‹Aktualität› im Sinne der aristotelischen Philosophie der *energeia* gedacht ist. Ein reines Geistwesen ist Tätigkeit und dadurch eine starke, bleibende Natur; in diesem Sinne ist es ‹unbeweglich›, das heißt seine Natur schließt jede nicht-spontane, nur von außen kommende Veränderung aus: Es hat immer alles vollständig, was zu seiner Natur gehört, und es behält es immer. Das könnte man den geisttheoretischen Immobilismus des Thomas nennen. Er darf mit physischer oder psychologischer Unbeweglichkeit nicht verwechselt werden. Thomas sagt, er bedeute das stabile geistige Zusammenhaben aller Erkenntnisse, die einem Intellekt seiner Natur nach zugänglich sind. Und der Wille entspricht dieser intensiv versammelten Richtigkeit; er hat aktualen Bezug auf alles Gute, das seiner Natur entspricht.[9]

Diese hohen Prädikate kommen hier dem Satan zugute. Thomas ist dabei, die Satanssünde zu erklären, aber er macht ihn erst als Geistwesen irrtumslos, im Willen stabil, der Weltzeit überlegen und gibt ihm einen eigenen, höheren Modus der Zeitlichkeit. Der Teufel wird demnächst aus dem Himmel gestürzt, aber Thomas macht ihn erst einmal ‹immobil›, im Sinne von: wesensfest, ruhend in seiner Wahrheit und seiner Zuordnung zum schlechthin Guten. Dem Leser wird es angst und bang um das theologische Schlachtfest des Engelsturzes, zumal Thomas mehrfach mit Dionysius betont, daß Satan seine glänzende Erstausstattung immer behält. Diese ist vollständig die eines Intellektualwesens mit intakt gebliebenen Wesensbezügen zum Wahren und Guten: Wie könnte er die welthistorische Dummheit begehen, gegen Gott zu rebellieren? Menschen sind Rationalwesen mit intellektualen Elementen, aber immerhin ausgestattet mit einem intellektuellen Energiezentrum, dem tätigen Intellekt, der keiner Außenbeeinflussung unterworfen ist.[10] Also profitiert auch der vom Teufel und seinen Engeln vielfach bedrohte Mensch von der Philosophie des *intellectus*, mit der Thomas den ersten Artikel der 16. Quaestio *De malo* eröffnet. Sie besagt:

Wer diese Satanologie verstehen will, muß präzis die Differenz von Vorstellen und Denken nicht nur dem Namen nach kennen. Er muß die strikte Unterscheidung von Vorstellen (*imaginatio*) und intellektueller Einsicht (*intellectus*) eingeübt haben. Thomas setzt voraus, die spezifische Operation des *intellectus* habe kein körperliches Organ; sie braucht das Gehirn nur, weil sie sich beim Menschen auf die davon prinzipiell zu unterscheidende Vorstellungskraft (*imaginatio*) stützt; das Denken ist die bestimmte Negation von allem; es hat mit nichts etwas gemein, es ist mit allem unvermischt und kann deswegen alles sein, alles erfassen, alles bewegen (*De malo* 16, 1).

Wie erklärt Thomas unter diesen Voraussetzungen die Teufelssünde? Die Dämonen sind nicht von Natur aus böse, *demones non sunt naturaliter mali* (16, 2); sie können es nur *freiwillig* sein. Dann war also in der Sünde dieses mächtigen Intellekts ein Irrtum enthalten.[11] Aber wie kommt dieser Irrtum in den perfekten aktualen, immobilen Intellekt, wo doch jeder Intellekt als solcher das schlechthin Gute erstrebt?[12]

Bevor Thomas das Problem der *Möglichkeit* der Teufelssünde löst, korrigiert er stillschweigend die uralte Ansicht von der Wollust der Gottessöhne; sie scheide als Motiv Satans aus; sie ist mit seiner Geistnatur unvereinbar. Die sexuelle Gier der Gottessöhne aus *Genesis* 6 erwähnt er gar nicht mehr. Ausdrücklich weist er auch die Ansicht zurück, die Sünde des Teufels habe darin bestanden, daß er Gott gleich sein wollte. Buchstäblich verstanden, sei das unvereinbar mit der hohen Einsicht des Satans. Wer das gelehrt habe, könne es nicht im exakten Sinn gemeint haben, und diese Wahrheit sei auch dem Teufel nicht entgangen, *nec hoc potuit diabolus in sua conditione ignorare, De malo* 16, 3. Es kann nur insofern zutreffen, als Satan die ewige Herrlichkeit in der Gottesgemeinschaft als eigene Leistung erreichen, nicht als Gnadengeschenk annehmen wollte. Das Fleisch konnte ihn nicht verführen, aber er hat die ‹Schönheit seiner Natur› überschätzt und hat sie dem Wert des höchsten Gutes irrtümlich vorgezogen.[13] Er hat Gutes angestrebt, die Ähnlichkeit mit Gott, aber er wollte seine Vollendung der eigenen Kraft verdanken. Dadurch ist nicht seine Natur, sondern sein Wille böse geworden; Thomas führt die alte Besorgnis fort, der Manichäismus könnte Boden gewinnen, und betont die guterschaffene Natur. Während die Geistnatur des Teufels in energetischer Blüte stand und steht, konnte er irren und falsch handeln bezüglich der Übernatur. Mit diesem Schnitt beseitigt Thomas alle Einwände, die er selbst aus der guten Geistnatur und ihrer unzerstörten Hinordnung auf das Gute aufgetürmt hatte. Man muß nur Natürliches von Übernatürlichem unterscheiden.[14] Die strahlende Geisteskraft der Natur des Ersterschaffenen versagt in bezug auf die übernatürliche Vollendung und stürzt ab in die Hölle; er verursacht die Verführung der Menschen und das ewige Elend seiner selbst, der Dämonen und der ungetauften Menschen, und Gott wußte das, als er ihn schuf.

Ich sage nicht, diese argumentative Lösung sei unmöglich, doch kommt die schlichte Differenz von Natur vs. Übernatur wie aus der Pistole geschossen, bleibt der Sache nach unproportioniert und macht die folgenreichste Fehlentscheidung des intelligentesten Geschöpfs, das immer nur das Gute will, keineswegs plausibel. Thomas exekutiert am gutgeschaffenen und gutwilligen Satan nur die Logik seines Systems. Nachdem er den Teufel zum reinen Geistwesen erhoben und den Geistbegriff aus der griechischen und arabischen Philosophie eingesetzt hatte, blieb ihm nichts anderes übrig als die brüske Anwendung seiner Distinktion von Natur und Übernatur. *Unde reliquitur*, schrieb er. Philosophisch betrachtet, seiner Natur nach bleibt der Teufel unfähig zur Sünde. Wer diese Systematik: Übernatürliches vs. Natur, die ja keineswegs zum Traditionsbestand christlichen Denkens gehört hatte, nicht teilte, konnte denken, die Christenheit sei nicht schlecht beraten gewesen, als sie den Teufeln noch Luftkörper zuwies. Er konnte sich aber auch sagen, die Konstruktion zahlloser himmlischer und höllischer Geistwesen, die um Hilfe angerufen wurden oder mit denen sich ein Pakt schließen ließ, die als *incubus* oder *succubus* fungierten, banalisiere die klassische Konzeption des *intellectus* und führe zu selbstgeschaffenen Schwierigkeiten.[15]

Zweite Klippe: Strafe

Satans *Sünde* wurde *schwer begreiflich,* aber die für ihn vorgesehene Strafe wurde *gänzlich unbegreiflich.* Als er noch Luftkörper war, konnte er in der Feuerhölle heftig leiden. Augustin und die westliche Kirche hatten gegen Origenes und dessen allegorische Deutung auf dem *physischen* Charakter des Höllenfeuers bestanden. Aber wie sollten körperliche Feuerqualen ein reines Geistwesen mit seiner spezifischen Unerreichbarkeit durch physikalische Einwirkungen bestrafen können? Über diesen zweiten Widerspruch, in den die christliche Teufelslehre zur aristotelischen und sogar zur augustinischen Philosophie geraten ist, konnte das christliche Denken nie hinauskommen. Ich habe einige der sich daraus ergebenden Konflikte seit 1993 verfolgt. Weitere Untersuchungen sind auch zu dem Ergebnis gekommen: Das Problem war nicht zu lösen.[16] Die Lösungsversuche verdienen das Prädikat ‹amüsant›. Mancher Theologe half sich und machte aus dem Höllenbrand ein speziell für die Peinigung der Sünder geschaffenes Gottesfeuer mit intelligenten Eigenschaften. Oder sie sagten, die Strafe durch Feuer könne für einen reinen Geist nur darin bestehen, daß der Sündergeist das bedrohliche Feuer *sehe.* So Thomas.[17] Sie stritten, ob die Teufel *jetzt* schon im Höllenfeuer stecken oder erst nach dem Jüngsten Gericht hineinkommen, da sie ja auf Erden Pflichten haben. Das war die ältere Ansicht; Bernhard von Clairvaux predigte sie noch, *Sermo* 1, 4; Petrus Lombardus löste sie ab. Auch das war ein markanter Wechsel: Die lange Frist zwischen der Straftat am Anfang der Weltgeschichte und dem Strafvollzug erst an deren Ende entsprach nicht mehr einer rationaleren Rechtsordnung, zumal der Jüngste Tag sich mehr und mehr hinzog. Bonaventura ließ die Teufel noch in der Luft und auf der Erde bis zum Jüngsten Tag; erst wenn ihre irdische Peinigerrolle erfüllt ist, läßt er sie im körperlichen Höllenfeuer leiden. Albert umgab sie jeweils mit einer Feuerkugel, solange sie in der Luft beschäftigt sind oder auf der Erde sich bewegen, die auf Gottes Befehl nur denjenigen brennt, den er bestraft sehen will. Dante sah im 26. Gesang des *Inferno* einen ähnlichen Feuerball gemeinsam um Odysseus und Diomedes.[18]

Dritte Klippe: Freiheit ohne Umkehr

Die Verurteilung des zum reinen Geist aufgestiegenen Teufels zu ewiger Höllenstrafe warf ein weiteres Problem auf: Konnte der Teufel am Ende aller Dinge zum Guten zurückkehren? Er war jetzt Geistwesen, also frei. Er konnte nur aufgrund seines Willens straffällig werden, denn seiner Natur nach war er gut erschaffen, aber wieso war er dann nicht auch frei zur Reue? Er soll ja kein Privileg seiner Geistnatur verloren haben. Dieses Problem klang bereits an, als Thomas schroff die Unveränderlichkeit (*immobilitas*) Satans und der dämonischen Geistwesen betonte, *intellectus eorum se immobiliter habet, De malo* 16, 5 c. a.; diese *immobilitas* gelte auch für ihren Willen. Der geschichtliche Ort dieser Auseinandersetzung war die Allversöhnungslehre des Origenes samt ihrer Ablehnung durch Augustin. Dieser hatte geschrieben, keinem christlichen Lehrer habe die Wiederherstellungstheorie des Origenes gefallen, denn sie mache die Glückseligkeit der Erwählten ungewiß und widerspreche dem Ausspruch Jesu, Mt 25, die Bösen gingen zur ewigen Strafe, die Gerechten ins ewige Leben. Augustin *wollte* die Ewigkeit der Höllenstrafen; Origenes hatte sie abgelehnt, weil sie den pädagogischen Zweck der Strafe, die Besserung des Sünders, ausschließe. Augustin erwiderte, Origenes versetze durch sein Mitleid mit den Höllenbewohnern die Himmelskinder in Unruhe. Wenn sie auch nur damit rechnen müßten, daß vielleicht auch ihr Urteil *revidiert* würde, wäre die Ruhe ihrer Glückseligkeit dahin.[19]

Thomas schloß sich Augustins Verurteilung der Allversöhnungslehre an,[20] bedachte aber, daß sie die Definition der Freiheit berührte. Wenn die Teufel als reine Geistwesen frei waren und sich ihres unversehrten Naturbestandes erfreuten, wieso sollten sie dann nicht zum Guten zurückkehren können? Der Denkfehler des Origenes ergebe sich aus dessen falschem Freiheitsbegriff. Gegen ihn bestritt Thomas, daß die Wahl zwischen Alternativen zum Wesen der Freiheit gehört.[21] Dies war traditionelle Theologenthese spätestens seit Anselm: Die Seligen im Himmel sollten frei sein, aber nicht mehr sündigen können. Die Rezeption der *intellectus*-Lehre stand dagegen. Sie sagte, Gott habe den Dämonen Intellekt und freien Willen als bleibenden Naturbestand gegeben und belassen. Aber wieso schloß dann ihre Freiheit nicht die Möglichkeit der Bekehrung zum Guten ein? Sie waren strafweise für immer im Bösen verstockt. Warum? Und was heißt das? Warum versagt ihnen Gott prinzipiell die Möglichkeit eines Gnadenerlasses? In der früheren Schrift *De veritate*, qu. 24, 10, nannte Thomas zwei Gründe, nachdem er die sinnliche Leidenschaft als Grund der Teufelssünde kurz vom Tisch gewischt hatte: Die reinen Geistwesen leiden nicht wie menschliche Seelen unter dem Widerspruch entgegengesetzter Gefühle und Gewohnheiten. Was sie anstreben, wollen sie ganz. Der zweite Grund ist ihre intellektuelle Natur. Was sie auffassen, fassen sie unumkehrbar und unverlierbar (*irreversibiliter*) auf, so wie Menschen logische Prinzipien ein für allemal einsehen, also für immer wissen, daß das Ganze größer ist als seine einzelnen Teile. Thomas orientiert seine Theorie über Erkennen und Wollen reiner Geistwesen an der menschlichen Erkenntnisweise philosophischer Prinzipien wie dem Satz vom zu vermeidenden Widerspruch. Er wiederholt seinen geisttheoretischen Immobilismus. In *De malo* 16, 5 stellt er seine Argumentation ganz auf diesen ab:

Origenes habe geirrt; seine Allversöhnungslehre beruhe auf einem falschen Begriff von Freiheit. Er habe den freien Willen nicht verstanden, weil er die Verschiedenheit der Ziele falsch aufgefaßt habe, die zu einer freien Entscheidung erforderlich seien. Er dachte, *jeder* freie Akt stehe vor einer Alternative.[22] Genauer, scholastischer ausgedrückt: Origenes habe nicht begriffen, was per se, was an sich zur Definition der Willensfreiheit gehöre, in all ihren Vollkommenheitsstufen, bei Gott, Teufeln und Menschen. Wer das Böse wähle, täusche sich, weil er ein scheinbar Gutes dem wirklich Guten vorziehe; diese Schwäche gehöre nicht per se zur Definition der Freiheit, deren Definition auch die Freiheit der Seligen, Gottes und der Verdammten umfassen müsse. Gott ist frei, aber er kann sich selbst nicht nicht-wollen. Es handelt sich um eine Definitionsfrage: Wenn die Definition der Freiheit auch die Freiheit Gottes, der Engel und Menschen erfassen soll, darf sie nicht die Verschiedenheit einschließen, die in der Differenz kontrastierender Ziel- und Zeitpunkte bestehe, in denen ich zuerst etwas wollte und später nicht mehr will. Diese Divergenz setze Zeit und Wandelbarkeit voraus; deshalb habe Anselm von Canterbury sie nicht in die Begriffsbestimmung von Freiheit aufgenommen.

Thomas beschrieb die menschliche Freiheit und schloß von ihrer Wesensbestimmung den Wechsel und das Stehen vor Alternativen aus. Er blickte dabei nach oben; seine Freiheitsdefinition sollte die Freiheit Gottes und der Engel umfassen. Das war eine rein begriffliche Operation, die wirkliches menschliches Leben verfehlte. Dies ist schon im Mittelalter aufgefallen: Petrus Johannis Olivi hat die Freiheitsdefinition

Anselms und Thomas' kritisiert: Diese Definition von Freiheit sei allzu offensichtlich mangelhaft, *illa definitio Anselmi nimis patenter deficit.*[23] Das war nicht nur eine kleine formallogische Korrektur; Olivi rückte die Philosophie der Freiheit dem menschlichen Leben näher. Thomas schloß Veränderlichkeit und zeitliche Verschiedenheit aus der Freiheitsdefinition aus, *non est de ratione eius*; Zeit und Veränderung trete nur aufgrund von Veränderlichkeit akzidentell hinzu. Sein Hauptargument, Veränderung aus der Definition der Freiheit des Teufels auszuschließen, war dessen intellektuelle Natur. Diese besage *immobilitas*, die charakteristisch sei für die Erkenntnisweise intellektueller Wesen. Sie tragen immer alle Begriffe aller ihrer Erkenntnisinhalte in sich. So bleiben die Bösen aufgrund ihrer Geistnatur im Zustand der Verstockung gegen das Gute. Sie sind anselmianisch-thomistisch frei, das heißt sie haben keine Alternative. Ihr *status viatoris* ist beendet. Sie wählen zwar noch zwischen verschiedenen Einzeldingen und Aktionen, aber eine Lebenswahl haben sie nicht; mit allem, was sie wollen und tun, vermehren sie ihre Sünde. Gott versagt ihnen seine Gnadenhilfe, denn es gehöre nicht zur Wesensart der göttlichen Weisheit, den Dämonen weiterhin Gnade einzugießen.[24] Gott erfülle damit den Begriff das gerechten Richters, denn reine Geistwesen können aufgrund ihrer aktualen naturhaften Immobilität die Hilfe nicht mehr annehmen, die sie nicht wollten, als sie sie noch annehmen konnten. Alles, was geschieht, im Diesseits wie im Jenseits, geschieht jedem Wesen nach dem Maß seiner Natur; deswegen gelten für Dämonen die Regeln der Geistnatur mit ihrer spezifischen Aktualität und Unveränderlichkeit, an der Menschen teilhaben, wenn sie denken, das Ganze sei immer, nicht nur gelegentlich größer als jeder seiner Teile.

Die Teufelslehre des Thomas implantierte das tradierte Interesse an ewiger Bestrafung in die philosophische Kultur des ausgehenden 13. Jahrhunderts: Glück und Unglück sollen wenigstens am Ende eindeutig und dauerhaft geregelt sein. Mittelalterliche Denker haben mit großer Freiheit alle möglichen Bibelstellen metaphorisch gedeutet, sie sahen zum Beispiel in den Sternen, die der Schwanz des Drachen vom Himmel wischt, die Engel. Aber die jesuanischen Aussprüche vom ewigen Feuer nahmen sie obstinat wörtlich. Sie schnitten damit die Debatte mit Origenes ab, bevor sie begann. Thomas rezipierte Augustins Position und spitzte sie zu mit Hilfe der aristotelisch-averroistischen Theorie des Intellekts. Zunächst machte er die *Sünde* des Satans unverständlich, und zuletzt machte er dessen Strafe als die eines reinen Geistes in der Feuerhölle unbegreiflich. Die Frage nach Reue und Rückkehr des Teufels geht unter in einem Definitionsspiel der Freiheit, das am sozialen und geschichtlichen Charakter wirklicher menschlicher Freiheit vorbeitreibt.

Rationalitätsverlust

Die Nobilitierung des Satans zur *substantia separata* machte alle drei Traditionsbestände unbegreiflich: die Torheit der Teufelsrevolte, die Bestrafung eines reinen Geistes in materiellem Feuer, den Immobilismus eines freien Wesens, dem die Rückkehr verboten ist. Thomas bewies eher die Unmöglichkeit des Konzepts – der Teufel als *substantia separata* – denn die Harmonie von Glauben und Wissen. Er betrieb bewunderungswürdig hohen argumentativen Aufwand und machte die christliche Satanologie doch nicht begreiflicher. Er sprach offen über seine Schwierigkeiten und bewies philosophischen Sinn im Umgang mit dem aristotelisch-averroistischen *intellectus*; allerdings führte er die Unterscheidung von *imaginatio* und *intellectus* nur tonlos mit. Er nannte sie noch, machte aber von ihr keinen Gebrauch; dieses Motiv ging ihm unterwegs verloren. Dadurch überbrückte er den eigenen Zweifel, ob Beelzebub überhaupt als *substantia separata* für das Verständnis des Christlichen brauchbar war. Schon gar nicht fragte Thomas zwischen lauter juridischem Imaginationsgeröll nach dem barmherzigen Gott. Hatte nicht ehedem der Hausvater ein Mastkalb schlachten lassen, als der verlorene Sohn zurückkam? Die rigide Trennung von Natürlich und Übernatürlich, in sich hochproblematisch, schließt das Familienfest aus.

Die bevorzugte Aufmerksamkeit auf das Teufelsdenken des Thomas von Aquino ist berechtigt wegen des sachlichen Gewichts und der großen Nachwirkung seiner Theorien. Sie bedeutet nicht, nach 1274 sei die

Satanologie in alten Formeln erstarrt. Alain Boureau hat gemeint, sie sei zwischen 1280 und 1330 erst entstanden. Er konnte zeigen, daß franziskanische Denker dieser Jahrzehnte, vor allem Petrus Johannis Olivi, schularistotelische Dogmatismen, besonders in der Theorie des Intellekts, abgebaut haben zugunsten einer freieren, geschichtsnäheren Betrachtung. Er überwand die von Thomas so herausgestellte *immobilitas* von Intellektwesen und kritisierte dessen Konzept von Freiheit.[25]

Auch Päpste nahmen sich des Teufelsthemas an, besonders Johannes XXII. mit seiner Bulle *Super illius specula* von 1326/27. Thomas hatte jede ‹natürliche Magie› verworfen. Sie sei allemal eine dämonische und beruhe immer auf einem expliziten oder impliziten Pakt mit dem Teufel. Die sich der Magie ergaben, leugneten den wahren Gott und gaben sich dem Teufel hin als ihrem Herrn. Der Papst zog daraus die einfache Folgerung, sie seien Häretiker und als solche zu bestrafen.[26]

Im Jahr 1398 faßte die Theologische Fakultät der Sorbonne wohl unter dem Einfluß des Jean Gerson ihr satanologisches Glaubensbekenntnis in der Verurteilung von 28 Thesen zusammen.[27] Auch sie verschärfte die theologische Strenge: Es gibt keinen Gebrauch der ‹magischen Künste›, der nicht auf explizitem oder implizitem Teufelspakt beruht, keiner, der nicht als Häresie und Glaubensabfall (*apostasia*) zu werten sei (Art. 1–3, S. 32). Sie verwarf mit dem Artikel 22 S. 35 die Ansicht, es gebe auch neutrale Dämonen, die weder gut noch böse seien und an die man sich wenden könne, ohne gegen Gottes Vorherrschaft zu sündigen. Das hieß, es gebe keine ‹natürliche›, keine neutrale, keine ‹wissenschaftliche› Magie. Für sie fochten im 15. Jahrhundert so wichtige Autoren wie Marsilio Ficino und Pico della Mirandola. Und gegen diese Tendenz wiederum bildeten um die Jahrhundertmitte, 1440–1460, die Inquisitoren Jean Vinet, Nicolas Jacquier und Pierre Mamoris, die Martine Ostorero als die Vorläufer des *Hexenhammers* bekannt gemacht hat, eine zusammenhängende Inquisitionstheorie aus. Besonders die Dominikaner unter ihnen wie Jean Vinet zogen aus den Werken des Thomas von Aquino Konsequenzen zugunsten der Hexenverfolgung.[28] Sie wehrten wie Thomas die Möglichkeit natürlicher Magie ab, und sie bekämpften die Ansicht des alten *Canon Episcopi,* der Hexensabbat sei Traum und Teufelstäuschung, nein, er sei physische Realität.

Damit war – unter dem Patronat von Augustin und Thomas – die ideologische Vorbereitung der Welle von Hexenprozessen komplett vorbereitet. Theologischer Rigorismus anerkennt kein neutrales Zwischenreich, läßt nichts unentschieden zwischen Böse und Gut, geht zusammen mit quasi-physikalischem Realismus bezüglich der Wirkungen des Teufels und der Hexen.

Augustin und Thomas haben diesem System zugearbeitet mit dem Verbot ‹naturgemäßer Magie› neben der dämonischen; für sie gab es nur die dämonische. Sie hatten die Idee des Teufelspakts sanktioniert und die Sexualität als bevorzugtes Wirkungsfeld des Teufels identifiziert; sie stellten die Terminologie der sexhungrigen Teufel – *incubi* und *succubi* – unter ihre Autorität.[29] Thomas rief nicht zur Hexenverfolgung auf; seine Idee ewiger Ordnung göttlicher Weisheit garantiert feste Naturbestände über den Jüngsten Tag hinaus. Sie anerkennt Geistnaturen als Gottes Bild und immobilisiert sie gleichzeitig. Die sichtbare, räumliche Trennung der Guten von den Bösen ist das letzte Wort. Empathie findet nicht statt. Pardon wird nicht gegeben. Hat im ganzen Mittelalter kein Christ anders gedacht? Auf diese Frage komme ich zurück.

VI. Teufelssöhne

Das Sein der Teufelssöhne bestimmt das Bewußtsein

Warum belastet sich, fragt der Außenstehende, eine Religionsgemeinschaft mit der Teufelsvorstellung, die so viel Bedrohliches und Düsteres enthält? Zieht sie daraus einen Vorteil?

Bedrohte Gruppen halten dichter zusammen. Politiker erfinden Bedrohungsszenarien und stimmen damit die Regierten opferfreudig. Es stärkt die Monopolstellung der Autoritäten, wenn die Alternative Tod, Vernichtung oder Hölle lautet. Eine Vereinigung mit dem Untergang vor Augen weiß sich im Kampf; sie ist auf Wachsamkeit getrimmt und auf Opfer gefaßt. Der Teufel wirkt als kirchenbildendes, kirchenstärkendes Movens.

Dominante Gruppen, politische und ökonomische, ziehen aus dem Teufelsglauben den sozialpsychologischen Vorteil: Die Angst vor dem ewigen Höllenfeuer hält die erwünschte Volksmoral aufrecht. Die Elite brauchte dazu nur einen Rest christlichen Glaubens; ihr genügte die Angst vor Zehntverweigerung, Bauernaufstand und Arbeiterunruhen.

Eine religiöse Gruppe braucht den Teufel, um sich von der übrigen Welt abzugrenzen: Wer nicht zu ihr gehört, gehört zum Satan. Viele trauen eine so rohe, so schlichte Zweiteilung dem sanften Christentum nicht zu, zumal nicht seiner Gründerzeit mit ihrem missionarischen Eifer. Sie lesen nicht die Quellen, zum Beispiel nicht das *Evangelium nach Johannes,* Kapitel 8, 41–51.[1] Darin heißt es, jemand gehöre zum

Satansreich, nicht weil und nachdem er den Glauben an Christus verweigert hat, sondern er hat ihn abgelehnt, weil er vom Teufel stammt. Wer *aus Gott geboren* ist, hört auf den Erlöser. Wer aus dem Satan stammt, verweigert sich ihm. Wer nicht glaubt, stammt vom Teufel. Im Johannesevangelium sind die Juden Teufelssöhne, da sie sich weigern, in Jesus den Messias zu erkennen. Sie behaupten, Gottes Söhne zu sein. Aber das spricht der Jesus des Johannesevangeliums ihnen ab.

Der Ungläubige ‹hört› die Botschaft nicht; er versteht und akzeptiert sie nicht, weil er in einer genealogischen, quasi-biologischen Beziehung zum Teufel steht. Er ist dessen ‹Sohn›. Sein Unglaube ist nicht das Ergebnis sachlicher Prüfung der Glaubensgründe, sondern folgt aus dem Sein als Teufelssohn. Die Ursache ihres Unglaubens ist nicht ihr freier Wille, sondern Satan. Was sie vorbringen, geht immer schon hervor aus Bosheit, Lüge und Verhärtung. Der Ungläubige bleibt verschlossen in der Teufelssohnschaft; eine rationale Haltung wird ihm abgesprochen; er steht auf der Seite des Urlügners und Mörders.

Mancher Theologe spann die Verwurzelung des Unglaubens im *Sein* des Teufelssohns philosophisch weiter aus und brachte zur Verteidigung vor: Menschen untersuchen das, woran sie Interesse haben; sie bringen ihre Lebensrichtung dazu mit und vermeiden es, sie erschüttern zu lassen. Sie stellen sie nicht in Frage; sie bleiben ‹Juden›, werden keine Gottessöhne. Auf diese Weise streitet der Gläubige dem Ungläubigen das sachliche Hinhörenkönnen ab und stabilisiert die Festigkeit seines Glaubensbeschlusses. Er versichert sich seiner Gotteskindschaft, indem er die anderen als Teufelssöhne identifiziert und ihren Unglauben als Folge ihrer Teufelssohnschaft versteht. Vielleicht entwickelt er die Theorie, das göttliche oder widergöttliche Sein bestimme das Bewußtsein. Und daher sage Johannes, das *Sein eines Teufelssohns* bringe Unglauben hervor. Dann hätten Menschen keine Entscheidung darüber, ob sie glauben oder nicht; sie glaubten immer nur das, was ihrer metaphysischen Sohnschaft entspricht und entspringt, sei es die Gottes oder des Teufels. Rationale Auseinandersetzung hätte immer nur sekundären Charakter. Sie wäre nicht ernsthaft; sie beträfe nicht, wie man dann sagt, «die Existenz». Die Teufelsherkunft *bewirkt*, daß ich Ungläubiger werde; die schicksalhafte Bestimmtheit leitet meine Gedanken. Die

Gottessöhne stehen immer schon auf der rechten Seite, und das ist ihre Glaubensgnade, denn auch ihr Glaube ist – wie der Unglaube der Teufelssöhne – eine sekundäre Wort- und Begriffsaktivität, die sie nicht ursprünglich selbst bestimmen. Die Vernunft hat keine eigene Kraft und Bedeutung; sie dient als Instrument der vorgegebenen Realdetermination – durch Gruppenzugehörigkeit, rassische oder soziale oder göttlich/teuflische Kumpanei. Wer ‹Jude› ist, muß denken und reden wie ein Jude, denn er ist Sohn des Teufels. Was er argumentativ vorbringt, ist nur ‹Gerede›. Es ist immer schon falsch, es geht aus falschem Sein hervor. Es gibt kein richtiges Denken im Falschen.

Der Teufel bietet dem Gläubigen den intellektuellen Vorteil, die Reden des Ungläubigen zu durchschauen. Was sie vorbringen, sind die Vorurteile, die zum Sein des Ungläubigen gehören. Er, da aus Gott geboren, hat keine Revision seiner Überzeugungen nötig; er verweigert genau das, was er dem Teufelskind abspricht, die vernünftige Diskussion der Glaubensgründe. Er war nicht immer ein Gotteskind, sondern ist aus der Finsternis zum Licht gekommen: War er dafür verantwortlich oder drückte seine Gottgeborenheit sich naturhaft-automatisch durch? Den Teufelskindern kann man den Unglauben nicht vorwerfen, sowenig wie der Glaube der Gotteskinder ihr Werk ist. Ob Jesus in *Johannes* 8 den ‹Juden› Vorwürfe macht oder ob er nur ihre Teufelskindschaft *feststellt*, das mögen ernsthafte Bibelforscher entscheiden. Mir geht es darum, die Funktion des Teufels zu studieren. Wozu wird er gebraucht? Er trennt die Gläubigen metaphysisch-biologisch von den Teufelskindern ab. Sie haben nicht nur verschiedene Meinungen; sie haben den entgegengesetzten metaphysischen Ursprung. Sie brauchen nicht miteinander zu diskutieren. Das würde nur Neutralität vortäuschen, die aus unüberwindbaren Herkunftsdifferenzen unmöglich ist.

Christen brauchten den Teufel, um sich die Unbelehrbarkeit der Ungläubigen und der Juden zu erklären. Mit ihm erklärten sie die Grenze der eigenen Argumentationswilligkeit. Er förderte die Einheit der Gemeinde. Der Apostel Paulus berichtet, was er mit dem Satan hat anfangen können. Er erzählt im 1. *Korintherbrief*, Kapitel 5, er habe in Ephesus gehört, in Korinth lebe ein jüngerer Christenmann mit der Frau seines Vaters zusammen. Nehmen wir an, ein junger Mann habe seine Stiefmutter nach dem Tod des Vaters geheiratet oder mit ihr zusammengelebt. Darauf stand im mosaischen Gesetz (3 Moses 18) die Todesstrafe. Paulus schreibt, er habe darüber in Abwesenheit schon sein Urteil gefällt, als ob er anwesend wäre. Er kündigt den Korinthern an, was mit dem Unreinen geschehen soll: «Im Namen Jesu, unseres Herrn, wollen wir uns versammeln, ihr und mein Geist, und zusammen mit der Kraft Jesu, unseres Herrn, diesen Menschen dem Satan übergeben zum Verderben seines Fleisches, damit sein Geist am Tag des Herrn gerettet wird.» (1 Kor 5, 3–5).

Die Korinther sollen also eine Gemeindeversammlung abhalten und den Sünder dem ‹Teufel übergeben›. Was das genau heißt, weiß ich nicht. Jedenfalls soll der Teufel das ‹Fleisch› des Sünders, also vermutlich seinen Leib, verderben, damit sein Geist beim bevorstehenden Endgericht gerettet werde. Die Gemeinde soll von der Sünde gereinigt werden. Sie soll den Sünder für sein leibliches Leben verfluchen, damit sein Geist gerettet werde. Auch der Apostel Petrus hat, wenn wir der *Apostelgeschichte*, Kapitel 5, glauben dürfen, Mitchristen, denen der «Satan das Herz erfüllt» hatte, zum sofortigen Tode verurteilt. Können wir annehmen, Paulus habe den Teufel mit der *Tötung* des Sünders beauftragt? Oder hat er ihn zu einer *Krankheit* verurteilt, damit das Lasterleben aufhörte? Ich weiß es nicht; jedenfalls bedeutet die Auslieferung an den Teufel mehr, als daß er aus der Gemeinde ausgeschlossen wird. Hier geht es um die Funktion Satans: Er führt die körperliche Bestrafung aus. Der Teufel exekutiert das Urteil, das der abwesende Gemeindegründer über den Sünder beschlossen hat und das die Gemeinde sich zu eigen machen wird. Die frühen Christen glauben an die Tötung eines Menschen durch den Fluch des Apostels, der ihn in der Kraft Jesu dem Teufel übergibt. Das ergibt sich aus *Apostelgeschichte* 5 und 1 *Korinther* 5. Der Mann wird also nicht nur aus der Kirche ausgeschlossen und in diesem Sinn dem Teufel übergeben, vielmehr soll die Vernichtung des Fleisches möglicherweise den Geist des Sünders retteten. Nicht allein die böse Neigung des ‹Fleisches›, sondern der die sexuelle Verfehlung ausübende *Leib selbst* muß ins Verderben, damit der Geist lebe. Und dazu nimmt Paulus den Teufel zu Hilfe. Er ist der Herr des Todes. Reicht nicht die Berufung auf die ‹Kraft› Jesu? Warum kommt hier überhaupt der Teufel vor?

Der Apostel Paulus veranstaltet einen magischen Zirkus mit Todesfolge und beruft sich für sein Fernurteil sowohl auf Jesu Kraft wie auf den Teufel. Für die Reinheit der Gemeinde ist nicht der Satan zuständig, sondern die Gemeinde selbst mit Hilfe Jesu. Aber gehörte der korinthische Sünder nicht bereits durch sein falsches Geschlechtsleben dem Teufel? Warum mußte er ihm erst übergeben werden? Der Vorgang bzw. der Text des Paulus hat etwas durchaus Rhetorisches: Tod und Tötung, das gehört sprachlich, gedanklich assoziativ zur Welt des Satans. Paulus schreibt sich die Kraft zu, aus der Ferne den Sünder zu töten, und nennt das: ihn dem Teufel übergeben (*paradounai*). Natürlich wird er auch aus der Kirche ausgeschlossen, damit die Gemeinde rein sei. Vielleicht besteht Hoffnung, wenn sein ‹Fleisch› zerstört ist, auf Rettung seines *pneuma*.

Die beiden neutestamentlichen Texte, 1 *Korinther* 5 und *Johannes* 8, beschreiben konkret den Gebrauch, den frühe Christen von der Vorstellung des Satans machten: Er herrscht in der Welt der Juden, die sich dem Christenglauben verweigern; er grenzt die Judenchristen von ihren ehemaligen jüdischen Genossen ab. Und er konsolidiert die christliche Gemeinde, indem das Unreine ausgeschieden und auf die Seite des Bösen gebracht wird, vielleicht mit Aussicht auf Heil, aber nicht ohne Todesstrafe und Elimination. Juden, die den Ruf des Messias nicht hören, und öffentliche Sünder, welche die Gemeinde unrein machen, gehören dem Teufel. Er besiegelt die Grenzlinie zwischen Guten und Bösen. Das war an so zentraler Stelle der altchristlichen Überlieferung ausgesprochen, daß die Christenheiten immer wieder darauf zurückgreifen konnten. Und sie haben es getan.

Extra ecclesiam nulla salus

Der Rückgriff auf die Gott-Satan-Differenz variierte je nach Umgebung und Situation. Er hatte nicht in allen geschichtlichen Jahrhunderten dieselbe Funktion. Aber er stand unter dem Titel ‹Teufel› verbal und ideell zur Verfügung und diente der christlichen Kirche zur Selbstcharakteristik. Sie erfand ein Schlagwort, das die alte Kirche und ihre reformatorischen Ableger vom dritten bis zum 20. Jahrhundert eifrig nutzten, nämlich, es gebe außerhalb der Kirche kein Heil. *Extra ecclesiam nulla salus.* Der Satz stammte von Cyprian, dem Bischof von Karthago, der 258 als Märtyrer starb. Er hieß bei Cyprian noch: *Salus extra ecclesiam non est* und steht in seiner *Epistola* 73 an Jubaian, Kap. 21, CSEL 3/II S. 795. Dieser frühe Ausspruch meint natürlich noch nicht die mächtige Papstkirche, die seit dem letzten Drittel des elften Jahrhunderts im Entstehen war. Cyprian war besorgt um Abweichler, Aufrührer in seiner Diözese. Der Streit war entstanden wegen der verschiedenen Urteile über nachgiebiges Verhalten von Kirchenleuten während der Christenverfolgung unter Decius. Es bestand Gefahr für die Autorität Cyprians selbst, der von seinem Amt eine strenge, römisch-rechtliche Konzeption hatte und der Sätze wie den genannten in die streitende Runde rief. Er konnte auch schreiben: Niemand könne Gott zum Vater haben, der die Kirche nicht zur Mutter habe, *De unitate ecclesiae* c. 4.

Tausend Jahre später war die Lage eine andere. Der mächtige Papst Innozenz III. schrieb 1208 den Waldensern eine Glaubensformel vor, die den Spruch Cyprians papstkirchlich umdrehte. Sie sollten bekennen, daß sie an die Apostolische Römische Kirche glauben und daß sie glauben, es gebe außerhalb ihrer kein Heil.[2]

Die Römische Kirche legte diese Formel Waldensern vor, die zur Römischen Kirche zurückkehren wollten. Sie sollten den Glauben bejahen und hörbar bekennen, der allein das Privileg gewähre, gerettet zu werden, das heißt in den Himmel zu kommen. Die Formel sorgt dafür, daß niemand auf die Idee kommt, es genüge die Zugehörigkeit zur unsichtbaren Kirche oder zu einer kleinen Reformgruppe. Die gut organisierte Papstkirche sagt von sich, sie allein ermögliche den Zugang zum ewigen Heil. Von jetzt an verschwindet der Cypriansatz nicht mehr aus den Dokumenten der Päpste. Unter demselben Papst Innozenz erklärte im November 1215 das Vierte Lateranische Konzil, es gebe nur *eine* allgemeine Kirche, außerhalb derer schlechterdings niemand gerettet werde.[3]

Diese Formel schließt Ausnahmen völlig, *omnino*, aus. Niemand außerhalb der sichtbaren Kirche wird gerettet. Deswegen sollen die Waldenser zur Römischen Kirche zurückkehren.

Zwei Jahrhunderte später, 1442, wiederholt das Konzil von Florenz dieselben Bedingungen für die Rückkehr. Die Bulle *Cantate Domino* hält die Hauptpunkte fest, die Kopten und Äthiopier zu glauben haben. Wer sein ewiges Heil retten will, muß bekennen, was die Römische Kirche glaubt, nämlich:

«Sie (die Kirche) glaubt fest, bekennt und predigt, daß niemand, der sich außerhalb der katholischen Kirche befindet, nicht nur keine Heiden, sondern auch keine Juden, Häretiker oder Schismatiker des ewigen Lebens teilhaftig werden können, sondern daß sie in das ewige Feuer gehen werden, das ‹dem Teufel und seinen Engeln bereitet ist› (Mt 25, 41).»[4]

Ihre einzige Chance ist, sich vor ihrem Lebensende zu diesem Glauben zu bekehren. Sonst gehen sie dorthin, wohin sie alle gehören: mit dem Teufel und seinen Engeln in das ewige Feuer. Hier nennt die sakrosankte Versammlung alles zusammen, was zu ihrem Prinzip ‹Kein Heil außerhalb der Kirche› gehört: Wer für Gott ist, muß der christlichen Kirche angehören; wer nicht der Kirche angehört, gehört zum Teufel und endet im ewigen Feuer. Keine Ausnahme ist auch nur denkbar, das formuliert der Konzilstext auf die schroffste Weise und führt es näher aus: Niemand, er mag noch so viele Almosen spenden oder sein Leben für den Namen Christi opfern, wird gerettet, wenn er nicht Kirchenmitglied ist.[5] Was einer tut, ist egal; auf die Kirchenmitgliedschaft allein kommt es an. Selbst ein christlicher Märtyrer, der aus irgendeinem Grund nicht zur Gemeinde zählt, endet beim Teufel im ewigen Feuer. Was einer denkt, was einer tut, das zählt nicht. Ein Mensch gehört entweder zur Kirche oder zum Reich des Teufels. Gibt ein Teufelssohn sein Leben im Namen Jesu hin, bedeutet das nichts. Kann sich diese Vorstellung von der exklusiv ausschlaggebenden Bedeutung des Sozialverbands aufs *Neue Testament* berufen? Ich habe *Johannes* 8 schon zitiert – aber wie verhält sich diese Botschaft zum übrigen *Neuen Testament*?

Teufelssöhne im Neuen Testament

Das *Neue Testament* ist die Sammlung von gut zwei Dutzend Texten verschiedener Autoren, verschiedener Kontexte und sehr verschiedener Jahrzehnte; ich werde ihm keine einheitliche Ansicht zur Exklusivität der Kirchenzugehörigkeit und ihren Kontrast zum Teufelsreich ansinnen, sondern bringe auswahlweise verschiedene Stimmen zur Geltung.

Alte Stimmen schränken das Heil, das Jesus verspricht, auf Israel ein. Jesus warnt die Apostel, zur Verkündigung der Erlösung zu den Heiden zu gehen; er schickt sie ausschließlich zu den Kindern Israels (Mt 8, 5; Lk 7, 1 und 13, 20–30). Das dürften frühe Texte sein, denn daneben gibt es Stellen, die das Zugehören zu Israel relativieren, etwa mit der Begründung, Gott könne aus Steinen Kinder Israels erwecken (Mt 3, 7). Oder Jesus lobt den nicht-jüdischen Centurio: Solchen Glauben habe er in ganz Israel nicht gefunden. Nach dem Gleichnis vom Gastmahl werden die Fremden nachgeladen, weil die Erstgeladenen die Einladung ausgeschlagen haben (Mt 22, 2–11). Das dürfte die Reaktion auf jüdische Verweigerungen sein. Schließlich gibt es Befehle, Jesu Botschaft *allen* zu verkünden: Lehrt alle Nationen, tauft sie (Mt 28, 19). ‹Ihr werdet meine Zeugen sein bis an das Ende der Erde› (Apg 1, 8). Die Apostelgeschichte, die nach dem Jahr 100 geschrieben sein dürfte, zeichnet Jesus als den Retter der Welt, kaum noch als den Erneuerer Israels. Ihr zufolge nimmt Petrus den Zenturio Cornelius in die Gemeinde auf (Apg 10, 1–11, 18). Petrus sagt in diesem Zusammenhang: Gott gab den Heiden den Geist wie uns (Apg 15, 8–12).

Jetzt ist nicht mehr Zugehörigkeit zu Israel die Vorbedingung der Aufnahme, sondern Wiedergeburt. Sie erfolgt nicht rein mental. Sie muß geschehen im «Wasser und im Geist» (Joh 3, 5). Wer nicht getauft wird, bleibt im Teufelsreich. Auch als die Einladung mit Jesu Missionsbefehl an alle ging, blieb die Zugehörigkeit zu den Heiligen beschränkt. Wieder hören wir von quasi-naturhaften Voraussetzungen: «Was aus dem Fleisch geboren ist, das ist Fleisch, was aber aus dem Geist geboren ist, das ist Geist.» (Joh 3, 6). Nur mit Wasser, physischem Wasser, kommt man in die Gemeinde der Auserwählten. Freilich macht nicht das Wasser allein gottgefällig; der Glaube muß hinzukommen: Ohne Glauben kann man Gott nicht gefallen. Es ist der Glaube an die Versöhnung durch Christus; er ist der einzige Mittler zwischen Gott und den Menschen. Daher kommt nach dem missionarischen Universalismus der frühen Christen die definitive Exklusion: Wer nicht an die Heilung durch Christus glaubt, stammt vom Teufel, gehört diesem zu und endet mit ihm in der Hölle.

In der Bewertung der Masse der Ungetauften gab es Nuancen, schon im *Römerbrief* des Paulus. Die Heiden sind nicht unschuldig, denn sie wissen vom *einen* Gott (Röm 1, 20), beten aber die Götzen an. Diese sind Teufel, keine bloßen Phantasieprodukte. Die Tugenden der Heiden sichern nicht den Zugang zur Seligkeit; mögen sie, was fraglich ist, moralisch noch so korrekt sein, so haben sie doch nicht das oberste Ziel, den Willen Gottes, im Auge. Was sie tun, geschieht nicht aus Glauben, und was nicht aus dem Glauben geschieht, ist Sünde (Röm 14, 23). Es ist nicht nur neutral und wertlos, es ist Schuld. Ohne den Glauben können sie Gott nicht gefallen, und wer Gott nicht gefällt, gehört zum Teufel. In dieser Ansicht kommen frühe Paulustexte und das *Johannesevangelium* überein.

Frühe christliche Autoren

Christliche Autoren der Antike konnten mit Hilfe klassischer römischer Schriftsteller das ethische Leben der Heiden als Sodom und Gomorra darstellen; andere erkannten bei ihnen mit Justin dem Märtyrer, der eine philosophische Bildung hinter sich hatte, die Allgegenwart des göttlichen Logos.[6]

Andere Apologeten sahen in der Heidenwelt nur Unmoral, Wollust und Teufelskult. So Minucius Felix in seinem *Octavius,* auch Tertullian in seinem *Apologeticum.* Gegen diesen Pessimismus kam sein eigener Ausspruch nicht an, die Seele sei von Natur aus christlich, *Apologeticum* 17, 27. Selbst ein Philosoph wie Origenes folgte nicht der Großzügigkeit seines Lehrers Clemens: Er anerkannte die natürliche Ethik vieler Heiden; sein Gott anerkennt sie und wird sie irgendwie belohnen, aber Zugang zum Heil gewährt sie nicht. Sein Himmel war nur für Getaufte und Gläubige. Hier sein Text:

«Sache der Christen ist es also, in der Welt Bedrückung zu leiden und zu trauern; dafür gehört ihnen das ewige Leben. Willst du begreifen, daß keiner das ewige Leben bekommt, wenn er nicht an Christus glaubt? Dann höre die Stimme des Erlösers selbst, der im Evangelium eindeutig bezeugt: ‹Das ist nämlich das ewige Leben, dich, den einzigen wahren Gott zu erkennen und Jesus Christus, den du gesandt hast› (Joh 17, 3). Jeder also, der nicht den Vater als den einzig wahren Gott erkennt und seinen Sohn Jesus Christus, ist weit weg vom ewigen Leben. Denn genau diese Erkenntnis und dieser Glaube werden hier als ‹ewiges Leben› bezeichnet».[7]

Allemal sind die Heiden unentschuldbar. Gott gab ihnen genug Licht, um seine Wahrheit wenigstens suchen zu können.

Viele christliche Autoren machten zudem faktische Annahmen, die sie in ihrem Urteil bestärkten, während sie den modernen Leser nur erstaunen, der nicht die Macht der Rhetorik kennt, die den Mittelmeerraum als ‹die ganze Welt› definiert hatte. Sie behaupteten, das Evangelium sei in der ganzen Welt bekannt. Schuldlose Unkenntnis der christlichen Offenbarung sei nicht mehr möglich. Die Wahrheit sei bis an die Grenzen der Erde verbreitet.[8] Sie meinten mit «die ganze Erde» die Mittelmeerwelt und waren unbekümmert um Geographie. Das war im 13. Jahrhundert anders; da wußte man, daß es in Asien Gegenden gab, zu denen die christliche Botschaft nie gekommen war. Dante dachte dabei an Indien und konnte nicht recht glauben, daß ein Mensch, der gerecht lebt, für immer vom Himmel ausgeschlossen bleibe. Er nahm das aber als de facto geltend an.

Eine zweite faktische Annahme betraf die Chronologie. Moses galt als sehr viel älter als Homer. Apologeten erklärten die mit dem Christentum vereinbaren Elemente der griechischen Philosophie als Plagiate aus dem *Alten Testament*. Darin lag Anerkennung und Tadel zugleich: Die Philosophen hätten ihre Dankesschuld verleugnet. Aber zugleich schufen sie eine Vorbereitung für die jüdische und die christliche Offenbarung.

Beide Irrtümer, der chronologische und der geographische, gestatteten einen gewissen christlichen Universalismus, aber nur einen halbherzigen. Und niemals ging er so weit, Aristoteles oder wenigstens Platon die Himmelstür zu öffnen.

Augustinus

Niemals hätte Augustin die Stellung des Menschen zwischen Gott und Teufel für die Folgezeit so nachhaltig bestimmen können, hätte er sich nicht auf biblischem Boden bewegt, die Arbeit der kirchlichen Vordenker bedacht und dies alles in seine persönliche Auseinandersetzung mit dem Manichäismus eingeführt. Er hat das johanneische Thema, daß Sünder ‹Söhne des Teufels› sind, weiterentwickelt bis hin zur Lehre der beiden *civitates* mit ihrer jahrhundertelangen Wirkungsgeschichte. Daß die Ungetauften, die *filii diaboli*, ein *corpus diaboli* bilden, ist die Folge davon.[9] Augustin urgierte den Sozialcharakter der Gemeinschaften des Heils und des Unheils; er ließ sich die Formel Cyprians, *Epistola* 73, 21 nicht entgehen, außerhalb der Kirche sei kein Heil.[10] Das verstand sich für ihn von selbst: Christus ist der einzige Retter aus der Teufelsherrschaft, und die Kirche ist sein Leib, also muß ihr angehören, wer gerettet werden will.

Augustins originelle Erbsündenlehre, die er seit 397 entwickelt hat, sieht die Menschheit insgesamt seit der Sünde Adams im rechtmäßigen Besitz des Satans. Nur wer aus dieser Masse herausgerettet worden ist, kann das ewige Heil erreichen, daher muß der christlichen Kirche angehören, wer die ewige Seligkeit genießen soll. Daher ist die Taufe unerläßlich, und ein wesentlicher Bestandteil der Taufe oder der Vorbereitung zu ihr ist der Exorzismus, der auch *exsufflatio* heißt, weil er durch Anhauchen des Täuflings geschieht. Nachdrücklich fordert Augustin die Teufelsaustreibung auch bei Säuglingen, die noch keine persönliche Sünde begangen haben können, wegen der Erbsünde.[11]

Die Thesen Augustins zum Exklusionscharakter der Kirche lassen sich wie folgt zusammenfassen:

1. Der Glaube an den Schöpfer allein genügt nicht zum Heil. Gefor-

dert ist der Glaube an Christi Tod und Auferstehung, *De natura et gratia* 2,2, PL 44, S. 249.

2. Niemand wird gerettet mit der Entschuldigung, er habe von Christus nichts gehört; das Evangelium ist bis an die Grenzen der Erde bekannt.[12]

3. Die Tugenden der Heiden, z. B. die Keuschheit der Ehepartner, sind keine wirklichen Tugenden. Sie sind Scheintugenden und in Wirklichkeit Laster, *vitia*.[13]

4. Die großen Philosophen der Antike sind in der Hölle.[14] Auch Heiden, die vom Evangelium nichts gehört haben können, gehören in die Hölle wegen der Erbsünde, *Epistola* 217, 16; 225, 4 und *Enchiridion* 53. Ein heilswirksames gutes Werk von Ungetauften gibt es nicht, *De spiritu et littera* 28, 48, PL 44, S. 230. Kein Ungläubiger ist gerecht, denn gerecht macht nur der Glaube.

5. Gottes Allmacht kann retten, wen er will. Jedenfalls werden es nur wenige sein. Niemand, der nicht wiedergeboren wurde aus dem Wasser und dem Heiligen Geist.

6. Gott will nicht, daß alle selig werden. Sonst würden alle selig. Denn menschliches Widerstreben kann den Willen des Allmächtigen nicht unwirksam machen.

Nun sagt aber der Apostel Paulus, Gott wolle, daß alle selig werden, 1 *Timotheus* 2, 4. Das muß so ausgelegt werden, daß keiner selig wird, von dem Gott nicht will, daß er selig wird.[15] Da Gottes Wille allmächtig ist und da nicht alle selig werden, will er nicht, daß alle selig werden. Alle die werden selig, von denen er will, daß sie es werden.

7. Gelegentlich neigt Augustin zu etwas milderer Bewertung der Rettungschancen der Menschen der vorchristlichen Zeit. Seine Ansichten haben sich entwickelt, in Richtung auf immer größere Strenge. Im ersten *Petrusbrief* ist die Rede davon, Jesus habe, als er nach seinem Tod in die Hölle abstieg, dort den Glauben gepredigt und die gerettet, die ihm glaubten.

8. Der Antwortbrief an Deogratias, Nr. 102, antwortet auf die Frage, was aus den guten Menschen werde, die *vor* Christus geboren sind. Augustin beruhigt: Der Logos lenkte die Zeiten. Einige Gerechte glaubten an den Logos und seine künftige Menschwerdung. Hier deutet sich

eine Chance an, die Augustin im Spätwerk verneint. Mit Augustin verteidigt Petrus Lombardus die Möglichkeit, daß ein Gläubiger, der aus dringenden Zeitgründen noch nicht getauft ist, aber die Taufe wollte, gerettet werden könne (4 sent 4, 4 II S. 255–259).

9. Keine Taufe ohne Teufelsaustreibung, ohne Exorzismus.[16]

12. Jahrhundert

Diese Thesen hatten eine enorme Wirkungsgeschichte für alle Formen des westlichen Christentums, auch für Reformatoren und neuere Theologen. Sie wurden grundlegend in Zustimmung oder Abweisung. Das hatte vor allem zwei Gründe, die man zögernd ‹äußere› nennen wird: Mehrere Kirchenversammlungen, vor allem das Konzil von Orange 529, übernahmen die Theorien Augustins. Damit galten sie im lateinischen Westen als unfehlbare christliche Lehre. Man konnte sie ‹auslegen›, aber nicht ihr widersprechen. Ein zweiter Grund war: Petrus Lombardus, der das weit über die Lutherzeit hinaus verbindliche theologische Lehrbuch geschrieben hat, an das jeder Professor gebunden war, wenn er es auch ‹auslegen› durfte, ist in fast allen theologischen Punkten auf Augustins Spur geblieben. Bei ihm las jeder Theologiestudent die von Augustin zugespitzten Pauluszitate, wie *Römer* 14, 23, daß alles Sünde ist, was nicht aus dem Glauben kommt. Leicht konnte daraus gemacht werden, die ganze nicht-christliche Welt sei nichts als Sünde, eine einzige Höhle der Sittenlosigkeit, ein Paradies der Teufelsherrschaft.[17]

Petrus Lombardus teilte mit Augustin nicht nur die allgemein-christliche Überzeugung, daß Christus der einzige Mittler ist und daß ohne den Glauben an ihn niemand gerettet werden könne, weder *ante legem noch post legem* (3 sent 25, 1 II S. 153, 6–10). Er zitiert Augustin, daß aus der Masse, die wegen Adams Sünde verurteilt ist, nur gerettet werden kann, wer an Christus glaubt.[18] Er übernahm Augustins strengste Lehrpunkte:

Er blieb bei dessen Lehre von Prädestination und Verstockung, *obstinatio* (1 sent 50, 2 I S. 286–288).

Er teilte Augustins Gnadenlehre gegen die Pelagianer (2 sent 28 I

S. 487–491), samt dem von ihr unterstellten Pessimismus, daß es mehr Verdammte gibt als Gerettete.

Er wiederholte Augustins Theorie der Erlösung, der zufolge alle Menschen vom Ursprung her unter der Herrschaft des Teufels stehen (3 sent 19 II S. 118–124), die Erlösung also in der Befreiung aus der Teufelsgefangenschaft besteht.[19] Christus nahm überhaupt nur einen Leib an, er ist überhaupt nur sterblicher Mensch geworden, um sterben zu können und den Teufel durch seinen Tod zu besiegen.[20] Christus nahm Fleisch an, um es für uns zu opfern.

Petrus Lombardus stimmt Augustin zu: Ungetaufte Kinder fallen der ewigen Verdammung anheim.[21]

Petrus Lombardus hat die Linie des traditionellen Augustinismus verstärkt und für Jahrhunderte in der offiziellen Theologie de facto verbindlich gemacht. Sein Gesamtunternehmen aber war nicht traditionell: Seine einheitliche Konstruktion der christlichen Tradition entsprang dem neuen Bedürfnis nach Einheit und Übersicht, wie Abaelard es ausgesprochen hatte. Er sicherte, ja ermöglichte die jahrhundertelange, durchgängige rationale Diskussion der Gesamtheit der christlichen Lehre.

Eine kulturelle Wasserscheide wird sichtbar, wenn Alexander von Hales (1185–1245) sich den Fall ausdenkt, ein Kind, das von Sarazenen früh entführt worden sei und nie von Christus gehört habe, aber tue, was an ihm ist – wichtig die Formel, *facit quod in se est* –, könne gerettet werden, *Summa theologiae* II 103, 8, 1, und wenn Albert sich diesem Votum anschließt (in 2 sent 25 a. 2). Nicht, als habe es im 12. Jahrhundert an Abkehrversuchen vom strengen Augustinismus gefehlt. Das wichtigste Dokument dazu ist die Erklärung Abaelards zum Römerbrief; er versucht, die Freiheit des Willens gegen Augustins späte Gnadenlehre zu retten und die Unmöglichkeit der Vererbung von Schuld darzulegen. Das war der Sache nach ein scharfer Angriff auf die Erbsündentheorie des späten Augustin. Gott der gerechteste Richter kann kein Kind für die Sünden seines Vaters verderben. Das würden wir noch nicht einmal bei einem irdischen Richter hinnehmen. Gott bestraft keine Unschuldigen: «Das muß doch als große Grausamkeit gelten, die Gott bei kleinen Kindern anzuwenden scheint, wenn er dort, wo er keine Schuld findet, die überaus schwere Strafe des Höllenfeuers verfügt.»[22] Abaelard veränderte, indem er die Vererbbarkeit von Schuld bestritt, das Gesamtsystem des Christentums, und er sagte das klar, aber er schwankte vielleicht oder der Text seines *Römerbriefkommentars* ist nicht ganz einhellig; er sprach dann doch von der gerechten Strafe der kleinen Kinder. Aber die Wende war angelegt und hatte eine Reihe von Einzelthesen zur Folge:

Gott wird großzügiger. Er verlangt mehr danach, Seelen zu retten als zu verderben (ebd. S. 408, 4–5).

Die Erbsünde könnte Erb*strafe* sein, Erb*schuld* nie (ebd. S. 410, 1–1).

Die Ethik der Antike wird anerkannt. Die griechischen Philosophen werden gerettet, denn sie haben für die übrige Welt geleistet, was die Propheten für Israel taten.[23] Sie haben deutlicher von der Inkarnation gesprochen als die alttestamentlichen Propheten. Platon hat besser von der Gottheit geschrieben als Moses, *Theologia Christiana* II, PL 178/1175 C. Nicht nur ihre Lehre, auch ihr Leben entsprach dem Evangelium, ebd. II, PL 178/1179 B. Diese Großzügigkeit widersprach Augustins strengen Begriffen. Abaelard fand daher Widerspruch, vor allem, aber nicht nur bei Bernhard von Clairvaux: «Während er sich abquält, Platon zum Christen zu machen, erweist er sich selbst als Heide.»[24] Das Konzil von Sens hat 1140 Abaelards Inklusionschristentum verurteilt. Als anerkannte kirchliche Möglichkeit hat es im lateinischen Westen nie existiert.

Thomas von Aquino

Im strengen Augustinismus überläßt Gott am Ende die Mehrheit der Menschen ewigen Qualen unter der Oberherrschaft Satans. Was kann es dann noch heißen, daß Paulus im *Brief an Timotheus* 2, 4 lehrt, Gott wolle, daß alle Menschen selig werden? De facto wird die Mehrheit nicht selig, ist also Gottes Wille zu schwach, um sich durchzusetzen? Bringen Menschen durch Obstruktion den Plan des Weltengründers zum Scheitern? Sind sie dazu mächtig genug? Dann wären zwar alle zum ewigen Glück berufen, aber nur wenige wären auserwählt. Von den Kriterien der Auswahl wüßten wir nichts. Die bloße Taufe wäre notwendige, aber nicht ausreichende Bedingung, also sind keineswegs alle Getauften auserwählt. Dieser Konzeption zufolge lehrt das Christentum zwar die Universalität der Berufung zum Heil, aber die Behauptung *effektiver* Universalität des göttlichen Heilswillens ist Häresie. Dies ist die Theorie des späten Augustin und der ihm folgenden Konzilien und Theologen bis hin zu Petrus Lombardus. Wie stellte Thomas von Aquino sich dazu?

Thomas faßte die augustinische Auslegung des paulinischen Spruchs so zusammen: Der Apostel sage, Gott will, daß alle selig werden, die gerettet werden. Niemand wird ohne Gottes Willen gerettet: *Deus vult salvos fieri omnes homines qui salvantur* (Sth 19, 6 ad 1). Die Zahl der Geretteten ist klein, aber alle sind durch Gottes Willen gerettet.

Schon die Art, wie Thomas die augustinische Paulusdeutung zusammenfaßte, deutet an, daß er mit ihr nicht zufrieden war. Denn ihr zufolge sagt Paulus nur, daß keiner der wenigen Geretteten ohne Gottes Wille gerettet wird. Was wird mit dem überwiegenden Rest der Menschheit? Thomas genügt auch die Auslegung nicht, als sage Paulus, Gott wolle Menschen *aus allen Gruppen* retten, Gott wolle Menschen aus allen Völkern, aus Juden und Heiden, retten. Thomas macht daher einen neuen Anlauf und unterscheidet mit Johannes Damascenus in Gottes Willen den generellen, primären Plan, *voluntas antecedens* genannt, vom effektiv Gewollten, von der *voluntas consequens*. Thomas erklärt diese Unterscheidung am Beispiel eines Richters, der will, daß es allen Menschen gut geht, der aber einen Mörder zum Tod verurteilen will, weil es de facto zum Schutz der Gesellschaft notwendig ist. Thomas fügt hinzu: Diese Unterscheidung im Willen Gottes behaupte keinen doppelten Gotteswillen, denn in ihm gibt es kein Erstes und Zweites, sondern betreffe das, *was* der Wille Gottes will. Dabei gelte: Der Wille geht auf reale Einzelheiten unter konkreten Umständen. Der Wille, der im Allgemeinen bleibt, ist mehr ein bloßes Belieben, ein Möchte-gern-Standpunkt. Schlechthin will der gute Richter, daß der Verbrecher getötet wird, er möchte aber gern, daß es keine Verbrecher gebe. So will Gott de facto nur das, was tatsächlich geschieht, er will also, daß die wenigen Geretteten gerettet werden. Die Nicht-Geretteten, folgert Thomas, fallen nicht aus Gottes Willen heraus; sie fallen nur von seiner Heilsordnung in die Strafordnung.

Thomas unterscheidet *velleitas* einerseits, also vorausgehendes, allgemeines Mögen, und andererseits absoluten Willen, der auf konkrete Menschen unter deren konkreten Bedingungen geht. Nur das letztere ist eigentlicher Wille. Der Wille, von dem Paulus sagt, er wolle das Heil aller, ist folgenlos, ist bloßes Mögen. So ernsthaft Thomas nach einer anderen Lösung als derjenigen Augustins sucht, kommt es bei ihm doch auf das hinaus, was auch Augustin sagte: Gottes effektiver Wille will, daß wenige gerettet werden. Thomas hätte gern eine andere Lösung, aber die bleibt leeres Mögen. De facto formuliert er die Lösung Augustins in einer anderen, einer mehr philosophisch klingenden Terminologie.

Thomas teilt die strenge Erbsündenlehre Augustins, wie er sie auch bei Petrus Lombardus fand. Es ist Gottes Gnade nötig, um aus der Sündenmasse gerettet zu werden (II–II, 10, 4). Der Glaube, der allein Zugang gibt, ist vorab das Werk Gottes (II–II, 6, 1). Und für die Begnadung der vielen einzelnen hat auch Thomas keine Kriterien: Sein Gott liebt, wen er will, und er haßt, wen er will. Alles, was nicht aus Glauben geschieht, ist auch bei ihm Sünde. Auch er hat sein Christentum bewußt exklusiv konzipiert, und er sagt mit seinen Worten, daß außerhalb der römischen Kirche kein Heil ist: *nulli enim patet aditus salutis extra ecclesiam* (Sth III 73, 3).

Thomas hat an den Zielen der spätaugustinischen Theologie so gut wie nichts verändert, aber er hat alles in einen neuen Rahmen gestellt, nämlich in den seiner Unterscheidung von ‹natürlich› und ‹übernatürlich›. Die Tugenden der Heiden sind wertlos für das ewige Leben, aber in der Ordnung der Natur haben sie ihren Wert und behalten den Namen ‹Tugenden› (II–II, 23, 7). Nicht alles, was Heiden tun, ist Sünde, nur nützt es ihnen nichts für das übernatürliche Ziel der ewigen Seligkeit (II–II, 10, 4). Sie gehen in die Hölle, die dem Satan vorbereitet ist und seinen Engeln. Das gilt ohnehin für alle Ungetauften, auch die Säuglinge.

Thomas hat keine neue Epoche des christlichen Selbstverständnisses eröffnet, wenigstens nicht in dem hier interessierenden Sinn; er hat das

Exklusionschristentum, dieses Erbe des Augustinismus, nicht überwunden. Er gestand der *natura* einen eigenen, auch ethischen Ort zu; damit nahm er dem Christentum den anti-heidnischen Affekt des späten Augustin, aber er korrigierte nicht dessen Exklusivismus. Er nahm außer der großen Neuordnung zwischen ‹natürlich› und ‹übernatürlich› ein paar kleinere Reformen vor:

Er akzentuierte den alten Grundsatz, Gott werde wohl dem, der tue, was an ihm ist, seine Hilfe nicht versagen. Dabei hatten ältere Theologen an einen Menschen gedacht, der schuldlos noch nichts vom Christentum gehört habe und dem er in diesem für höchst unwahrscheinlich gehaltenen Fall einen Engel oder einen Missionar schicke. Thomas faßte das ‹Tun, was man kann›, *facere quod in se est*, etwas weiter.[25]

Die Unterscheidung des ‹impliziten Glaubens› vom ‹expliziten Glauben› hat Thomas nicht erfunden; ich konnte nicht ermitteln, wer sie aufgebracht hat. Er hat sie aber gebraucht und favorisierend erklärt.[26] Als Vorbedingung der endgültigen Rettung hat er den expliziten Glauben eng definiert. Ein solcher Gläubiger mußte nicht nur an Gott und seine Weltregierung glauben, sondern explizit auch an seine Menschwerdung, die Erlösung und die Trinität (II–II, 2, 7 und 8). Aber die Distinktion blieb unbestimmt genug und konnte auf zwei sehr verschiedene Weisen angewendet werden: Entweder verlagerte sie den Glaubensakt auf die Kirche als zuständiges Gesamtsubjekt und folgerte, es genüge, wenn der einzelne Christ allem zustimmt, was die Kirche lehrt. Das lief fast auf eine Sozialisierung und Hierarchisierung des persönlichen Glaubens hinaus. Sie zog den Glaubensgehorsam von Gott weg auf die kirchliche Hierarchie, was den Protest der Reformatoren hervorrief. Aber das Konzept des ‹impliziten Glaubens› war so hoffnungsreich unklar, daß auch Heiden spezifisch christliche Inhalte *implizit* mitgeglaubt haben konnten, in ihrem allgemeinen Gottesbewußtsein, das ihnen Paulus (Röm 1, 20) attestierte. Damit blieb für Personen des *Alten Testaments* und eventuell auch für Heiden ein Hoffnungszeichen, eine weiter nicht festzulegende Heilsmöglichkeit, ein göttliches Begnadigungsrecht, zumal Thomas von Sibyllen wußte, die Weissagungen über Christus gemacht haben sollten, die Isidor von Sevilla anerkannt habe (ver 14, 11, ad 5).

Thomas stand wie viele Kirchendenker vor der undankbaren Aufgabe, einerseits die Weltrettung Gottes so eng wie möglich an die Kirche zu binden, keineswegs an die unsichtbare Kirche, sondern an die konkrete Papstkirche, andererseits aber Gott die Freiheit zuzugestehen, jedem Ungetauften einen Engel zu schicken, der ihm Glaubensgeheimnisse mitteilte. Aber das mußte die «Ausnahme» bleiben, sonst wären die Kircheninteressen verletzt.

Reformatoren

Jeder Theologe der Zeit vor etwa 1600 hat Petrus Lombardus gelesen. Dort fand er den Satz, daß alle Menschen, die nicht von einer Jungfrau geboren sind, unter dem Satan als ihrem Fürsten leben.[27] Der pessimistische Grundton lautete: Wenige Menschen werden gerettet. Es gab verschiedene individuelle Wege, diese Last zu ignorieren oder irgendwie mit ihr fertig zu werden. Da die Initiative für die allein jenseitswirksame Glaubensgnade bei Gott lag und er keine Auswahlkriterien mitteilte, wußte eigentlich niemand, ob er im Vollsinn Christ war, ob sich also bei ihm der Sinn des Universums erfüllte. Das daraus erwachsende Bewußtsein der möglicherweise unbegrenzten Teufelsmacht haben die Reformatoren nicht gemindert, sondern erhöht. Man braucht Luther oder Calvin nur aufzuschlagen, um es ausgesprochen zu finden, daß wir den Kampf mit dem Teufel aufnehmen müssen und daß wir es nicht im Vertrauen auf unsere Kräfte tun können. Ob wir das Böse ‹Satan› nennen oder die ‹Sünde›, ist gleichgültig.[28] Gott befreit nach unerkennbaren Kriterien aus der Masse der Verderbnis: Er erwählt, wen er will; er verwirft, wen er will (Calvin 3, 21, 7 Band 2, 685). Daß viele zugrunde gehen, ist nach Adams Sünde nur gerecht (ebd. 3, 24 passim, ed. cit. II 711–728).

Gott wählt frei das Heil oder den Untergang der Menschen; er sieht dabei nur auf die *gloria*, die Herrlichkeit, seines Namens. Er schuldet uns nichts.

Ich habe diese Überlegung mit Calvin begonnen, weil er sein Exklusionschristentum mit schöner systematischer Kühle vorträgt, fast als verstehe es sich von selbst, was es für den Kenner der augustinischen Traditionsmasse ja auch ist. Calvin hat insgesamt durch Betonung der Gnadenwahl und der Erbsünde den dualistischen Charakter der christlichen Lehre zugespitzt, auch indem er den alten Gedanken strich, es gebe schwere, aber auch leichte Sünden. Für ihn waren alle Sünden schwer.

Mit Calvins Bewußtsein von der Allwirksamkeit Gottes war die ältere Vorstellung nicht vereinbar, Gott *erlaube* dem Teufel seine Bosheiten nur, er *bewirke* sie nicht. Ihr zufolge mußte der Teufel für seine Untaten bei Gott um Erlaubnis bitten. Und scheinbar erhielt er sie meistens. Diese Idee verlor in Calvins strengerem Monotheismus ihr altes Recht. Der Gott Calvins gibt zu, daß, wenn er etwas *zulasse*, er dies auch *wolle*. Dadurch wurde der Teufel fast zum willenlosen Werkzeug des Allmächtigen. Gott wurde für dessen Taten offen mitverantwortlich, was weniger offenkundig war, solange er noch dem Teufel die Bosheiten nur *erlaubte*. Calvin konnte leichter als frühere Theologen erklären, warum die *Hebräische Bibel* dieselbe Tat einmal Gott und ein andermal dem Teufel zuschrieb. Andererseits verlor der Teufel jetzt die frühere Vasallenselbständigkeit. Calvins radikalere Allmachtslehre machte ihn theoretisch überflüssig. Calvin zitierte die starken neutestamentlichen Sprüche zur Teufelsherrschaft, aber nahm sie als Aufforderung an den einzelnen Christen zur äußersten Wachsamkeit und vertieftem Gottvertrauen. Der Teufel blieb ein ernster Feind, aber Calvin betrachtete ihn eher seelsorgerlich-individualpsychologisch als ontologisch; für die weite Zukunft öffnete er auch den Weg, den Teufel als Metapher zu deuten.[29]

Luthers lebhafte Teufelsbetrachtungen mischten stärker das Gefühl direkten Betroffenseins mit ein, aber auch bei ihm sind die folgenden theoretischen Elemente zusammen:

die Unbegreiflichkeit der Gnadenwahl;

der Heilige Geist verbessert die Erwählten, die anderen gehen unverbessert zugrunde, *ceteri incorrecti peribunt, De servo arbitrio,* WA 18, 632, 6;

dies ist wie alle Glaubensinhalte verborgen,
omnia, quae creduntur, abscondantur, De servo arbitrio, WA 18, 633;

die Nichtigkeit menschlicher Verdienste und Kräfte;
nur Gott hat *liberum arbitrium*;
Begnadung ist die Ausnahme;
daher die Kleinheit der Herde.

Gott verbirgt seine Güte und Barmherzigkeit unter seinem Zorn. Der Glaube ist ein äußerster Akt, denn Gott verbirgt seine Gerechtigkeit unter der Ungerechtigkeit der Gnadenwahl. Wie kann der Christ glauben, daß Gott die Güte ist, wenn er so wenige rettet?

Hic est fidei summus gradus, credere illum esse clementem, qui tam paucos salvat. Was wir von ihm sehen, erregt in uns eher Zorn als Liebe. Wir sehen von ihm so viel Unrecht, daß es des Glaubens bedarf, um an seiner Güte festzuhalten, ebd. WA 18, 633. Das ist noch nicht der trokken-dogmatische Augustinismus Calvins, sondern seine psychologische, fast psychiatrische Dialektik: Der äußerste Schrecken erzeugt das Wunder krisenfester Zuversicht, falls Gott sie schenken will. Das ist Nicht-Deutschen schwer zu vermitteln, mit Ausnahme eines Dänen, der in Berlin studiert hatte: Kierkegaard. Luther treibt die Paradoxie des christlichen Glaubens auf die Spitze. Seine Theologie erblüht als Satanologie. Der Teufel holt die Mehrheit der Menschen, aber wir sehen im Vertrauen auf Gott zuversichtlich der Zukunft entgegen.

Zu diesen spezifischen Motiven schroffer Entgegensetzung kam im 16. Jahrhundert die neutestamentliche und allgemeinchristliche Idee, daß, wer nicht *für* Jesus ist, der sei *gegen* ihn. Der fortwirkende Augustinismus erklärte jedem Christen, er gehöre entweder zum Gottesreich oder zum Teufelsreich. Es verbreitete sich das Bewußtsein, in der Endzeit zu leben. Jesuiten des 16. Jahrhunderts sahen sich als Gottes auserwählte Truppe zur Rettung der sonst dem Teufel zutreibenden Welt. Eine ganze Reihe einander widersprechender Bewegungen steigerte die Dramatik religiöser Auseinandersetzungen im Bewußtsein dämonischer Bedrohung; gleichzeitig stieg die Zahl der Zweifler. Um so mehr wuchs der Eifer der Prediger und Missionare. Die Seele des einzelnen Gläubigen verstand sich unter diesen Bedingungen als Austragungsort des Endkampfes zwischen Gut und Böse, zwischen Gott und Satan. Gewissensbildung und religiöse Volkserziehung verschoben sich in diese Richtung. Die religiöse Bildung des einzelnen intensivierte sich in den verfeindeten Konfessionen, die jeweils in der anderen den Antichrist sahen. Der Buchdruck verstärkte diese Tendenz; jetzt hatten viele Christen viele Gelegenheiten, sich zu fragen, ob sie dem Teufel entronnen waren oder nicht. Dies veränderte die religiöse Rhetorik und begünstigte die theologische Kasuistik. Die Konfessionen standen sich auch zeitweise als politische Blöcke gegenüber: Den Anglikanern bewiesen die Gunpowder-Katholiken von 1605, daß der Teufel nicht schlief. Gleichzeitig bewies der Teufel noch einmal, daß er *historisch existiert:* Es wuchs die Zahl der Besessenen und der Hexen, denen die Schuld für Besessenheit oft zugeschrieben wurde.

Exklusion als Markenzeichen

Ich blicke noch einmal zurück auf die Quellentexte dieses Kapitels.

1. Sie schließen es aus, die Geschichte des Christentums als eine Geschichte der erfolgten (nicht nur theoretisch wünschenswerten) Inklusion zu schreiben. Die westliche Christenheit gab sich als geschlossene Gesellschaft. In der westlichen Kirche bejahten nur einige wenige Denker die religiöse Vielfalt, meist Außenseiter wie Abaelard, Pico della Mirandola, Marsilio Ficino.

2. Die Texte beweisen weder eine aufsteigende kontinuierliche Linie noch eine absteigende, in dem Sinne, daß das Heil außerhalb der Kirche anfangs bejaht und später bestritten worden wäre oder umgekehrt. Es wurde durchweg abgelehnt oder als schwer erträgliche Vorgabe hingenommen, nur wenige einzelne rüttelten an der allgemeinen Überzeugung.

3. Die Texte belegen vom *Johannesevangelium* bis Calvin eine gesamtchristliche Tendenz zu einer Art quasi-sakralem Naturalismus. Darunter verstehe ich die Richtung auf eine jedem menschlichen Willensbeschluß vorausliegende göttliche Zuteilung des einzelnen zu einer der beiden, sich antagonistisch gegenüberstehenden metaphysischen Gruppen, zu den Kindern Gottes oder des Teufels. Man gehört nicht zur Satansbrut, weil man den Glauben verweigert, sondern man nimmt den Glauben nicht an, weil man zur Teufelsgesellschaft gehört. Diese

Tendenz hat nicht jeder christliche Denker mit strenger Konsequenz durchgeführt, aber die Vorgaben deuteten seit dem späten Augustin im lateinischen Westen in diese Richtung. Es gab Bewegungen in die Gegenrichtung, vor allem mit dem Namen des Origenes verbunden, der wenigstens für die Endzeit Versöhnung, also Aufhebung der Gott-Teufel-Dualität ins Auge faßte – es solle definitiv nur noch Gotteskinder geben –, aber sie wurden regelmäßig verboten. Es lag dann nicht mehr am freien Willen, ob ein Mensch zum Gottesstaat oder zur Teufelsgemeinde gehörte; seine Willensbewegungen ergaben sich sekundär aus seiner prädestinatarischen Stellung. Was er sah, war die Ungerechtigkeit Gottes; er nahm sie in kreatürlicher Ohnmacht mit metaphysischem Schauer als Teufelsnähe wahr, wenn ihm Gott nicht wie Luther die Gabe verlieh, sie mit Glaubenszuversicht zu beantworten.

Die Gesellschaft der Erlösten beruhte auf unvorhersehbarer Gnadenwahl. Man trat ihr nicht bei, man wurde ihr zugesellt. Daß der Erwählte sie willentlich bejahte, war sekundärer Effekt. Viele, nie alle, waren berufen, wenige auserwählt.

4. Weder Mitleid noch Nächstenliebe noch missionarischer Eifer konnten diese Verengung beseitigen; sie ergab sich unter bestimmten Voraussetzungen als logische Konsequenz:

Wenn die Menschheit wegen Adams Rebellion immer schon dem Teufel gehörte und des Todes, des ewigen und des leiblichen, schuldig war,

wenn Christus durch seinen Kreuzestod dem beleidigten Gottvater Genugtuung verschaffte,

wenn Taufwasser und Glauben unentbehrlich waren, Gott zu gefallen, also den Anschluß an Christi Versöhnung zu finden,

wenn die Zustimmung zum Glauben und die Aufnahme unter die Erlösten nicht vom Laufen und Rennen des Menschen, sondern vom vorausgehenden göttlichen Willen abhing,

ergaben sich logisch die objektive Abgeschlossenheit der Gruppe der Erlösten und der Ausschluß der Verdammten. Alle universalistischen Hoffnungen, Zusprüche, Versprechungen und Ermahnungen waren hypothetisch-sekundär; sie galten unter den Bedingungen des absoluten Willens Gottes, der nicht mehr faktisch-effektiv wollte, daß *alle*

Menschen selig werden. Das Versprechen universaler Erlösung war eingeschränkt und für den einzelnen hinfällig.

5. Die Vorstellung, die Erlösung sei ein für allemal geschehen und sei *für alle* geschehen, hatte auch ihre Schwierigkeit: Wie konnte durch den freiwilligen Tod seines Sohnes Gott aus einem ungnädigen Weltenherren zum versöhnten Vater werden? Wurde dabei Gott, der Unwandelbare, verändert? War das nicht eine Hilfshypothese der von der Hinrichtung Jesu schockierten Jünger? War die Vorstellung vom stellvertretenden Opfer eines Unschuldigen, der sich für eine Beleidigung Gottes darbrachte, die Adam am Anfang der Menschheitsgeschichte begangen haben sollte, ein universalisierbarer Gedanke? Die Welt sah nicht erlöster aus als vorher. Was konnte man mit einer solchen Erlösung anfangen, außer sie zu verschieben – entweder in die Zukunft oder ins Jenseits? Dadurch wurde sie noch abgehobener, exklusiver, zugänglich für die, die an sie glaubten. Als objektives Weltereignis war sie ohnehin nicht faßbar, aber jetzt wurde nicht nur der göttliche Erlöser, sondern vorab die *Erlösung selbst zum Glaubensinhalt.*

Die Auffassung der Erlösung als Satisfaktion Gottes war anthropomorph und archaisch. Sie war an Christi Sterben geknüpft als an den einzigen Weg zur Versöhnung der Menschheit, daher mußten Christen ihre Erlösungslehre als die einzig wahre ansehen, die einzig mögliche und als größte weltgeschichtliche Zäsur. Aber wenn die Menschheit, vertreten durch Adam, das beleidigende Subjekt war, dann müßte doch auch die kompensierende Erlösung für *alle* gelten. Das tut sie nur als Einladung, als Berufung, nicht als faktische Erwählung, nicht als Ergebnis. Die Zweiteilung in Gottessöhne und Teufelssöhne ist nicht überwunden, da der Glaube an Christi Versöhnungstod und außerdem Taufwasser gefordert sind. Gerettet werden einzelne Seelen, nicht die Menschheit. Die Versprechungen von Trost für die Trauernden und Landbesitz für die Armen sind vergessen. Der Teufel geht immer noch umher wie ein brüllender Löwe und sucht, wen er verschlinge. Theologen des 20. Jahrhunderts machten aus einer von Gott vollbrachten Menschheitstat einen Beweis ihrer Glaubensstärke und verlegten die Erlösung in den gläubigen Aufblick des einzelnen auf die Person Jesu. «Erlösung ist lediglich Glaube, ist Gewißwerdung Gottes durch den

Eindruck des Bildes Christi. Sie ist kein ein für allemal stattgehabter göttlicher Eingriff, sondern ein immer aufs neue sich vollziehender rein innerlicher Vorgang zwischen Gott und der Seele. Gott spricht in die Seele hinein, was kein anderer hört.»[30] Das war auf dem Sinai anders. Und auch noch die Zuhörer der Bergpredigt haben sich das anders vorgestellt.

6. Die Vorstellung, Nicht-Christen seien Teufelssöhne, war nicht nur akademischer Lehrstoff, sondern griff in den Alltag ein. Als die geistlichen und weltlichen Führer des Ersten Kreuzzugs im September 1099 dem Papst einen ersten Bericht von ihren Erfolgen schickten, berichteten sie, mit ihrem militärischen Sieg habe Gott die christliche Religion bestätigt; sie hätten die Kräfte «der Sarazenen und des Teufels» geschlagen. Die Muslime waren Teufelssöhne.[31]

Der Kreuzzug ziele auf die Besiegung des Teufels; die Zeit dränge, denn die Wiederkehr Christi stehe kurz bevor – diese langlebige Kombination religiöser Motivation läßt sich auch bei der Entstehung des Ersten Kreuzzugs nachweisen.

VII. Stammsitz

Hölle

Der Teufel gehört, wenn es recht zugeht, für immer in die Hölle. Zwar weiß der heilige Petrus von ihm, daß er auch jetzt noch auf der Erde umherläuft wie ein brüllender Löwe und sucht, wen er verschlinge, aber sein Stammlokal und Bestimmungsort ist die Hölle. Dort soll er nach dem Jüngsten Tag für immer festsitzen. Dort endet er mit allen seinen bösen Engeln und den Sündern im ewigen Feuer. Die Hölle, sagten die Theologen, gehöre zum Ersterschaffenen und bleibe ewig. Doch auch sie hat ihre erforschbare Geschichte:

Schon ihre verschiedenen Namen verweisen auf Änderungen: Sie hieß in der *Hebräischen Bibel scheol*; damals war sie der Aufenthalt *aller* Verstorbenen ohne Unterschied zwischen Gut und Böse, ein trauriger, dunkler Totenort, ohne moralische Disqualifikation. Der Ort ist zwar vergittert und verschlossen, aber noch nach der spätantiken Legende von der *Höllenfahrt Christi* (5. bis 6. Jahrhundert), die für Literatur und darstellende Kunst des Mittelalters viele Vorlagen bot, war sie kein Ort der Qualen, sondern ein der Person ‹Hades› anvertrauter Warteraum. Der Teufel schlägt Hades vor, Jesus hier einzusperren; Hades weigert sich, denn er fürchtet, daß Jesus der Mann ist, der ihm neulich erst den Lazarus entrissen hat.[1] In der alten *scheol* waren *alle* bei ihren Vätern versammelt, wenn man sich so ausdrücken dürfte in bezug auf eine Zeit, die das Konzept der unsterblichen Menschenseele nicht kannte, das sich erst andeutet in dem späten alttestamentlichen Text *Buch*

Daniel 12, 1–3. Spät siegte auch hier das Verlangen nach ethischer Eindeutigkeit, dem das irdische Leben so schmerzhaft wenig entspricht. Spätere Jahrhunderte sahen es als unerträglich an, daß nach dem Tod gute und schlechte Menschen dasselbe triste Schicksal erleiden sollten; sie teilten also die *scheol* in zwei Abteilungen und gaben der Strafhölle den eigenen Namen: *gehenna* nach einem schaurigen Tal südlich von Jerusalem, voll von Abfall und Verwesung, Feuer und Gestank. Im *Neuen Testament* heißt die Hölle mit diesem gräzisierten hebräischen Wort *gehenna*, Matth 5, 22; 23, 33; Mk 9, 45. Sie ist der Strafort für die Bösen, die nach dem Totengericht für immer in der Feuerhöhle leiden, wo ‹Heulen und Zähneknirschen› herrschen. Die *gehenna* muß sinnlich, körperlich, materiell sein, allein schon, weil sie später die Leiber böser Auferstandener beherbergen soll. Aber vor allem: So ließ sie sich mit Händen anfassen und – zur Not, und später – mit dem Metermaß ausmessen. Nur so war sie *wirklich*.

Scheol war der einheitliche Aufenthaltsort aller Verstorbenen, also das, was die Griechen ‹Hades› nannten; die *gehenna* bediente das Bedürfnis nach gerechtem Ausgleich, denn inzwischen, nach dem Babylonischen Exil, empfanden Juden es als Problem, daß es im oberirdischen Leben vielen Bösen besser ging als den Guten. Die älteren Texte der *Hebräischen Bibel* enthalten noch nicht die Vorstellung der Bestrafung der Bösen in der Hölle. Sie dürfte aus dem Zweistromland stammen und könnte in hellenistischer Zeit von heidnischen Unterweltsgottheiten profitiert haben.[2] Die beiden Vorstellungen – *scheol* und *gehenna* – ließen sich kombinieren; die *gehenna* wurde zur untersten Abteilung der *scheol*. Finster wie diese war sie ohnehin schon gedacht. Dorthin, in die *gehenna*, den endgültigen Strafort, werden der Teufel und seine Engel mitsamt den Verworfenen nach dem Endgericht verdammt; bis dahin genießen sie erheblichen Strafaufschub. Die Seelen der Verdammten parken für diese Zwischenaufenthalte in geheimen Kammern; sie erwarten dort ihre endgültige Strafunterkunft. Müßig sind sie nie, denn in dieser Zwischenzeit bis zum Jüngsten Tag arbeiten Teufel und Dämonen auf der Erde, um die Erwählten in Versuchung zu führen.

Jesus, der so sanft nicht sprach, wie man ihn sich vorstellt, drohte mit der Höllenstrafe und verschaffte damit seinen ethischen Vorstellungen

Nachdruck (Mt 5, 22). Darin folgte er Johannes dem Täufer, der in seiner Predigt drohte, jeder Baum, der nicht gute Frucht bringe, werde ins nie erlöschende Feuer geworfen (Mt 3, 10–12). Die Übereinstimmung der Predigt Jesu mit der des Täufers beweist: Das Höllenbild der Bergpredigt entsprach dessen spätjüdischen Vorstellungen. Das gilt ebenso für Paulus. Auch er kam nicht aus ohne Drohung mit dem ‹zukünftigen Zorn› (1 Thess 1, 10; Röm 2, 3–8; 2 Kor 5, 10). Eine Präzisierung bringt die Warnung vor falschen Propheten im 2. *Petrusbrief* 2, 2–4: Diese erhalten ihre eigentliche Strafe erst beim großen Tag des Zorns. Denn, so heißt es, Gott habe auch die Engel nicht geschont, die gesündigt haben, sondern sie mit Ketten im Tartaros eingeschlossen bis zum Gericht.[3]

Schon der Gott des Alten Bundes hat ständig gedroht, aber nicht mit jenseitigen Sanktionen. Der Herr des Neuen Bundes verfügt im Jenseits über ein Lager der Qualen. Fast alle Autoren des *Neuen Testaments*, mit der Ausnahme des Johannes, verbinden Gott als Gerichtsherrn mit der Hölle.

Dabei zeichnen sich vier Merkmale der frühchristlichen *gehenna*-Vorstellung ab:

Erstens regelt die Hölle das Bedürfnis nach *ethischer Differenzierung* des Jenseitslebens,

zweitens brennt in der Hölle *Feuer*,

drittens soll dieses Feuer *ewig* brennen,

viertens lernen wir die Hölle im Rahmen *warnender Predigten* kennen.

Jeden dieser vier Punkte möchte ich kurz erläutern und beginne mit dem letzten:

Das Höllenmotiv taucht in Reden auf, die uns die Qualen der Hölle *ersparen* sollen, wenn wir bestimmte Forderungen erfüllen. Wer ihnen nicht entspricht, von dem heißt es, ihn erwarte die ewige Feuerqual. Der ursprüngliche Sitz der Höllenbotschaft ist also nicht die quasi-wissenschaftliche Beschreibung der unterirdischen Natur, sondern der Willen, den Hörer von bösen Handlungen abzuhalten, bestimmte Erwartungen an ihn durchzusetzen, die es ihm ersparen, die Schrecken der Hölle am eigenen Leib zu erfahren. Modernste Bibelerklärer, die den Höllenschlund loshaben wollen, verweisen gerne darauf, der Sinn der neutestamentlichen Rede sei nicht die Information, daß es eine ewige Feuerhöhle *gebe.* Und doch setzt die Höllenpredigt – und die Erwartung, sie werde Wirkung zeigen – den Glauben voraus, die Hölle sei wirklich vorhanden und erwarte bestimmte Missetäter. Innerhalb bestimmter Gruppen und ihrer sozialen, historischen, mentalen Konstellationen und Umgebungen mußte die Existenz der Hölle nicht erst erwiesen werden, sie wurde als selbstverständlich vorausgesetzt. Diese Selbstverständlichkeit läßt sich bestreiten, daß sie unterstellt wurde, hingegen nicht. Gleichwohl war und ist ‹Hölle› ein eminent *rhetorisches* Phänomen; sie und der Teufel dienten dazu, von Predigern an die Wand gemalt zu werden. Einige Theologen warnten Traktätchenschreiber und Prediger, sie sollten das Höllenthema nicht ausschmückend breittreten. Origenes machte sich beim westlichen Klerus auch dadurch unbeliebt, daß er forderte, das einfache Volk von Höllenschilderungen zu verschonen; es leide so schon genug. Aber wer wirksam vor der Sünde warnen wollte, kam darum kaum herum, wie Jesus und Johannes der Täufer bewiesen.

Ich sagte, die Strafhölle, *gehenna*, befriedige das moralische Gefühl; sie erfülle das Verlangen nach ethischer Gerechtigkeit; sie entspringe dem moralischen Bewußtsein, das sich mit dem Unrecht des gewöhnlichen Lebens nicht zufriedengibt. Das mag wahr sein, entspricht aber mehr einer neuzeitlich-moralphilosophischen Betrachtung. Ursprünglich diente die Höllendrohung dem religiösen Gruppenzwang; sie verstärkte den Zusammenhalt der Gemeinde. Sie drohte in erster Linie dem, der die jüdische Gemeinde verlassen wollte, also dem Apostaten. In die Hölle kommt, wer die Heilsgemeinde verläßt, der abtrünnige Jude zuerst, sodann der Christ, der die kleine verfolgte Gemeinde aufgibt, schließlich jeder Ungläubige und zuletzt der Sünder allgemein. Der Gesichtspunkt der moralischen Qualifikation kam später.

Höllenfeuer

Zweitens also das Höllenfeuer. Das *Neue Testament* redet so oft vom Höllenfeuer, daß es an seiner realistischen Aussageabsicht keinen Zweifel läßt. Man lese nur *Matthäus* 3, 12; 5, 22 oder *Markus* 9, 43–47. Es kennt nicht den philosophischen Begriff des körperlos-reinen Geistes, wie er griechischen Beweisen für die Seeelenunsterblichkeit zugrunde lag; daher fragt es nicht, wie physisches Feuer reine Geister und abgetrennte Seelen quälen könnte. Es spricht auch nicht davon, welche Art von Feuer dort lodert. Ganz gewöhnliches Feuer kann es nicht sein, da es nie erlischt. Es soll die Verdammten auch nicht aufzehren, sondern in Ewigkeit fortbrennend sie quälen. Wir erfahren nicht, ob die Schrift dabei den späteren philosophisch-strengen Begriff von ‹Ewigkeit› meint oder nur ‹sehr lange Dauer›. Doch heißt es von diesem Feuer, daß es nie erlischt, also endlos martert. Spätere Theologen sahen im Angesengtwerden nicht die Hauptstrafe der Höllenbewohner; die eigentliche Verdammung, Entbehrung oder Strafe bestehe im Getrenntsein von Gott, in der sog. *poena damni.* Aber auf die fühlbare körperliche Strafe, *poena sensus* genannt, wollten sie keineswegs verzichten. Wer sie anzweifelte, galt im Einflußbereich Augustins als Ketzer. Die metaphorische Deutung des Höllenfeuers war seit dem 5. Jahrhundert im Westen Häresie. Origenes hatte sie vorgetragen.[4] Einige Kirchenschriftsteller wie Ambrosius und Gregor von Nyssa hatten ihm zugestimmt, zeitweise auch Hieronymus, bis etwa 394. Andere Theologen lehnten diese neuplatonisch inspirierte Abschwächung ab, so vor allem Augustinus (civ. 20, 22 und 21, 9). Sie beriefen sich auf den biblischen Wortlaut; sie fürchteten, die bildliche Auslegung verdünne den rhetorischen Effekt. Sie urteilten als Redekünstler und Völkerhirten. Die soziale Wirksamkeit, von geistlichen Redekünstlern eingesetzt, war ein weiteres, ein drittes Argument für die Haltbarkeit ihrer Vorstellungen. Die sinnlich-derben Jenseitserzählungen des Papstes Gregor I. machten den nicht-bildlichen Charakter des Höllenfeuers für katholische Autoren verbindlich, bis etwa 1800 auch für lutherische.

Dazu nahmen sie mehrfache Zusatzwunder in Kauf: Gott erhielt die Angebrannten durch Wunder im Dasein; er verlieh dem physikalischen Vorgang durch ein weiteres Wunder ewige Dauer, und er bewirkte wundertätig, daß immaterielle Wesen an materiellem Feuer leiden konnten.

Außerdem war folgender Einwand des Origenes nicht vergessen: Werden der Teufel, seine Engel und alle Verdammten *ewig* in der Hölle gequält, verliert die Strafe jeden pädagogischen Sinn. Sie wird zur Rache. Die erste Christengeneration erhob dagegen keinen Einspruch. Sie schätzte den auf ewig institutionalisierten Gotteszorn. Aber Origenes fand dies mit seinem philosophisch vertieften Gottesbegriff unvereinbar, *De principiis* 1, 6,1 und 3. Schon der Lehrer des Origenes, Clemens von Alexandrien, hatte die zeitliche Begrenzung der Höllenstrafen ins Auge gefaßt; Origenes fand zunächst einige Zustimmung, so bei Gregor von Nyssa, Eusebius von Caesarea und beim jungen Hieronymus, der aber 394 die westliche Kehrtwendung zur Bekämpfung des Origenes einleitete.

Sie bestimmte für die westliche Kirche bis ins achtzehnte Jahrhundert – bei Katholiken bis ins zwanzigste – die Höllenlehre. Augustin hatte sie verschärft, Gregor der Große hat sie mit päpstlicher Autorität im vierten Buch seiner *Dialoge*, 4, 28 bis 39, dauerhaft installiert. Kaiser Justinian verbot um 540 den Origenismus; mehrere Konzilien in Konstantinopel, 543 und 553, 680 und 787, folgten ihm.

Mit ihrer Festlegung auf die Ewigkeit der Höllenstrafen und den physischen, also nicht-metaphorischen Charakter des Höllenfeuers schuf die westliche Kirche sich eine Serie von intellektuellen Problemen. Sie hat sie nie gelöst. Der afrikanische Kirchenschriftsteller Tertullian war vom handfest-physischen Charakter des Höllenfeuers so sehr überzeugt, daß er daraus den Stoffcharakter der menschlichen Seele folgerte, *De anima* 7. Diese Auffassung hatte ihre Logik: Sollte in der Hölle körperliches Feuer die Seelen quälen, dann mußte das leibliche Feuer die Seele auch erreichen und fühlbar strafen. Manche Theologen schlichen sich zur ‹bildlichen› Auffassung durch und schufen eine Zweiklassenwahrheit; die buchstäbliche Auslegung gelte nur für das einfache Volk, das ohne Drohungen nicht zum Guten zu bewegen sei. Ihre orthodoxen Gegner beharrten traditionalistisch bei Augustinus, dessen Gott die Feuerqualen auf wunderbare Weise realistisch – *veris et miris modis* – als physische Qualen ausführt.

Alle Autoren, die zwischen Augustin und heute mit theoretischem Anspruch über die Hölle schrieben, kannten ihren intellektuell prekären Status. Sie wußten oder hatten doch davon gehört, daß wichtige antike Texte und insbesondere die *Metaphysik* des Muslims Avicenna

(7, 9) ihre Existenz bestritten und damit Zweifel nährten. Seit dem 12. Jahrhundert motivierte das neue Wissenschaftskonzept dazu, die Existenz der Hölle rational plausibel zu machen, also sich nicht auf den Autoritätsbeweis aus dem *Neuen Testament* zu beschränken. Die rationalen Beweisversuche schufen neue Zweifel. Schließlich verlangte Thomas von Aquino vom Lehrer der Theologie, er solle seine Hörer nicht nur des Daß, sondern des Warum versichern. Was brachten sie vor?

Als ‹wirklich› galt, was einen festen Ort hatte. Wenn in der Hölle physisches Feuer brannte, mußte sie so etwas wie ein Gebäude oder ein befestigtes Riesenloch sein, ein See von glühendem Pech, bis oben hin mit unzerstörbarer, brennender Flüssigkeit gefüllt. So entstand das Interesse an ihrer geographischen oder geologischen Verortung. Die Bibel sagte dazu nichts Genaues; spekulative Phantasie war gefragt. Zunächst verlegten einige Theologen sie in ferne oberirdische Weltgegenden, in unbewohnbar-heiße Zonen, etwa bei den Antipoden, aber das scheiterte spätestens seit dem Zeitalter der Entdeckungen. Erkenntnisgewinn versprach vielen schon der Name der Hölle: *‹infernus, i. m.›*, so nannte die *Vulgata* bei der Übersetzung von *Hiob* 17, 13 die alte *gehenna*. Das lateinische Wort kam bei Ambrosius vor; es deutete, glaubte man, auf ihre Lage ‹unten›, im Erdinneren. Namen galten als sachhaltig. Im Deutschen klang ‹Hölle› ähnlich wie ‹Höhle› und verstärkte die Vorstellung; schließlich bewiesen die aktiven Vulkane, daß unter dem Erdboden Feuer brannte. Da für die meisten westlichen Schriftsteller seit Augustin feststand, daß die weit überwiegende Mehrzahl der Menschen in der Hölle endet, fragten Theologen besorgt, ob das Erdinnere genügend Platz biete für diese Unmenge an Verurteilten.

Einteilung

Was wirklich war, dachte man, kann man einteilen. Was man untergliedern kann, muß wohl wirklich sein. Und die Hölle konnte man einteilen. Dazu gab es mehrere Modelle. Schon weil die *gehenna* der tiefste und schrecklichste Höllenteil der *scheol* war, ergab sich eine Struktur. Wurde das Purgatorium, also das ‹Fegefeuer›, als zeitweise und abgemilderte Höllenstrafe gedacht, bildete es die mildere Unterabteilung des unterirdischen Strafortes. Die theologische Spekulation forderte im Anschluß an Augustin weitere Unterabteilungen: Alle Ungetauften gehörten ihr zufolge in die Hölle, aber die ungetauften Kleinkinder, die keine persönliche Schuld auf sich geladen hatten, sollten dort nur ‹milde› bestraft werden. So brauchte die Hölle eine Randabteilung oder eine Randzone, einen Seitenstreifen oder Nebenraum, *limbus* genannt, für die ungetauften Kinder, die nur wegen der Erbschuld, die sie, wie Augustin sich ausdrückte, ‹in den Lenden Adams› mitbegangen haben, in der abgeschwächten Hölle untergebracht waren. Neben der Kinderabteilung war ein weiterer Raum reserviert für Patriarchen des Alten Bundes, eventuell auch für einige edle Heiden. Sie waren ungetauft, gehörten also in die Hölle, aber sie waren als Stammväter Jesu und als Beispiele des Vertrauens auf den wahren Gott von der Sündermasse separiert. Sie hatten die Erlösung erwartet; damit hatten sie als in Zukunft bevorstehend geglaubt, was die Christen als geschehen für wahr halten. Sie hatten also, sagte man, ‹denselben› Glauben.

Diese Annahmen ergaben seit dem 13. Jahrhundert folgenden Aufbau der Hölle:

Erster Vorraum: *Purgatorium* für die befristete Feuerstrafe. Darüber sagte die Bibel so gut wie nichts, aber es schien plausibel, daß Gott nicht zwei Brandstätten eingerichtet hatte.

Zweiter Vorraum: Seitenstreifen, *limbus*, der ‹Väter›, also der alttestamentlichen Gläubigen. Auch ‹Abrahams Schoß› genannt.

Dritter Vorraum: Randzone der ungetauften Kleinkinder, *limbus puerorum*.

Vierter und tiefster Raum: Feuerhölle für Satan, seine Engel und alle Verdammten. Sie war weiter untergegliedert nach den verschiedenen schweren Lastern der Verworfenen.

Wer mochte an der Existenz einer Institution zweifeln, die Spezialisten so sorgfältig und sachkundig zu unterteilen wußten?

Abstieg

Die genaue Topographie der Hölle half das schwierige Problem zu lösen, das der Höllenabstieg des toten Christus aufwarf. Der erste *Petrusbrief* erwähnte kurz, Jesus sei nach seinem Tod, vor seiner Auferstehung ‹abgestiegen zu der Hölle›, 1 *Petrusbrief* 3, 19 und 4, 6. Er habe dort den ‹Geistern› (*pneumasin*) der Toten gepredigt. Jesu Höllenbesuch kam seit dem vierten Jahrhundert im Glaubensbekenntnis vor, war bezeugt bei Rufinus und wurde später bestätigt vom 4. Laterankonzil und vom 2. Konzil von Lyon. Christi Höllenbesuch war also unbezweifelbar, schuf aber den Theologen große Probleme: War Gott selbst in die Hölle gekommen? Oder war es nur Jesu menschliche ‹Seele›, während sein Leib am Karsamstag im Grab lag? Was tat er in der Hölle? Wenn er, wie einige wußten, predigte, was sollte seine Predigt? Hat er noch etwas anderes getan, als zu predigen? Hat er die Patriarchen mit sich in den Himmel geführt, weil sie an ihn als den Kommenden geglaubt hatten? Hat er *alle* Höllenbewohner gerettet oder nur einige? Der Fragen blieben viele, doch gestattete die Unterscheidung der Höllenbereiche eine gewisse Klärung: Mancher Theologe ließ Christus nur absteigen bis zum *limbus patrum*; so vermied er die anstößige Vorstellung, Gott sei in der tiefsten Hölle gewesen.

VIII. Kämpfe. Versuchungen

Jesus vertreibt Teufel

Im alten Europa hatten der Teufel und seine Engel vier Haupttätigkeiten:

Erstens griffen sie in die Natur ein. Sie verursachten Erdbeben, Unwetter, Epidemien. Sie führten die Todesurteile aus, die heilige Männer beschlossen hatten. Zweitens: Sie besetzten das Innere von Menschen, die man daher ‹Besessene› nannte. Sie verursachten in ihnen körperliche und psychische Störungen. Drittens schlossen viele Menschen mit ihnen einen Vertrag, in dem sie sich dem Teufel oder einem Dämon unterordneten und dafür Macht von ihnen erhielten. Sie erlangten dadurch übernatürliche Fähigkeiten, um Schadenszauber gegen Menschen, Tiere und Pflanzen auszuüben. Sie inspirierten Christen zu Lastern aller Art, besonders aber zur Häresie, zum Götzendienst und zur Unzucht.

Diese Hauptarbeitsgebiete der Dämonen haben in der Christenheit eine Unzahl von Erzählungen hervorgebracht. Man kann Bände füllen mit solchen Legenden.

Mit Vorliebe waren es Geschichten von der Heilung Besessener und der Versuchung Heiliger. Beide Typen haben ihre Muster im *Neuen Testament*; sie wurden zur primären Quelle des Teufelsglaubens und der Satansbilder. Daher stelle ich sie kurz vor, nicht als sagte ich Bibellesern Neues, ich erinnere an sie, weil diese Texte in späteren Jahrhunderten immer wieder ausgelegt worden sind; noch Kant bezog sich auf sie.

Die Synoptiker erzählen an vielen Stellen, Jesus habe Besessene geheilt und den Teufel ausgetrieben. Wer das sah, bewunderte die Macht Jesu; er selbst sprach von seinen Teufelsaustreibungen (Exorzismen) als Beweisen für die Göttlichkeit seiner Sendung.

Ich stelle einiger dieser Erzählungen zusammen, denn sie galten bis ins 20. Jahrhundert als Beweis für Existenz und Wirkung des Teufels; sie wurden literarische und künstlerische Vorlagen: Wer die Existenz des Teufels bestritt, wer seinen Einfluß auf menschliche Körper einengen oder leugnen oder wer ‹Besessenheit› medizinisch-natürlich erklären wollte, wurde unter Bibeltreuen rasch widerlegt durch Hinweis auf Jesu Heilungen von Besessenen. Wenn Jesus mit dem Teufel gekämpft und eine Reihe von Teufeln ausgetrieben hat, dann durfte kein Christ an der Existenz und Macht des Teufels und an seiner Präsenz in psychisch Auffälligen zweifeln. Die synoptischen Teufelsaustreibungen dienten bis ins 20. Jahrhundert als Existenzbeweise. Die Teufelsmacht erscheint groß: Jesu erster Auftritt als Heiler und Exorzist beweist das. Zumal er sich unbesorgt zeigt um die moralische oder religiöse Disposition seiner Klienten, nach der er gar nicht fragt, während er den Dämon direkt anspricht. Er ist Heiler, Heiland, noch nicht als Sühneopfer, sondern als Teufelsaustreiber.

Markus 1, 21–28 erzählt, was zu Beginn des öffentlichen Auftretens Jesu in der Synagoge von Kapharnaum passiert ist: Als Jesus sie betrat, begann ein Mann, der von einem «unreinen Geist besessen» war, zu schreien: «Was haben wir mit dir zu tun, Jesus von Nazareth? Bist du gekommen, um uns ins Verderben zu stürzen? Ich weiß, wer du bist: der Heilige Gottes.» Da befahl ihm Jesus: «Schweig und verlaß ihn!»

Alle, die das sahen, bewunderten diese Macht. Jesus lehrte mit Vollmacht, anders als die Schriftgelehrten. Der unreine Geist zerrte den Mann hin und her und verließ ihn mit lautem Geschrei.

Vorausgegangen ist die Geschichte von der Taufe Jesu. Als Jesus aus dem Wasser auftauchte, sah er den ‹Geist› (*pneuma*) über sich, und er hört die Stimme Gottes aus den Himmeln: «Du bist mein geliebter Sohn» (1,11). Dieser Geist führt Jesus in die Wüste, wo er 40 Tage lang bleibt und der Teufel Jesus erprobt, ähnlich wie Abraham erprobt worden ist. Nach Taufe und Geistbegabung heilt Jesus den Besessenen, dessen ‹unreiner Geist› ihn als den ‹Heiligen Gottes› erkennt, von dem er annimmt, daß er gekommen ist, Dämonen wie ihn zu vernichten. Jesus beweist seine ‹Vollmacht›, spricht nicht mit dem Besessenen, sondern befiehlt dem unreinen Geist, dem er die Rede zuschreibt, zu schweigen und auszufahren. Der Dämon zerrt den Mann hin und her und gehorcht. Alle bewundern die Kraft Jesu, der aber nicht will, daß man seine messianische Sendung ausplaudert. Nimmt man an, der Text biete einen direkten Bericht über Geschehenes, wird man Jesu Wunsch nach Geheimhaltung verstehen, als wolle er Konflikte mit der Religionsbehörde vorerst vermeiden. Fragt man, warum wohl der Erzähler dies hervorhebt, erklärte die ältere Theorie vom ‹Messiasgeheimnis›: Der Dämon erkennt Jesus als den ‹Heiligen Gottes›, aber der Erzähler weiß, daß erst später, nach Ostern über die messianische Sendung, gar die Göttlichkeit Jesus gesprochen worden ist.

Markus 1, 32–34 berichtet, Jesus habe bei seinem Besuch in Kapharnaum die Schwiegermutter des Petrus vom Fieber geheilt, gegen Abend desselben Tages sei die ganze Stadt vor dem Haus zusammengelaufen, habe Kranke und Besessene gebracht. Er heilte viele und «trieb viele Dämonen aus. Und er verbot den Dämonen zu reden, denn sie wußten, wer er war.»

Jesus weitet seine Heilungen auf viele aus, auch auf andere Krankheiten. Die Dämonenaustreibungen stehen im Vordergrund; auch diesmal enden sie mit dem Gebot, von Jesu göttlicher Sendung zu schweigen.

Markus 5, 1–20 erzählt eine noch spektakulärere Teufelsaustreibung. Jesus kam mit dem Boot über den See Gennesaret nach Gerasa (Gergesa). Als er aus dem Boot stieg, lief ihm ein Mann entgegen – bei *Matthäus* 8, 28–32 sind es zwei Männer –, der von einem unreinen Geist besessen war. Niemand hatte ihn bändigen können, man hatte es mit Fesseln an Händen und Füßen versucht; er war stärker als alle. Er hatte die Ketten gesprengt und die Fesseln zerrissen. Er lebte in Grabhöhlen. Er schrie bei Tag und Nacht; er schlug sich selbst mit Steinen. Er sah Jesus von weitem, lief auf ihn zu und schrie laut: «Was habe ich mit dir zu tun, Jesus, Sohn des höchsten Gottes? Ich beschwöre dich bei Gott, quäle mich nicht!»

Jesus befiehlt dem unreinen Geist, den Kranken zu verlassen. Jesus fragt den Dämon: «Wie heißt du?» Er antwortet: «Mein Name ist Legion, denn wir sind viele.» Und er fleht Jesus an, sie nicht aus der Gegend zu verbannen.

Markus erzählt weiter:

«Nun weidete dort an einem Berghang gerade eine große Schweineherde. Da baten ihn die Dämonen: Laß uns doch in die Schweine hineinfahren! Jesus erlaubte es ihnen. Daraufhin verließen die unreinen Geister den Menschen und fuhren in die Schweine, und die Herde stürzte sich den Abhang hinab in den See. Es waren etwa zweitausend Tiere, und alle ertranken. Die Hirten flohen und erzählten alles in der Stadt und in den Dörfern.»

Die Geschichte spielt in einer heidnischen Gegend. Juden hätten die Schweine nicht geschlachtet. Der Name des Dämons heißt ‹Legion›, was auf die römische Besatzung anspielen mag und bedeutet: Wir sind sehr viele. Die Erzählung legte die Frage nahe: Jesus hat unter Heiden solche Wundertaten vollbracht, wieso sollten wir nicht bei Heiden missionieren dürfen?

Dem Erzähler kommt es nicht auf die Art der Krankheit und nicht auf die vertriebenen Dämonen an, sondern auf die Macht, die Jesus über sie hat. Die Dämonen erkennen Jesu göttliche Sendung. Sie fallen vor ihm nieder; sie fürchten ihn und gehorchen. Sie erklären sich von ihm bedroht. Sie können nicht ohne seinen Befehl den Kranken verlassen. Die Erzählung betont die Wirkung, die sein Machterweis auf die Leute hat. Er wird in der ganzen Gegend herumerzählt.

Beim Besessenen von Gerasa ist die Beschreibung der Krankheitssymptome recht ausführlich: Der Kranke stürzt auf Jesus zu; erkennt ihn von weitem, nennt ihn «Sohn des höchsten Gottes»; schreit, schlägt auf sich selbst mit Steinen ein. Er haust in Grabhöhlen, zerreißt seine Kleider, zerstört die Hand- und Fußfesseln, die man ihm angelegt hat. Nach der Heilung sitzt er ordentlich gekleidet ruhig da und ist wieder bei Verstand. Die Verbannung der Dämonen in die große Schweineherde erklärt sich aus dem Verbot des Verzehrs von Schweinefleisch und damit der Mißachtung der Schweinezucht. Der Bauer hat etwa 2000 Schweine verloren. Das erklärt den Vers 5, 17: «Darauf baten die Leute Jesus, ihr Gebiet zu verlassen».

An Krankheitssymptomen beschreibt *Markus* 1, 26: Der unreine Geist zerrt den Besessenen hin und her, bevor er ihn verläßt. In 9, 18–20 erfahren wir von einem besessenen Jungen: Er wirft sich zu Boden, wenn der böse Geist ihn überfällt. Er wälzt sich; es tritt Schaum vor den Mund; er knirscht mit den Zähnen und erstarrt. Moderne Psychiater würden wohl Epilepsie diagnostizieren. Der griechische Text spricht von ‹unreinen Geistern›, 1, 23; 1, 26; 1, 27; 5, 2, nennt sie aber auch mit dem griechischen Wort, 1, 34, ‹Dämonen›.[1] In *Markus* 7, 29 gebraucht Jesus selbst diesen griechischen Ausdruck.[2]

Die Berichte über Jesu Teufelsaustreibungen sind am Erweis der Macht Jesu interessiert, nicht an den Symptomen der Besessenen. Dazu teilen sie immerhin mit: Besessene verlassen ihre gewohnte Umgebung. Sie erkennen die göttliche Sendung Jesu, aber die Gegenwart des Teufels zeigt sich in ihnen: Sie schreien und wälzen sich am Boden. Sie leiden an Krämpfen; der Geist zerrt sie hin und her. Sie entwickeln ungeheure Muskelkräfte. Schaum tritt vor ihren Mund. Sie verletzen sich selbst.

Dies ist etwa das Bild von Besessenheit, das die neutestamentlichen Berichte hinterließen. Die von Jesus geheilten Symptome waren vor allem physische. Sie waren der Beweis, daß christliche Teufelsaustreiber über heidnische Götter siegten. Die wohlinformierte Monographie von Brian P. Levack, *The Devil Within*,[3] belegt, daß die christlichen Besessenen *der frühen Neuzeit* deutlich andere Symptome aufwiesen. Die alten Symptome verschwinden, neue treten auf, vor allem sprachliche Äußerungen, auch Eßstörungen, Magenprobleme und Blasphemie. Besessenheit wird zum Gruppenphänomen, besonders in Klöstern, Waisenhäusern und kleinen Gemeinden. Statt der alten Körpersymptome wie Krämpfen und Zuckungen hören wir Flüche und gotteslästerliche Reden; wir sehen die physische Abwehr christlicher Symbole. Die verschiedenen kulturellen Welten der Besessenen der frühen Neuzeit, ihre Konfession, zeichnen sich in den Merkmalen dieser Kranken ab. Der Teufel weiß genau, wie er sich auf diese beziehen kann. Die Besessenen erbrachen nun Nadeln oder Nägel, die nur der Teufel in ihren Magen gebracht haben konnte. Damit bezog der über die jeweilige Gegenwart informierte Herr der sinnlichen Welt sich auf die zunehmende Zahl der

Skeptiker. Er ließ die Besessenen in fremden Sprachen sprechen, um seine humanistische Bildung zu beweisen. Sie bestätigten, was zeitgenössische Theologen über Dämonen lehrten. Die prunkvoll ausgestatteten, die theatralischen katholischen Veranstaltungen zur Teufelsaustreibung dauerten nun länger als im *Neuen Testament*; die Exorzisten befragten die Teufel nach der jenseitigen Welt und der Gewalt des Teufels. Die Besessenen bestätigten sie. Prediger und Traktate verbreiteten ihre Antworten; der Buchdruck verschaffte weites Echo. In konfessionell zerstrittenen Städten wie Augsburg bewiesen zwischen 1560 und 1580 die Erfolge der Exorzisten, daß nur Katholiken Teufel austreiben können. Denn, wie gesagt: *Satan existiert historisch.*

Der Teufel versucht Jesus

Während Paulus und das *Johannesevangelium* nicht über die Heilung Besessener sprechen, sind sie den Synoptikern so wichtig, daß sie das erste Auftreten Jesu unter dieses Thema stellen, Matthäus etwas anders als Markus. Markus konstruiert seine Erzählung vom Anfang des öffentlichen Lebens Jesu in der Abfolge:

Jesu Taufe mit Sohn-Gottes-Erklärung, 1, 9–11;
Jesus wird in der Wüste vom Teufel versucht, 1, 12–13;
Jesus verkündet die Nähe des Gottesreichs, 1, 14–15;
Jesus beruft die ersten Jünger, 1, 16–20;
Jesus treibt einen Dämon aus, 1, 21.–28.

Matthäus konstruierte seinen Anfang anders: Er beginnt mit dem Stammbaum Jesu, der Kindheitsgeschichte, dem Besuch der Magier, der Flucht nach Ägypten, 1–2. Er biegt ab c. 3 in die Abfolge ein, die Markus hatte: Predigt des Täufers und Taufe Jesu mit Sendung des Geistes und Sohn-Gottes-Erklärung, 3, 1–17;

Jesus wird in der Wüste vom Teufel erprobt, 4, 1–11.

Matthäus stellt also den Beginn des öffentlichen Auftretens Jesu wie Markus unter das Zeichen des Kampfes Jesu mit dem Teufel und den Dämonen. Nach *Matthäus* 4, 1–11 führt der Teufel Jesus selbst in Versuchung. Jesus ist nach vierzig Tagen Fasten hungrig, und der Teufel schlägt ihm vor, wenn er der Messias sei, könne er ja Steine zu Brot verwandeln. Danach führt er ihn in die heilige Stadt auf die Spitze des Tempels und reizt ihn bei seiner Messiaswürde, er solle sich herabstürzen und beweisen, daß Engel ihn auf Händen tragen. Zuletzt nimmt ihn der Teufel mit auf einen hohen Berg, zeigt ihm «alle Königreiche der Welt und ihren Glanz». Dies alles werde er ihm geben, wenn er niederkniee und ihn anbete. Jesus läßt sich von seinem Vorhaben nicht abbringen. Er widerspricht dreimal dem Teufel, mit Zitaten aus der *Hebräischen Bibel.*

Matthäus setzt diese Erzählung an den Anfang seines Berichts. Jesus lebt nicht nur das Leben eines Menschen unter Menschen; er kämpft mit dem Teufel; nach überwundener Versuchung bedienen ihn Engel. Der Teufel verziert seine Verführungen geschickt mit Bibelsprüchen; Jesus, der ihm mit Bibelzitaten erwidert, bleibt seinem göttlichen Auftrag treu, aber seine Sendung ist, wie Matthäus zwischendrin mehrfach erinnert, ein Kampf mit dem Satan, der erst mit seinem Tode endet. Die Versuchungsgeschichte belehrt: Königreiche und ihr Glanz gehören dem Satan. Man muß annehmen, daß Gott sie ihm überlassen hat. Nebenbei zeigt sich, wie beschränkt der geographische Horizont eines Autors ist, der meint, von einem hohen Berg sehe man «alle Königreiche der Welt». Das Drama zwischen Gott und Teufel spielt auf enger Bühne.

Während Markus keine einzelnen Versuchungen Jesu benennt, sondern den Eindruck hinterläßt, als sei Jesus 40 Tage lang – symbolische Zahl – auf seine Gottessohnschaft hin erprobt worden, setzt Matthäus die Prüfung ans Ende des 40tägigen Fastenaufenthalts in der Wüste und nennt drei Prüfungen: Jesus hat jetzt Hunger, ist er bereit, seine Gottessohnschaft damit zu erweisen, daß er Steine in Brot verwandelt? Jesus lehnt das ab; er versteht seine Macht anders als zur Befriedigung seiner individuellen Bedürfnisse.

Zur zweiten Erprobung nimmt der Teufel Jesus mit auf die Zinne des Tempels – er transportiert ihn durch die Luft wie einen toten Gegenstand, was im Mittelalter zu dem Argument wurde, Satan habe die physische Kraft, viele Frauen schnellstens zum Blocksberg zu bringen – und fordert ihn auf hinunterzuspringen. Jesus soll kraft seiner Gottessohnschaft Engeln befehlen, seinen Sturz sanft aufzufangen. Jesus lehnt das ab, weil das hieße, Gott zu versuchen. Der Mensch Jesus darf nicht, was der Teufel mit Jesus machen darf: ihn auf die Probe stellen.

Zum dritten ‹Versuch› nimmt Satan den Gottessohn mit auf einen sehr hohen Berg, wie er geographisch nicht vorhanden war, und verspricht Jesus «alle Reiche des Kosmos und ihre Herrlichkeit (*doxa*)», wenn er vor ihm niederknie und ihn anbete. Jesus weist ihn jetzt mit aller Energie ab: «Verschwinde, Satan!» (Mt 4, 10), denn nur Gott dürfe angebetet werden. Es ist, als habe Satan angefragt, ob er als sein Stellvertreter der Herrscher der irdischen und der politischen Welt werden wolle. Und als habe er geantwortet, er verstehe die Gottessohnschaft nicht als politische Macht und als Genuß irdischer Ehre. Der Teufel begreift, daß Jesus die drei Proben bestanden hat, und zieht sich umstandslos zurück.

Versuchungen des heiligen Antonius

Auch nach Christi Sieg durch Tod und Auferstehung geht der Teufel umher wie ein brüllender Löwe. Die Taufe treibt den Teufel aus. Doch auch danach besteht das Christenleben mehr im Konflikt mit den bösen Geistern, die den Luftraum füllen (Eph 6, 12), als im Kampf mit der sinnlichen Leidenschaft. Die frühen Christen hören, der Teufel greife besonders die christlichen Gemeinden an; er trage Spaltungen und Zwietracht in ihre Reihen. Die Erlösten, Erwählte und Heilige, sehen sich ‹in Versuchung› wie ihr Herr. Und sie behalten ihre nächtlichen Schlafzimmerszenen nicht immer für sich. Jede siegreich überwundene ‹Versuchung› ergibt eine erbauliche Geschichte. Das antike Mönchtum brachte wahre Heroen hervor, die im Ringen mit Beelzebub siegten. Wohl der berühmteste ist der heilige Antonius, der später zum Patron der Schweine und Metzger avancierte. Seine dramatischen Teufelserlebnisse schildert Matthias Grünewald auf dem Isenheimer Altar. Informativ erzählt sie der heilige Athanasius in seiner *Lebensbeschreibung des heiligen Antonius*. In deren fünftem Kapitel erfahren wir, daß ihn der Teufel zuerst zu Geldgier, Gaumenfreuden und Ehrgeiz reizt. Er macht ihm die Mühsal des strengen Lebens klar. Aber der junge Mann ist zur Askese entschlossen:

«Als aber der böse Feind seine Schwäche gegenüber dem festen Entschluß des Antonius sah, ja als er merkte, wie er niedergerungen wurde durch seine Festigkeit, zur Flucht gezwungen durch seinen starken Glauben und niedergeworfen durch sein inständiges Gebet, da setzte er sein Vertrauen auf die Waffen ‹am Nabel seines Bauches› und voll Stolz darauf – denn es sind seine ersten Fallstricke für Jünglinge – stürmte er heran gegen ihn, den Jüngling; er bedrängte ihn nachts und setzte ihm am Tage so zu, daß auch die, welche den Antonius sahen, den Zweikampf zwischen ihm und dem Teufel bemerkten. Der Teufel gab ihm schmutzige Gedanken ein, Antonius verscheuchte sie durch sein Gebet; jener stachelte ihn an, er aber, gleichsam errötend, schirmte seinen Leib durch den Glauben, durch Gebet und Fasten. Der arme Teufel ließ sich sogar herbei, ihm nachts als Weib zu erscheinen und alles Mögliche nachzumachen, nur um den Antonius zu verführen. Dieser aber dachte an Christus und den durch ihn erlangten Adel der Seele, an ihre geistige Art und erstickte die glühende Kohle seines Wahns. Dann wieder stellte ihm der böse Feind die Annehmlichkeit der Lust vor, er aber, voll Zorn und Schmerz, erwog bei sich die Drohung des ewigen Feuers und die Plage des Wurmes; dies hielt er ihm entgegen und ging aus den Versuchungen unversehrt hervor.»

Das sechste Kapitel fährt mit Versuchungsgeschichten fort:

«Als nun endlich der Drache den Antonius auch hierin nicht niederringen konnte, sondern sehen mußte, wie er ausgestoßen ward aus seinem Herzen, da knirschte er mit den Zähnen, wie geschrieben steht, und, wie von Sinnen, stellte er sich ihm, wie er in seiner ganzen Artung ist, auch in der äußeren Erscheinung dar, nämlich als ein schwarzer Knabe.»[4]

Dieser Text ist kurz nach 356 geschrieben. Er wurde ins Lateinische übersetzt und hat jahrhundertelang die Gemüter der Jünglinge, die Feder der Schriftsteller und die Pinsel der Maler bewegt. Er zeigt die ethisch-religiösen Wertvorstellungen vor allem der monastischen Christenheit; er gibt Einblick in Sprache und Bildervorrat des Christenkampfs mit dem Satan. Der Böse tritt abwechselnd als Löwe oder

Schlange, Krokodil oder Rebhuhn, als schwarzer Pudel, schwarzer Knabe oder schwarze Katze auf. Er greift ein in Natur und Seelen; er hatte eine eigene Art von Allgegenwart. Er steht einem ganzen Reich des Bösen vor; er hat zahllose Unterteufel als Helfer.

An diesem Bild hat weder die Einführung der aristotelischen Geistphilosophie im dreizehnten noch die Reformation des sechzehnten Jahrhunderts etwas geändert. Luther hat es eher ausgeweitet als begrenzt. Für die wilde Polemik gegen Papsttum und Schwarmgeister schien ihm die Teufelsrhetorik besonders geeignet. Er sah den Versucher überall; alle Menschen sind ihm unterworfen:

«Luther glaubte fest an den Teufel und seine Macht und befand sich in einem fortwährenden Kampfe mit ihm. Nach seinen Aussprüchen ist der Teufel ‹dem Menschen näher denn sein Rock oder Hemd, ja näher denn seine Haut›. Alles Unglück rührt von ihm her, es ist Teufelswerk. ‹Also wenn jemand an Pestilenz stirbt, ersauft, zu Tode fällt, das thut der Teufel.›»[5] Er kam in seinen Tischreden gern auf ihn zu sprechen. Er erklärte den Teufel zum Stifter des Papsttums. Er kritisierte die Papisten, sie hätten bei den Versuchungen des Satans nur an die Sünden des Fleisches gedacht. Aber mit denen werde ein Christenmann am schnellsten fertig, schließlich gebe es Frauen und Mädchen genug. Wenn er nachts wach werde, komme der Teufel und werfe viele Dinge in die Seele: Gotteslästerungen und Verzweiflung. Er nähre in ihm den Zweifel, ob es überhaupt einen Gott gibt oder nicht.

IX. Hexenjagd

Ein erfolgreicher Inquisitor

Wie ging es dem Teufel und seinen Engeln um das Jahr 1500? Diese Frage ist beantwortbar, und sie verdient, gestellt zu werden. Am Anfang des Jahrhunderts jubelte Ulrich von Hutten, es sei eine Lust, in ihm zu leben. Hat um 1500 die neue Lebensfreude den alten Satan verdrängt? Boccaccio erzählte die Geschichte von der Flasche voll mit dem Schweiß des heiligen Michael, den er beim Kampf mit dem Teufel vergossen hatte, *Decameron* VI 10, 45. Hat er schon gegen 1350 den Teufelsglauben verspottet? In Erfurt muß der Teufel noch 1505 präsent gewesen sein, schlug sich dort doch Martin Luther seit seinem Eintritt ins Kloster «sinnenfällig mit dem Teufel herum».[1] Die vermutete ‹neuzeitliche› Befreiung vom Teufelsdruck trat offenbar nicht überall pünktlich zum neuen Jahrhundert ein; die geistige Landschaft war zerklüftet. Schließlich ist es fast zum Gemeingut der neuesten Forschung geworden, in Westeuropa sei die Zeit von etwa 1450 bis etwa 1680 die Epoche lebhaftester Teufelsangst und grausamster Hexenverfolgung gewesen, übrigens mit wellenartigem Verlauf, mit Höhepunkten um 1590, um 1630 und um 1660. Dann war es mit der Zäsur um 1500 nicht allzuweit her. Darüber werden wir weder den Spott Rabelais' vergessen noch die Unterhaltungen, *Colloquia*, des Erasmus, in denen er 1518 über Exorzismen seine Witze machte. Die Verachtung der katholischen Exorzismen als eines magischen Rituals wurde zum festen Bestand der antirömischen Polemik.

Um die seit dem 15. Jahrhundert stattfindende ‹Verhexung› Europas historisch zu beurteilen, muß man sich erinnern: Sex mit jenseitigen Wesen kannte die griechische Religion; die Idee des Teufelspaktes war alt, von Augustin sanktioniert. Zauberer und Magier, die dem Dorf oder dem Nachbarn Schaden zufügten, wurden so gut wie überall und schon in der Antike angeklagt und verfolgt. Die ältesten germanischen Rechte aus der vorkarolingischen Zeit bestrafen sie;[2] die Kirche kämpfte lange gegen die Überreste heidnischen ‹Aberglaubens›; Bußbücher und Beichtspiegel belegen dies. Der sog. *Canon Episcopi,* um 900 n. Chr., und das Bußbuch Burchards von Worms um 1025 erwähnen Luftreisen von Hexen und den Verzehr von Kinderfleisch als kirchlich untersagten alten Aberglauben.[3] Wörterbücher der klassischen lateinischen Sprache verzeichnen für Schadenszauber die Vokabeln *incantatio* und *incantator*; sie kennen auch *maleficium* von *malefacere,* ‹Böses zufügen› noch in der allgemeinen Bedeutung von ‹böser Tat› einschließlich des Schadenszaubers, daher auch *maleficus* im Sinne von ‹Übeltäter›. Die Bedeutung von *maleficus* bzw. *malefica* verengte sich im Laufe des Mittelalters zu ‹Hexer› bzw. ‹Hexe›. Darunter verstand man einen Menschen, meist eine Frau, die mit dem Teufel einen Pakt abgeschlossen hatte, die mit seiner Hilfe anderen Menschen, besonders ungetauften Säuglingen und dem Vieh der Nachbarn, Schaden zufügt und die mit Teufelshilfe durch die Luft zu Hexenversammlungen flog, die als Anti-Liturgie organisiert waren, schwarzen Messen mit nachfolgenden sexuellen Orgien. Charakteristisch für die ‹Hexe› im späten Mittelalter war, daß ihr nachgesagt wurde, sie verbinde Schadenszauber mit Häresie; Theologen erfanden die Vorstellung, sie gehöre einer widerchristlichen Organisation an und werde entsprechend geschult. Auch für die Hexe stellte das klassische Latein einen Ausdruck zur Verfügung: *strix, strigis,* f., der märchenhafte Nachtvogel, der Kindern das Blut aussog, also Vampir, auch die alte Frau, die Kindern schadete.[4] Daraus wurde *striga, strigae,* f., die Hexe. In der Hauptverfolgungszeit kam zu den alten Assoziationen von Dämonen als *incubus* und *succubus* hinzu, daß die Hexe den Teufel als höchstes Wesen verehrte, ihn also an die Stelle Gottes setzte und damit die göttliche Majestät beleidigte und Häretikerin war. Die Merkmale der Hexe, wie sie das späte Mittelalter und die Zeit bis 1700 definierten, kamen vereinzelt in früherer Zeit vor. Im Gedanken des Teufelspakts lag es, daß ein Mensch seine Hilfe nicht von Gott, sondern vom Teufel erwartet. In der ersten Hälfte des 13. Jahrhunderts betonte Wilhelm von Auvergne zwar, vieles, was auf diesem Gebiet erzählt werde oder zu geschehen scheine, sei Phantasie, aber er berichtete doch auch von alten Frauen, die Gott entehren, indem sie sich dem Teufel darbringen. Vielleicht treten sie auch nur in der Gestalt alter Frauen auf, jedenfalls dringen sie in Häuser ein und rauben Kinder.[5] Dante traf im Inferno Frauen, die sich auf Kräuter verstanden, und mit Wachspuppen Schadenszauber an fernen Personen ausübten, *Inferno* 20, 121.

Reformation und Gegenreformation, die soziale, ökonomische und politische Umbruchslage mit den Religionskriegen vor allem in Frankreich und Deutschland, die erhöhte Bedeutung der Behörden und ihrer Bürokratie, der Übergang vom Akkusationsprozeß zum Inquisitionsprozeß, die verstärkte und individualisierte religiöse Erziehung, vor allem der Frauen, die apokalyptische Erwartung, die konfessionelle Polemik und die Verbreitung aktueller Vorfälle und Debatten im Buchdruck – all diese Faktoren verstärkten im 16. Jahrhundert die Präsenz des Teufels im europäischen Alltag. Diskussionen über die wahre Religion, Kontroversen und Predigten nahmen zu; die Höllenangst, die individuelle Gewissensbesorgtheit steigerten zusammen mit neubetonten christlichen Ideen die religiöse Erregung. So hat sich die Zahl der Besessenen, der Hexen, der Exorzisten und der Skeptiker vermehrt. Diese Phänomene waren untereinander verbunden, denn Besessenheit wurde oft auf Verhexung zurückgeführt, obwohl diese bei den Besessenen des *Neuen Testaments* keinerlei Rolle spielte.

Brian P. Levack sprach zu Recht von der «Dämonisierung der religiösen Kultur» im 16. Jahrhundert.[6] Um über die globale Beschreibung hinauszukommen, untersuche ich, wie es dem Teufel um 1500 ging, an Texten. Meine zwei Quellen liegen etwa 30 Jahre auseinander. Sie illustrieren, zusammengenommen und nach Regionen, speziell nach Deutschland und Italien differenziert, die divergierenden Teufelsvorstellungen des beginnenden 16. Jahrhunderts: der *Malleus maleficarum*, der *Hexenhammer* der Inquisitoren Heinrich Kramer Institoris und Jakob Sprenger von 1486/87 und dann die Schrift des Pietro Pomponazzi über Verzauberungen, *De incantationibus*, von 1520.[7] Ich wähle diese beiden Texte aus, weil sie die intellektuelle Konstellation der Satanologie kurz vor und kurz nach 1500 prägnant illustrieren; beide hatten Vorläufer und Nachfolger.[8]

Der *Hexenhammer* überrascht durch Strenge und Unerbittlichkeit.[9] Er weist Inquisitoren an, hart durchzugreifen, sich nicht erweichen und vor allem nicht durch weibliche Tränen beeindrucken zu lassen. Er ist mehr als ein Text juristischer und kirchenpolitischer Routine. Er gibt ein ‹System› theoretischer Begründung; in ihm fließen Theologie und Naturphilosophie zusammen mit der Berufserfahrung des Inquisitors und vielerlei christlichen Traditionsstoffen. Die Dominikaner Heinrich Kramer (Institoris) und Jakob Sprenger rühmen sich ihrer Erfolge bei der Hexenjagd, nennen Orte ihrer Wirksamkeit und die Zahl ihrer Opfer; der gebürtige Elsässer Kramer war seit 1479 Inquisitor für Oberdeutschland. Er stieß auf erhebliche Widerstände und stützte seine Arbeit durch wissenschaftliche Argumentation und päpstliche Autorität. Die beiden Inquisitoren besorgten sich die päpstliche Empfehlung und konnten ihrem Buch die Hexenbulle Papst Innozenz VIII. (1484–1492) *Summis desiderantes affectibus* von 1484 voranstellen. Darin beklagt der Papst, besonders in Deutschland ließen Männer und Frauen sich auf Dämonen ein, auf *incubi* und *succubi*; sie verhinderten oder erschwerten Geburten durch Verzauberungen und Verschwörungen, mit Liedern und Losen; sie schadeten Tieren, Weinbergen und Obstgärten. Der Feind des Menschengeschlechts reize sie zu unaussprechlichen Verbrechen. Der Papst gewährt den beiden Inquisitoren Unterstützung auch gegen hochgestellte Personen; er erteilt ihnen das Recht, sie dem weltlichen Arm zu übergeben. Die Verfasser setzten dem Werk eine vermutlich gefälschte Erklärung der Universität Köln voran, die an die päpstliche Bulle erinnert und beklagt, einige Seelenleiter und Prediger versicherten dem Volk, es gebe überhaupt keine Dämonen oder jedenfalls könnten sie keinen Schaden anrichten (fol 2 r). Wer solche Zweifel sät, sei als Häretiker zu verfolgen (6 r b unten). Es stimmten offenbar auch in Deutschland nicht alle Geistlichen den Inquisitoren zu; einige Seelenführer und Prediger bestritten öffentlich die Existenz von Hexen und ihre Wirkung in der wirklichen Welt (6 r b unten). Es gab Verteidiger der Hexen (8 v a). Gegen sie wurde die Ansicht geäußert, angebliche Wirkungen der Dämonen und der Hexen seien nur Phantasien, existierten nur in *estimatione hominum* (4 r b unten). Diese faktisch vorhandene Skepsis zwang die (oder besser: den) Verfasser des Inquisitorenhandbuchs zu theologischer und philosophischer Begründung des Hexenglaubens; sie konnten nicht nur juristisch argumentieren. Mehrfach wünschten sie, die Hauptinhalte des Buchs sollen dem Volk gepredigt werden (30 v b Mitte).

Vermutlich war Heinrich Kramer (Institoris) der Hauptverfasser. Ich nenne ihn von jetzt an allein; die Beteiligung von Jakob Sprenger ist schwer zu präzisieren. Kramer baut ein kompliziertes Beweiswerk auf, beginnend mit Bibelzitaten. Tatsächlich fordert die Bibel auf, alle Hexer und Zauberer, *maleficos* und *incantatores*, zu töten, *Exodus* 22, 17. Er zitiert *Deuteronomium* 18, das eine ganze Reihe verbotener magischer Praktiken aufzählt: Losorakel, durch Feuer gehen, Wolken deuten, aus dem Becher weissagen, Totengeister beschwören, Hellseher befragen. Falsche Propheten sollen sterben (18, 20). Aus *Leviticus* 19, 26–31 begründet er das Verbot, Wahrsagerei und Zauberei auszuüben, dem Körper Zeichen einzuritzen, auf Totenbeschwörer und Wahrsager zu hören. Aus *Leviticus* 20, 1–5 folgert er, jeder müsse getötet werden, der sein Kind dem Moloch opfert. Diese Kindesübereignung, Auslieferung an einen Ungott, spielt in Kramers Beschreibung des Hexenwesens eine große Rolle. Das *Alte Testament* galt in jedem Satz als verbindliches Gotteswort, wörtlich inspiriert, daher konnte niemand die göttliche Autorität archaischer Lasterlisten, Sexualgebote und Hinrichtungsbefehle bestreiten. Die Erzählung von Hiob bewies die reale Macht des Teufels, und gleich auf der ersten Seite des *Malleus* zitiert Kramer aus dem Schlußkapitel des *Buchs Hiob*: Auf Erden sei keine Macht, die der des Teufels gleichkäme: *Non est potestas super terram, quae ei valeat comparari.* Die rigorose Christlichkeit der Hexenmeister des 15. Jahrhunderts basierte auf der Fortgeltung der *Hebräischen Bibel* als Rechtsbuch und auf der Theologenlehre von ihrer verbalen Inspiration.

Theorie der Hexenjagd nach Augustin und Thomas von Aquino

Nächst der Bibel präsentierte Kramer zur Rechtfertigung der Hexenjagd ein reiches Dossier von Kirchenväterstellen. Darin nimmt Augustinus den ersten Platz ein: Der Sündenfall im Paradies erscheint als die erste Großtat Satans in der Menschheitsgeschichte; mit den Augen Augustins betrachtet, gab er für das Hexenwesen viel her (24 a Mitte; 28 a v 1. H). Mit Augustinus erklärt Kramer die Zauberkraft der Magier des Pharao, die Holzstäbe in Schlangen verwandeln konnten (6 r a unten). Auf ihn beruft er sich dafür, daß *malefici* Krankheiten, sogar den Tod herbeiführen (6 r b 1. H). Aus Augustins Schriften bezieht er scharfe Verurteilungen der Magie (19 v b oben). Wo Augustin zuweilen Zurückhaltung übt bezüglich seines Wissens von Engeln, Dämonen und Einzelheiten der Hölle, ergänzt der *Hexenhammer* die Schilderungen von dem gesprächigen Gregor I. Er kennt auch andere ältere Kirchenschriftsteller; er zitiert Hieronymus und Chrysostomus, Boethius, Cassian und Dionysius Areopagita.

Ungleich intensiver ist im *Malleus* die Präsenz des Thomas von Aquino. Der Dominikaner Kramer präsentiert seinen ‹Hammer› als inspiriert vom Lehrer seines Ordens. Gleich auf der ersten Seite zitiert er dessen dämonistisches Glaubensbekenntnis: Man könne kein Christ sein, ohne an Existenz und Wirksamkeit der Dämonen zu glauben. Gegen die drei Hauptirrtümer – 1. es gebe gar keine Dämonen, 2. sie hätten keine reale Einwirkungsmöglichkeit, 3. sie wirkten nur in der Phantasie ein – beschwört Kramer die Einsicht des heiligen Thomas, derartige Ansichten widersprächen radikal (*omnino*) den Autoritäten der Kirche; ihre Wurzel sei der Unglaube. Die Überzeugung von der Realität der Hexerei gehöre zum christlichen Glauben. Dieser erkläre, Dämonen seien gefallene Engel, die uns schaden; sie könnten insbesondere den Geschlechtsverkehr und damit die Eheschließung verhindern.[10]

Thomas hatte folgende verständnisvolle Erklärung des Dämonenglaubens zitiert: Er sei entstanden, weil Menschen erschraken über unerklärte Vorgänge in Natur- und Menschenwelt. Diese Menschen grübelten darüber nach und sahen am Ende die Dämonen auch sinnlich vor Augen. Thomas lehnte diese rationalistische oder naturalistische Theorie ab. Er verwarf sie als Unglauben, aber immerhin gab er sie wieder, diese Ansicht vom Ursprung des Teufelsglaubens aus Angstabwehr. Er beschrieb sie im Imperfekt; sie stammte aus der Antike und von arabischen Ärzten; aber er bekämpfte sie in der Gegenwart, und Kramer stellte sie wie ein Motto seinem Buch voran. Thomas sprach geschlechtslos von *maleficium*; die frauenfeindliche Festlegung auf die *weiblichen* Unholde stammt von Kramer, und er begründete seine Frauenverachtung ausführlich. Aber daß Sexualität das bevorzugte Wirkungsfeld der Dämonen sei, das steht auch bei Thomas: Weil die Adamssünde, durch die der Mensch zum Sklaven des Teufels wurde, durch den Zeugungsakt übertragen wird, erweist sich die Macht des Hexens am meisten in der Sexualität.[11]

Thomas bot Kramer und Sprenger also die dogmatische Absicherung des Teufels- und Dämonenglaubens; er verteidigte ihn als Lehre der Kirche gegen die von ihm abgelehnte psychologische Erklärung, er sah ihn vorzugsweise im Zusammenhang mit Erbsünde und Sexualität. Er unterschied vorübergehende Zeugungsunfähigkeit durch Verhexung von bleibender Frigidität; nur die letztere anerkannte er als Ehehindernis. Zauber und Hexerei waren bereits in der Antike juristisch verboten und verfolgt; karolingische Kapitularien boten Rechtsregeln dazu; es gab den spätkarolingischen *Canon Episcopi* des Kirchlichen Rechtsbuchs. Diese Vorschrift ermahnt die Bischöfe, *Episcopi* (daher sein Titel), nicht zu dulden, daß die vom Teufel verursachten Phantasien von nächtlichen Reisen der Hexen als reale Vorgänge in der sinnlichen Welt ausgelegt werden. Der Text stammt aus der Zeit um 900 und wurde in mehrere kirchliche Rechtsbücher aufgenommen, auch ins *Decretum* des Gratian.[12] Wer im Mittelalter Zweifel säen wollte am Hexenwesen, hatte an diesem angeblichen Konzilsbeschluß seine Stütze, sagte er doch, nächtliche Hexenausflüge fänden gar nicht wirklich statt, sondern seien vom Teufel bewirkte Illusionen. Waren vielleicht auch andere Hexentaten bloß diabolische Täuschung, keine gerichtsverwertbare faktische Realität? Der *Canon* erklärte so etwas wie diabolische Flugreisen als Phantasiegebilde und teuflische Täuschung; der *Malleus* verwirft seine Ansicht als oberflächlich, sogar als häretisch. Er beharrt im Widerspruch zum *Canon Episcopi* auf der physischen Realität der Fahrt durch die Luft. Gratian zitierte die älteren Rechtsvorschriften und zog daraus die belastende Konsequenz, daß Wahrsager, Eingeweideschauer, Zauberer, Loswerfer und alle Menschen, die ähnliches betreiben, aus der Kirche zu eliminieren sind. Wenn sie sich nicht bekehren, sind sie für immer auszuschließen.[13] Kramer verweist auf die spätere kirchenrechtliche Literatur, zitiert insbesondere Heinrich von Segusia, der bis 1271 als Kardinalbischof von Ostia amtierte und deshalb Ostiensis oder Hostiensis genannt wurde (z. B. 5 r a und b). Er faßt deren Tenor dahin zusammen: Alle, die das Volk *malefici* nennt, und alle, die Weissagungskunst betreiben, werden hingerichtet, *patientur capitalem penam* (5 r b Mitte). Er benennt die Folterinstrumente, die bei Befragungen anzuwenden sind. Die Frage, wie mit Hexen zu verfahren sei, blieb auch ein *juristisches* Problem bis ins hohe 18. Jahrhundert.

Ich kehre zurück zu Thomas von Aquino im *Hexenhammer*. Kramer zitiert ihn immer wieder, verweist auf die Kapitel der *Summa contra Gentiles* 3, 102 bis 107. Danach vollbringen Dämonen kraft ihrer höheren Natur Wunderdinge, aber nur Gott allein wirke Wunder im zuvor definierten Sinne. Sie können als geistige Wesen auch nicht ohne Hexenhilfe sinnlichen Schaden anrichten, denn Kausalität in der Sinnenwelt gibt es nur durch Kontakt.[14] Kramer folgt der von Thomas in ScG 3, 104–107 entwickelten Theorie der Magie. Thomas führte dort durch Analyse der Magie einen Existenzbeweis des Teufels: Magie habe intellektuelle Bestandteile; sie kann wahres Wissen vermitteln; sie ermöglicht Gespräche mit Geistern, sie muß also ein geistiges Wesen zum Urheber haben. Sie kann nicht rein aus Naturgegebenheiten, auch nicht aus der Einwirkung der Himmelskörper erklärt werden.

Thomas bot also eine Art philosophischer Argumentation gegen die naturalistische Reduktion der Teufelserfahrungen. Er wurde für den *Malleus* noch in folgenden Lehrpunkten von besonderer Bedeutung:

Erstens bot Thomas dem Inquisitor Kramer Formulierungen, die die unzerstörbare Weltherrschaft Gottes mit der intensiven realen Wirksamkeit des Satans auszugleichen schienen.

Zweitens half Thomas, den Einfluß Satans auf das menschliche Innenleben ausweitend zu erklären und damit die soziale Bedeutung der Hexerei aufzubauschen: Zwar sollte der menschliche Intellekt allein Gottes direkter Einwirkung offenstehen, ebenso der freie Wille, aber der menschliche Intellekt sei auf Anschauung und Phantasie-Inhalte angewiesen, um wirken zu können, daher könne der Teufel auch den Intellekt an seiner Tätigkeit hindern. Der Teufel gewinnt Terrain gegen die innere Burg des Menschen. Dazu braucht Kramer die thomistische Theorie der Erkenntnis, vor allem die These von der Abhängigkeit des menschlichen Denkens von Vorstellungsbildern.

Drittens erklärte Thomas im *Hexenhammer* die Theorien der aristotelischen Physik über die Wirkungsweise geistiger Agenten auf die körperliche Welt; außer Gott könnten sie alle nur *lokale* Veränderungen hervorbringen, keine quantitativen oder qualitativen Wirkungen. Der *Hexenhammer* schwelgt in aristotelischer Naturphilosophie in thomistischer Interpretation. Die Physik des Aristoteles sah keine Dämonen vor, Kramer aber wollte zeigen:

Die rein-immanente, naturphilosophisch-medizinische Erklärung übernatürlicher Erscheinungen scheitert; das habe Thomas in der *Summa contra Gentiles* bewiesen, aber die aristotelische Physik sei zur Erklärung der Wirkungen von Dämonen und Hexen unentbehrlich, denn sie bestehe darauf, daß diese Wirkungen nicht durch bloß mentalen Beschluß zustande kommen können, sondern eines körperlichen Subjekts und stofflicher Vermittlung bedürfen. Für diese gälten die aristotelischen Analysen, die bewiesen, daß geistige Eingriffe in die Körperwelt nur möglich seien durch Ortsbewegung oder Applikation von vorhandenem Aktiven auf vorhandenes Passives.

Diese aristotelischen Bedingungen körperlicher Wirkungen dienten Kramer dazu, die Wirkung von Dämonen und Hexen einzuschränken: Sie waren an Vorhandenes gebunden. Sie konnten nicht wie Gott neue Wesen schaffen.

Den Spielraum von Dämonen und Hexen hat Kramer dadurch nicht allzustark begrenzt: Wer eine brennende Lunte an eine Scheune voller Heu anlegte, konnte mit bloßer Ortsbewegung ein ganzes Dorf niederbrennen. Aber fachlich-philosophisch betrachtet, herrschten doch keine Willkür und kein Chaos: Es galten altphilosophische Regeln, auch wenn ein Dorf niedergebrannt wurde. Der Vorgang ließ sich halbwegs als rational erklärbar darstellen. Und gleichzeitig war die Präsenz Satans überwältigend, und die Hexen waren überaus gefährlich.

Kramer ging es darum zu zeigen, daß die thomistisch ausgelegte aristotelische Physik nicht der Satanologie widerspricht.

Viertens gab Thomas der Teufelslehre einen philosophisch-gründlichen Anstrich; er schien die aristotelische Naturphilosophie, insbesondere die aristotelisch-arabische Kosmologie und ihr System sternenschalenbewegender Intelligenzen und unveränderlicher Sphären, theoretisch auszugleichen mit der ihr fremden Teufelsgegenwart und Dämonenwirksamkeit. Er installierte den Volksaberglauben in die griechisch-gelehrte Konstruktion des 12. Buchs der *Metaphysik*.

Mit Thomas betont Kramer, der Teufel habe seine hohe Engelsnatur behalten; das erkläre seine Intelligenz und Macht. Er zitiert Dionysius, die glänzenden Naturgaben Satans, *integra et splendidissima*, blieben ihm voll erhalten. Sein Geist zeichne sich aus durch höchste Subtilität, lange Erfahrung und Erleuchtung durch andere hohe Geister. Satan erkenne leicht Charakterunterschiede, also die verschiedenen Dispositionen der Menschen, die von Himmelskörpern abhängen. Schnell finde er heraus, wer für Magie und Hexenwesen disponiert sei. Er erkennt die Gedanken unserer Herzen; er kann menschliche Leiber mit Hilfe anderer Agentien substantiell und akzidentell verändern, auch wenn er Körper nur lokal bewegen kann. Er verändert unsere äußeren und inneren Sinne und beeinflußt auf diesem Weg auch unseren Intellekt und Willen (II v r 2. H).

Die Anwesenheit der aristotelischen Naturphilosophie hat den Jagdeifer nicht gemäßigt. Sie gab den Beschuldigungen eine rationale Form. Der Hexenverfolger machte die materiellen Vermittlungen übernatürlicher Einwirkungen namhaft und beschrieb sie in der Sprache der *Physik* des Aristoteles. Er trat nicht als Obskurant auf, sondern als Naturforscher. Er war kein Fideist. Er unterstellte die Wirksamkeit

Satans und die Existenz unsäglich vieler Hexen – dann erfolgten die verwunderlichen Hexentaten nicht als Wunder, sondern naturgemäß. Die thomistische Auslegung der *Physik* des Aristoteles war um 1480 längst nicht mehr die einzige, aber sie war die einer immer noch mächtigen Schule. Sie reichte aus, der Hexenjagd einen wissenschaftlichen Anstrich zu geben. Ich habe eingangs die Frage gestellt, warum sich Teufels- und Hexenlehren so lange halten konnten.

Hier zeigt sich ein weiterer, der fünfte Grund: Dieses fünfte Argument trat als wissenschaftlich fundiert auf. Er wandte sich gegen Aberglauben, meinte damit aber natürlich nicht den Teufel und die Hexen. Er war keine Marotte und kein exzentrischer Übereifer. Er stellte sich auf die Seite der Wissenschaft. Er regte zu Forschungen über Naturprozesse an; er wies übersteigerte Ansichten über geistige Fernwirkungen zurück; er reinigte Physik und Psychologie von Legenden über rein geistige Eingriffe von Heiligen und Helden.

Thomas erörterte in Sth II–II 94–96 die Sünden gegen die rechte Gottesverehrung. Er gab dort eine Systematik ihrer Fehlformen; Kramer machte daraus seinen Katalog der Hexenverfehlungen. Er bezog sich 8 v b oben ausdrücklich auf Thomas II–II 95, 4 und unterschied:

1. Die *idolatria*, also die Anbetung der Götzenbilder; das war jeder Erweis göttlicher Ehre an irgendeine Kreatur, vorwiegend Bildkult.

2. Die *divinatio*, die Kunst der Voraussage, des Weissagens; sie ist Sünde, da der Mensch sich die Zeitüberlegenheit Gottes anmaßt. Von Thomas lernt Kramer, jede Zukunftsvorhersage gehe auf Dämonen zurück.[15] Thomas faßte jede verbotene Zukunftsschau als Pakt mit dem Teufel bzw. Dämon auf, stillschweigend oder ausdrücklich eingegangen.[16] Dies war eine besonders tückische Behauptung: Die Hexe mußte nicht wissen und brauchte nicht zuzugeben, daß sie einen Teufelspakt eingegangen war. Wenn nicht explizit, dann hatte sie es eben implizit getan. Und das wußte der Inquisitor aus Thomas von Aquino und außerdem aus Augustin, civ. 8. Für alle drei gab es keine *natürliche* Magie, sondern immer nur eine *dämonische.*

Der *Malleus* behauptet, die Rituale des Hexens beruhten wesentlich auf *divinatio*; er übernimmt von Thomas deren Einteilung. Thomas unterschied folgende Arten des Weissagens, der *divinatio*:

Divinatio entweder von Dämonen ausgestattet mit großartigen, tauschenden Schaustücken, magischem Blendwerk (*praestigium*, daher unser Wort ‹Prestige›), dann heißt sie *praestigium*,

oder sie erfolgt im Traum und heißt Traumvorhersage, *divinatio somniorum*,

sie heißt Nekromantik, Totenbeschwörung, wenn Verstorbene von der Zukunft sprechen,

auch lebende Menschen sagen zuweilen voraus, was kommt, wie beim delphischen Orakel, bei vom Geist Hingerissenen, auch Besessenen, *in arrepticiis*, wie bei Pythia, *per pythones*, durch Apoll,

durch Zeichen in Holz, Stein oder Metall bei der Geomantie,

im Wasser wie bei der Hydromantie.

Thomas erwähnt, römische Priester der Antike, *haruspices*, hätten die Zukunft aus Eingeweiden der Tiere herausgelesen. Diese Tiere waren, wie Thomas sich ausdrückt, auf den Altären der Dämonen geopfert worden, II–II 95, 3, bei Kramer 8 v r oben.

Thomas offerierte eine reiche Palette von Zukunftswissen. Er spielt auf griechisch-römische Mantik und Orakelwesen an; Ciceros *De divinatione* erzählt von zukunftsdeutendem Zeichenlesen, das so alt sei wie die Menschheit. Thomas erwähnt astrologisch-astronomische Vorhersagen; er nennt die Kunst der Horoskope. Von der Zukunftssorge, bei Kramer Hauptfeld des Verdachts auf Hexerei, dachte Cicero, sie könnte, wäre sie nicht erkenntnistheoretisch so bedenklich, eine Annäherung an die Gottheit sein; er diskutierte das Für und Wider stoischer Theorien des Zukunftswissens. Die Bibel bot weitere Formen: *Jesaia* 8, 19 warnt davor, Totengeister und Zauberkundige zu befragen. Im *Neuen Testament* offenbaren Träume zukünftige Chancen und Gefahren. Hinter dem Inquisitor des 15. Jahrhunderts öffnen sich historische Welten. Antike Wundergeschichten, klassische Philosopheme, heidnische Zaubertäfelchen, neutestamentliche Erzählungen, scholastische Theoreme: All diese Welten sind Spielräume von Teufeln und Hexen; er bietet sie auf, um den göttlichen Auftrag plausibel zu machen, alle Hexen zu vernichten.

Dämonen und die Frauen

Der *Hexenhammer* umfaßt drei Teile: Der erste Teil bringt die theologischen Grundlehren über Macht und Wirkungsweise der Dämonen. Er betont die dogmatische Verbindlichkeit der Dämonologie. Er stellt die Hexen als Häretiker vor. Sie schaden der Gemeinschaft, sie ruinieren Menschen, Tiere und Feldfrüchte, aber vor allem haben sie glaubenswidrige Ansichten und Praktiken. Sie verletzen die Ehre Gottes. Sie begehen das schwerste aller Verbrechen. Sie sündigen gegen das erste Gebot. Deshalb haben sie den Tod verdient. Aber auch wer die Existenz von Dämonen und ihren Einfluß bestreitet, ist Häretiker.

Der zweite Teil erörtert, wie man die Wirksamkeit der Hexen vorsorglich bekämpfen und wie man sie überwinden kann. Er beschreibt die vielfachen Formen, unter denen Hexen Böses bewirken. Hier geht es um Vermeidung ihrer Beschädigungen der Gesundheit, besonders der männlichen Geschlechtsteile, der *membra virilia*, und um Exorzismen.

Der dritte Teil handelt nicht weiter von der Bekämpfung der *Taten* der Hexen, sondern von der Ausrottung ihrer *Person.* Wie der Prozess gegen sie eröffnet, wie er geführt und wie er beendet wird. Die drei Stufen des Verdachts auf Hexerei. Über Zahl und Art der Zeugen, über Verhöre und Anwendung der Folter. Das Buch schließt mit einer Auswahl von mehr als einem Dutzend von Formularen von Verurteilungsurkunden.

Die Inhaltsübersicht zeigt: Der *Hexenhammer* enthält zwar mehr an theoretischen Elementen aus Theologie, Philosophie und Kirchenrecht, als man zunächst erwartet, er hat Schwerpunkte bei der thomistischen Theorie der Erkenntnis und bei der Analyse physischer Kausalität, aber er ist kein theoretisches Buch, sondern eine Handlungsanweisung und deren Begründung. Wer es heute zum ersten Mal liest, erschrickt über seine Unbarmherzigkeit. Er wundert sich über die Konsequenz und Ausnahmslosigkeit. Es ist ein Vernichtungsprogramm mit wissenschaftlicher Begründung, päpstlichem Segen und staatlicher Abstützung. Die

Hexe hat den Teufel an die Stelle Gottes gesetzt; sie schadet nicht nur ihren Mitmenschen, sondern sie ist Häretikerin. Daher gehört sie nicht vor ein weltliches Gericht, sondern vor den Inquisitor, der sie am Ende dem ‹weltlichen Arm› übergibt. Der Inquisitor zweifelt nicht an der Wahrheit der Berichte über die Untaten, die er den Frauen unter Folter zu gestehen suggeriert hat. Vielleicht haben am Ende qualvoller Kerkerwochen einige Frauen ihre Geständnisse selbst geglaubt. Sie wußten, daß es keinen Sinn hatte, sie zu widerrufen, das hätte nur neue Tortur gebracht.

Das Buch des elsässischen Dominikaners hat zahllosen Frauen ungeheures Leid gebracht. In seiner Starre, Selbstsicherheit und Gnadenlosigkeit dokumentiert es einen moralischen Tiefpunkt in der Geschichte der Christenheit. Läßt sich seine Härte irgendwie plausibel machen?

Man kann annehmen, Kramer habe sich von Gott selbst dazu verpflichtet gesehen, wenn er in der *Hebräischen Bibel* las, er solle keine Hexe am Leben lassen. Gott sagt eindeutig, daß er sie alle getötet haben will (4 v b 1. H). Kramer hielt sie für Häretiker, die sich in einer die Taufe nachäffenden Weise dem Dämon übergeben hätten (5 v b 2. H). Damit unterlagen sie der allgemeinen Ketzergesetzgebung. Sie gehörten zu einer gut vernetzten Gegenkirche; sie hatten ihre Rituale und Festtage. Sie bildeten ein Gegenreich unter einem intelligenten Oberhaupt. Sie hatten einen Pakt mit dem Teufel oder einem Dämon geschlossen und verfügten über außerordentliche Kräfte, um Menschen und Tieren zu schaden. Auch das weltliche Recht verfolgte sie. Zwar wußte Kramer, daß es Zweifel an der Existenz des Teufels und seiner Engel gab. Aber er hatte bei Thomas gelernt, solche Zweifel seien ein Produkt des Unglaubens. Thomas hatte für Kramer bewiesen: Die naturalistische Erklärung der Hexerei sei widerlegbar und zur Christenlehre gehörten immer auch die Dämonen. Auf ihrer Seite konzentrierte sich alles Feindselige, Schädliche und Fremdartige. Hinzu kommt: Kramer glaubte, in der Endzeit zu leben (8 v b Mitte). Der Teufel treibt es jetzt besonders toll, denn die Weltzeit geht zu Ende , die Bosheit nimmt zu, und Satan hat nur noch wenig Zeit zu wirken (1 r). Er will verehrt werden wie Gott, und dazu sucht er Untertanen. Bei der Bewertung der Hexenverfolgung ist die Apokalyptik mitzubedenken, besonders die

Kürze der ausstehenden Zeit. Außerdem fand Kramer eine überwältigende Tradition auf seiner Seite. Erzählen nicht antike Quellen von Pan und Diana? Sie berichten von der Magierin Kirke, welche die Gefährten des Odysseus in Schweine verwandelt hat (30 v b unten). Das *Alte Testament* und viele weltliche Geschichtsbücher erzählten von bösen Weibern. Hatte da nicht eine alte Frau vier Äbte betört und ruiniert? Einige Geschichten mögen unwahr sein, gab der *Malleus* zu, aber allen zu widersprechen wäre absurd. Das klang ausgewogen nach gesundem Menschenverstand; man mußte nicht alle Hexengeschichten glauben; es mochte psychisch Gestörte und histrionische Personen geben, man soll nichts übertreiben, der Teufel kann nur bewirken, wozu Gott ihm die Erlaubnis gibt, jeder Christ hat einen Schutzengel, wir haben Weihwasser und Holzkreuze, aber ein hochgefährlicher Kern bleibt. Kramer erwähnt mehrfach Zweifler am Dämonen- und Hexenwesen, z. B. 27 v b 1.H. und 41 r b Mitte; er lobt den heiligen Thomas, der diese Irrlehre scharf bekämpfe, 27 v b 1.H.; eigene Zweifel nennt er nicht und legt immer wieder neue Listen der Hexenverbrechen vor; sie füllen viele Seiten de *Malleus*:

Im Berner Land haben die Hexen 13 Kinder aufgegessen (49 r b 1. H.).

Sie töten vor allem ungetaufte Kinder; sie erwecken den Anschein, als hätten die Eltern selbst sie beim Schlafen erstickt; sie stehlen Kinderleichen und kochen sie ab (49 r b, 2.H.).

In Ravensburg verursachten sie Unwetter (47 r b 2, H.).

Er zählt die Arten (*species*) der Vergehen auf im Anschluß an Thomas, II–II 95 auf (39 r b unten); bei Thomas fand er auch die Idee des Teufelspaktes.[17]

Sie sind nicht einfach Häretikerinnen, sondern Apostaten; sie sagen vor Dämonen dem Glauben ab, bieten sich ihnen mit Leib und Seele an (38 r a 1.H.).

Sie gehen mit dem ‹Feind des Glaubens› einen Pakt ein (37 r a 2.H.).

Sie verüben schmutzige Dinge mit den Dämonen (36 v a 2.H).

Sie geben zu, aus großer Bosheit, nicht aus Ignoranz, den Glauben und die Sakramente zu verachten; ihre Sünden sind die schlimmsten, die seit Adam begangen werden (36 r a Mitte und b 1.H.).

Als Hebammen schaden sie dem christlichen Glauben am meisten. Wenn sie die Neugeborenen schon nicht töten können, bringen sie die Kinder außerhalb des Geburtsraums, heben sie in die Luft und bieten sie den Dämonen an (32 v a 2.H.).

Mit teuflischen Operationen schaden sie dem männlichen Glied; sie können es *vere et realiter* abschneiden (28 v a oben); sie vereiteln den Geschlechtsakt (26 v–27 r); deswegen werden mehr Männer verhext als Frauen (27 r b 1.H.).

Sie verzaubern zu maßloser Verliebtheit und Haß (23 v–24 r).

Sie sündigen durch Stolz, Neid, Zorn; immer wollen sie den Menschen schaden, durch Betrug; sie beschmutzen Gefühle, verwirren die Wachen und beunruhigen durch Träume die Schlafenden; sie verursachen Krankheiten und Unwetter; zuweilen verwandeln sie sich in Engel des Lichts. Sie eignen sich den göttlichen Kult an (12 r a 1.H.).

Sie rauben ungetaufte Kinder und opfern sie dem Teufel; sie verbinden sich in diabolischem Schmutz den Dämonen als *incubi* und *succubi* (10 v b Mitte).

Sie können mit Hilfe der Dämonen Menschen in Wölfe oder andere Tiere verwandeln; sie können Menschen töten (6 r b 1.H.).

Das besondere Wirkungsgebiet von Hexen und Dämonen ist die Sexualität. Kramer spricht das oft und nachdrücklich aus, seine sexistische Obsession ist offensichtlich. Die Dämonen heißen *incubi*, von *incubando hoc est stuprando* (12 r b unten). Er ist der erste nicht, der die antike Figur der «Aufhockergestalt des Alptraums» zur Vertiefung der christlichen Teufelslehre nutzt.[18] Thomas war Kramer mit der Untersuchung vorausgegangen, ob Dämonen beim Geschlechtsverkehr mit Hexen Menschen erzeugen könnten. Seine Antwort war, sie könnten als *succubus* bei einem Mann dessen Samen stehlen und ihn als *incubus* bei der Hexe eingeben, so daß nicht der Dämon, sondern der bestohlene Mann der Vater sei.[19] Kramer folgt Thomas und erklärt, warum die geschlechtliche Vermehrung das Lieblingsfeld der Dämonen ist: weil die Erbsünde durch geschlechtliche Vermehrung übertragen wird.[20] Daher zweifelt niemand daran, daß Hexen am männlichen Glied Wunderdinge bewirken: *Nullum dubium quin melefice quedam mira operantur circa membra virilia* (28 v b oben). Die Geschlechtskraft überträgt die Sünde Adams; sie ist korrumpierter als andere menschliche Kräfte; deswegen erlaubt Gott auf diesem Gebiet mehr dämonische Aktivitäten als anderswo (27 r a 1. H.). Kramer begründet mit Hilfe des heiligen Thomas die Verteufelung des Geschlechtslebens theologisch solide.

Kramer, der Hexenforscher, hebt hervor, daß es auch gute und heilige Frauen gibt. Predigern empfiehlt er, die Frauen vor allem zu loben (21 v a 1. H.), aber sofort danach leert er seinen Sack misogyner Sprüche, nach dem Motto: Wenn die Frau allein, ohne Mann, denkt, denkt sie Böses. *Mulier cum sola cogitat, mala cogitat* (21 r b oben). Sein *Hammer* richtet sich gegen die weiblichen Hexen, obwohl er auch männliche Hexer kennt. Das begründet er mit der größeren Zahl der Hexen. Und sie sind zahlreicher, weil Frauen abergläubischer sind als Männer. Kramer präzisiert das mit Hilfe vorgegebener frauenkritischer Überlegungen: Frauen sind erstens leichter bereit, etwas zu glauben. Die Dämonen wollen aber vor allen den Glauben vernichten.

Zweitens haben Frauen eine beweglichere Komplexion, nehmen leichter Eindrücke auf, auch die Einflüsse guter wie böser Geister. Wenn sie richtig leben, sind sie daher besser als Männer; wenn sie schlecht sind, sind sie schlechter als Männer.

Drittens haben Frauen eine flottere Zunge. Was sie an geheimen Künsten erlernt haben, können sie vor anderen Frauen kaum für sich behalten. Weil sie beweglicher sind, sind sie eher bereit, den Dämonen Kinder zu opfern. Damit geht Kramer zu eigenen frauenfeindlichen Urteilen über: Die Erfahrung zeige, daß ‹in modernen Zeiten› die *perfidia* mehr bei Frauen als bei Männern herrsche. Die Frau ist schwächer an Intellekt und an Willen (21 r b–23 v oben).

Daß der Teufel sich zahlreiche Menschen unterwirft, daß Hexer und Hexen zu vernichten sind, das stand in vielen alten Texten, die schon Gratian im zwölften Jahrhundert zusammengestellt hatte.

Im *Hexenhammer* neu ist

die methodische Strenge,

die kompromißlose Anleitung zu radikaler Vernichtung der Hexenpest, die Hexenvernichtung als gesamtkirchliches Programm auf philosophischer, auf thomistischer Grundlage,

in Ablehnung des *Canon Episcopi* wird der Hexensabbat als teuflische Täuschung gesehen,

die Erörterung, ob und wieweit Hexenprozesse von weltlichen Gerichten mit ihren lokal-differierenden Rechtsgrundlagen übertragen werden sollen auf Inquisitionsgerichte mit einheitlicher juristischer Basis für Vergehen der Häresie.

Auffallend ist die Bemühung, alle Versuche einer natürlichen Erklärung der Magie kohärent zu widerlegen. Der alte Zweifel, ob nicht die Menschen sich selbst mit Teufelsgeschichten einen Schrecken einjagen, sollte ein für allemal widerlegt sein.

X. Alternative?

Theoretische Möglichkeiten

Die christliche Lehre vom Teufel schnitt tief ein ins europäische Konzept von Gott und Mensch; sie veränderte das tägliche Leben. Sie erlaubte einer partikulären Menschengruppe, sich als die einzig sinnvoll lebende Menschenart allen anderen vorzuordnen. Außerhalb ihrer sollte es kein Heil geben. Jedes irdische Vorkommnis konnte ebensogut ein Werk Satans wie die Wirkung Gottes sein. Damit war Gottes Herrschaft in der Welt für die psychische Situation des einzelnen fast außer Kraft und jedenfalls ins Vielleicht gesetzt. Wer um Wahrheit besorgt war, mochte sich fragen, ob nicht ein mächtiger böser Geist uns ständig täusche. Das machte den metaphysischen Konflikt von Gott und Teufel zum Riß in der Menschenwelt: Es spaltete sie auf zwischen Gottessöhnen und Teufelskindern. Der einzelne konnte nicht frei entscheiden, welchem der beiden Reiche er angehörte. Der Zweiteilung entsprach die auf Ewigkeit angelegte physische Architektur, eine körperlich, als Raum gedachte Hölle und ein kosmologisch identifizierter Himmel. Man fragt sich: Wurden diese Zweiteilung der Menschheit und diese naive kosmologische Konstruktion nach Gut und Böse nicht auch schon in der älteren Zeit kritisiert, also bevor das Zeitalter der Entdeckungen und Kopernikus dieses Weltbild zerstörten?

Veranlassungen dazu lagen im Ideenvorrat der Zeit vor 1500 bereit. Folgende theoretische Elemente der mittelalterlichen Philosophie hätten zur Kritik der Teufelsvorstellungen führen *können*:

Zwar gab es schon lange, spätestens seit dem 12. Jahrhundert, eine bemerkenswert starke nominalistische Strömung; manche führten sie sogar auf Aristoteles zurück. Aber es überwog, jedenfalls bis 1300, der Universalienrealismus. Und der hatte in der *humanitas*, im Menschsein oder in der menschlichen Natur, sein Paradebeispiel. Die menschliche Natur war der naheliegende Fall einer Wesenheit, einer real-idealen Struktur oder eines realisierten göttlichen Gedankens, der in den vielen verschiedenen Menschen als gemeinsamer Bauplan gegenständlich vorlag und in der Definition zum Ausdruck kam. Die gemeinsame Natur galt als die grundlegende objektive Einheit der verschiedenen Exemplare. Ein solcher Realismus der gemeinsamen Natur, des *universale* also, war kaum zu vereinbaren mit der radikalen Zweiteilung der Menschheit in Gottessöhne und Teufelskinder. Selbst wer sie für den gefallenen Zustand der sündigen Menschheit hinzunehmen bereit war, hatte die Frage zu beantworten, ob es für immer bei ihr bleiben müsse. Und wenn die augustinisch Orthodoxen, zu denen bezüglich der Gnadenlehre auch Thomisten gehörten, diese Frage bejahten, lag die Rückfrage nahe, ob sie nicht den Begriff der Erlösung zerstörten. Lag es nicht in deren Versprechen, daß die Menschheit als Ganze, als reale Gemeinschaft, gerettet werde?

Offenbarungslehren verstärkten noch das Motiv der Einheit der Menschheit. Sie stammte von einem einzigen Stammvater ab, und sie befand sich in einer Art Vertragsverhältnis mit Jahweh; Adam war ihr einheitlicher Rechtsvertreter, und christliche Denker, Paulus voran, setzten den Erlöser in eine typologisch-reale Beziehung zum Stammvater. Sie deuteten Erlösung aus der Realität dieser Entsprechung: Der Heiland brachte der Menschheit wieder zurück, was Adam ihr verscherzt hatte; dann war schwer einzusehen, daß nur ein kleiner Teil der Menschheit von der Wiedergutmachung profitierte, die zur Wiederherstellung der Menschheit als Ganzer gedacht war. Sollte der göttliche Heilsplan an den Menschen gescheitert sein? Konnte der allmächtige Gott sein Vorhaben nur bruchstückhaft durchsetzen?

Der Universalienrealismus bedrohte den anthropologischen Dualismus der Zweiteilung in Gottessöhne und Teufelskinder noch in anderer Weise: Sollte die Menschwerdung Gottes darin bestanden haben, daß er die menschliche *Natur* in ihrer realen Ganzheit in Personalunion in sich aufgenommen hatte, dann war jeder einzelne Mensch durch sie geheiligt; dann war die Vorstellung kaum zu halten, die überwiegende Mehrheit der Menschen sei auf ewig von der Gottheit getrennt und fern von ihm zum Gequältwerden eingesperrt in Flammenhöhlen.

Schließlich bedrohte der Gottesgedanke selbst die Vorstellung der Teufelsherrschaft. War Gott das Gute, das noch über dem Sein steht, oder war er das Sein selbst als der immanente Grund aller Seienden, dann konnte Satan doch höchstens vorübergehend, für eine zugespitzte kurze Probezeit der Gott dieser Welt sein, ja, dann konnte er kein Gott sein. Konnte der Böse überhaupt zur Welt des Seins gehören? Gab es ihn, ja konnte es ihn überhaupt geben? Denn wenn Gott definiert wurde als das Sein selbst, dann umfaßte er alles. Dann war er das, dem nichts gegenübersteht. Dann konnte ihm gar nichts, schon gar nicht ein mächtiger Gegenspieler, gegenüberstehen. Die Vorstellung, dem ewigen guten Grund der Welt stehe ein ewiger Herrscher des Teufelsreichs, der *civitas diaboli*, gegenüber, hob sich dann auf. Dann war er ein ideologischer Rest, stehengeblieben aus dunklen, dualistischen Jahrhunderten; er löste sich auf in der Wärme der einzig absoluten Gnadensonne.

Die Kritik am Teufels- und Höllendogma ließ sich im Namen Gottes noch weiter treiben. Steht am Weltende für alle Ewigkeit eine kleine beglückte Menschenschar der Sündermasse gegenüber, die in physischem Feuer gefoltert und zudem zur Schau gestellt wird, ohne die Wohltat, noch einmal sterben zu können, dann sind Schuld und Strafe die obersten Konzepte. Dann zerfällt die Menschheit auf ewig in Erwählte und Verworfene, in Gute und Böse. Dieser moralistische Dualismus entspricht weder dem letzten Wort der antiken Metaphysik noch befriedigt er das religiöse Denken. Er nimmt unsere Unterscheidung von Gut und Böse, die wir immer nur von einer der beiden Seiten her vornehmen, als oberste Weltformel und verlegt am Ende das Gute in absolutistische Willensallmacht und das Böse in Widerspenstigkeit gegen sie. Drängte nicht auch das philosophische Nachdenken christlicher Denker über eine solche Konstruktion hinaus? War sie vielleicht nur christentumsfremder moralistischer Rationalismus oder anthropomorpher Allmachtswahn?

Rückkehr zum Einen

Ich habe bisher von bloßen *Möglichkeiten* der Kritik an der Satanologie gesprochen, aber von *realen* Möglichkeiten der Zeit vor 1600. Wurden sie aufgegriffen und ausgesprochen? Diese Frage ist nur *faktisch*, nur aus alten Texten zu beantworten. Es genügt mir hier, wenn es nur *einen einzigen* gibt. Dann hätte eine Alternative bestanden. Ich will nun zeigen, daß dies tatsächlich der Fall war: Es gab sie schon im fernen 9. Jahrhundert, entwickelt von einem irischen Schriftsteller am Hof König Karls des Kahlen. Er lebte von ca. 800 bis ca. 877 und durchdachte die christliche Teufelslehre im fünften Buch seines großen Dialogwerks *Periphyseon, De divisione naturae, Die Gliederung der Wirklichkeit,* das er zwischen ca. 860 und ca. 867 verfaßt hat.[1]

Eriugena hatte sich schon Jahre zuvor mit dem Problemkreis befaßt. Er war zu einem Gutachten aufgefordert worden über das umstrittene Buch des Mönchs Gottschalk über die doppelte Prädestination (*gemina paedestinatio*). Gottschalk hatte die Gnadenlehre des späten Augustinus nur leicht überzeichnend dahingehend zusammengefaßt, es gebe eine doppelte Vorherbestimmung, eine zum ewigen Glück, die andere zum ewigen körperlichen und seelischen Leid, zur Hölle. Eriugena urteilte hart und klar: Das sei gedankenloser Anthropomorphismus. Gott sei *einer*, und er sei absolut einfach. Da er ewig sei, sehe er auch nichts ‹vorher›. Es gebe also keine zwei Prädestinationen, sondern überhaupt keine. Das Böse, die Sünde sei nichts als ein Mangel, könne also nicht vorher gewußt werden.[2]

Etwa 15 Jahre später stellte Eriugena das Thema in einen größeren Rahmen. Er untersuchte es im Zusammenhang seiner Theorie vom Ausfluß der Welt aus dem göttlichen Einen und der Rückkehr aller Dinge zu ihrem *einen* Ursprung. Der Leser hält den Atem an, wie weit Eriugena gehen wollte. Er fragt sich, wie weit der Ire gekommen ist. Jedenfalls bis zur Verwerfung einer räumlichen Hölle und zur Zurückweisung von Gut und Böse als Weltschlüssel.

Die Erschaffung dachte Eriugena als Realisierung göttlicher Gedanken (‹Ideen›) bis hin zu ihrer sinnlichen Darstellung als Baum oder

Schaf. Ihre Erlösung oder Heimholung in den Ursprung sei ihre ewige, lebendige Gegenwart in ihrem Grund. Die körperlichen Dinge sind vergänglich und können nicht als physisches Einzelding, sondern nur als deren ideenhafter Kern zurückkehren zu ihrem Ursprung. Sie müssen zugrunde gehen, und die sinnliche Welt als Ganze muß untergehen; das erfordert die Weltstruktur als Hervorgang und Rückkehr, und das sagt auch die neutestamentliche Lehre vom Weltuntergang. Vernunft und Offenbarung stimmen darin überein, aber diese gemeinsame Wahrheit verfehlt, wer sich die Erlösung vorstellt als Verbesserung und Aufstockung angeblich unzerstörter sinnlicher Dinge. Kein physisches Wesen kann ewig bestehen; es muß zugrunde gehen, und nur so geht es in seinen ewigen Grund und erfüllt das Weltgesetz von Hervorgang und Rückkehr. *Mundus quippe peribit, nullaque ipsius pars remanebit.*[3] Damit fällt die Vorstellung, Einzelnes wie ein menschlicher Leib, eine Erdhöhle oder ein separierter Himmelsabschnitt könnten ewigen Bestand haben; daher ist die Befürchtung ewigen physischen oder auch quasi-physischen Feuers in der dazu präparierten Erdhöhle lächerlich, ebenso das Verständnis des Himmels als eines abgetrennten Raums in der Höhe. Alle Assoziationen an Ort oder Raum sind fernzuhalten.

Gott – alles in allem

Der Text Eriugenas zeigt Spuren heftiger Auseinandersetzung um seine Abschaffung der körperlich verstandenen Hölle und ihres physischen Feuers. Seine Position hat er unmißverständlich formuliert:

Die Hölle kann nicht ewig bestehen. Kann es das Böse? Ginge die Bosheit zugrunde, gäbe es keine Bösen mehr. Wenn es keine Bösen mehr gäbe, könnten sie auch nicht mehr gerecht bestraft werden. Dann wäre die Zweiteilung der Menschheit in ewig Erlöste und ewig Bestrafte beendet. Genau diese Konsequenz hat Eriugena gezogen. Er stützte sich auf eine Formel aus dem *Ersten Korintherbrief* des Apostels Paulus, 15, 28. Dort blickt der Apostel in die Zukunft. Christus wird Gottvater alles unterworfen haben. Er übergibt das Reich, die *basileia*, dem Vater; er legt alle Feinde ihm unter die Füße, am Ende auch sich selbst, damit *Gott sei panta en pasin, alles in allem.*

Paulus zufolge herrschen jetzt noch feindliche Mächte auf der Erde, aber am Ende wird Gott alles beherrschen und in diesem Sinn «alles in allem» sein. Diese Wendung war für christliche Metaphysiker ausbaufähig. Die Formel konnte auch bedeuten, daß Gott nicht nur alles *sein,* also keinen Gegenspieler mehr haben wird, sondern daß er alles in allem *ist.* Origenes erklärte in *De principiis* 3, 6, 2–3 S. 648–651 den Ausdruck dahin: Am Ende wird Gott nicht nur *in* allem sein, sondern er wird *alles* sein, und dann kann keine Bosheit, *malitia*, mehr sein. Er wird im Ganzen, aber auch in jedem einzelnen alles sein, denn jeder vernünftige Geist, *rationabilis mens*, wird gereinigt sein von aller Sünde. Weggewischt sein wird jede Wolke der Bosheit, *malitia.* Dann gibt es die Unterscheidung von Gut und Böse nicht mehr, denn es gibt nirgendwo etwas Böses: *Non enim iam ultra mali bonique discretio, quia nusquam malum,* S. 650. Dann kann es auch keinen Teufel, keine Hölle und keine ewige Strafe geben. Der ins Jenseits verlagerte, urteilssüchtige Moralismus der Menschen ist dann am Ende. Gott ist alles in allem, jenseits von Gut und Böse.

Eriugena kannte die griechische Tradition neoplatonisierender Christen: Gregor von Nyssa, Maximus Confessor, Dionysius Areopagita, hinter denen Origenes stand. Sein Gott *ist* alles, *ipse est omnia*, div. 5, 2927 S. 92, er *wird* es nicht nur erst sein. Er ist es, wie Origenes sagte, auch in jedem einzelnen; der göttliche Geist kennt nichts Böses und keinen Bösen, div. 5, 2951–2952 S. 93. Er weiß nichts von gottwidrigen Engeln oder Menschen, *impios nescit et angelos et homines*, div. 5, 2960 S. 93. Eriugena läßt den Schüler, seinen Dialogpartner in *De divisione,* sagen, er habe früher geglaubt, *putaveram*, nur ein Teil der Menschheit – genauer: der *natura humana* – werde erlöst, der andere Teil werde ewig im Feuer gequält. Aber jetzt sei er darüber in Zweifel geraten, zu viele widersprechende Motive durchkreuzten sich in dieser Frage. Wie Eriugena sie beantwortet, zeigt der Gedankengang des Abschnitts.[4] Nachdem der Schüler bezeugt hat, daß er an seiner erlernten Auffassung irre geworden ist, prüft er die beiden Seiten des Dilemmas: Erste Möglichkeit: Würde die menschliche Natur als Ganze gerettet, gibt es keinen ewigen Tod, keine bleibende Bestrafung der Gottlosen. Was sollte in ihnen strafwürdig sein, wenn ihre ganze Natur zu Gott zurückgekehrt wäre? Wo gäbe es dann die Hitze der ewigen Flammen, in die der gerechteste Spruch des ewigen Richters sie geschickt hat bei Matthäus 25, 41: «Geht, ihr Verdammten ins ewige Feuer, das bereitet ist dem Teufel und seinen Engeln!» Wohin sollen sie gehen? Wo bekommen sie ihre ewige Strafe, wenn jede Bosheit verschwunden ist? Dann gibt es keine Bösen mehr. Dann wird der Tod verschlungen sein vom Leben, das Böse vom Guten, das Elend vom Glück. Dann lebt niemand mehr außerhalb des Lebens und der Seligkeit.

Die zweite Möglichkeit: Ein Teil der Menschheit kehrt zu Gott zurück, der andere Teil bleibt für immer im Strafaufenthalt – aber wie viele Absurditäten folgen daraus! Denn dann muß man zugeben, Gottes Wort habe nicht die ganze menschliche Natur angenommen, sondern nur einen Teil, er habe nicht die ganze Menschheit erlösen wollen und auch nicht erlöst. Das anzunehmen wäre absurd. Denn die Vernunft lacht jeden aus, der die Einfachheit der menschlichen Natur aufteilen will oder der behauptet, sie bestünde aus vielen Bestandteilen, die teils unähnlich, teils ähnlich seien. Dann wäre sie nicht nach dem Bild Gottes geschaffen, der im höchsten Maß *einer* ist. Die Menschheit muß mit Notwendigkeit *eine* sein. Da kann es keine Ausnahme geben.

Ich unterbreche hier die Wiedergabe des Dilemmas des Schülers. Die erste Möglichkeit begründet er mit der Stelle bei Matthäus, in der Jesus die ewige Höllenstrafe verhängt. Er appelliert an den Gerechtigkeitssinn, der die Bösen nicht ungestraft davonkommen lassen will. Seine Einwände gegen die zweite Möglichkeit, die der ewigen Höllenstrafen, sind wesentlich härter: Die Vernunft selbst lacht über sie. Sie verengen den Sinn der Inkarnation, und sie zerstückeln die Einheit der menschlichen Natur, die als Bild der göttlichen Einheit erschaffen ist. Gott verwirft nichts von dem, was er gemacht hat; die Sünde und den Tod hat er nicht gemacht.

Zuerst gibt der Schüler Vernunftbeweise, dann beschreibt er seine zerrissene Lage: Der unlösbar scheinende Zwiespalt erschüttere ihn. Ihn durchbohrten Pfeile von beiden Seiten, von der Bibel als der ersten, von Vernunft und Schrift als der zweiten Seite: Die Logik spricht für die Einheit der Menschennatur, aber die Heilige Schrift spricht unleugbar von der ewigen Strafe für den Teufel und die Seinen. Aber dann besäße nur ein Teil der Menschheit den Adel und die Würde, die *dem* Menschen und nicht nur dem Individuum Adam zukommt. Die Vernunft belehrt uns ohne jeden Zweifel, daß dem Leben und der Seligkeit nicht ewig das Gegenteil gegenüberstehen kann. Das Gute umschreitet gänzlich das Böse und zehrt es auf, das Leben tötet den Tod, die Tugend das Laster.

Der Lehrer beruhigt den Aufgewühlten. Er schlägt vor, erst einmal das festzuhalten, was beide als gewiß ansehen, nämlich daß kein Philosoph bezweifelt, was nicht zu bezweifeln ist, nämlich daß alles, was existiert, im göttlichen Geist enthalten ist. Wenn aber alles Existierende *in* ihm ist, dann gibt es oberhalb oder unterhalb oder außerhalb seiner nichts. Dann ist er alles. *Ipse est omnia*, 2927. Das Alles-Sein Gottes ist keine eschatologische Zukunftshoffnung, sondern die gegenwärtige Vernunftgewißheit ‹aller Weisen›. Das göttliche Wissen bringt die wirklichen Dinge hervor; es entsteht nicht nachträglich zu ihnen. Gott denkt die Dinge nicht, weil sie sind, sondern sie sind, weil er sie denkt. Alles, was er denkt, ist in ihm; in ihm ist nichts Böses, also kennt der göttliche Geist weder Böses noch die Bosheit. Er kennt alles, was er selbst in ihnen gemacht hat, ihre Substanz und ihre Fähigkeiten, aber die falschen Willensbewegungen dieser von ihm getragenen Naturen kennt er nicht. Jetzt erklärt der Schüler, die Argumente hätten ihn davon überzeugt, daß kein Teil der Menschheit im ewigen Elend verbleiben könne, das göttliche *verbum* habe sie als Ganze in die Einheit mit sich aufgenommen, 3012 bis 3022.

Unsicher sei er aber, ob dies auch für Dämonen gelte, ob also auch sie erlöst würden. Werden auch die diabolischen Geister von ihrer Bosheit befreit werden? Dafür argumentiert der Lehrer mit den antimanichäischen Argumenten Augustins, daß die Natur und die Ausstattung der Dämonen gut seien. Er bekämpft Augustins Teufelslehre mit dessen philosophischen Argumenten für die Nicht-Existenz des Bösen. Gott bestraft nicht, was er selbst gemacht hat. Alles Erschaffene ist gut. Das Böse liegt allein in der verkehrten Willensrichtung, und die wird aufgezehrt in der Sonne des schlechthin Guten. Die Bosheit kann ihrer

Natur nach nicht ewig währen. Jesus verurteile klar den Teufel und seine Engel zu ewiger Feuerstrafe, aber dies betreffe allein ihren bösen Willen, nicht ihre gute Natur.[5] Der Lehrer zitiert Origenes, *De principiis* 3, 6, 2–5, um zu erklären, was das ‹Gott alles in allem› bedeutet: Er ist alles im Ganzen, aber auch alles in jedem einzelnen Wesen. Das wird die Vollendung, aber auch das Ende der Welt sein, ihre *consummatio*, div. 5, 3099. Die Unterscheidung in Gute und Böse wird aufhören, *non enim iam ultra mali bonique discretio, quia nusquam malum*, div. 5, 3109. Wenn Gott alles in allem ist, im Ganzen wie für die einzelnen, schließt dies aus, daß nicht *alle* gemeint sind, auch die Dämonen. Für den Teufel bedeutet das: Er wird zugrunde gehen, so daß er nicht mehr sein wird; aber nicht sein Wesen wird zerstört, sondern nur seine Bosheit. Dann werden kein Feind und kein Tod mehr sein; Feindschaft und Tod sind verschwunden, div. 5, 3165–3173 S. 100. Auch für ihn, für seine hohe Intelligenz und seinen Willen, wird Gott alles sein. Die unzerstörbare Natur des Teufels bleibt, nur seine Bosheit dauert nicht ewig. Der Lehrer versammelt die Stimmen des Origenes und des Dionysius Areopagita mit derjenigen Augustins, daß die Natur des Teufels gut sei. Dann kann der Gott, der gut ist, ihn nicht vernichten. Deswegen wird die Substanz der Dämonen nie zugrunde gehen, *substantia autem daemonum numquam peribit*, 3267.

Philosophische Prämissen. Präzise Folgerungen

In diesem Zusammenhang wirken sich allgemeine philosophische Überzeugungen der neuplatonischen Tradition aus. Das Höchste und Beste ist Einheit. Daß dem unendlich Einen auf ewig eine Gegeninstanz gegenüberstehen könnte, ist mit dieser Einheitsphilosophie nicht zu verbinden. Sie nimmt die Einheit der menschlichen Gattung real und deutet folglich die Inkarnation als Vereinigung der Menschheit mit Gott. Sie macht Einheit zum Kriterium für Sein überhaupt: Alles, was ist, ist eines. Was nicht eines ist, gilt als nicht-seiend. So kann Eriugena sagen, die Dämonen, sofern sie böse sind, *sind* überhaupt nicht.[6] Dann können sie auch nicht Gegenstand göttlichen Wissens und göttlichen

Handelns werden. Sofern sie böse sind, repräsentieren sie keine Idee und *sind* in diesem idealistischen Wortsinn überhaupt nicht. Das heißt nicht, daß es sie nicht ‹gibt›. Ihnen fehlt, sofern sie böse Willen sind, die metaphysische Identität. Und diese erhalten sie zurück, wenn ihre Bosheit getilgt ist, indem sie in ihren einheitlichen Ursprung zurückkehren. Das wird die allgemeine Auferstehung aller Geschöpfe sein, 3344.

Was wird dann aus der Hölle? Das ewige Feuer, in das die Schrift den Teufel verweist, kann nicht örtlich fixiert gedacht werden. Es kommt in der ganzen Natur überhaupt nicht vor. Es kann kein körperliches Feuer sein. Das war schon klar. Aber jetzt erklärt der Lehrer seine geistige Natur: Es besteht im Bewußtsein der Verfehlungen und in der Trauer über das verfehlte Leben, 3405–3426, S. 107. Wir würden sagen: Die Hölle bleibt; sie ist ein Bewußtseinsphänomen. Dem Lehrer wird gelegentlich angst und bange bei seiner Abschaffung des Feuerpfuhls, und er schränkt ein, er wolle den Vorgang der Bekehrung, *conversio*, des Teufels und sein Endgeschick nicht genau definieren. Er behauptet, er wisse nicht, was *im einzelnen wie* vor sich gehe, sondern nur, warum es geschieht, *non quomodo facta sunt, sed qua ratione facta sunt*, 4201–4202 S. 130. Zwischen die Kaskaden seiner Beredsamkeit mischt er das Bekenntnis, die bleibende Dunkelheit ehre er durch Schweigen, *illam obscuritatem silentio honorificamus*, 3636. Dieses Schweigen hat ihn nicht gehindert, seine Ergebnisse scharf und klar, wenn auch auf mäandernden Denkwegen, auszusprechen:

1. Die Vorstellung der räumlichen Hölle mit ewig brennendem Feuer ist lächerlich. Sie entspringt der unbedachten Hochschätzung sinnlicher Erfahrung und dem Unverständnis des Weltprozesses als Ausgang und Rückkehr.

2. Beim Rückgang aller Dinge in ihren Einheitsgrund wird die Bosheit des Satans getilgt. Als Wesen bleibt er bestehen.

3. Das ewige Feuer, von dem Jesus (Matt 25, 41) spricht, bedeutet Erkenntnis der eigenen Verfehlung und Trauer über die verspätete Reue.

Jeder verginge sich an der beweglichen Denkform Eriugenas, der seine Überlegungen zum Teufel auf diese dürren Thesen reduzierte. Denn kaum hat er sich mit seinem selbständig denkenden Schüler auf sie geeinigt, untersucht er ihre Prämissen, bedenkt er ihre Konsequenzen, untersucht er Einwände und erforscht ihre Stellung zur östlich-neuplatonischen Tradition und zu Augustinus. Er hatte vom Rückgang und von der Inkarnation als der Vereinigung der Menschheit oder der menschlichen Natur mit Gott gesprochen; er will nun genauer wissen, was die Gemeinsamkeit der Menschennatur bedeutet. Die Unterscheidung zwischen Guten und Bösen will er nicht überbetont sehen, denn das Menschsein, *humanitas*, ist die reale Entsprechung der göttlichen Einheit, ja sie ist als Einheit zugleich Sein, Wollen und Wissen, *esse, velle, scire*, die Dionysius als Wesen, Kraft und Tätigkeit, als *essentia* und *operatio*, kenne und auch als Einheit von *essentia, velle und scire* beschreibe. Menschsein ist das maximal ähnliche Bild dieser Drei-Einheit Gottes, *simillima imago*, 3693. Eine Wesensbestimmung wie ‹Menschsein› ist kein teilbarer Inhalt, sondern eine intellektuell-reale Form, die ganz in jedem Individuum ist, sei dies gut oder böse, *tota in singulis, sive boni sint sive mali*, 3698. Eriugenas Interesse gilt der lebendigen Vereinigungskraft der Wesensform, die sie *eine* und vielfach macht. Sie ist in allen Menschen gleich, so daß keiner *mehr* Mensch sein kann als der andere. Sie ist unbestrafbar, *impunibilis*, 3824, in Guten wie in Bösen. Als Natura ist sie frei, losgelöst von jeder Schuld und Sühne.[7] Die Sünde ist unbegreiflich; sie ist weder *essentia* noch *virtus* noch *operatio*, aber nach der *consummatio* der sinnlichen Welt verschwindet sie ganz, sie besteht dann nur noch in Gewissensbissen, Erinnerungen und quälenden Träumen, 3767–3812 S. 117–118. Der Unterschied zwischen Guten und Bösen verschwindet nicht; das Unglück der Bösen besteht dann darin, daß sie das nicht mehr haben, das nicht mehr finden, woran sie ihr Herz gehängt haben. Sie erfahren dessen Nichtigkeit. Sie finden nichts von dem vor, was ihnen wertvoll war, denn alles ist in geistige Natur verwandelt. Alle Bosheit ist ausgelöscht, aber in der Vorstellungswelt der Verdammten lebt sie weiter; sie werden dadurch immer gestraft, 3982–3987 S. 123. Aber die Strafe besteht darin, daß ihnen fehlt, was sie geliebt haben, nicht in einem direkten Eingriff des strafenden Gottes. Er straft, was er nicht erschaffen hat. Er straft durch dessen Nichtigkeit. Und so verschwindet ihr Begehren nach dem Nichtigen. Ihr Schmerz wird so von ihnen genommen: Die Trauernden werden getröstet werden.

Eriugena fragt sich, wieso ihre so verschiedenen Schmerzen den einheitlichen Namen ‹Hölle› bekommen haben und zur Vorstellung eines Ortes geronnen seien. Dies stamme aus der antiken Volksmeinung, daß die Seelen in den Gräbern weiterlebten, also sich unter der Erde befänden. Daher heiße *infernum* soviel wie *infra terram*. Die Griechen hätten da feiner gedacht; sie sprachen vom Hades, was soviel bedeute wie *tristitia*, Trauer; da sie keine Höllenöffnung beobachtet hätten, seien sie zu dem Schluß gekommen, daß es keinen physischen Strafort gebe. Sie haben erkannt, daß die Strafen der Bösen im Vermissen des fälschlich Ersehnten bestehen, 4264–4308 S. 132–133.

Gegen fromme Materialisten

Eriugena beendet seinen Text über Hölle, Teufel und Dämonen mit einem langen Abschnitt über die philosophischen Hintergründe seiner Position. Er beleuchtet die Kontroverse, in der er steht.[8] Wir sollen ihn uns nicht isoliert vorstellen. Er hat Gegner, und er fragt sich, warum sie ihm widersprechen, wenn er lehrt, die Hölle sei kein Ort. Sie halten seine Ansichten für unglaubwürdig und für leere Hirngespinste, *vana deliramenta*. Das deutet auf harte Debatten. Er beschreibt seine Gegner als religiöse Materialisten. Sie denken, *wirklich* sei allein, was räumlich und zeitlich in dieser sinnlichen Welt enthalten ist. Sie erliegen ihrer Schwäche, der Zärtlichkeit für die irdischen Dinge. Sie teilen nicht Eriugenas Lehre vom *redditus* aller Dinge in ihren Grund. *Er* versteht darunter die völlige Verwandlung der Sinnenwelt in geistige Realität, so daß die Körperwelt gänzlich verschwindet. *Sie* sind Christen und glauben auch an den Jüngsten Tag, verstehen ihn aber so, als behielten die Weltdinge ihre jetzigen Qualitäten und würden nur verbessert. Die Welt, denken sie, bestehe dann weiterhin aus Körperdingen mit Raum- und Zeitpunkten, Zahlen und Ausmaßen, und in ihrem unteren Teil biete sie einen speziellen Raum, in dem ewiges Feuer die Gottlosen quäle. Wo genau sich diese Hölle befinde, dafür geben sie verschiedene Regionen an. Die einen nennen den oberen Teil der Luft, die zum Mond hin liege; andere meinen, sie werde im unteren Luftgebiet liegen.

Wieder andere nennen das dunkle Erdinnere als den richtigen Ort für die Söhne der Finsternis. Es gab also im 9. Jahrhundert noch verschiedene Theorien über den Ort der Hölle. Eriugenas Gegner glauben an die Auferstehung der Toten. Aber sie verstehen sie als Wiedergewinnung desselben Körpers, nur werde der sterbliche Leib in einen unsterblichen verwandelt, aus einem animalischen in einen spirituellen, aber in derselben Größe und mit denselben Gliedern wie im irdischen Leben. Sie denken die Auferstehung anders als Eriugena. Sie sehen die göttliche Weltumwandlung nicht wie er als die Großzügigkeit der göttlichen Einheit und die Lebenskraft der Natur, sondern führen sie zurück auf die unerbittliche Strenge des Weltenrichters, der die Menschen so auferstehen läßt, damit er sie in grausamster Rache strafen kann. Sie denken nicht zuerst an die Güte Gottes, sondern an das harte Strafgericht.[9] Der Gott Eriugenas läßt im *redditus* alle Dinge zugrunde, zu ihrem Grund gehen und vollenden; seine christlichen Gegner begrüßen die Stunde der ewigen Abrechnung. Sie denken, die Verstorbenen bekämen nur deswegen ihren Leib als unvergänglichen zurück, damit sie ohne Ende gepeinigt werden können. Daher zweifeln sie auch nicht, daß das Feuer, das dort peinigt, körperliches, sinnliches Feuer ist und daß der Teufel und seine Engel in diesem Quälsystem zusätzlich Peinigerrollen übernehmen.

Eriugena spricht mit unverhohlener Verachtung von diesen christlichen Weltfreunden. Er nennt ihre Aufstellungen, zu denen die Erwartung vollständiger sexueller Differenzen gehört, «falschste Hirngespinste».[10] Es handelt sich nicht um einen bloß internen Konflikt. Sie halten Weltgerichtspredigten; sie beschwören die apokalyptische Bilderwelt; sie versetzen Engel und Teufel in sinnliche Bewegung; sie malen Himmel und Hölle anschaulich aus; sie reden den strengen Weltenrichter herbei und polemisieren gegen den versponnenen Theoretiker Eriugena. Er beschreibt diese Gruppe so eindeutig, daß an ihrer intellektuellen Beschränktheit nicht zu zweifeln ist, aber dann treibt er seine Originalität auf die Spitze: Er überrascht mit der Erklärung, er erleide einen Schock, wenn er denselben Unsinn in den Büchern der heiligen Kirchenväter lese. Er beschreibt seine Erschütterung: «Ich zögere bestürzt. Ungeheurer Schreck erschüttert mich, bringt mich zum Schwanken.»[11]

Mit der Angabe des Inhalts dieser Schriften stellt Eriugena klar: Bei diesen, ihn erschreckenden Kirchenvätern kann es sich nicht um Eriugenas Autoritäten handeln, nicht um Origenes, Gregor von Nyssa, Dionysius Areopagita und Maximus Confessor, sondern nur um Augustin und Papst Gregor. Sie reden von Teufel, Himmel und Hölle genau so naiv wie Eriugenas zeitgenössische Gegner. Er beruft sich gern auf die Metaphysik Augustins. Er braucht ihren ‹Idealismus› und ihre Geistmetaphysik, um sein Leben zu verstehen. Aber jetzt nimmt er erschüttert wahr: Auch Augustin hat den *redditus* nicht verstanden. Daß es vor allem um Augustins Autorität ging, zeigt Eriugenas Bemerkung, seine Gegner brächten gegen ihn vor, *sie* seien die treueren Schüler Augustins. Sie spielen sich als die besseren Augustin-Kenner auf und kritisieren ihn, weil er gegen Augustin spreche, 5988–6001. Er kann nicht abstreiten, daß sich bei Augustin solche sinnlich-stoffliche Vorstellungen finden.[12] Aber er legt es sich so zurecht, diese Autoren von höchst geistlicher Denkart hätten nur aus pädagogischen Gründen so gesprochen. Sie hätten nur auch die schlichtesten Seelen erreichen wollen, um sie von ihrer fleischlichen Denkweise wegzubringen, 5745–5754. Sie wollten ihnen nur nicht gleich die volle Wahrheit zumuten, daß die endgültige Verwandlung der Welt, ihre reale Rückkehr, *redditus*, keine bloße Umwandlung irdischer, sinnlicher Körper in ‹himmlische Körper› sei. Sie verwandelt nicht einen massiven, schwerfälligen Körper in einen subtilen Körper, etwa damit dieser sich in Augenblicksschnelle über weite Entfernungen bewegen könnte. Die Rückkehr in den Urgrund ist die völlige Verneinung von Körpern oder vielmehr deren völliger Übergang in ‹Geist›, aber nicht im vagen Sinn von *spiritus*, sondern im strengen Sinn von ‹Geist›, also nicht als ätherischer Körper, nicht als Vitalkraft, sondern als reiner Intellekt, *unus intellectus efficitur*, 5759–5793.

Teil Zwei
Abbau

XI. Ohne Teufel, ohne Engel

Pietro Pomponazzi

Der Inquisitor Heinrich Kramer Institoris ist um 1430 in Schlettstadt geboren und 1505 in Böhmen gestorben. Es scheint aussichtslos, zwischen seiner Dämonenlehre und der Philosophie des Arztes und Philosophen Pietro Pomponazzi Gemeinsamkeiten entdecken zu wollen, obwohl der Mantuaner den *Hexenhammer* gelesen haben dürfte. Kramer lebt in der spätmittelalterlichen Scholastik, die im 15. Jahrhundert nach kritischen Ansätzen des 14. Jahrhunderts die Rückkehr zu Albert und Thomas versuchte; zwischen Kramers Ordenswissenschaft und der teils averroistischen, teils thomistischen Aristotelismustradition von Padua und Bologna besteht deutlicher Abstand. Andererseits hat Kramer Aristoteles studiert; er hat bei Thomas gelernt, diese griechische Philosophie orthodox, also anders als die Averroisten, zu interpretieren. Eigentlich philologisches Interesse kann man ihm nicht nachsagen, einen ‹Humanisten› wird man ihn nicht nennen, auch wenn er breites Interesse zeigt an antiken Geschichten und Motiven. Pomponazzi ist 1462 in Mantua geboren, hat in Padua studiert und von 1512 bis zu seinem Tod 1525 in Bologna Philosophie gelehrt. Er ist um eine Generation jünger; er ist geprägt vom Aristotelismus in Padua und Bologna, der näher an der Medizin stand als an der Theologie. Ob man das Projekt des *Malleus,* die Häresie des Hexentums radikal auszurotten, also mit Unterstützung des Papstes Europa ‹hexenfrei› zu machen, noch ‹mittelalterlich› nennen soll, scheint zweifelhaft. Pomponazzi gehört gewiß einer *neuen* kulturellen Welt an, aber seine Trennung von Wissen und Glauben folgt Mustern des 14. Jahrhunderts. Berühmt und berüchtigt wurde er durch seine Kritik an der philosophischen Beweisbarkeit der Unsterblichkeit der Seele. Seine berühmtere Abhandlung *Über die Unsterblichkeit der Seele* von 1516 darf nicht dazu verführen, seine Anti-Teufel-Schrift *De incantationibus* von 1520 zu ignorieren, die erst 1556 in Basel gedruckt werden konnte und die Vittoria Perrone Compagni 2011 in Florenz neu verläßlich herausgegeben hat.

Menschen der älteren Zeit quälte wohl mehr noch als uns die Unbekanntheit dessen, was auf sie zukommen werde. ‹Wahrsagung› war gefragt. *Divinatio* bei Cicero war soviel wie Teilhabe am Göttlichen durch Voraussicht in die Zukunft. *Divinatio* heißt Sehergabe, Weissagung, Prophetie. Sie spielte allein schon wegen der Orakel in der antiken Religion eine große Rolle. Daher diskutierten griechische und lateinische Philosophen ihren Wert und ihre Möglichkeit, insbesondere Cicero mit seiner Schrift *De divinatione,* mit skeptischem Resultat. Pomponazzi schreibt über Inkantation, Verzauberung, und Divination, um zu beweisen, daß sie als Beweis für den Einfluß von Dämonen oder Engeln nicht taugen. Ihm zufolge haben Philosophen keinen Grund, vom Teufel und seinen Engeln zu sprechen. Formell beschränkt Pomponazzi sich auf die Behauptung, im Denken des Aristoteles hätten weder Teufel noch Engel Platz. Aber Aristoteles war für ihn die vollkommenste Verkörperung der philosophischen Vernunft. Daher bezog seine Ausweisung von Engeln und Dämonen aus der Philosophie sich nicht nur auf den antiken Denker. Sein Buch war ein radikaler Entwurf für die Gegenwart: Kohärentes philosophisches Denken braucht den Teufel nicht. Wer versucht, philosophische Argumente für die Existenz des Teufels zu entwickeln, muß scheitern. Der berühmteste Autor, der einen philosophischen Teufelsbeweis versucht hatte und der in Pomponazzis Gegenwart noch Anhänger fand, war Thomas von Aquino, der auch die Unsterblichkeit der Seele philosophisch hatte beweisen wollen, was Pomponazzi in *De immortalitate animae* als mißlungen analysiert hatte.

In beiden Schriften stellte Pomponazzi klar: Theologische Überforderungen der aristotelischen Philosophie, wie Thomas sie betrieb – die

Unsterblichkeit der Menschenseele oder die Existenz des Teufels zu beweisen –, sind philosophisch nicht zu halten. Damit vertreibt er die ‹mittelalterlichen› Gespenster der Teufel und Engel aus dem Raum der philosophischen Vernunft. Dies hat er scharf und klar getan; das macht seine Stellung in der Geschichte des Teufels aus. Er denkt in der erneuerten Tradition der antiken Ärzte Hippokrates und Galen. Aber seine geschichtliche Konstellation war komplizierter. Denn nachdem er in zwölf Kapiteln Engel und Teufel aus der Philosophie vertrieben und die Argumente des heiligen Thomas widerlegt hat, stellt er uns fast ein historisches Rätsel und bekennt sich im 13. Kapitel entschieden zum kirchlichen Glauben samt Teufel und Engel. Er teilt mit Thomas die Überzeugung, daß es kein Christentum ohne Teufel geben kann. Das muß ich näher erläutern.

Ökonomie und Variabilität der Erkenntnis

Pomponazzi zeigt drei philosophische Grundsätze an, die ihn bei seinen Einzelbeweisen leiten:

1. Der erste formuliert strikt das Ökonomieprinzip: Wir gehen mit Hypothesen sparsam um.[1] Philosophen führen keine überflüssigen Faktoren ein. Alles, was in der Erfahrung vorkommt, läßt sich ohne die Annahme von Dämonen und Engeln erklären. Dämonen sind überflüssig.[2] Das will er vor allem gegen Thomas zeigen. Darauf komme ich zurück und nenne zuvor den zweiten philosophischen Hintergrund, Pomponazzis Konzeption von Erkenntnis.

2. Er faßt intellektuelle Einsicht nicht mehr auf als das quasi-intuitive Erfassen einer Wesensstruktur, die wir als Ganze erreichen oder verfehlen. Wenn sie nicht gelingt, liegt überhaupt keine Einsicht, *intellectus*, vor, sagte die alte Lehre. Eine gescheite Hypothese war für Thomas von Aquino kein intellektueller Akt. Für Pomponazzi ist auch das Erarbeiten eines intellektuellen Rahmens ein intellektueller Akt, den er variiert und in der Diskussion der Forschergemeinschaft erprobt. Der nicht-mehr-scholastische Denker macht Mitforschern seine Zweifel und seine Konzepte zu deren Lösung plausibel; er liefert einen Entwurf

oder Versuch, kein fertiges Resultat nach dem essentialistischen Motto, der Intellekt sei durch die Wahrheit seiner Erkenntnisse definiert, *intellectus semper verorum est.* Er zweifelt nicht in allem an seinen Entwürfen; er glaubt schon, sichere Resultate zu erreichen: Die Annahme von Engeln und Dämonen erklärt nichts, sondern vermehrt unnütz die Erklärungselemente. Er ist weniger skeptisch als Cicero bezüglich der *divinationes*, aber er betont die Unabgeschlossenheit und den sozialen, geschichtlichen Charakter eines kollektiven Arbeitsstücks.

Man kann einwenden, ich schriebe Pomponazzi einen postmodernen, fallibilistischen oder probabilistischen Erkenntnisbegriff zu. Um zu beweisen, daß ich nichts aktualisiere, zitiere ich seine Texte:

«Unsere Antworten sollen so lange gehalten werden, bis wir etwas Besseres finden ... Denn Wissenschaften entstehen durch Zusätze».[3]

«Auch wenn ich der Sache nicht gerecht geworden bin, bewege ich doch die, die nach mir kommen, zur Ergänzung.»[4]

Pomponazzi fordert, das Studium der Natur mit dem Studium der Geschichte zu verbinden. Er praktiziert diese Forderung durch aufmerksame Lektüre antiker Historiker.[5] Immer wieder zitiert er Plutarch, Livius und Valerius Maximus. Er verteidigt sich gegen den Vorwurf, er habe die Philosophie zugunsten der Historie aufgegeben. Seine Art, wie er das Studium der Natur mit dem der Geschichte verband, war ungewöhnlich.

3. An einer dritten theoretisch wichtigen Stelle setzt Pomponazzi ein skeptisches Element ein, nämlich dort, wo Thomas das Wunder definiert. Thomas lehrte, Dämonen können zwar Erstaunliches, *mira*, bewirken, aber Wunder, *miracula*, wirken könne nur Gott allein. ‹Wunder im strengen Sinn› definiert er als das, was keine natürliche Erklärung erklären kann, z. B. daß ein längst Verstorbener zurückkehrt. Diesem Wunderbegriff entzieht Pomponazzi den Boden, indem er statuiert: Wir kennen die Natur zu wenig, um definitiv festsetzen zu können, was nicht erklärlich ist. Es gibt viel Erstaunliches, das wir heute nicht erklären können, aber vielleicht morgen durchschauen. Können wir ausschließen, daß ein Mensch fliegen kann? Werden uns erstaunliche Geschichten erzählt, dann besteht die Aufgabe des philosophischen Scharfsinns nicht darin, Gründe gegen ihr tatsächliches Vorkommen zu

suchen, sondern die eigenen Kenntnisse zu relativieren: Wir können nicht wissen, was in der Natur der Dinge liegt. Wir können kein Kriterium angeben, woran wir das direkte Engreifen des Teufels oder Gottes erkennen.

Diese Überlegung sieht das Philosophische nicht im kriminalistischen Scharfsinn investigativer Forscher, sondern in der historischen Selbstrelativierung unsrer Prämissen. Die philosophische Einsicht erfaßt keine ewige Wesenheit, sondern tritt in den hypothesenbildenden Prozeß ein, von dessen Ende sie weiß, daß sie es nicht kennt. Sie weiß, daß sie nicht dadurch Inhalt und Sicherheit gewinnt, daß sie das unbekannte Ende als göttlichen oder dämonischen Eingriff mythisiert. Sie läßt das Ergebnis schlicht offen. Doch nun zu den Texten:

Die skepsislose Wunderdefinition des Thomas in ScG 3, 101 definiert Wunder im eigentlichen Sinn als alles das, «was von Gott her geschieht außerhalb der Ordnung, die gemeinhin in den Dingen beobachtet wird.»[6] Thomas macht unser gewohntes Bild der Naturabläufe zum Maßstab für das, was außerhalb ihrer liegt und folglich als Wunder im eigentlichen Sinn von Gott kommend anerkannt werden muß. Kurz darauf fügt er hinzu, erschaffene Substanzen – er denkt wohl an Engel –, können, wenn sie in der Kraft Gottes handeln, auch wirkliche Wunder bewirken.[7] Dann kann auch der Teufel, wenn er im Auftrag Gottes oder doch mit seiner Zustimmung dem Dulder Hiob Schaden zufügt, Wunder wirken. Damit verwischt Thomas die zunächst streng gezogene Grenzlinie zwischen Verwunderlichem und ‹eigentlichen Wundern›. Das wahre Wunder bestimmt Thomas als das, was außerhalb unseres alltäglichen Naturbildes liegt. Daß sich dieses Bild wandelt, daß es sich nach Zeiten und Bildungsschichten verändert, sieht er nicht vor; er setzt ein bleibendes Wesensbild der Naturordnung voraus. Diese Voraussetzung gibt Pomponazzi auf, nicht zugunsten einer materialistischen Naturauffassung, nicht zugunsten eines prinzipiellen Skeptizismus, sondern im Sinne der aristotelischen Gesamtordnung, einer strikteren Denkökonomie und einer neuartigen Selbsteinschränkung des jeweiligen Wissensstandes.[8] Pomponazzi stellt in Inc. 10, 77–87 die Instanzen oder Prinzipien vor, an denen er festhält. Prinzipien der aristotelischen Natur sind:

der unbewegte Beweger, der immaterielle Grund von allem,
die nach Sternenbewegungen zu ermittelnden Intelligenzen
und ihre Himmelskörper, Inc. 10, 77–152 S. 69–72.

Diese aristotelische Struktur der Naturprinzipien bleibt, und sie genügt zur befriedigenden Erkenntnis aller Naturvorgänge. Diese Erkenntnis betrifft die generellen Gründe der Dinge, von denen viele für uns unverständlich sind; wir wissen zu wenig. Aber wir können wissen, daß wir an Erkenntnis nichts hinzugewinnen, indem wir die Zahl der Gründe (im Sinne der aristotelischen ‹Prinzipien›) durch eine Unzahl unvorhersehbarer übernatürlicher Akteure vermehren. Die Verteidiger der Dämonen und Engel vom Typus des heiligen Thomas wollen ja auch Aristoteliker sein; sie nennen ebenso wie Pomponazzi den unbewegten Beweger, die Intelligenzen und die Himmelskörper als Naturgründe; nur fügen sie überflüssigerweise geheimnisvolle Mächte hinzu, gegen das Ökonomieprinzip, das die Nominalisten zwar nicht erfunden, wohl aber aktualisiert hatten. Pomponazzi kommt zu dem klaren Resultat: Aristoteles hat alle Dämonen entschieden negiert.[9]

Deren Verteidiger – wie Thomas – reden von ihnen nicht wie von Naturprinzipien, sondern wie von Menschen.[10] Sie begehen ihnen zuliebe ständig Anthropomorphismen. Dadurch zerstören sie den Sinn des aristotelischen Systemaufbaus. Sie dichten den übernatürlichen Agenten Motive an, die sie über keinen Naturvorgang belehren, während Pomponazzi seine Unkenntnis vieler Einzelbegründungen eingesteht und für künftige gemeinsame Hypothesenbildungen Raum schafft.

Wissenschaft vs. Volksaberglauben

Als weiteren Hintergrund seiner Überlegungen nennt Pomponazzi den Unterschied zwischen Wissenschaft und Volksphantasie. Beides hält er sorgsam auseinander. Man hat ihm Elitismus angekreidet, aber man muß sehen, was er vermeiden will: Die Wissenschaft soll ihren strengen Gang fortsetzen; sie darf sich nicht verführen lassen wie das schlichte Volk, das unbekannte Ursachen annimmt und diese vermenschlicht. Es überträgt seine Vorstellungen auf unbekannte Akteure. Es führt das

Überraschende auf Gott oder Teufel zurück, Inc. 12, 96–97 S. 124. Dies erklärt den Gegensatz zwischen Aristoteles und den Offenbarungsreligionen, die Pomponazzi in der Sprache des latinisierten Averroes als ‹Gesetze›, *leges* bezeichnet. Die *leges* brauchen Engel und Dämonen, Aristoteles negiert sie.[11] Engel und Teufel gehören in die Welt der Religion; sie wurden eingeführt zur moralischen und politischen Disziplinierung wilder Völker.[12] Pomponazzi redet nicht verächtlich von den Religionen; er weiß, daß sie anders sprechen müssen als Gelehrte, und er bedenkt, daß Gesetzgeber und Herrscher ohne Religionen nicht auskommen; sie sollen nur ihre Denkweise nicht in die Philosophie einmischen. Dies hatte Averroes dem Avicenna vorgeworfen. Das ergibt in der Philosophie der Religionen des Pomponazzi eine gewisse Nähe zu Averroes und zu den ‹Averroisten›. Sie bedeutet keine völlige Übereinstimmung: Pomponazzi hat einen anderen Wissensbegriff; er griff im 4. Kapitel von *De immortalitate animae* auch mit Berufung auf Thomas die Lehre des Averroes an[13] und näherte sich der mortalistischen Position des Alexander von Aphrodisias. Vor allem hat er einen anderen Gegner: Thomas von Aquino und dessen gegenwärtige Anhänger. Auch in dieser Gegnerschaft ist er nicht, wie schon gesagt, radikal; es gibt Gemeinsamkeiten, z. B. in der Distanz zu Avicenna und auch zu Averroes. Pomponazzi kritisiert an Thomas, daß er nicht konsequent bei seiner aristotelischen Linie geblieben ist. Er kennt Thomas sehr gut, zitiert auch dessen kleinere Werke, bricht aber zuweilen in distanzierte Rufe aus: «Das Argument, das der göttliche Thomas da anführt, ist ohne jedes Gewicht. … Daher habe ich mich oft über den göttlichen Thomas gewundert.»[14] Also: Gegen Averroes behält Thomas zwar recht, aber er verfälscht die Philosophie des Aristoteles, er addiert zu ihr die volkstümlichen Vorstellungen der *leges*. Außerdem hat er mit der Nobilitierung des Teufels zum reinen Geist ihre Einwirkung auf uns eher unwahrscheinlich gemacht; Pomponazzi betrachtet sie bereits als feste Kirchenlehre, da für sie der Teufel die erste aller Kreaturen oder doch eine der ersten gewesen sei, Inc. 10, 45 S. 68.

Noch eine Bemerkung zur Thomaskritik des Pomponazzi: Jemand könnte gegen sie einwenden, er ersetze die biblische Mythologie von Teufeln und Engeln durch die aristotelische von Sterngeistern und

Himmelskörpern. Er wirft ja Thomas vor, er verwirre die klare Prinzipienlehre des Aristoteles durch die unübersichtliche und philosophisch ergebnislose Einführung übernatürlicher Agenten. Sind die aristotelischen Sterngeister oder Intelligenzen nicht genauso mythologisch wie der biblische Teufel?

Von unserer heutigen Naturwissenschaft gesehen aus: ohne Zweifel. Aber die aristotelischen Sterngeister stammen aus der antiken Astronomie: Aristoteles gewann sie im 12. Buch der *Metaphysik* aus der zeitgenössischen Astronomie. Er forderte, sie aufgrund von Sternbewegungen zu ermitteln. Sie waren für ihn das Ergebnis der Naturerkundung, daher von begrenzter, nur streng methodisch zu bestimmender Anzahl, keine phantastischen Engelheere oder Jubelchöre. Thomas hat als Philosoph diese Konzeption geteilt. Sie war die rationalste Naturkonzeption seit dem 13. Jahrhundert; spätere Astronomen haben sie nach denselben Regeln abgelöst, nach denen sie konstruiert war: Thomas hat ihr nur noch die Lehre von Engeln und Dämonen hinzugefügt. Und Pomponazzi kritisiert, daß er damit nichts an Erklärung gewonnen hat. Vermutlich fand er es auch besser, daß Aristoteles recht hat und kein Mensch in der Hölle steckt.[15] Ziehen wir den Vergleich zwischen Thomas und Pomponazzi nicht von einem vermeintlich überzeitlichen Standpunkt aus! Beide teilen die Prinzipien des Aristoteles, nur kombiniert Thomas sie mit Elementen, die, Pomponazzi zufolge, zum Volksglauben gehören. Und damit verderbe er die aristotelische Physik.

Wunder

Wer Pomponazzi einen ‹Aufklärer› nennen will, sollte hinzufügen, daß er überzeugt war, sowohl bei Heiden wie bei Christen seien einige Wunder tatsächlich passiert. *An alle* wollte er nicht glauben, aber er dachte, bei einer solchen Fülle von Berichten, vor allem von vorchristlichen Historikern, seien doch wohl nicht alle erfunden. Er glaubt nicht *allen* Wundergeschichten; er sammelt sie und bestreitet keine von ihnen. Er läßt sie sich erzählen. Er gibt sich so wundergläubig wie ein Prediger im *Decameron.* Er erwähnt die Wunder im *Alten* wie im *Neuen Testa-*

ment.[16] Er anerkennt in allen Religionen Prophezeiungen und Vorzeichen künftiger Ereignisse.[17]

Er braucht diese Wunder, um zu zeigen: Einzelne lassen sich naturkundlich erklären, viele werden spätere Generationen erklären können. Sie beweisen nicht die Existenz von Teufeln und Engeln. Er verzichtet auf die Theorie vom Wunder als Priesterbetrug. Dafür findet er diese Motive zu breit vor, auch schon in der Antike. Betrug wird vorgekommen sein, um einfachen Leuten Geld aus der Tasche zu ziehen oder das eigene Prestige zu erhöhen. Aber das allein erklärt nicht die allgemein verbreiteten Wundergeschichten und den Dämonenglauben.[18]

Pomponazzi begründet dann seine eigene Position in zwei Schritten: Zuerst zeichnet er den Rahmen seiner Metaphysik, dann widerlegt er den Teufelsbeweis des Thomas von Aquino. Er beginnt, aristotelisch mit Verweis auf *Metaphysik* XII und *De caelo* I: Gott ist zu denken als der universale Grund aller körperlichen und aller immateriellen Wesen. Aristoteles sei nicht als Antiplatoniker zu lesen: Beide denken Gott als den Archetypus der Welt, wofür Pomponazzi den *Hymnus* III 9 des Boethius zitiert:

Tu cuncta superno
Ducis ab exemplo; pulchrum pulcherrimus ipse
Mundum mente gerens similique in imagine formans…

Du vom obersten Beispiel
Nimmst dies alles was ist; die schöne Welt, selber du Schönster
Führst du sinnvoll und formst sie dir ähnlich im Bilde.[19]

In diesem ideal-realistischen und real-idealistischen Bild führt der Gott des Aristoteles, der Geist, *mens*, ist, selbst die Urbilder in die sie abbildende Sinnenwelt. Da ist kein Platz für dualistische Motive, zumal Pomponazzi humanistisch fortfährt, es sei die Ansicht fast aller Philosophen, der Mensch sei das edelste aller vergänglichen Wesen, Inc. 10, 77–94 S. 70. Wir seien daher gewissermaßen das Ziel aller Dinge und strebten durch Sprache und Aktivität zu immer größerer Einheit, deren Glieder aufeinander angewiesen sind, 10, 95–144 S. 70–72. Politische

Naturen, die eine Vielheit zu größerem Austausch führen, erfahren daher die besondere Sorge Gottes als des *gubernator* der Welt. Da aber, wie Aristoteles lehre, die gänzlich immateriellen Wesen nur durch körperliche Mittelwesen auf die sinnliche Welt einwirken können, komme den Himmelskörpern eine unentbehrliche Rolle zu; sie vermitteln die Urbilder des göttlichen Geistes. Und sie sind besorgt um große politische Figuren wie Caesar. Sie geben ihnen Zeichen, sie zu warnen oder anzuspornen. Daher sollten wir das Studium der Naturphilosophie verbinden mit der Lektüre der großen Historiker. Da sehen wir, wie alle Wirkung von den Sternen ausgeht, ohne die Freiheit der Entscheidungen auszuschließen. Wir sehen den Zusammenhang der kosmischen Ordnung und der großen politischen Entwicklungen.[20] Die Sterne bestimmen, Alternativen freilassend, alles irdische Geschehen; sie disponieren die einzelnen Menschen zu ganz verschiedenen Künsten und Leistungen. So sind einige Menschen dazu disponiert, durch Kenntnis der Sterne oder durch die Kunst, Träume und Zukunftszeichen zu deuten, Erstaunliches zu bewirken. Das einfache Volk sagt dann von ihnen, sie seien vom Teufel besessen oder sie seien Heilige. Aber Platon beschreibe die Dichter als besessen vom heiligen Furor. Die Muse bewege die Dichter aus heiligem Instinkt zum Werk. Die wirklichen Dichter verfertigen ihre Lieder nicht nach Regeln einer menschlichen *ars*, sondern aufgrund göttlichen Anhauchs, *divino afflatu*. Ähnlich sprechen Propheten, die es bei allen Völkern und in allen Religionen gibt.[21] Dieser theologisch-politisch-poetischen Gesamtproduktion, die ewige Urbilder ins Sinnliche hineinbildet, entstammen die vielen Wundergeschichten, auch wenn bei ihnen Machtspiele, Aberglauben und Geldinteressen im Spiel sind. Daher bleibe es nicht rätselhaft, daß es Menschen gibt, die Unwetter und Trockenperioden, Krieg und Frieden, Tod und Leben im voraus kommen sehen, nicht als geschähen die Ereignisse mit Notwendigkeit, sie zeigen sich als Tendenz.[22] Muster und Zeichen des Weltgeistes erreichen uns auf dem Weg über Sterngeister und Himmelskörper. Wer nachdenklich an die Weltgeschichte herantritt, läßt daher Orakel und Wunderdinge gelten. Er versteht sie ohne Dämonen und ohne Engel, *sine daemonibus et angelis*, 10, 302 S. 77. Die Philosophie und die Religionen versichern übereinstimmend, daß Gott nicht direkt in den Weltlauf eingreift; er überspringt zum Beispiel nicht die von ihm geschaffenen Himmelskörper.[23]

Pomponazzi setzt nicht nur seine geistphilosophische Deutung der Gottheit und der Sternbewegungen voraus; zu den Zeichen gehört auch die *Deutung*, und die schaffen, hebt er hervor, Menschen sehr verschiedener Disposition. Sie geschieht nicht in bloßer Rezeptivität oder Gehorsam, sondern differenziert sich aus nach verschiedenen Graden der Imagination und divergierenden Regeln der Vernunft. Daher bringt die Zeichenauslegung keine strikte Einheitlichkeit. Sie spielt in der Welt der Poesie, nicht in der Sphäre der Gesetze.

Damit sind wir beim zweiten, beim polemischen Teil der Begründung des Pomponazzi. Er faßt sie Inc. 10, 384–386 S. 80 kurz dahin zusammen: Warum sollen wir solche Geistwesen wie Engel und Dämonen annehmen, wenn wir alle ihnen zugeschriebenen Erfahrungen auch ohne sie mit Hilfe des Aristoteles begründen können? Das ist welthistorische Vereinfachung und Ernüchterung, doch haben menschliche Phantasie und strenge Rationalität ihren Anteil an der Zeichenauslegung. Pomponazzi glaubt sich nicht mehr im Besitz einer wahren Wesensordnung; er schlägt Bilder und Hypothesen vor, die sich vielleicht in Zukunft als wahr oder falsch erweisen werden. Er hat ein neues Konzept intellektueller Arbeit.

An Satan glauben

Es bleibt die Frage nach dem Verhältnis des großen Textstücks, in dem der Autor Teufel und Engel aus der Philosophie verweist, zu dem kurzen Endkapitel, das sich zum christlichen Glauben an Engel und Teufel bekennt. Der Philosoph intoniert mit auffälliger Rhetorik die Verpflichtung, der Kirche zu gehorchen: Alles, was sie sagt, ohne irgendeinen Zweifel anzunehmen.[24] Diesen energisch klingenden Satz der Kirchentreue hat Pomponazzi spät in die letzte Textfassung eingefügt; er muß es für notwendig gehalten haben zu erklären, daß er die Autorität der Kirche als gewiß, fest, gültig, unverletzbar und ohne jeden Zweifel hinnehme.

Ich stelle nicht die oft diskutierte Frage, ob diese fromme Wende nur eine Schutzmaßnahme gegen Inquisitoren war. Denn diese Frage ist unentscheidbar. Sie wird auch gleichgültig gegenüber der Tatsache, daß er beide Aussagen in ungleicher Breite und Sorgfalt zwar, aber doch völlig unmißverständlich ausspricht, und zwar:

1. Die Philosophie negiert mit Recht Engel und Dämonen.

2. Die Kirche glaubt an Engel und Dämonen, und er nimmt ihren Glauben ohne Zweifel und Einschränkung an.

Der Leser kann sich frei entscheiden. Ich mache dazu nur zwei Bemerkungen:

Erstens ist diese Position so neu nicht, wie der unvorbereitete Leser finden könnte. Es gab seit dem 13. Jahrhundert, seit der Diskussion um Averroes, die Ansicht, man könne eine wichtige Kirchenlehre als philosophisch unbeweisbar aus der Philosophie entfernen, um sie der reinen Glaubensunterwerfung zu überlassen. Dies konnte der Verherrlichung der unbeweisbaren Kirchenlehre dienen, die höher stehe als alle Vernunft, die wir nicht unserem Grübeln, sondern allein dem Heiligen Geist zu verdanken hätten. Pomponazzi bedient sich dieser fideistischen Terminologie, die den Glauben als zu höheren Einsichten unfähig hinstellt. Mittlerweile war ‹Vernunft› überwiegend aristotelisch definiert; ihr wichtige Glaubensinhalte wie die Seelenunsterblichkeit, den Teufel samt Hölle, die Engel samt Himmel zu entziehen, das ließ sich auch zugunsten der Vorrangstellung der Theologie auslegen. Dies demütigte den angeblichen oder wirklichen Rationalismus einzelner Universitätstheologien. Das konnte man erbaulich oder auch ‹mystisch› stilisieren. Dann klang diese Position fromm und war im 16. Jahrhundert nicht theologisch ‹unmöglich›, wenn sie auch stärkeren Tendenzen widersprach.

Es gab christliche Denker, denen an einem strengen Konzept von ‹Philosophie› lag; sie wollten aus theologischen Gründen jede Vermischung der Philosophie mit Theologie vermeiden. Auch diese Auffassung von Philosophie war seit dem 13. Jahrhundert entwickelt worden: Albert hatte sie vorgeführt und teils verwirklicht, Siger von Brabant, Gottfried von Fontaines, Dietrich von Freiberg und Johannes von Jandun waren weitergegangen in dieser Richtung; Duns Scotus und seine Schüler lasen manche so. Allerdings: *De incantationibus* entwickelt die Elimination des Teufels und der Engel so viel breiter und mit so viel mehr Denkenergie als die mehr rhetorisch wirkende abschließende Empfehlung des Kirchenglaubens, daß Zweifel an der Rechtgläubigkeit des Philosophen aufkamen.

Verdacht konnte auch erregen, wie Pomponazzi mit der Teufels- und Engellehre des Thomas von Aquino verfuhr. Thomas hatte sich in ScG 3, 103 bis 109 bemüht zu beweisen: Magische Künste haben sehr reelle, sehr weitgehende Wirkungen. Sie zeigen intellektuellen Gehalt und sprachlichen Charakter. Sie seien Mitteilungen und könnten daher allein auf intellektuelle Wesen zurückgehen, von denen er glaubte zeigen zu können, daß sie zwar nicht von Natur aus böse, wohl aber ihrer Willensrichtung nach gegen Gott aufständisch und gegenüber dem Menschen neidisch und bösartig seien. Pomponazzi behandelt diesen recht sorgfältig ausgearbeiteten Teufelsbeweis mit kritischer Ironie. Er sieht in ihm eine gescheiterte Erweiterung der aristotelischen Philosophie, die ihr widerspreche. Den intellektuellen Gehalt magischer Effekte sichern der aristotelische Urgeist und die Intelligenzen hinlänglich; dazu bedarf es keiner bösen Geister. Pomponazzi traut sich zu, die Erfolge der Magier im Rahmen des ursprünglichen Aristotelismus zu erklären.[25] Ähnlich hatte er in *De immortalitate animae* den Versuch kritisiert, mit aristotelischen Argumenten die Unsterblichkeit der menschlichen Seele zu beweisen. Auch das ließ sich theologisch verkraften, aber es widersprach dem kirchlichen Mainstream, wie ihn das fünfte Laterankonzil (1512–1517) gefordert hatte. Dieses hatte soeben in der Bulle *Apostolici regiminis* vom 19. Dezember 1513 erklärt, jeder Christ sei verpflichtet zu glauben, die Seelenunsterblichkeit sei philosophisch beweisbar. Diese merkwürdige Position wurde verbindliche christliche Lehre. Allerdings stimmte der philosophisch Gebildetste der Konzilsväter, Thomas de Vio aus Gaeta, Cajetanus, nicht zu.[26]

XII. Der Teufel und die Hexen

Humanismus und Hexenjagd

Kamen Renaissance und Humanismus den Frauen zugute, die der Hexerei verdächtigt wurden? Hat die «Entdeckung des Menschen und der Natur» die Dominanz des Teufels abgebaut? Auf den ersten Blick lautet die Antwort: Nein. Prozesse und Hinrichtungen nahmen im 16. Jahrhundert zu. Seine größte Wirksamkeit entfaltete der *Hexenhammer*, als in den Gymnasien die Leselisten der Humanisten galten. Die ersten mächtigen Argumente gegen die Hexenjagd kamen nicht von Humanisten oder dogmatischen Universitätstheologen, sondern von Ärzten und Beichtvätern, die in die Gefängnisse kamen. Einige wenige Juristen äußerten Einwände prozeßtechnischer und erkenntnistheoretischer Natur.

Das ist nicht alles, was zu sagen ist. Der Weg zum Abbau von Teufelsschatten und Hexenwahn verlief kompliziert. Da vertiefte ein Arzt sich im Kampf gegen die Hexenjagd in antike Geschichtsschreiber und theologische Handbücher; mancher Jurist verteidigte lieber seine Zunft als die verdächtigten Frauen; er förderte die Hexenjagd mit naturrechtlichen Reden von der Willensfreiheit aller Menschen: Hexen könnten als frei handelnde Menschen den Teufelspakt verweigern; im Zeitalter des erhöhten Interesses am römischen Altertum verwies er auf die antike Tradition der strengen Bestrafung der Zauberei. Auch Poeten spielten mit. Mancher Versemacher wiederholte die alte Geringschätzung der Frau oder spottete über herrschsüchtige Weiber. Und doch hat die Dichtung zwar nicht gleich die Stellung der Frau, wohl aber die Sicht auf sie verändert. Die Liebeslyrik der Troubadours, die französischen Versromane, die Werke Gottfrieds von Straßburg und Wolframs von Eschenbach hatten das weibliche Selbstverständnis gestärkt und den Blick der Männer für die Frau sensibilisiert. Dantes Beatrice erklärte den Männern den Himmel und die Erde. Sie war die große Liebende, aber sie trat bei Dante unter Männern auch auf wie ein kommandierender Admiral inmitten der Seeschlacht; sie bestimmte Wissen und Leben. Petrarcas Laura war weniger ‹Weise›, weniger Autorität und dafür mehr Frau. Boccaccio weitete Dantes hohes Interesse an der Selbständigkeit der Frau aus zur analytischen Beschreibung des alltäglichen Lebens. Das waren viele Stufen der Verfeinerung und Horizonterweiterung, in deren Dienst Humanisten die antike Dichtung stellten. Sie wirkten über Jahrhunderte auf die europäische Männerwelt und setzten einige alte Abwertungen der Frau in Zweifel.

Im 16. Jahrhundert kam die Medizin selbstbewußt zu Wort und legte ihre Ansicht über Hexen vor. Die Medizin stand in einem ähnlichen Verhältnis zum Humanismus wie Kosmologie und Astronomie. Die Humanisten entwarfen kein neues physikalisches Weltbild. Aber sie machten die antiken Geographen und Astronomen zugänglich und lehrten, sie zu verstehen. Ohne humanistische Gelehrsamkeit hätte Kopernikus kein neues Bild des Kosmos und hätte Machiavelli nicht seine Analyse der Geschichte entwerfen können. Und ohne Studium der antiken Medizin hätten Ärzte keine neue Sicht der Hexen und der Hexenverfolgung entwerfen können.

Die Sicht des Arztes

Ein Repräsentant der neuen ärztlichen Sicht, die den Humanismus als Zwischenträger gebraucht hatte, war Johannes Weyer, auch Wier (Wierus) genannt (1516–1588), Christ von wenig ausgeprägter Konfessionalität, Leibarzt von Herzog Wilhelm V. von Jülich. Sein Hauptwerk *De praestigiis daemonum, et incantantionibus ac veneficiis Libri sex* ist 1563 in Basel erschienen, erreichte schnell mehrere Auflagen, ich benutze die von Basel 1568.

Weyers Werk verdient aus mindestens drei Gründen heute Interesse: Er repräsentiert in der Frage der Hexen die ärztliche Tradition, vielleicht als erster in großer Deutlichkeit, allerdings hatte sein Lehrer Agrippa, der auch Arzt war, Hexenprozesse schon kritisiert. Agrippa war auch Jurist und hat in Metz bei einem Hexenprozeß die Angeklagte verteidigt, mit juristisch-beweistechnischen Argumenten.

Zweitens zeigt Weyers Werk, wie die Philosophie die Diskussion um Teufel und Hexen beeinflußt hat. Sein Lehrer Agrippa, von Johannes Reuchlin in die außerakademische Wissenschaft eingeführt, lehnte den scholastischen Wissenschaftsbegriff ab und suchte eine eher skeptisch und/oder neuplatonisch inspirierte Theosophie; seine Vorträge über die Leere des Universitätswissens wirkten sich auch auf die Bewertung der Hexenprozesse aus. Ich mache Weyer nicht zum reinen Philosophen. Sein primäres Arbeitsfeld war die Medizin, und im reformatorisch aufgewühlten Reichsgebiet entwickelte er leidenschaftlicheres Interesse an Theologie als etwa Pomponazzi. Aber die Philosophie verhalf ihm zu Abstand von Autoritäten.

Drittens hat Weyers Werk bedeutende Kontroversen ausgelöst. Es wurde vielfach kritisiert, besonders von dem Philosophen, Staatstheoretiker und Geschichtsdenker Jean Bodin (1529–1596). Dessen heftige und ausführliche Polemik gegen Weyer steht in seiner Schrift *De la démonomanie des sorciers,* Paris 1580. Und sie fand eine großangelegte Erwiderung durch Reginald Scot, *The Discoverie of Witchcraft,* 1584. Dagegen stellte König James VI. von Schottland 1597 die orthodoxe Dämonologie wieder her. Suarez arbeitete zur selben Zeit an seiner Summe der Teufelslehre, die 1620, nach seinem Tod, erschienen ist. Europa hat die große Welle der Hexenhetze mit intensiver Reflexion begleitet.

Weyer glaubt an den Teufel. Gleich im ersten Satz seiner Widmung an Herzog Wilhelm von Kleve klagt er, zur Zeit erschüttere der Teufel durch fanatische Ansichten, die sich pestartig ausbreiteten, den ganzen christlichen Erdkreis (S. 3). Das ist nicht gerade die Diagnose, die man von einem Mediziner erwartet. *Die Deutsche Biographische Enzyklopädie,* Band 10, München ^{2}2008, S. 585, sagt von Weyers Beruf nur, er sei «Arzt» gewesen. Das war er in der Tat; er hat als erster die Magersucht beschrieben. Seit 1555 arbeitete er als Leibarzt des Herzogs Wilhelm V. von Jülich-Kleve-Berg, der sich, von Erasmus beeinflußt, aus konfessionellen Händeln heraushielt und als Gerichtsherr Hexen schonte. Ein moderner Historiker rühmte Weyer als den Begründer der medizinischen Disziplin der Psychiatrie; wahr ist, daß er die ‹Hexen› für psychisch Kranke hielt, die einen Arzt, keinen Richter brauchten, und daß er ihre Krankheit als Melancholie diagnostizierte. Er selbst beschrieb sein Projekt als umfassendes Vorhaben eines Universalgelehrten, der bei Agrippa von Nettesheim (1486–1535)[1] studiert hatte, dem Vorbild von Goethes *Faust*. Er argumentierte medizinisch, aber nicht nur medizinisch, sondern erklärte zu Beginn seines Werkes die vierfache Aufteilung seines Arbeitsfeldes:

Erstens sei seine Zielsetzung theologisch. Er wolle die Werke des Teufels schriftgemäß darstellen.

Zweitens untersuche er naturphilosophisch, was Hexen wirklich können, um vage Vorstellungen über Hexen, *sagae*, richtigzustellen.

Drittens werde er medizinisch zeigen, daß, was Hexen zugeschrieben wird, aus natürlichen Ursachen zu erklären ist.

Viertens diskutiere er juristisch, ob und wie Hexen zu bestrafen sind (S. 7).

Das ist das Programm eines Universalgelehrten der Renaissancezeit, wie es der Arzt, Philologe, Religionsphilosoph und Reformer Michael Servet verfolgt hat. Er setzt ein mit der Untersuchung, was der Teufel sei, *Diabolus quid sit*. Er drängt auf Begriffsklärung und trennt ‹Hexen› ab von Magiern, diesen gelehrten und verständigen Männern von großer Wißbegierde, *viri docti et cordati, sed curiosi*, die im Dienst des Teufels stehen mögen, aber mit Hexen nichts zu tun haben, sowenig wie Giftmörderinnen, *veneficae*: ‹Hexen› seien Frauen, die intellektuell weniger ausgebildet seien als die naturforschenden Magier. Frauen mit ihrer weicheren Anlage seien Teufelszugriffen mehr ausgesetzt. Teufel schleichen sich ein in ihre Vorstellungskraft, in ihre *imaginativa*, seien sie wach oder schlafend, S. 15. Was sie im Verhör unter Qualen gestehen, seien Wirkungen des Teufels, S. 16. Ihre Geständnisse sind insofern wahr, als sie die falschen Vorstellungen aussprechen, die der Teufel ihnen eingab; sie glauben selbst, sie hätten das Böse angerichtet, das die

Richter hören wollen. Anders als die Magier haben sie keine Bücher, keine Geheimzeichen, keine Lehrer. Zurückgezogen in ihren oft dunklen und elenden Wohnungen, leiden sie an der Krankheit der Melancholie, *domique latentes… in melancholiae morbo*. In ihrer Trauer und extremer Verzweiflung, *maerore et extrema desperatione*, glauben sie die teuflischen Einflüsterungen, S. 16. Vor allem haben sie gar nichts mit Häresie im Sinn, S. 18. Ihre Häresie war das Hauptargument des *Hexenhammers* für die grausame Todesstrafe des Verbranntwerdens; *dagegen* polemisiert Weyer. Außerdem: Hexen schaden niemandem. Die öffentliche Rechtspflege ist zu reformieren; wer Opfer der Hexen zu sein glaubt, ist darüber aufzuklären, was Hexen vermögen und wer die wirklich Schuldigen sind: die Dämonen, die keiner irdischen Rechtsprechung unterliegen und an die kein Richter herankommt. Der Arzt befasse sich mit der Widerlegung falscher Heilmethoden, die Juristen sollen sich um die Bestrafung der Magier und Giftmörder kümmern. Die Bücher der Magier sind zu verbrennen, 6,2 p. 570–573.

Politische Intention

Weyers Buch ist auch eine politische Streitschrift. Es wendet sich zunächst an den Herzog von Kleve, dann auch an den Kaiser und alle Fürsten, p. 21–22: Sie sollen die Menschheit von einem alten Irrtum befreien. Er fordert radikale Reform, bleibt aber gerade deswegen bei einem Minimum theoretischer Neuerungen. Er will, daß die Hexenjagd ende und die alten Zuschreibungen von bösen Wirkungen aufhören. Manche Vorstellung teilt er noch mit den Hexenverfolgern. Aber daß Frauen einen Pakt mit dem Teufel schließen, daß sie ihm ungetaufte Kinder darbringen, sie töten und aufessen, daß, wie der *Hexenhammer* aus Geständnissen zu wissen glaubt, eine Frau in Konstanz einundvierzig Kinder umgebracht habe, das alles ist leere Gutgläubigkeit, *vana credulitas*, S. 218. All die vielen Sexgeschichten von Hexen mit Dämonen sind erdichtet, 3, 30 S. 316.

Der Widerspruch zum *Hexenhammer* ist klar, S. 8. Weyer schiebt alles, was die Frauen wirklich bewirken, was ihnen also nicht angedichtet wird, auf den Teufel und beläßt es bei den herkömmlichen Grenzen der Wirkmacht des Teufels: Er kann nicht eine einzige Mücke erschaffen,[2] seine Grenzen sind bestimmt durch seine Natur als gefallener Engel und eventuell einen speziellen Auftrag, S. 122. Sabbatflüge sind menschliche Phantasie oder teuflische Täuschung. Aber daß er einen menschlichen Körper durch die Luft in die Ferne transportieren kann, beweise die Geschichte von der Versuchung Jesu, den der Teufel auf einen hohen Berg brachte. Zwar kann er nichts bewirken ohne Gottes Erlaubnis, aber da Gottes Absichten uns unbekannt bleiben, ergibt sich daraus kein konkretes Kriterium für das, was er nicht kann. Weyer bezweifelt nicht den ganzen Komplex von Teufelsvorstellungen, er nahm an, der Teufel bewege wirklich, nicht nur der Vorstellung nach, nicht nur *phantastice*, Körper durch die Luft, S. 242. Weyer ließ es dabei, daß die Hexen wirklich vom Teufel besessen sind. Wegen ihrer durch Melancholie geschwächten Natur kann der Satan sie leichter bedrängen; er quält sie, wie er Hiob geplagt hat, 4, 1 S. 348–349. Satan bringt Geschlechtsumwandlungen zustande, 4, 24 S. 422, aber Menschen in Wölfe (Werwölfe!) verwandeln kann er nicht; er ist an die Wesensformen der Naturdinge gebunden. Wenn von Kirke erzählt wird, sie habe die Gefährten des Odysseus in Schweine verwandelt, ist das Aberglauben, *credula superstitio*, 4, 22 S. 414.

Weyers umfangreiches Buch geht auf Fragen der Hexenprozesse ein. Er erzählt Geschichten von unschuldigen Frauen, die als Hexen verurteilt worden sind, 6, 13 S. 612–616. Er besteht darauf, zur Gerechtigkeit gehöre nicht nur die Bestrafung Schuldiger, sondern ebenso die Bewahrung Unschuldiger vor Strafe. Er bringt das Argument der späteren *Cautio criminalis* des Friedrich von Spee, es sei schwer, kaum möglich, Hexen zu identifizieren, 6, 7 S. 588–590. Ihren Geständnissen ist kaum zu trauen, zumal sie unter der Folter gemacht worden sind, 6, 8 S. 591–592.

Weyer kennt die Kirchenväter und die ältere kirchenrechtliche Literatur, aber sein Buch gehört der neuen Zeit an: Er ist humanistisch gebildet und zitiert umfangreich antike Historiker; er erklärt im Anschluß an Augustin, civ. 15, 23, was Faune und Satyre sind; er diskutiert wie Augustin die Wundertaten der Kirke, civ. 18, 18. Er kann Hebräisch und Griechisch; er erzählt viele Histörchen aus dem Altertum, er zitiert Vergil und erzählt eine Novelle aus dem *Decameron,* 18. Es wurde ihm zugerufen: «Schuster, bleib bei deinen Leisten!», er als Arzt sei nicht zuständig für allgemeine Fragen, zumal der Theologie, aber er beharrt auf seinem Recht, auch als Arzt zu Fragen des Rechts, der Ethik und der Religion zu sprechen, 6, 1 S. 565–566.

Stärkung der Teufelsmacht zur Entlastung der Frauen

Die große geschichtliche Bedeutung Weyers in der Geschichte der Bekämpfung des Hexenwahns erkennt die Forschung längst an.[3] Er war von der Unschuld der Hexen überzeugt und wollte sie dem Richter entziehen. Die starke Seite seiner Argumentation bestand in der Beschreibung ihrer Depression, 4, 25 S. 425–426, und der sozialen Situation kranker, oft älterer Frauen, wenn auch seine Analyse der Melancholie phänomenologisch schwach blieb, so daß spätere Ärzte eher Epilepsie oder Hysterie diagnostizierten. Jean-Martin Charcot (1825–1893) faßte beide Krankheitstypen zusammen und plädierte bei Besessenen auf Hystero-Epilepsie; Freud führte diese Analyse weiter im Sinn seiner Sexualtheorie.

Weyer feilte an der Definition von ‹Hexe›, weil er sie von Magiern und Giftmördern scharf unterschieden wissen wollte. Insbesondere wehrte er den Vorwurf der Häresie von ihnen ab, der vor allem seit dem *Hexenhammer* verhängnisvoll geworden ist. Daß seine wissenschaftliche Position nicht ohne Traditionselemente auskam, versteht sich von selbst, ist aber danach zu bewerten, wie er sie nutzte. Denn er schob alle Schuld weg von den kranken Frauen auf den Teufel und stärkte insofern dessen Position. Er machte die Hexe zum Instrument in dessen Hand und entzog sie der Justiz, aber dazu griff er all die traditionellen Theologengründe auf, die den Teufel zwar zum Herrn der sichtbaren Welt machten, aber seine Erhöhung zur Quasi-Gottheit verhinderten. Ihnen konservativ folgend, betonte er, was der Teufel alles *nicht* kann, S. 123–125. Er stärkte die Macht des Teufels gegenüber den Kranken und schwächte sie gegenüber Gott und der Menschheit. Er mußte mit den Ideen auskommen, die ihm zur Verfügung standen, und dazu war ihm die neutestamentliche Vorstellung vom Herrscher dieser Welt gerade recht; er nutzte sie, um die ‹Hexen› zu entlasten. Er fand bei Theologen genügend Einschränkungen der Teufelsmacht gegenüber dem allmächtigen Gott, auch wenn ihr Verhältnis zu den schroffen neutestamentlichen Ermächtigungssprüchen unklar blieb. Am Abbau der Teufelsvorstellung konnte er durchaus nicht interessiert sein; er hielt sie für einen integralen Bestandteil des christlichen Glaubens, dem er insgesamt größeres Gewicht beließ als Pomponazzi. Glaubenseifrigeren Denkgewohnheiten nördlich der Alpen folgend, sah er in ihm noch das Movens zu einer Gesamtanschauung der Wirklichkeit. Er kannte das Elend der Frauen in den dunklen, stinkenden und kalten Gefängnissen. Die Hexenjagd abzuschaffen war dringender als die Verteilung der Machtsphären zwischen dem Gott im Himmel und dem Gott dieser Weltzeit. Für die Konkurrenz der jenseitigen Mächte bot die theologische Tradition ausreichende Formeln, und die nutzte er, um den Rükken frei zu bekommen zur Verteidigung der Unschuldigen. Er wußte, daß er so schon, ohne den Teufel abzuschaffen, Feinde genug auf sich zog. Man verdächtigte ihn, nicht nur die Schuld der Hexen, sondern den Teufel und gar Gott selbst zu leugnen. Davon war er weit entfernt. Aber Zionswächter erklärten, wer am lebenswichtigen Komplex der Hexenbestrafung rüttle, der verlasse die christliche Gesamtdeutung der Welt und der Bibel. Weyer hatte genug zu kämpfen, dem klerikal besetzten Terrain der Seelenkontrolle und des Rechtswesens die medizinische Behandlung der Melancholie als Feld natürlichen Wissens und Behandelns abzugewinnen.

Ein Glaubenseiferer machte daraus den Vorwurf, er verbreite insgesamt eine naturalistische Philosophie. Davon war er weit entfernt, wie er im Epilog seines Werkes hervorhebt, in dem er sich von Pomponazzi distanziert. Kampflustige Peripatetiker, schreibt er, *pugnaces Peripatetici*, seien heute dabei, alle Wunder und *monstra* auf natürliche Ursachen zurückzuführen. Mit heftiger Hartnäckigkeit widersprechen sie der Heiligen Schrift. Das habe der seinerzeit berühmte Mantuaner Philosoph Petrus Pomponazzi getan in seinem Buch *De incantationibus*, das voll sei von abstruser Philosophie statt der unbesiegten Elemente der christlichen Philosophie. Der heilige Paulus, das Gefäß der Erwählung, warne davor, sich von der Philosophie irreführen zu lassen, die nur aus Menschensatzungen bestehe; sie entspreche den Weltelementen, sei aber nicht nach Christus gestaltet. Er habe allerdings gehört, Pomponazzi sei, bevor er seinen Geist aufgab, aufgrund besonderer göttlicher Gnade kein *atheos* geblieben, S. 675–676.

Der Text zeigt einige Motive Weyers: Er wollte nicht wie Pomponazzi die gesamte Natur teufelsfrei, rein naturphilosophisch, betrachten, sondern nur die Melancholie. Er steigerte eher die Macht Satans, als daß er sie bestritt. Er begrenzte sie nur in den dafür vorgesehenen moderaten Formeln. Um den speziellen, kleineren Bezirk psychischer Erkrankungen zu rationalisieren, brauchte er nicht das Gesamtgebäude der Dämonenlehre umzustürzen. Dann hätte er sich um jede Wirkung gebracht und wäre als Häretiker auf dem Scheiterhaufen geendet. Er mußte bestreiten, daß die Hexen das können, was man ihnen zuschrieb. Er wollte insgesamt eine christliche Philosophie, die sowohl über Platon wie Aristoteles hinausgehe. Den Vorwurf der Gottlosigkeit gebraucht er locker gegen Pomponazzi, den er mit dem griechischen Wort einen *atheos* nennt, als wisse er nicht, daß der Mantuaner nicht nur dem Glauben Raum ließ, sondern als aristotelischer Philosoph Gott als ersten Beweger dachte. Er muß es für nützlich gehalten haben, sich vom universalen Naturalismus und vom italienischen Denkstil zu distanzieren, denn schon spielte nationale Empfindlichkeit in Diskussionen der Gelehrten hinein. Weyer treibt kaum konfessionelle Polemik, aber er will bibeltreu denken, also weder die Wunder Gottes noch die Monster in der Natur den Vorschriften der Philosophen unterwerfen. Sein Projekt ist enger. Es ist das eines theologisch, philosophisch und juristisch gebildeten Arztes, der dem schreienden Unrecht der Hexenjagd ein Ende wünscht.

Abstand zur Universität

Die Ideenwelt des 16. Jahrhunderts in Deutschland war eine brodelnde Masse, bevor die Jesuitenscholastik, die tridentinische und die lutherische Orthodoxie sie wieder disziplinierten. Es ist möglich, die Stellung

Weyers in diesem Treiben genauer zu bestimmen; ich begnüge mich hier mit einem Hinweis. Schon seine biographische Situation weist in eine bestimmte Richtung: Sein Herzog Wilhelm stand mit Erasmus in Verbindung und hatte Beziehungen zum Kölner Erzbischof Hermann von Wied, der das Kurfürstentum verlor, weil er sich seit 1538 als erster Bischof der Reformation zuwandte und abgesetzt wurde.

Eng, geradezu intim war Weyers Verbindung zu dem Kölner Adligen Heinrich Agrippa von Nettesheim, bei dem er als Schüler und Hausgenosse 1533 lebte. Er soll mit ihm im selben Bett geschlafen haben, von ihm getrennt nur durch einen großen schwarzen Hund, den wir aus Goethes *Faust* kennen und von dem erzählt wurde, er habe sich nach dem Tod seines Herrn in Grenoble in den Fluß gestürzt und sei für immer verschwunden.[4] Goethes Faust trägt Agrippas Vornamen: Heinrich.

Bei Agrippa nahm er den philosophischen Impuls auf, über das scholastische Universitätswissen, aber auch über den Gegensatz Platon-Aristoteles hinauszuwollen. Er wählte akademisches Außenseitertum und skeptische Spekulation neuplatonischer Art. Agrippas *De occulta philosophia,* das sein Autor schon im Winter 1509/10 mit Trithemius diskutiert hatte, enthielt große Abschnitte über Teufel und Hexen.[5] Bei Agrippa hörte Weyer, wie er Reuchlins Sprachkenntnisse rühmte, S. 141. Hier sind wir in der Welt der Humanisten und der Höfe, in der Agrippa sich auch mit seinem *Lob der Frau* bekannt machte: *De nobilitate et praecellentia Foeminei Sexus,* Antwerpen 1529. Diese humanistische Kritik der tradierten Frauenverachtung dürfte mit Weyers Verteidigung der zu Unrecht beschuldigten Frauen doch in Zusammenhang stehen. Vor allem löste der Abstand Agrippas vom Universitätswissen ihn aus Befangenheiten der Schule, in kleinen Schritten freilich, denn niemand kann alles aufgeben, was er gelernt hat. Und die Satanologie war um 1560 ein komplexes Gebilde, eine hochentwickelte Rhetorik, die auch dem Platz ließ, was sie einschränkte.

Weyer hatte nach dem Studium der *artes* in Köln, wo noch etwas vom Naturinteresse Alberts lebendig sein mochte, 1510 bei John Colet in London, also im Einflußbereich des Erasmus, Paulusstudien betrieben. Er gehört – auch – in den Kreis des vorreformatorischen Paulinismus. Er lebte eine Zeitlang am Hof des Hermann von Wied in Bonn.

Früh hatte er die Beziehung zum Abt Johannes Trithemius gesucht, um mit ihm über Magie zu konferieren. Unter den Werken Agrippas wurden später auch Gutachten gedruckt, die Trithemius auf Anfragen von Kaiser Maximilian I. ihm geschrieben hatte; sie betrafen Teufels- und Hexenmacht im realen Leben und ihre politische Bewertung als Gefahr für das Reich.[6] Die Antworten des Trithemius waren vorsichtig konservativ und von geringem theoretischen Interesse, aber sie zeigen, wie um 1500 auch in höchsten Schichten mit politischer Besorgnis nach Teufel und Hexen gefragt worden ist.

Der Widerspruch des Jean Bodin

Der große Rechtsgelehrte und Staatstheoretiker Jean Bodin (geboren 1530 in Angers, gestorben 1596 in Laon), der in seinem Gespräch der sieben Weisen über die verschiedenen Religionen, *Heptaplomeres,* in der Art des Nikolaus von Kues die *eine,* die natürliche Religion in der Vielfalt der Kulte gesucht hatte, dieser Entdecker der Staatssouveränität und Verteidiger der Toleranz, wurde der wohl schärfste Kritiker des Johannes Weyer. Sein schroffer Kampf gegen den Verteidiger der Hexen und seine Gottlosigkeit (*impieté extreme*) durchzieht seine Schrift *De la démonomanie des sorciers,* Paris 1580, aber als sei das nicht genug, fügte Bodin ihr einen langen Anhang von 68 Druckseiten hinzu, der sich ausschließlich der Widerlegung Weyers widmet: *Refutation des opinions de Jean Wier.* Ihr Ton könnte schroffer nicht sein. Bodin entschuldigt sich am Ende des Textes für seine rohe Tonart, aber dieser Entschuldigung fügt er sofort hinzu, jeder Mensch werde von gerechtem Zorn gepackt, wenn er zusehen müsse, wie Weyers blasphemische Reden die Ehre Gottes verletzen (252 r). Er schreibe nicht aus Haß, sondern weil Weyer die Sache des Teufels vertrete. Weil er zur Mißachtung des Gebotes Gottes aufrufe, das gebiete, die Hexen zu vernichten. Weil er alle Tradition verachte. Weil er Gottes, des höchsten Souveräns, Ehre beleidige.

Bodins Polemik kommt hart daher, aber für den heutigen Leser ist sie belehrend: Hier verteidigt ein hochgebildeter, selbständig denkender Gelehrter die Hexenjagd gegen deren maßgeblichen Kritiker. Auf der Seite der Hexenjäger gab es also nicht nur erstarrte Konservative und obskurante Antihumanisten. Bodin bringt in großer Klarheit fast alles vor, was *für* die Hexenverfolgung gesagt werden konnte. Sein Text faßt die Argumente der Hexenjäger der zweiten Hälfte des 16. Jahrhunderts höchst instruktiv zusammen. Bodin ist kein Theologe, aber wie Servet und Weyer verfügt er über universale Bildung, gerade auf dem Gebiet der Bibelauslegung. Er führt vor, was es bedeutet, ein einzelnes Lebensgebiet, hier: die seelischen Krankheiten, besonders die Melancholie, auszugliedern aus der herrschenden Gesamtansicht der Welt. Der Anspruch auf methodische Autonomie bedroht das theologisch-philosophisch-juristisch formierte gesellschaftlich-intellektuelle Ganze. Bodin, der Jurist, war beeindruckt vom Chaos in Folge der französischen Religionskriege seit 1562; er erträgt nicht die Subversion eines ‹kleinen Arztes› gegen das perenne Ganze der europäischen Lebensordnung und ihrer Wissenschaft. Er haßt den höhnischen Ton, in dem Agrippa von der Hohlheit des gelehrten Wissens sprach. Er fürchtet, der Anspruch auf eine noch so eingeschränkte Autonomie, und sei es nur die rein naturphilosophisches Analyse seelischer Krankheiten, ziehe den totalen Umsturz nach sich. Hexen waren für den Richter Bodin eine tägliche Erfahrung. Wer wie Weyer eine solche alltägliche Realität mitsamt ihrem theologischen und juristischen Hintergrund leugne, bestreite wohl bald auch die Existenz des Teufels und schließlich Gottes. Er arbeitet daran, das Teufelsreich zu vergrößern. Man muß ihn nicht nur widerlegen, man muß ihn vernichten. Weyer verdient die Strafe, vor der er die Hexen bewahren will, mehr noch als diese. Hier spricht auch der Gegensatz zwischen dem Arzt, der die *Behandlung* psychischer Krankheiten statt der Vernichtung der von ihr Betroffenen einfordert, und dem Juristen, dessen Gesetzbücher die Verfolgung von Zauberern, Magiern und Hexen gebieten. Dabei erlaube dieser Arzt sich auch noch, Magistrate und Richter, die Hexen verurteilen, als Mörder und Henker (*bourreaux* 218 r und 220 r) zu beschimpfen, weil sie angeblich Unschuldige töten. Der Souveränitätsdenker Bodin duldet nicht, daß jemand so von Behörden spricht. Der Ordnungsfreund, beeindruckt vom Chaos der Religionskriege, verbittet sich die Empathie mit Verbrecherinnen. Der Streit zweier Professionen ist zugleich ein Konflikt divergierender Weltauffassungen. Weyer verachtet das traditionelle Gehabe der Wissenden; Bodin braucht Ruhe; sein Land sucht Frieden. Höhnisch weist er ihm nach, daß Elemente der alten Weltansicht bei ihm stehengeblieben sind, zum Beispiele lehre auch er, daß Dämonen Körper annehmen (229 v). Wo Weyer seine Radikalität moderiert und die Medikal-Revolution auf das Nötigste beschränkt hatte, findet Bodin Inkonsequenz und Widersprüche, z. B. daß auch er Dämonen zutraue, Personen über weite Entfernungen durch die Luft zu transportieren (233 v). Damit steht Weyer in der Tat nicht weit weg von der Vorstellungswelt der Hexenverfolger.

Bodin geht gründlich vor; er beginnt sein Buch, indem er definiert, was eine Hexe ist. Ein Hexer oder eine Hexe ist, «wer bewußt teuflische Mittel einsetzt, um etwas zu erreichen»[7] (1 r). Das ist eine klare Begriffsbestimmung, wenn man weiß, was diabolische Mittel sind. Bodin tadelt Weyer, daß er diese Definition verfehle. Damit falle sein ganzes Unternehmen. Denn Weyer definiere die Hexe als eine Person, von der man *annimmt,* daß sie einen Pakt mit dem Teufel geschlossen habe (228 r). Danach gibt es gar keine Hexen, es gibt nur Frauen, denen man das *nachsagt.* Als ginge es um formallogischen Schulkram, wirft er Weyer vor, er verfehle die Aufgabe einer Definition, das wahre Wesen einer Sache (*la vraye essence*) anzugeben; er sage ja nichts über die wahre Wirklichkeit der Hexe. Er definiere die Hexe einzig nach dem, was man über sie *sage.* Das wäre doch, als definiere jemand den Mörder als den, von dem man *sagt,* daß er morde. Die Logik gebiete aber, zuerst zu fragen, *ob* etwas ist, um dann erst zu sagen, *warum* oder *was* es ist. An dieser schulmäßigen Belehrung ist immerhin bemerkenswert: Der Verteidiger der Hexenjagd fordert Tatsachensinn, nur ja nichts Abergläubiges, allerdings definiert er ‹Wirklichkeit› im Sinne des allgemeinen Übereinkommens, daß es Hexen gebe. Weyer könnte erwidern, *er* gebe nur eine *Nominaldefinition* der Hexe; er unterstelle nicht wie Bodin ihre Existenz als gegeben. Dessen Aufforderung, erst das *Daß,* dann das *Was* des Definierten anzugeben, sei nicht selbstverständlich, denn man müsse von dem, dessen Existenz man behaupte, einen Vorbegriff haben. Mehr beanspruche seine Definition nicht; sie sei aber nützlich, um Hexen von Magiern zu unterscheiden. Die Trennung von *Daß* und

Was sei eine logische Operation, die Bodin dazu diene, ohne Argumentation die reale Existenz dessen zu behaupten, was *er* zunächst nur definieren will, um ihre Gegebenheit zu untersuchen. Er bestreite nicht, daß es den Teufel und daß es Giftmörder gibt, die streng zu bestrafen seien. Weyer genügt die Definition der Wortbedeutung für den Anfang der Untersuchung; Bodin rügt Weyers Definition, weil sie nicht die wahre, also real existierende Wesenheit aussage, die es für Weyer nicht gibt. Bodin gesteht ihm zu, daß er nicht die Existenz jeder Art von Geistern bestreite und daß er als Philosoph mit Aristoteles etwas von Gott wisse, aber er stellt ihn gleichwohl in die Nähe der ‹Epikureer und Atheisten›, die gegen die große philosophische Tradition, in der Platoniker, Aristoteliker, Stoiker und Araber übereinstimmten, alle Prinzipien der Metaphysik leugnen (1 v). Er wittert die Möglichkeit einer *durchgehend naturalistischen* Weltauffassung, die Weyer nicht wollte; er übte sie ausschließlich bei der Analyse der Melancholie. Bodin, besorgt um das Ganze der christlichen Gesellschaft samt ihrer Weltdeutung, wirft Weyer vor, er betrachte die metaphysischen Inhalte nur aus der Sicht der Physik, 236 r und 242. Er denkt bei ‹Metaphysik› gerade nicht an Aristoteles, sondern an die Welt der Engel und Dämonen, die Aristoteles nicht kannte – abgesehen von den sternbewegenden Intelligenzen. Er beschwört die Gefahr von Epikureismus und Atheismus, deren auch Weyer Pomponazzi bezichtigt hatte. Er erwähnt die vielen Zweifler, die nicht an jenseitige Wesen und an deren Einwirkung auf die sichtbare Welt glauben. Er setzt ihnen die ‹Hexen› als Tatsache entgegen, wie Gewohnheit und ‹Wissenschaft› sie definieren, während Weyer auf die ‹Tatsache› hinweist, daß die Angeklagten oft hilflose ältere Frauen sind, die keine höhere Bildung haben und nicht daran denken, Häretiker zu sein. Der Rechtsdenker Bodin schreibt ihnen den Teufelspakt zu, ohne zu bedenken, daß ein Vertragsabschluß gemeinsame Sprache, übereinstimmende Rechtsauffassungen und geordneten Umgang miteinander voraussetzen. Diese Voraussetzungen hätte nachzuweisen, wer den Teufelspakt behauptet. Selbst wenn es ihn gäbe, wäre er ungültig. Weyer hatte es nicht unterlassen, das erkenntnistheoretische Argument vorzubringen, es sei schwer, praktisch unmöglich, einen solchen Pakt nachzuweisen; er hatte nur dieser Überlegung nicht das Gewicht gegeben, das spätere Kritiker wie Friedrich von Spee klugerweise in den Mittelpunkt rückten, um die großen Fragen der christlichen Dogmatik zu umgehen. Bodin setzt den Teufelspakt der Hexe voraus; er deutet ihn als widergöttliche neue Taufe und Selbstübergabe an Satan als den wahren Herrn. Damit verletze sie die Ehre des höchsten Herrn, und deswegen verdiene sie die schwerste aller Strafen; ihre Sozialschädlichkeit als Zauberin sei demgegenüber nebensächlich. Die Hexe verstoße gegen den höchsten Souverän, 240 r und 242 r. Sie schwöre in einer gegen-liturgischen Zeremonie dem Weltenherrn ab und verstoße damit gegen das weltentscheidende Machtverhältnis zwischen Schöpfer und Geschöpf. Daher die berechtigte Empörung gegen einen Schriftsteller, der diese äußerste Unbotmäßigkeit nicht als Tatsache gelten lassen will.

Bodin macht noch auf folgenden schwachen Punkt der Argumentation Weyers aufmerksam: Dieser schiebt alle Schuld auf den Teufel und entlastet so die Frauen. Aber er ignoriert ihre Freiheit. Nach Weyers Theorie wären sie bloß Instrument in der Hand des Teufels. Als hätten sie keine Verantwortung und keinen freien Willen. Als könne Satan sie einfach ergreifen und zum Teufelsdienst zwingen. Den modernen Leser überrascht: Der Verteidiger des Hexenwahns fordert nicht Glauben, sondern Tatsachensinn, und dann preist er auch noch die Willensfreiheit der Hexen. Er nimmt sie als ‹moderne› Subjekte. Freilich tut er das, um diese Frauen für belangbar und strafwürdig zu erklären. Er besteht auf ihrer Willensfreiheit; nur so kann er sie verfolgen und hinrichten, 237 v–238 r. Weyer hatte als Stadtarzt Angeklagte körperlich untersucht, er wußte es besser. Diese Frauen waren so geschwächt und so krank, so voller Angst und Wunden, daß sie nicht frei wählen konnten. Er entlarvte die schönen Reden von Willensfreiheit als Selbstverteidigung mitleidloser Juristen. In deren Auge stellte er sich auf die Seite der Teufelsdiener und verdiente die für sie vorgesehene Strafe.

Der Text Bodins ist bedeutend für die Geschichte des Teufels und der Hexen, weil er zeigt: Das grausame Tun der Richter und Henker wurde mit hohen Wertvorstellungen begründet, mit Tatsachensinn und der Willensfreiheit aller Menschen. Wirklichkeit und ‹wahres Wesen› ist in ihm das akademisch Anerkannte; er nimmt, naturrechtlich denkend, jeden Menschen als selbständiges Subjekt, das in freier Wahl seine Lebensrichtung bestimmt und dafür von der Obrigkeit verantwortlich gemacht werden kann. Weyer hatte von den vielen Frauen gesprochen, deren Körper- und Lebenssituation ihnen Selbstgestaltung versagte und die dafür auch noch gesellschaftlich geächtet und grausam bestraft wurden. Statt medizinischer und sozialer Hilfe erwartete sie Gefängnis, Anklage, Tortur und Feuertod. Und das begründete der Denker Bodin erstens mit der akademischen Illusion, wirklich sei, was in gelehrten Kategorien der theologisch-philosophisch-juristischen Tradition seit je gefaßt sei, und zweitens mit der rechtsphilosophischen Insinuation, jeder Mensch wähle als verantwortliches Subjekt frei, ob er mit dem Teufel einen Vertrag schließe oder nicht.

Weyers Abweichung kam Bodin auch deshalb ungeheuerlich vor, weil sie sich gegen die gesamte Menschheitsweisheit stelle. Bodin stilisierte die Vergangenheit entsprechend harmonisch, nicht als dauernden Disput, sondern als verläßlichen Besitz. Weyer versündigte sich in seinen Augen gegen die kompakte Masse der kohärenten Überlieferung. Er widersprach nicht nur der Theologie, sondern einem Menschheitswissen, das älter sei als dreitausend Jahre. Weyer hat diesem Gesamtbild einige Teile entrissen: Er glaubte nicht wie humanistisch gebildete Hexenjäger, die antiken Tragödien redeten von Hexen.[8] Er deutete den spätkarolingischen *Canon Episcopi*, als spreche er gegen die Hexenverfolgung, als erkläre mit diesem Text die Kirche jeden zum Häretiker, der die bloßen Täuschungen, die der Teufel verursache, etwa die Sabbatreisen, für *wirklich* halte. Dem *Canon Episcopi* zufolge seien sie nichts als eine vom Teufel bewirkte Illusion (3, 11 S. 239–242, besonders S. 241). Bodin sah die alttestamentliche, die klassisch-antike und die christliche Weltsicht als schützenswert-ganzheitliches, harmonisches System, gegen das Weyer sich vergangen hatte. Er machte Gottes Majestät als die höchste Souveränität groß und ließ die alttestamentliche Gottesvorstellung unabgeschwächt gelten. Genugtuung und Zorn Gottes mußten sein. Bodins Gott verzeiht, er erläßt aber deswegen keine Strafe. Den Teufel sah er vom Anfang an dabei. Der gelehrte Bodin wußte, daß die ältere Zeit die Geister körperlich gedacht hatte (229 r und 243 r), aber das nahm er weder als Schwanken noch als Entwicklungsstufe der Offenbarung, sondern stellte dem Arzt Weyer den einheitlichen Block biblischer Wahrheit, philosophischer Einsicht und antiker Kultur entgegen. Diesen aufzulösen oder auch nur zu mindern, ist in seinen Augen *impieté*, Teufelswerk, Zerstörung, Mutwille und Unbildung. Wir ‹Postmodernen› kennen Formen des Christentums ohne Hexen, gar ohne Teufel. Wir hören von Theologen, die atheistisch an Gott glauben; für Bodin war die Wahrheit noch das theologisch dominierte Gesamtsystem, aus dem kein Teil herausgebrochen werden durfte. Da er nicht umhinkann, die Gelehrtheit Weyers anzuerkennen, blieb ihm nur das Urteil: Er zerstört aus Bosheit. Dabei hatte Weyer sich gehütet, das Ganze der westlich-christlichen Wissenschaft anzugreifen; er hatte nicht an Gott und gar nicht an den Teufel gerührt. Ihm schrieb er, nicht viel anders als der heilige Bernhard von Clairvaux, alles Übel dieser Welt zu.[9] Er hatte nur die Existenz von Hexen, die Blocksbergflüge und Verwandlungen von Menschen in Wölfe bestritten, aber Bodin hielt eine christlich inspirierte juristisch-philosophische Gesamtansicht ohne Hexen für undenkbar. Die Hexen hatten ihren Ursprung in Babylon, und seit dem Zwölf-Tafel-Gesetz hatten Juristen die Zauberer verfolgt. Wer das alles in Frage stellt, zweifelt am Ende auch an Gott und den Engeln. Er bringt alles ins Schwanken, die Welt ist ohnehin voller Konflikte; wir brauchen besonnene Ruhe, die weder alles glaubt, was an Teufels- und Wundergeschichten erzählt wird, noch an allem zweifelt. Bodin dachte, Weyer zerreiße die ästhetisch-rhetorische Ganzheit der philosophisch-theologisch-juristischen Vorstellungswelt, er raube ihr ein unwiderlegbar von der Bibel bezeugtes Einzelstück. Zur *civitas Dei* gehörte die *civitas diaboli* mit all ihrer Pracht und Wirksamkeit. Weyer raubte ihrer Hierarchie eine Stufe. Die teuflische Gegenwelt war parallel zur *civitas Dei* hierarchisch-höfisch konstruiert. Zur Gotteswelt gehört die dunkle Seite mit einem in die Menschenwelt wirkenden Satan, mit dessen Hilfe Hexen großes greifbares Unheil anrichten.

Um Bodins Position gerecht zu beurteilen, muß man hinzufügen: Er war überzeugt, daß Gott die Tötung der Hexen unzweideutig gebiete. Es sei Gottes Wille, daß der Gottesfürchtige keine einzige von ihnen am Leben lasse. Weyer hatte allerdings bestritten, daß dieser Tötungsbefehl Gottes sich auf Hexen beziehe; der Text meine nur Zauberer,

Magier und Giftmörder. Nun war Weyer ein ebenso guter Bibelgelehrter wie Bodin. Bodin setzte ihm entgegen, die Bibel befehle ohne Umschweife die Tötung von Hexen, und zwar in Vers 22, 18 des Buches *Exodus*. Die im Jahr 1580 für Katholiken und Lutheraner allein maßgebende Textgrundlage, die *Vulgata*, gibt Gottes Befehl mit den Worten wieder: *Maleficos non patieris vivere*.

Das ist militärisch-knapp ein Tötungsbefehl. *Malefici* darf man nicht am Leben lassen, aber was heißt *malefici*? Das Substantiv ist maskulin. Heute hört es auf, üblich zu sein, unter der männlichen Form von ‹Minister› auch Ministerinnen zu verstehen. Damals wurde das wohl anders gesehen. Aber wortwörtlich ist von weiblichen Hexen nicht die Rede. Das hatte Weyer ausgenutzt und das Wort auf Magier und Giftmischer bezogen, zumal die griechische Übersetzung des hebräischen Textes, also die *Septuaginta*, den Ausdruck mit *pharmakous* übersetzt hatte, was auf pflanzenkundliche Unholde deutete, also so etwas wie Giftmörder oder generell Magier.[10] Die *Septuaginta Deutsch* von 2009 gibt den Satz daher wieder: «Magier sollt ihr nicht verschonen.»[11]

Das ist schonend ausgedrückt. Die Herren übersetzen, als hätten sie Johannes Weyer gelesen. Luther hatte weniger betulich übersetzt: «Die Zauberinnen solltu nicht leben lassen.» Auch dafür gab es in einer Seitenüberlieferung der hebräischen Manuskripte eine Vorlage. In ihr hat das Substantiv bereits die weibliche Form; hier geht es um Hexen.[12] Die evangelisch-katholische Gemeinschaftsübersetzung, die unter dem Namen ‹Einheitsübersetzung› erhältlich ist, bleibt auf dieser Linie und schreibt:

«Eine Hexe sollst du nicht am Leben lassen.»[13]

Das ist wenigstens deutlich. Und so las es Bodin. In ausführlicher Diskussion gegen Weyer verteidigt er aus dem hebräischen Text und im Blick auf die Geschichte seiner Übersetzungen gelehrt diese scharfe und eindeutig auf Frauen bezogene Lesart, 227 r, auch 230 r.

Allerdings überrascht Bodin an dieser Stelle. Denn er teilt nicht mehr die alte Ansicht, die Frau sei als die sinnliche und schwächere Seite der Menschheit das Einfallstor des Teufels in die Menschheitsgeschichte; so schrieb auch noch Johannes Weyer, der allerdings daran interessiert war, die Frauen als hilflos, traurig, von Phobien bedrängt darzustellen. Er hielt die Frauen für weicher (*mollior*) und beinflußbarer. Zudem beschrieb er im einzelnen die geistigen Fehleinschätzungen von Melancholikern: Sie machen sich selbst klein und fühlen sich abwechselnd als Weltkaiser; sie leiden unter Skrupeln und Selbstzweifeln; sie finden ihre Schuld, wo keine ist.[14] Sie sind geschwächt, allein schon, weil das Essen sie wenig anlockt. Ganz anders Bodin. Er muß sie für strafwürdig halten und behauptet, sie seien stärker als Männer. Er habe sie bei Hexenprozessen standhaft erlebt. Er erzählt die Geschichte von einer Frau, die sich die Zunge herausgeschnitten habe, damit sie beim Verhör niemanden belaste (225).

Ich suche nach einer Einzelheit, die den Konflikt zwischen dem Juristen Bodin und dem Arzt Weyer anschaulich macht. Es ist die Art, wie beide über die *Verhöre* der Hexen sprechen. Weyer hält fest, ihnen sei nichts zu entnehmen. Die gedemütigten und geschwächten Frauen sagen, was man aus ihnen herauspreßt, 6, 8 S. 591–592. Weyer widerspricht damit dem *Hexenhammer.* Wenn Bodin die Gründe zusammenfaßt, warum er von der Existenz und Gefährlichkeit der Hexen überzeugt ist, nennt er zuerst das Tötungsgebot der Bibel. Dann die Tatsache, daß die Dämonen mit Gottes Erlaubnis Leib und Seele der Hexen trennen und wieder zusammenfügen, wenn sie die Frauen über weite Entfernungen von ihren satanischen Orgien zurückbringen. Drittens die übereinstimmende Lehre der großen Autoren, Augustin, Thomas von Aquino, auch der Heiden Plotin und Plinius. Viertens seine Erfahrungen bei unendlich vielen Prozessen, diese Geständnisse bis in den Tod, *confessions iusque à la mort*, 233. Daß Frauen auch in Todesangst nicht von ihren Geständnissen abrücken, das war für Bodin ein unwiderleglicher Beweis. Bei Weyer bewies ihr Geständnis nur ihr Elend und ihre psychische Dekompensation. Was sie gestehen, beweist ihre Schuld, weil sie sich am Ende selbst für schuldig halten; sie glauben selbst, was man ihnen zuschreibt (231 r).

Skepsis: Reginald Scot 1584

In den letzten beiden Jahrzehnten des 16. Jahrhunderts schwollen Teufelsglauben und Hexenhetze rauschartig an. Das Buch von Johannnes Weyer, 1563, hat diesen Boom nicht verhindert; das Hexenbuch von Jean Bodin hat ihn verstärkt. Das Thema spielte in alltäglichen Unterhaltungen und auf dem Theater der Zeit Shakespeares († 1616) eine große Rolle. Vielleicht dachten Engländer schon seit längerer Zeit skeptischer als die Festlandstheologen. Wo Goethe (siehe Motto) Luther wegen seines Satanismus angriff, stellte er ihm anerkennend die nüchterne Denkart des englischen Mönchs Roger Bacon, gestorben 1292, gegenüber. In England hat sich die Teufelsdebatte allerdings durch folgenden Umstand kompliziert: 1603 kam die Dynastie der Stuarts (1603–1688) an die Macht; sie löste die Tudors (1485–1603) ab. In London bestieg König James I. den Thron. Er hieß als König von Schottland James VI. Er hatte nicht nur diesen doppelten Titel, er amtierte auch als König und war gleichzeitig theologischer Schriftsteller. Er schrieb über den Teufel. Er hatte 1597 in Edinburgh seine *Dämonologie* publiziert, in der er die Wirksamkeit des Teufels und die Schädlichkeit von Hexen gegen zwei Hauptgegner verteidigte, gegen Johannes Weyer und gegen den Engländer Reginald Scot. Reginald Scot war um 1538 in der Grafschaft Kent geboren, hatte in Oxford Jura studiert und 1584 *The Discoverie of Witchcraft* veröffentlicht. Das war vier Jahre nach dem Hexenbuch des Jean Bodin; gegen diesen entwikkelte er die hexenentlastende Ansicht des Johannes Weyer fort. Scots Buch ist in der Originalausgabe von 1584 kaum auffindbar; es ist so selten, daß die Annahme wahrscheinlich ist, König James I. habe das Buch seines literarischen Feindes aufsuchen und vom Henker verbrennen lassen. Es sind aber im 17. Jahrhundert neue Ausgaben erschienen, und zwar 1651, 1654 und 1665, so daß Scot in dieser Umbruchszeit der Teufelslehre präsent war.[15]

Scot verteidigte die These des Johannes Weyer von der Melancholie als der Krankheit der Hexen; er bestärkte gegen Bodin Weyers Ansicht, aus den im Verhör erpreßten Bekenntnissen sei nichts zu folgern, aber er ging weiter als Weyer. Der Leibarzt des Herzogs hatte die Hexen entlastet, indem er alle Ursächlichkeit dem Teufel zuschob; die Hexen wurden dessen bemitleidenswerte Opfer. Scot bestritt Satans Einfluß gänzlich. Die Neuerung des 13. Jahrhunderts, daß Engel und Teufel keinen Körper haben, war inzwischen unbezweifelte Lehre aller Christen; ihre Entstehungs- und Durchsetzungsgeschichte war vergessen, und nun zog Scot aus ihr die Konsequenz, alle Sexgeschichten von *incubi* und *succubi* seien erfunden. Er redete seinen Leser an und erinnerte an das inzwischen Selbstverständliche:

I trust you know that a spirit hath no flesh nor bones, etc., and that he neither dooth eate nor drink.[16]

Er dehnte seinen Zweifel aus: Er sah das Hexenwesen als eine einzige verderbliche Fabel. Wie der Arzt Weyer nicht mit einer medizinischen, sondern mit einer philosophisch-theologischen Argumentation sein Werk begonnen hatte, argumentierte auch der Jurist Scot theologisch-philosophisch. Er drang auf Konsequenz und rief den Dämonologen zu: Wenn die Bibel sagt, Gott sei es, der dem Wind und dem Regen befiehlt, dann könnt ihr nicht den Teufel für Unwetter verantwortlich machen.[17] Die renovierte Dämonenlehre des 13. Jahrhunderts ist widersprüchlich: Die monotheistische Monarchie verträgt keinen zweiten gottartigen Herrn der sichtbaren Welt. Der gelehrte Scot fand zugunsten seiner Lehre sogar einen Text des Teufelslehrers Augustins, der Christen antimanichäisch rügte, weil sie die sinnliche Welt ganz den rebellisch gewordenen Engeln überlassen.[18] Scot war ein guter Kenner der Bibel und der Kirchenväter; er argumentierte mit präzisen Argumenten und überprüfbaren Fakten, denn er fand die Welt, in der er lebte, verrückt, verhext. Sie führe Gott im Munde, aber wenn eine Lage eintritt, in der ein Mensch Ruhe und Rat braucht, dann schickt man ihn statt zu Gott zum Teufel, statt zum Arzt zu gehen, sucht man Hexen.[19] Scot kümmert sich um philologische und sogar um technisch-praktische Finessen. So kritisiert er detailliert in Buch 14 die Alchimie, beschreibt er in Buch 15, 1–20 Toten- und Teufelsbeschwörungen und kritisiert sie in 15, 21 S. 251–251. In Buch 15 entlarvt er Zaubereien bis hin zu Tricks der Taschenspieler auf Märkten. Aber sein Ziel ist nicht nur, akademische Theorien zu widerlegen; er kämpft gegen eine verkehrte Welt. Er streitet für die armen alten Frauen, die man als Hexen verfolgt und die sich nicht selbst verteidigen können. Aber ebendazu geht er ins Detail. Er untersucht erneut die schon von Weyer diskutierte Stelle in der *Hebräischen Bibel*, *Exodus* 22, die als Gottes Befehl verstanden worden war, keine Hexe am Leben zu lassen. Er will philologisch genau wissen, was das hebräische Stichwort *chasaph* dort heißt; er studiert dazu die *Septuaginta* und kommt zu dem Ergebnis, es seien Giftmörder gemeint, besonders Frauen, die ihren Mann mit Gift umbringen. Er kritisiert die Übersetzungen, die ‹Hexe› schreiben, wo es um Gattenmord und Giftmischen geht.[20] Er rehabilitiert Weyers Deutung der *Exodus*-Stelle; Weyer, urteilt Scot, sei philologisch besser als Bodin.[21]

Mehr noch als Bodin kritisiert Scot den *Malleus maleficarum*. Dieser war hundert Jahre nach seiner Entstehung bei calvinistischen Engländern immer noch ein aktuelles Buch. Scot nimmt ihn sich dauernd vor. Am Ende seines Buches ruft er aus: *And yet God knowth their whole booke containeth nothing but lies and poperie.*[22]

Papistisch kommt ihm der *Hexenhammer* vor, weil er wundersüchtig ständige übernatürliche Interventionen voraussetzt. Man hat Scot als Atheisten bezeichnet. Ich konnte mich davon nicht überzeugen. Zur Entlarvung des Hexenwahns war die Diskussion über Atheismus nicht nötig; dieser Vorwurf war zu oft an falscher Stelle erhoben worden. Jedenfalls wollte Scot es genau wissen, ob der biblische Gott die Hexenvernichtung befiehlt. Und jedenfalls hält der Gott des Reginald Scot sich auffallend in seinem Jenseits zurück. Er tritt seine Macht nicht ab an irgendeine Kreatur. Das ist ein Teilaspekt seines antirömischen, calvinistischen Affekts, aber es verdankt sich auch seiner philosophischen Skepsis in der Nachwirkung des Cornelius Agrippa,[23] die kein prinzipieller Skeptizismus ist, sondern sich vereint mit den Naturinteressen des Cardanus[24] und mit der Anerkennung der ‹naturalen Magie›, die der *Hexenhammer* mit Hilfe des Thomas von Aquino gänzlich verworfen hatte.[25]

An dieser Stelle setzt Scot den Erkenntnisbegriff des Pomponazzi ein: Was uns fremd vorkommt, weil es die alltägliche Naturerfahrung und unser jetziges Wissen übersteigt, beweist keinen übernatürlichen Eingriff Gottes oder die Einwirkung Satans auf die Welt, sondern zeigt nur die Grenzen unserer jetzigen Naturkenntnis.[26] Unser Wissen von der Natur ist nicht die genaue Abbildung des Wesens der Dinge und ihrer ewigen Einteilung in Natürliches und Übernatürliches, sondern ist ein verbesserungsbedürftiges menschliches Produkt, das perfektioniert werden kann und muß. Die Skepsis ist bei Reginald Scot unverkennbar. Sie betrifft den Daueranspruch der scholastischen Wesenserkenntnis, und sie wendet sich gegen die Fabeln, die Menschen über die Natur der Dinge gelegt haben und die uns *jetzt* (*now,* 1, 2 S. 3) so irreführen, daß wir, wenn jemand krank wird, eher nach Hexen suchen, als ihn zum Arzt zu schicken. Eine calvinistische philosophische Ernüchterung spricht sich aus. Scot setzt die antiken Autoren ein, den jeweiligen Erkenntnisstand zu relativieren. In diesem Sinn zitiert er Ciceros Skepsis gegenüber Träumen; er hält Traumdeutung für verschwendete Zeit.[27] Er kritisiert Mythologien und naseweisen Wissensstolz und beruft sich dafür auf Horaz und Plinius, auf Vergil und Ovid. Es gibt keine Wunder mehr, behauptet er mit einigen Kirchenvätern, die sie auf die Zeit der Apostel beschränkt glaubten und zu denen auch Augustinus in seinen ersten Schriften gehörte.[28] Der Geist des Prophetentums ist in der Christenheit erloschen.[29] In demselben Kapitel 8, 4, in dem er berichtet, große Schriftsteller hätten behauptet, der Teufel sei tot, und viele weise Männer glaubten das, erzählt er im Anschluß an Plutarch, ein Seemann habe nach geglückter Fahrt über stürmisches Meer stolz ausgerufen: *the great God Pan was departed.*[30]

Es gibt zur Geschichte des Teufels und der Hexen im 16. und 17. Jahrhundert wohl kein besseres Buch als das von Stuart Clark, *Thinking with Demons. The Idea of Witchcraft in Early Modern Europe*, Oxford 1997. Er gesteht Scot den Platz zu, der ihm zukommt, und er zeigt, daß es nicht die Naturwissenschaft des englischen 17. Jahrhunderts war, die den Hexenwahn um den Kredit gebracht hat; dazu brauchte es viele Faktoren, soziale und allgemein-geschichtliche, bibel-exegetische und philosophische, methodologische Reflexionen und die humanistische Wiederherstellung antiker Quellen. Dennoch finde ich bei Stuart Clark einige Charakteristiken der Position von Reginald Scot nicht ganz glücklich. Er spricht von seinem *almost total scepticism* (S. 518). Das gilt aber nur gegenüber allen Hexenfabeln und gegenüber dem naturphilosophischen Wissensanspruch, mit dem der *Malleus maleficarum* und andere Dämonologen aufgetreten waren. Scot hielt es für vernünftiger, zum Arzt zu gehen, als nach Hexen zu suchen, wenn er auch bei Agrippa von Nettesheim genug über die *vanitas* auch der Medizin erfahren hatte. Hatte nicht schon Petrarca über die Ärzte gespottet: Sie decken ihre Irrtümer mit Erde zu? Scot wußte, daß die Medizin wie die Naturwissenschaft generell sich zwar auf vielen Irrwegen verläuft und sie in Schuldogmen festschreibt, daß sie aber doch ein Prozeß der Diskussion und kein überzeitliches Dogma zu sein gedenkt. Clark fand weiter, Scot sei eher von theologischen als von naturwissenschaftlichen Eigenwilligkeiten (*unorthodoxies*) ausgegangen (S. 296), aber es gab nicht nur diese Alternative, sondern es gab Philosophen wie Cicero, Pomponazzi und Agrippa. Scot las die antiken Dichter, die weder Calvinisten noch englische Naturforscher waren, und entnahm ihnen Abstand zur Selbstüberschätzung des Naturwissens. Dadurch kommt es bei Clark zu einer leichten Überbetonung des unleugbaren Einflusses des Calvinismus, der nicht nötig ist, um einzusehen, daß Dämonen, die keinen Körper haben, wohl auch nicht Hexen zum Geschlechtsverkehr brauchen. Nicht er, sondern die humanistische Philologie im Stil des Lorenzo Valla und des Erasmus führt dazu, die schicksalhaft wichtige Bibelstelle aus *Exodus,* die Hexen zu töten gebietet, richtig zu übersetzen. Die Skepsis des Reginald Scot betreffend, ironisiert ihn Stuart Clark mit der Bemerkung, er sei wohl deswegen so skeptisch gegenüber dem Hexenglauben gewesen, weil er zu gutgläubig gegenüber anderen Auffassungen gewesen sei (S. 238). Das klingt, als habe Scot den Hexenwahn nur deswegen kritisiert, weil er auf anderen Feldern zuwenig kritisch gewesen sei. Aber welche andere Gläubigkeit lag darin, daß er die Widersprüche aufdeckte zwischen der Monarchie des biblischen Gottes und der vielfachen Macht des Teufels in der Natur, zwischen der hohen Geistigkeit des Teufels und den zahllosen Bettgeschichten mit Hexen?

Clark spricht, als habe Scot nur eine andere Gläubigkeit gewählt statt der damals allgemeinen. Als habe der Hexenglauben nicht vielen tausend armen alten Frauen das Leben gekostet. Scot entschied sich nicht zwischen zwei gleichwertigen akademischen Hypothesen. Er wollte denkend ausbrechen aus einer verkehrten Welt.

XIII. Der Teufel bei spanischen Jesuiten

Teufelslehre für das ‹Goldene Zeitalter›

Nur wenige Bücher können es, wenn es um den Teufel geht, mit dem Thomas-Kommentar des Franciscus Suarez aufnehmen. Das Werk des einflußreichen Jesuitentheologen, der 1617 gestorben ist, erschien 1620 als Teil seines riesigen Kommentars zur *Theologischen Summe* des Thomas von Aquino. Der mehr als tausendseitige zweite Band handelt nur von den Engeln; zuerst bis zur Seite 789 von den *guten* Engeln, immer schon mit Seitenblick auf die bösen, denen Buch 7 und 8 gewidmet ist, denn Dämonen haben als gefallene Engel dieselbe Natur wie die Engel.[1] Dieser Kommentar gilt den *Thesen* des Thomas, kaum seinem *Text.* Suarez kommentiert selbständig als Lehrer der Theologie, der sich an Thomas orientiert, ohne ihm immer zu folgen. Er erzählt, er trage seit 1580 diesen Traktat an der Universität vor. Die vierzig Jahre bis zu dessen endgültiger Form waren Jahrzehnte politischer und kultureller Expansion in Spanien. Philipp II., der Sohn Karls V. und Vater des Don Carlos, herrschte von 1556 bis 1598 über Spanien und die neuen Kolonien; ihm gehörten die Niederlande, die sich gegen Herzog Alba auflehnten, Mailand, Neapel und Sizilien; seit 1580 war Spanien mit Portugal vereinigt. In seine Zeit fiel der Seesieg von Lepanto, 1571; doch bewies der Verlust der Armada 1588, daß seine gewaltige Macht nicht ausreichte, vom besiegten England aus Frankreich einzukreisen. In diesen Jahrzehnten war Spanien die Vormacht des gegenreformatorischen Katholizismus; es kam zu neuen Universitätsgründungen und zur Erneuerung der Scholastik. Philipps Sohn, Philipp III., war politisch wenig erfolgreich, aber seine Herrschaftszeit von 1598 bis 1621 war das ‹Goldene Zeitalter› der spanischen Kultur mit den großen Namen des Cervantes und des Lope de Vega. Suarez wußte, daß eine solche Zeit eine andere Theologie brauchte als die von 1280. *Seine* neue Scholastik zeigt weitaus mehr Selbständigkeit und entfaltet ein höheres intellektuelles Niveau als die Neuscholastik des 19. Jahrhunderts. Er will über den spätmittelalterlichen Schulen stehen und demonstriert seine Unabhängigkeit auch gegenüber dem Thomismus. Sein Buch gehört einer neuen Zeit an: Es zeigt erstens den Einfluß der humanistischen Gelehrsamkeit. Er kennt die antike Philosophie aus den Quellen; er zitiert die humanistischen Denker Marsilio Ficino, Pico della Mirandola und Steucho. Er nennt antike Ärzte, die alle Dämonenerzählungen für volkstümlichen Aberglauben hielten; er erwähnt den Spott des Avicenna über das Ausmalen von Jenseitsbildern, *Metaphysik* 9 c. 7. Er kennt die wachsende Schicht von Gebildeten, die Teufelsgeschichten für populären Tratsch halten. Er denkt, er sei verpflichtet, erst zu *beweisen,* daß es Engel und Dämonen gibt. So haben auch schon mittelalterliche Autoren argumentiert, aber jetzt ist die Frage dringlicher geworden. Es gibt jetzt mehr Ärzte, von denen schon Thomas von Aquino berichtet hatte, sie hielten Besessenheit für ein natürliches, rein medizinisches Problem. In einigen Fällen beendet Suarez Theologendiskussionen mit dem Ergebnis, in dieser Sache hätten wir Menschen kein Urteil. Er anerkennt auf lange Strecken die Zuständigkeit der Philosophie; er schreibt über Teufel und Engel als der Autor der *Disputationes Metaphysicae.* Zu jedem Lehrpunkt befragt er zuerst die Bibel, dann die Kirchenväter und die Theologen, um dann eine rationale Entscheidung vorzutragen, und die endet zuweilen eher vorsichtig, fast skeptisch.

Er hat zweitens gelehrten Überblick über die ganze Breite der patristischen und scholastischen Kultur; er bemüht sich um Verständigung nicht nur mit Thomisten, sondern auch mit Heinrich von Gent und Durandus, mit Scotus, Gregor von Rimini und Ockham. Er nimmt die oft seltsamen Themen der spätmittelalterlichen Neugierde auf und diskutiert z. B.:

Ob es ‹neutrale› Engel gibt, die weder gut noch böse sind, 7, 1, 8 S. 792 a und 7, 1, 13 S. 794 a.

Ob Dämonen in geschlossene Räume und in menschliche Leiber eindringen können, was er bejaht, 1, 6, 21 S. 27 b.

Ob Engel und Dämonen der Hostie die Transsubstantiation, also ihre Verwandlung ansehen, 2, 30 S. 301–309; 5, 11 S. 616–624.

Ob Gott den Menschen nicht hätte besser erschaffen können, so daß er nicht gesündigt hätte, 7, 3, 1 S. 802 b.

Ob die bösen Engel im ersten Augenblick ihres Erschaffenseins gesündigt haben, was er verneint, weil dies ein schlechtes Licht auf den Schöpfer geworfen hätte 7, 19–21, S. 931 b–956.

Vieles klingt noch ‹mittelalterlich›, so wenn er die Zahl der Engel ermittelt und darauf kommt, es gebe mehr Engel als Menschen, 1, 11, 11 S. 43 b–49, aber das Goldene Zeitalter der spanischen Kultur war produktiv auch an neuen Theologien, und er setzt sich breit auseinander mit seinen theologischen Konkurrenten Soto, Molina und vor allem mit seinem Lehrstuhlvorgänger Vasquez. Hoch ist sein Anspruch auf systematische Kohärenz. Nicht die zufällige Struktur eines Buches, sondern der systematische Aufbau bestimmt sein Werk. Und wir sind drittens in der Zeit der Gegenreformation. Die Zahl der Häretiker, die widerlegt werden sollen, ist gewachsen. Besonders beklagt er, jetzt lehrten ‹viele Häretiker› die Lehre des Origenes von der Endversöhnung aller, auch der Dämonen, 8, 1, 1 S. 958 a. Oft mißt er die Ansicht vereinzelter Theologen an der verbindlichen Ansicht der Kirche. Er stellt eine kollektive Wahrheit vor. Er argumentiert gelehrt aus Bibel und Kirchenvätern; er zitiert die Scholastiker und die italienischen Renaissancephilosophen mit Ausnahme Brunos; er argumentiert mit logischer Präzision, aber er denkt in Lagern. Er unterscheidet nachdrücklich seine eigene Lehre von dem, was als christliche Glaubenslehre (*de fide*) gelehrt werden müsse.[2] Absolut fest steht ihm die Körperlichkeit des Höllenfeuers.[3]

Suarez arbeitete nicht nur an einem Lehrbuch; er und Robert Bellarmin schreiben zur wissenschaftlichen Grundlegung einer katholisch-jesuitischen Kultur. Er grenzt sie ab; er definiert die Orthodoxie der Gegenreformationszeit. Er denkt an die Protestanten, 7, 1, 2 S. 790 b; er kennt Freigeister: radikale Zweifler; sie halten die Behauptungen über Dämonen für populären Aberglauben, 7, 1, 1 S. 790 b. Er will klare Fronten schaffen, zieht sie aber nicht zu eng, sondern integriert einige Ergebnisse der erweiterten geschichtlichen und geographischen Erfahrung, auch Überlegungen der spätmittelalterlichen und der frühneuzeitlichen Theologie. Er durchdenkt die Kritiker Duns Scotus und Ockham, baut einige ihrer Ergebnisse ein, auf einige gewagte Behauptungen verzichtend. Er schafft eine neue christliche Gesamtschau der Welt, mit massivem Grundbestand älterer Überzeugungen:

Er zweifelt nicht daran, Teufelswerk in der sinnlichen Welt evident nachweisen zu können, 7, 1, 7 S. 792 a.

Er glaubt, antike Gottheiten seien Dämonen, 7, 1, 3 S. 791 a;

Dämonen machten sich – wie in *Genesis* 6 – an Frauen heran, 7, 1, 10 S. 793 a–b;

Philosophen verstünden nichts von Engeln und Dämonen, 7, 1, 16 S. 795 a.

Von Freigeisterei ist er unberührt. Aber er blendet philosophische Fragen nicht aus. Er spricht von Dämonen auf dem Hintergrund der *antica quaestio* nach dem Ursprung des Bösen, 7, 2, 1 S. 796 b. Fideistisch sollte die jesuitische Bildung nicht werden, auch wenn in ihr zuletzt immer der Wille des Allmächtigen dominiert.

Korrektur des Intellektualismus

Seit dem 13. Jahrhundert waren Engel und Teufel reine, das heißt körperlose Intellekte im Sinne der Aristoteliker. Das hatte eine Reihe von Konsequenzen, von denen Suarez zwei Annahmen besonders nachdrücklich behandelt: erstens die Theorie des Thomas, daß reine Geistwesen immer im gleichzeitigen aktualen Besitz all ihrer Begriffe seien; zweitens daß sittlichen Fehlentscheidungen (Sünden) immer ein Irrtum vorausgehe.

Der Aktualismus der Intellekttheorie des heiligen Thomas war also das erste Hauptthema des Suarez. Dieser besagte: Dämonen und Engel sind wesenhaft Erkennen. Sie erkennen nicht gelegentlich und je nach

Anlaß, sondern sind immer aktual erkennend. Sie denken immer, und sie denken mit Notwendigkeit. Ein Engel oder Dämon ist immer tätig in aktualer Anschauung seiner selbst. Seine Tätigkeit sei kontinuierlich; er sei immer *in consideratione sui ipsius*.[4] Thomas hatte daraus die Unveränderlichkeit der Willensrichtung von Engeln und Dämonen gefolgert. Ich sprach von Immobilismus. Denn diese Position schließt aus, daß der reine Geist seine Selbstbetrachtung auch abbrechen und sich anderen Objekten zuwenden könnte. Die Frage scheint harmlos, aber sie betrifft das kontinuierliche Selbstwissen geistiger Wesen. Und sie verschärft sich für die Theologie dahin, ob geistige Wesen, denen die beseligende Anschauung der Gottheit gewährt wird, diese Anschauung auch abbrechen könnten. Diese Freiheit sollen sie gerade nicht haben, und doch sollten sie dafür nicht ‹unfrei› genannt werden dürfen.

Das ergibt komplizierte Debatten, bei denen Suarez hervorhebt: Es scheint unangemessen und mit dem hohen Rang reiner Geistwesen unvereinbar, daß sie nicht frei ihre Erkenntnisinhalte sollen wechseln können. Suarez argumentiert, gerade dafür müßten sie sich als aktuales Selbstbewußtsein kontinuierlich gegenwärtig sein, um Erkenntnisgegenstände als ihre Inhalte wechseln zu können. Ohne anhaltenden intellektuellen Akt besteht auch kein Willensakt und entsteht auch kein konzeptioneller Wechsel. Um frei wählen zu können, muß er seiner gewiß sein. Diese hohe Vollkommenheit begründe erst die Lebendigkeit geistiger Wesen; sie komme dem Menschen zu und fehle weder dem Dämon noch dem Engel.[5] Die Immobilität des Selbstbewußtseins ist die Bedingung willentlicher Mobilität, 2, 35, 5 S. 340 a–b. Die entgegengesetzte Theorie verhindere den frei-wechselnden Gebrauch der Begriffe, 2, 35, 17 S. 342 b.

Die wesenhafte Aktivität der Geistwesen hat zur Folge, daß keine bloß physische Wirkung sie erreicht. Nicht nur, daß allgemeine Begriffe ihrer Natur nach nicht von außen in sie eindringen können, auch die Erkenntnis sinnlicher Einzelheiten entsteht ihnen nicht primär von außen, sie ist vor allem ihr eigenes Werk. Selbst die Erkenntnis, die sie beim Anhören der Reden anderer gewinnen, ist Teil ihrer ständigen Selbsthervorbringung. Auch deren Inhalt muß er in sich produzieren.[6] Suarez erklärt sich mit Nachdruck für diese monadenhafte In-sich-

Konzentration des Intellekts, der sich immer erkennt und in der Selbsterkenntnis die Konzepte erfaßt, die immer in ihm sind.[7] Würde nicht das immer aktive Selbstbewußtsein den Wechsel der Erkenntnisinhalte begleiten, könnte es ihn auch nicht veranlassen. Da von außen nichts in es physisch eindringt, bliebe es leer. Suarez verteidigt Thomas unter einem Gesichtspunkt, der dessen Kritikern wichtiger war als ihm, nämlich wegen der Wahrung der Freiheit des Engels beim Gebrauch seiner Begriffe.[8]

Suarez zeigt Interesse an der Spontaneität und Selbstbestimmung geistiger Wesen, in die keine physische Kausalität von außen eindringt. Er konstruiert Engel und Teufel als hochentwickelte Subjektivität, so daß sie, bei allem, was sie denken, immer auch sich selbst denken, aber er macht auch die Grenzen dieser Konzeption sichtbar: Sie gilt für Menschen nur in eingeschränktem Maße und gesteht auch der freien Entscheidung des Engels nicht zu, die beseligende Anschauung der Gottheit zu *verlassen*. In ihrer Gnadensituation gilt der unkorrigierte Immobilismus des Thomas. Suarez nahm daher an, die Rebellion der Engel sei in einem Zeitraum der Erprobung erfolgt, wie sie das ganze Menschenleben charakterisiere. Auch sie sollten *in statu viatoris* leben, für einen Augenblick. Trotz der aktualistischen Geistphilosophie überwog bei Suarez das theologische Interesse: Kein Geschöpf sollte von sich aus das endgültige jenseitige Glück oder Unglück beenden können.

Eine für die Psychologie der Teufel folgenreiche Erörterung bringt Suarez ab 2, 3, 10 S. 403 b. Er bespricht die Unveränderlichkeit freier Akte von Engeln und Teufeln. Ist der Teufel notwendigerweise und für immer böse? Bereut der Teufel vielleicht einmal seinen Abfall und kehrt zum Guten zurück? Könnten Engel auch heute noch rebellieren?

Suarez zitiert Thomas. Ihm zufolge bleiben Engel und Dämonen für immer bei ihrer einmal frei getroffenen Grundentscheidung.[9] Thomas entschied so, weil er Ruhe im Himmel und definitive Gewißheit von Glück und Strafe wollte. Aber während Suarez sonst Thomas so verteidigt, daß er dabei das sachliche Interesse von dessen meist nominalistischen Gegnern wahrt, greift er ihn diesmal in ihrem Sinn an. Es handelt sich um so wichtige Autoren wie Duns Scotus, Durandus und

Ockham, die auf der Spur des Petrus Johannis Olivi gegen Thomas die Fortdauer freier Entscheidung behaupten, allerdings nur bei Entscheidungen zwischen geschaffenen Dingen, aber nicht bei der *visio beata*, 3, 10 S. 404 b. Sie bekämpfen die These der Thomisten, Engel und Teufel seien bei überlegter Entscheidung für immer auf sie festgelegt. So wie sie ihre Erkenntnisinhalte punktuell-umfassend und erschöpfend erkennen, so fixiert seien sie auch durch die Entscheidung ihres Willens. Sie verharrten notwendigerweise bei ihrer Wahl. Engel und Teufel, sagen die Thomisten, erkennen unveränderlich, *immobiliter*, und hängen unabänderbar, *immobiliter*, am Gewählten, 3, 10 S. 403 b. Aus den Texten des Thomas ließen sich für seine Immobilitätsthese drei Argumente entnehmen oder entwickeln. Suarez widerlegt sie Stück für Stück:

1. Thomas war vom Charakter des *intellectus* ausgegangen, der Engeln und Dämonen eigen sei. Wenn er erkennt, erfaßt er in seinen Prinzipien die Folgerungen. Er muß nicht wie die Menschen die Erkenntnisprinzipien – etwa das Verbot widersprechender Sätze – erst *anwenden*. Er erfaßt zugleich Prinzip und Anwendungsfälle. Er urteilt über *alles* so, wie der Mensch über seine ersten Prinzipien. Der Wille der Engel und Dämonen folgt dieser Eigenheit des Intellekts: Der Mensch entscheidet wankelhaft, wie er wandelbar urteilt; der reine Geist entscheidet unabänderlich, *immobiliter*, denn er erkennt *immobiliter*, 3, 10, 2 S. 404 a. Nach langen Diskussionen – n. 6 S. 404 b bis n. 24 S. 411 b – antwortet Suarez: Mag es so sein, daß reine Geister mit den Erkenntnisprinzipien zugleich die Einzelheiten erfassen, so erkennen sie doch nicht gleich alles mit Evidenz. Sie müssen neue Tatsachen auffassen. Sie müssen hinzulernen. Sie müssen Naturveränderungen wahrnehmen oder neuentstehende geheime Gedanken von Menschen erforschen. Ihre praktischen Urteile stehen vor immer neuen Wahlmöglichkeiten. Außerdem haben auch reine Geister nicht immer all ihre Erkenntnisinhalte vor Augen. Ihre Erkenntnisse sind auf divergierende Einzeldinge verschieden anwendbar; daher entsteht Spielraum für ihre Wahlakte. Sie wenden auch bleibende Einsichten auf veränderliche Einzeldinge verschieden an. Zudem inszenieren sie die Wünschbarkeit einzelner Akte verschieden: Ihr Intellekt stellt dem Willen das einzelne Objekt als verschieden begehrenswert vor, 3, 25, S. 411 b.

2. Niemals erkläre ein reiner Geist ein Geschöpf zu seinem letzten Ziel. Diesen Fehler der Menschen kann er nicht machen; das verhindert seine Intelligenz. Insofern vollzieht sein Leben sich in Immobilität. Und doch könne, argumentiert Suarez, ein reiner Intellekt die geschehene Wahl seines Endziels bereuen. Wenn die Dämonen jetzt Gott hassen, dann werden sie bereuen, daß sie ihn einmal geliebt haben. Wenn es möglich wäre, würden sie wünschen, es nie getan zu haben, 3, 10, 26 S. 411 b–412 a.

3. Heinrich von Gent hatte die These des Thomas damit zu stützen geglaubt, daß er dem reinen Geist eine stärkere Kraft der Identifikation mit dem gewählten Objekt zuschrieb. Der reine Geist sei freier als der Mensch und dringe daher tiefer in das Gewählte ein und bleibe für immer mit ihm verbunden. Seine freie Wahl sei wirksamer als die des Menschen und verbinde sich intensiver mit dem Gewählten. Deswegen gestehe Gott den reinen Geistern keine längere Erprobungszeit zu, sondern bestrafe oder belohne sie sofort nach der Tat, 3, 10, 4 S. 404 a–b.

Gegen diese Unterstützung der These des Thomas wendet Suarez ein, sie setze einen flachen Begriff von Freiheit voraus. Größere, mächtigere Freiheit erweise sich nicht durch höheren Nachdruck bei der Annäherung ans Erwählte, nicht durch Kleben am einmal Gewollten, sondern durch die Möglichkeit, die Richtung zu wechseln, 3, 10, 28 S. 412 b.

Spätestens an dieser Stelle wird deutlich, daß Suarez einen anderen Begriff von Freiheit hat als Thomas von Aquino. Der des Thomas war geprägt zwar auch von der kontinuierlichen Aktivität und Außen-Undurchlässigkeit des reinen Geistes, aber ebenso vom definitiven Charakter seiner Wahrheit. Was er tat, tat er im Licht seiner Wahrheit und tat er für immer. Der *intellectus* des Suarez ist nicht so direkt bei seinen Objekten; er steht ihnen gegenüber. Er vergleicht sie mit anderen Objekten, er wägt ab; er kann, um B zu wählen, auch A verneinen. Er weiß, daß Freiheit das Moment der Negativität enthalten muß. Dies hatten die von Suarez zitierten kritischen Denker des 14. Jahrhunderts gegen Thomas herausgearbeitet, und Suarez schließt sich ihnen an. Es wäre nicht korrekt zu sagen, sein Freiheitskonzept sei ‹modern›, das des Thomas sei ‹mittelalterlich›. Eher ging es darum, einen menschengemäßen Freiheitsbegriff zu entwickeln. Anselm von Canterbury hatte in seiner Schrift *De libertate arbitrii* I argumentiert, die korrekte Definition von ‹Freiheit› müsse auch zur Freiheit Gottes und der Engel passen, folglich gehöre die Möglichkeit zu sündigen nicht zum Konzept von Freiheit. Vielmehr fehle gerade den ausgezeichnetsten Freiheitswesen die Möglichkeit des Abfalls. Thomas hatte sich Anselm angeschlossen; er sah in Anselms Theologisierung des Freiheitsbegriffs keine Vernachlässigung der spezifisch menschlichen Erfahrung. Dies änderte sich im 14. Jahrhundert, nicht nur bei Scotus und Ockham, sondern schon bei dem Franziskaner Petrus Johannis Olivi.[10] Er bestimmte den Freiheitsbegriff des Menschen nicht mehr normativ-theologisch, für den Alternativlosigkeit charakteristisch war. Jetzt gehörte die Möglichkeit zu sündigen zum *Wesen* der menschlichen Wahl. Dieser Betrachtungsweise schloß Suarez sich an. Wie weit er darin gegangen ist, das muß sich noch zeigen; ich komme im Abschnitt über die verweigerte Umkehr der Dämonen darauf zurück.

Hingegen trifft zu, daß Suarez im Sinn der voluntaristischen Strömung des spätmittelalterlichen franziskanischen Denkens den Willen unabhängiger vom Intellekt sein läßt als Thomas. Er argumentiert: Auch wenn es zuträfe, daß der reine Intellekt im Unterschied zum menschlichen Verstand schon alle Erkenntnis aktiv immer vollzieht und in diesem Sinne in seiner Tätigkeit stillsteht, bleibt der Wille doch nach geschehener Entscheidung beweglich. Er ist freier als der Intellekt, *voluntas est liberior potentia*, 3, 10, 25 S. 411 b. Und wenn er zwischen zwei Gütern das wählt, das ihm der Intellekt als das geringere vorstellt, begeht er nicht schon gleich einen Irrtum, 7, 6, 24 S. 834 a, wenn auch in jeder Sünde ein Moment des Irrtums verbleibe, 7, 6, 32 S. 837 a.

Suarez denkt nicht weniger theologisch als Thomas, aber er bestimmt das Verhältnis von Theologie und Philosophie anders. Bei Thomas hängt der reine Geist unabänderlich an dem letzten Ziel, zu dem er sich entschieden hat, ScG 4, 49. Es wird ihm auch bei Thomas nicht einfach vorgesetzt, sondern er wählt es frei als das seine, wie es seiner Natur entspricht, aber er wählt es zugleich mit allem, was er als Mittel auf das Endziel hinordnet. Daß es individuelle Differenzen bei der Wahl des Lebensziels gibt, hatte schon Aristoteles betont; verschiedene individuelle Dispositionen führen zu verschiedenen Endzielen.[11] Aber Thomas fuhr dann fort, bei reinen Geistern sei die Individualität identisch mit der einmal gewählten Grundrichtung auf das oberste Ziel. Suarez läßt ihnen mehr Spielraum. Die Kontingenz des Lebens schafft Wahlmöglichkeit. Für Thomas bleibt die Wahl substantieller Geister unabänderlich, auch wenn sie individualisiert ist. Bei Suarez ist die Beziehung des reinen Geistes zum höchsten Ziel sowenig unabänderlich wie beim Menschen – abgesehen von der *visio beata*, 3, 10, 2 S. 404 a.

Die Sünde Satans

Als die Dämonen im dreizehnten Jahrhundert zu reinen Geistern avancierten, wurde ihre Sünde und damit ihr Sturz immer unbegreiflicher. Daß sie aus Wollust mit Menschenfrauen gesündigt hätten, wie es die *Genesis* Kapitel 6 erzählt, das hatte schon Augustin verworfen; jetzt war es gänzlich unmöglich geworden; der Bibeltext mußte also mit ‹Gottessöhnen› böse Menschen, nicht sündige Engel meinen. Komplizierte Diskussionen mittelalterlicher Theologen hatten die Teufelssünde immer weniger begreiflich gemacht; Suarez reagierte auf diese Lage. Er blieb bei der Ablehnung sinnlicher Gier als Engelssünde. Daß sie durch Hochmut, *superbia*, gesündigt hätten, war inzwischen die Standardlösung geworden, von der nur noch Duns Scotus abwich, indem er eine höhere, eine unbenannte Art von *luxuria* als ihr Vergehen nannte, von dem Suarez in gründlicher Erörterung glaubte zeigen zu können, daß sie nur verbal von der Normallehre abwich.[12] Intellektuellen war plausibel, daß die als intellektuelle Substanzen vorgestellten Dämonen eine Neigung zum Hochmut hatten, 7, 8, 1 S. 842 b; aber die offene Streitfrage blieb, worauf genau sich bei ihrer Gescheitheit das hochmütige Streben beziehen konnte. Diese hohen Intelligenzen konnten doch nicht geglaubt haben, sie könnten Gott gleich werden, von dem sie wußten, daß er sie erschaffen hatte. Sie wollten also nur näher an ihn heranrücken, aber wodurch? Wollten sie angebetet werden? Suchten sie religiöse Verehrung? Verweigerten sie den Glauben? Waren sie Ungläubige oder Häretiker? Daß sie zu Glaubenszweifeln anstachelten, stand ohnehin fest. Weigerten sie sich vielleicht, christliche Glaubensinhalte in Betracht zu ziehen?

Zu erklären waren auch immer noch zwei Fehlauslegungen alttestamentlicher Stellen: Bei *Isaias* 14 steht ein Spottlied auf den Tod eines orientalischen Königs, der hoch hinauswollte und kläglich gescheitert war. Er hatte den Mund voll genommen und ausgerufen, er werde in den Himmel aufsteigen und dem Allerhöchsten ähnlich sein.[13]

Dieser rhetorische Erguß konnte unmöglich auf einen Menschen gehen, selbst nicht auf den König von Babylon, also folgerte man, Jesaias spreche von der Hochmutssünde des Satans. Aber Gott ähnlich werden zu wollen durch Einsicht und Gerechtigkeit, das war seit Platons *Theaitet* 187 a ein ethisches Konzept. Im Munde Satans mußte es nun etwas Verwerfliches sein, doch wie konnte er völlige Gleichheit mit Gott erstreben?

Ähnliche Fragen ließ ein Text bei *Ezechiel* 38 offen, der ebenfalls dem Kontext entnommen und auf den Teufel bezogen wurde. War der Satan vielleicht seiner Eitelkeit zum Opfer gefallen? Denn Lucifer gab viel auf seine Schönheit.[14] Ließ er deswegen bei seinem Fall wichtigere Aspekte außer acht? Suarez durchforschte die bisherigen Lösungen, auch die des heiligen Thomas, 7, 6 S. 825 a–7, 9 S. 857 a, aber gab sich mit ihnen nicht zufrieden und ersann einen neuen Vorschlag: Der Teufel habe gegen Gott rebelliert, als er erfuhr, daß Gott Mensch werden wolle. In seinen Hochmut mischte sich Eifersucht; das erkläre die Feindseligkeit des Teufels und seiner Engel gegen den Menschen. Der Satan dachte, *er* als der oberste aller Engel sei ein viel geeigneterer Kandidat für die intime Vereinigung, die ‹hypostatische Union›, mit Gott selbst. Wenn die Bibel davon sprach, der ‹Drache› habe mit seinem Schwanz ein Drittel aller Sterne vom Himmel gefegt, müsse sich das darauf beziehen, daß Satan ein Drittel der Himmelsheere mit in sein Verderben gerissen habe. Der Hochmut des Satans hatte sich demnach auf die engste Verbindung mit Gott gerichtet, die gegen alte Hierarchievorstellungen dem Menschen Jesus gewährt wurde, 7, 13, S. 880 b–891 b. Das war eine neue Erklärung des Engelsturzes, aber Suarez mußte zugeben, daß seine Theorie aus der Bibel nicht zu beweisen war und sich aus bloßer Vernunft nicht ergab. Seine Theorie setzte sich auch nicht durch. Trotz des Ansehens des großen Jesuitentheologen verlor sie sich; die Theologen begnügten sich damit, es sei Hochmut gewesen, der den Teufel zu

Fall gebracht habe. Das paßte zu der Vorstellung eines himmlischen Hofstaates. Warum sollte es dort nicht einmal eine Palastrevolution gegeben haben?

Übernatürliches? Nein, Danke

Im Dickicht der vielen Theorien zur Satanssünde erörtert Suarez eine Variante von besonderem geschichtlichen Interesse: Satans Stolz habe darin bestanden, seine Natur für so hervorragend und beglückend gehalten zu haben, daß er auf ihre übernatürliche Vervollkommnung verzichtete. Die erste böse Rebellionsregung des Teufels habe darin bestanden, daß er seine beträchtliche natürliche Vollkommenheit auf ungeordnete Weise bejaht und seine ‹übernatürliche› Berufung zur Anschauung Gottes, *visio Dei*, abgelehnt habe, 7, 10 S. 857 a–864 b. Suarez fand diese Theorie bei Thomas, ScG 3, 109 und Sth I 63, 3, aber auch, trotz dessen abweichender Diktion, bei Duns Scotus, 7, 10, 2 S. 857 b.

Suarez gefiel diese Theorie nicht.[15] Wie kann es denn Sünde sein, die soeben von Gott bei der Erschaffung gewonnene Perfektion zu lieben und zu bewundern? Scotus habe drei Verfehlungen in dieser Selbstliebe des Teufels entdeckt: Er habe erstens seine Ausstattung mehr geliebt, als er sollte; er wollte sie zweitens schneller besitzen, als Gott es angeordnet habe, und drittens habe er sie ohne eigene Verdienste, aus eigener Kraft haben wollen. Keine dieser Sündenerklärungen findet Suarez zutreffend: Das naturgemäße Leben des Engels bestehe in Erkenntnis und Liebe zu Gott – dabei könne keine Sünde sein. Daß der Teufel sein Glück durch eigene intellektuelle Aktivität bewirke, das mache seine spontane Geistnatur aus. Wieso lag darin eine Aversion gegen die übernatürliche Seligkeit? Die Diskussion zieht sich lange hin. Sie gab Suarez wieder einmal willkommene Gelegenheit, seinen Lehrstuhlvorgänger Vasquez zu kritisieren, der sich der thomistischen Ansicht angeschlossen hatte. Zwar sage auch Augustin, der Stolz beginne damit, daß jemand sich zu gut gefällt, 7, 10, 23 S. 864 a. Aber, wendet Suarez ein, sündig sei dieses Wohlgefallen nur, wenn jemand aus eigener Kraft vollenden will, was allein die Gabe Gottes ist. Damit kommt Suarez zurück auf seine eigene Theorie von der Teufelssünde: Satan protestierte dagegen, daß der Mensch Jesus ihm bei der Menschwerdung als Genosse der hypostatischen Union vorgezogen werden sollte.

Heute wirken solche Erörterungen der Satanssünde abgelegen. Und in ihrer Ergebnislosigkeit auch etwas komisch. Bedenkt man aber die Mühe, die es der Christenheit gekostet hatte, das Konzept der Natur in ihrem theologischen Kosmos zu etablieren, dann signalisiert die erörterte Theorie des Suarez von der Satanssünde – als Verzicht auf Übernatur – eine neue Phase: Nicht mehr die Natur ringt um ihr theologisches Plazet, sondern die als mächtig gerühmte Intelligenz des Teufels gibt sich mit ihrer Natur zufrieden. Sie ist selig in sich selbst. Indem Suarez diese Position ablehnte, gab er ihr Stimme und Gewicht. Die weltliche Kultur bekommt die theoretische Möglichkeit, in sich selbst zu ruhen und auf die Förderungen des Glaubens zu verzichten. Suarez wußte immer, daß er, wenn er vom Teufel sprach, stets auch vom Menschen redete. Der theologische Streit erschloß menschliche Möglichkeiten. Suarez wollte sie in die jesuitische Kultur integrieren und eingeordnet bewahren. Anderen gefiel sie, schön wie sie war, in sich selbst. Sie brauchten die ‹übernatürliche Ergänzung› nicht.

Satans Strafe

Theologen des 16. Jahrhunderts lehrten als festes Ergebnis ihrer Disziplin, Teufel und Seelen der verdammten Menschen würden in der Hölle in zweifacher Art bestraft: Erstens blieb ihnen die Vollendung allen geistigen Lebens, die selige Anschauung Gottes, für immer versagt, das nannten sie die *poena damni*, und zweitens wurden sie körperlich gequält, das hieß die *poena sensus*, 8, 12, 1 S. 1010 b. Daß sie gefoltert werden müssen, wurde theoretisch begründet: Sie hätten dem Schöpfer das Geschöpf vorgezogen und mußten daher auch durch Geschöpfe leiden. Unter ‹Geschöpfen› als Martermitteln waren vor allem zu verstehen: Feuer und Eis. Aber wie sollten Feuer und Eis auf reine Geister und abgetrennte Geistseelen einwirken?

Das Problem war unter neuplatonisch-augustinischen Prämissen entstanden: Danach können reine Geistwesen nicht von Körperdingen wie Feuer oder Wasser leiden. Nachdem Engel und Dämonen die Privilegien der aristotelisch-averroistischen Theorie des Intellekts erhalten hatten, also seit dem 13. Jahrhundert, verschärfte sich die Unbegreiflichkeit der *poena sensus*, denn Geistwesen nehmen Einwirkungen nur nach ihrer eigenen Wesensart auf, also als Erkennende und Wollende. Wenn sie es also auf ihre Art mit Feuer zu tun bekommen, dann führt nicht das Feuer ihnen Hitze zu, sondern sie bilden den allgemeinen Begriff des Feuers. Feuer kann sie nicht brennen; sie sehen ihm nur intellektuell zu. Aber das ist nicht die Sinnenqual, *poena sensus*, die das theologische System verlangt. Die schulmäßige Lehre des lateinischen Westens verlangte für Menschenseelen die *poena sensus* in der Hölle auch schon *vor* der Wiedererlangung der Leiber; schließlich war es seit Augustin zunehmend verboten, das Höllenfeuer metaphorisch zu deuten. Suarez wußte, daß insbesondere Augustinus diese Position als Häresie heftig bekämpft hatte: *quod maxime videtur intendisse Augustinus*, 8, 12, 21 S. 1016 a. Die Körperlichkeit des Höllenfeuers und die Abwehr der endgültigen Allversöhnung waren Hauptprogrammpunkte in Augustins Kampf gegen Origenes. Besonders seit dem 13. Jahrhundert standen Theologen vor der unlösbaren Aufgabe, reine Geister und getrennte Menschenseelen unter realem, physischem Höllenfeuer leiden zu lassen; der Ausweg einer bildlichen Deutung war versperrt. Thomas von Aquino hat sich seit dem Beginn seiner Lehrtätigkeit mit dieser Quadratur des Kreises befaßt.[16] Das löste im 13. und 14. Jahrhundert heftige Debatten aus. Entscheidend war für Thomas: Keine körperliche Einwirkung wirkt auf den Geist, *corpus in spiritum naturaliter agere non potest*, l. c. S. 1109 b. Da halfen sich einige Theologen mit der Erklärung, in der Hölle brenne kein Feuer irdischer Art, sondern ein besonderes, ein höheres Gottesfeuer – aber das klang schon verdächtig nach der verbotenen allegorischen Deutung. Nein, es mußte ‹reales, physisches› Feuer sein, aber dann sagte mancher hinzu, es sei ein Feuer, das nicht von Menschen angezündet worden sei, sondern vom allmächtigen Gott zur Ausstattung seiner Marteranstalt. Es handle sich um gewöhnliches irdisches Feuer, um eines der vier Elemente, aber in der besonderen

Funktion des göttlichen Strafinstruments. Aber damit war immer noch nicht erklärt, wie körperliches Feuer den reinen Geist quälen kann. Thomas ersann folgende Antwort: Das besondere natürliche Feuer binde den reinen Geist, so daß er, wie von ihm gebannt, es nicht verlassen könne und unter seinem bedrohlichen Anblick leide. Die beabsichtigte Marter bestünde demnach im Anblick der schrecklichen Bedrohung und in der Unmöglichkeit, sich von ihr zu entfernen: *anima ignem ut noxium sibi videns, ab igne cruciatur*, l. c. S. 110 a. Sollte das eine theoretisch befriedigende und zugleich orthodoxe Auskunft über die Zukunft der weit überwiegenden Zahl der Menschen sein? Schließlich war auch Thomas überzeugt von der überaus großen Anzahl, *maxima multitudo*, der Verdammten; er fragte besorgt, ob das Erdinnere ausreiche für die Unterbringung aller Verdammten, und forderte dazu – wie sein Lehrer Albert – ein System von Aushöhlungen im Erdinneren.[17]

Suarez fand diese Problemlage vor. Er berichtet zunächst, daß antike Philosophen wie Cicero, aber auch Avicenna alle Berichte über jenseitige Strafaktionen für metaphorisch gehalten hätten; einige hätten über allegorische Deutungen gelacht. Suarez klagt, heute folgten viele Häretiker und Lutheraner diesem Irrtum, 8, 12, 2 und 3 S. 1011 a. Suarez weiß, daß es in seiner Zeit öffentliche Debatten über die Höllenqualen gab; er erwähnt empört, daß es jetzt sogar der Dominikaner namens Ambrosius Catharinus gewagt habe, die metaphorische Deutung zu vertreten. Er selbst gehe von der Gewißheit aus, daß Dämonen und Verdammte im Jenseits mit körperlichem Feuer gequält werden; er untersuche nur die ‹Wahrheit› dieses Feuers. Dabei versteht er unter der ‹Wahrheit› des Feuers seinen realen, physischen Charakter. ‹Wahres› Feuer, hält er fest, müsse ‹sinnliches› Feuer sein, *sensibilis atque corporeus*, 8, 12, 3 S. 1011 a.

Es gebe aber Autoren – und sie beriefen sich auf Albert –, die aus der Bibel selbst Argumente für die symbolische Deutung des Höllenfeuers zögen: Wenn in der biblischen Erzählung vom Lazarus im Höllenfeuer von dessen Finger und Zunge die Rede sei, dann seien das doch wohl metaphorische Elemente. Es sei biblisch sowohl von Feuer wie von Schnee in der Hölle die Rede; beides könne nicht zugleich physisch existieren. Und wenn Jesus vom ‹Wurm› spreche, der nie sterbe und die Verdammten quäle, meine er doch metaphorisch Gewissensbisse, kein sinnliches Kriechtier. Und sei nicht überhaupt die Feuerqual der Hölle nur ein Bild für das, was der ewigen Seligkeit entgegengesetzt sei? Sage nicht auch Thomas einmal, mit dem Wort ‹Feuer› sei jede Art von Strafe gemeint? [18]

Suarez bearbeitet die Streitfrage gründlich und sucht die Texte der Kirchenväter ab, ob in ihnen die theologischen Gegner eine Stütze finden könnten, er erwähnt Origenes, der von einem Feuer anderer Art spreche; er zitiert Augustin, der in civ. 20, 16 gestehe, welcher Art das Höllenfeuer sei, das könne nur wissen, wem Gott es offenbart habe. In *De Genesi ad litteram* 12, 32 nenne er einmal die Hölle einen ‹spirituellen› Ort. Bei Johannes Damascenus und Ambrosius gebe es entsprechende Stellen.

Suarez kennt auch Vernunftargumente gegen das Höllenfeuer: Man müsse zusätzlich ‹große Wundertaten› postulieren, damit es die Geister quälen könne, denn natürlicherweise wirke kein Körper auf ein Geistwesen. Ein Geist sei nichts, was Hitze aufnehme. Er hat keine Sinnesorgane, um körperliche Qual zu empfinden. Und da die Dämonen oft in der Luft unterwegs sind, können sie ja wohl nicht das Höllenfeuer dorthin mitnehmen, 8, 12, 8, S. 1012 b.

Suarez bleibt hart – trotz der Wucht der von ihm referierten Argumente: Es sei absolut feststehende katholische Lehre, daß in der Hölle physisches Feuer die Geister quäle. Das sei die gemeinsame Lehre aller Scholastiker, ja es sei der allgemein-christliche Konsens. Das sei die Lehre der Kirche, und zwar, weil Gott selbst in der Bibel so oft mit Feuerqualen drohe. Das schließe die metaphorische Deutung aus. Außerdem hätten Augustinus und andere Kirchenväter als Auslegungsregel festgesetzt, die Heilige Schrift sei im eigentlichen Sinne, *cum proprietate*, zu verstehen, 8, 12, 9 S. 1012 b. Suarez belegt dann aus Bibel und Kirchenvätern, daß es sich um wahres, also körperliches Feuer, *ignis corporeus et verus*, handelt. ‹Wahrhaft› oder ‹wirklich› ist hier gleichbedeutend mit: körperlich. Außer Augustin zitiert er Cyprian, Cyrillus und Gregor den Großen.[19] Außer Zitaten bringt Suarez Vernunftbeweise: Es sei vernünftig, daß es sich um die objektive Realität physischen Feuers handle, nicht bloß um Innenzustände der Verdammten; es sei gerecht, wenn die Bösen, die in Geschöpfen ihr Ziel gesucht hätten, von Geschöpfen leiden, 8, 12, 16b–17, S. 1015 a.

Aber die Frage, wie dies genau geschehen könne, läßt Suarez keine Ruhe. Sein unerschütterter Ausgangspunkt ist, daß Christus der Herr die ewige und unverminderbare Feuerstrafe angedroht hat; von Schnee und Wasser hat er nichts gesagt, 8, 12, 24 S. 1017 a. Allerdings werde nach dem Jüngsten Tag aller Dreck und Gestank der Welt in die Hölle abgeräumt; es wird dort finster sein, denn das Höllenfeuer leuchtet nicht. Aber es wird hell genug sein, daß Teufel und Verdammte die Schmerzen ihrer Mitgenossen zur Vergrößerung ihrer Leiden sehen können, *hoc enim eorum poenam augebit*, 8, 12, 32 S. 1019 b. Einige Autoren, berichtet Suarez, hätten sich damit geholfen, daß, weil die Seelen ohne Körper nicht von körperlichem Feuer leiden können, die Feuerstrafe erst nach dem Jüngsten Tag für sie einsetzt; für Tertullian hingegen waren Dämonen noch körperliche Wesen, so daß sie schon vorher angesengt werden konnten, 8, 12, 39 S. 1021 b. Suarez prüft eine Reihe weiterer Lösungen und erleichtert sich zwischendurch mit dem Stoßseufzer, die Autorität Gottes, der Schrift und der Kirche zwinge uns zwar, an das körperliche Höllenfeuer zu glauben, verpflichte uns aber nicht, seine Wirkungsweise zu erklären. Der göttliche Wille genüge als Erklärung.[20] Suarez gefiel die Wendung Augustins, Gott quäle die Bösen in der Hölle auf reale, aber wunderhafte Weise, *miris et veris modis*, civ. 21, 10, zitiert 8, 13, 6 S. 1024 a. Er zitiert Augustin über die große emotionale Rolle von Träumen, die Schmerz und Glück geben, 8, 13, 27 S. 1031 a. Er kennt den Satz Gregors I., der Teufel *sehe,* daß er verbrannt wird, und ebendadurch werde er verbrannt; er leide gebührend.[21] Er anerkennt die Lebensbedeutung von Emotionen, beendet aber damit nicht die Debatte. Er tritt in eine neue Untersuchung ein und prüft die Theorie einiger Theologen, der zufolge die Qual des Feuers darin bestehe, daß Dämonen und Sünder es *sehen* und sich von ihm eingefangen finden wie in einem Kerker. Sie sehen sich zwischen Feuerwänden. Aber, fragt Suarez weiter, bedeutet es ausreichend Qual, wenn die Dämonen zwar nicht unter dem physischen Einfluß des Feuers, sondern unter seiner bloß intentionalen Wirkung leiden? Immerhin lag die Lösung des Thomas von Aquino im Sentenzenkommentar in dieser Richtung, wenn auch zaghafter formuliert, als es die Art des Aquinaten sonst ist. Immerhin sage er, das Feuer wirke «nicht materiell, sondern spirituell», 4 Sent 50, 2, 2, 1 ad 3, von Suarez zitiert 8, 13, 4 S. 1023 b. Diese Lösung werde zuweilen auch Bonaventura und Albert zugeschrieben, aber er, Suarez, kenne keinen christlichen Autor, der das vertrete, 8, 13, 1 p. 1022 b. Diese Theorie sei aus zwei Gründen zu verwerfen: Schrift und Kirchenväter lehren, die Dämonen würden vom *Feuer* gequält, sie sprechen dabei nicht vom *Sehen* des Feuers und ihren Selbstvorwürfen. Es handelt sich ja nicht um *gelegentlichen* Schmerz, sondern um ewige Dauerqual. Zweitens würden die intelligenten Dämonen erkennen, daß sie nicht unter einem objektiven Tatbestand leiden, sondern nur unter *ihrem Bild* des Feuers. Sie könnten ihr Leiden dann beenden. Sie werden durchschauen, daß sie sich täuschen. Sie würden sehen, daß sie unter ihren eigenen Vorstellungen leiden, nicht unter einer realen Aktion, 8, 13, 7 S. 1024 b. Darauf laufe insbesondere die Theorie des Aegidius Romanus hinaus, das Feuer verletzte die Dämonen durch ‹intentionale Aktion›, *Quodlibet* 2, 9 und 4, 15. Er unterstelle, der Schmerz entstehe primär im Erkenntnisvermögen. Diese Voraussetzung sei falsch, denn zum Schmerz gehöre dreierlei: die körperliche Verletzung, die Wahrnehmung dieser Verletzung und die seelische Ablehnung dieser Verletzung, 8, 13, 9 S. 1025 a. Aegidius rede, als sei die Erkenntnis des Schmerzes dasselbe wie der Schmerz. Aber wesentlich sei ein äußeres *agens*, das die Verletzung verursache. Dieses fehle in der Theorie des Aegidius, in der nur das Erkenntnisbild des Feuers wirke, 8, 13, 8–12, S. 1023 b–1026 a.

Ähnlich kritisiert Suarez die Theorie des Richard von Mediavilla, der zufolge das Leiden durch das Höllenfeuer darin besteht, daß es den Blick des Dämons so beherrschend auf sich zieht, daß er sich nichts anderem zuwenden kann. Er empfindet diese Fixierung als Verletzung. Aber auch das wäre keine physische Einwirkung des Feuers auf den Geist, 8, 13, 13 S. 1026 b. Ein faszinierendes Erkenntnisbild erzeugt nicht den von Gott intendierten heftigen Schmerz, *vehementem dolorem*, 8, 13, 16 S. 1027 b. Außerdem befreie die schnelle und mißtrauische Intelligenz der Dämonen sich rasch von störender Fixierung auf nur *einen*

Gegenstand. Die Offenbarung lehre doch, *wirkliches Feuer* und nicht bloß eine falsche Vorstellung erzeuge ihren großen und ewigen Schmerz.

Am Ende verwirft Suarez alle Theorien, die leugnen, natürliches Feuer martere *vere et realiter* die Dämonen und die Seelen. Er gibt sich damit zufrieden, körperliches Feuer habe als Instrument des göttlichen Strafwillens wunderbare Kräfte. Gott hätte mit jedem Element die Strafe sich vollziehen lassen können. Er hat uns den Grund für das Feuer nicht geoffenbart. Wenn wir auch einige Gründe der Angemessenheit nennen können, sein Wille genügt als Erklärung. Er hätte die Taufe auch an Milch oder Feuer statt an Wasser binden können, hat es aber nicht getan, genauso hat er sich für das Feuer der Hölle entschieden, 8, 13, 33 S. 1033 a–b.

Keine Rückkehr

Dämonen sind bei Suarez reine Geistwesen und folglich frei. Wenn sie als reine Geistwesen frei sind, müßten sie dann nicht ihre Rebellion bereuen und zum Himmel zurückkehren können? Weist der himmlische Vater, der dem verlorenen Sohn ein Mastkalb schlachtet, die Erstgeborenen seiner Schöpfung zurück? Herrscht im Himmel nicht auch Freude über jeden Teufel, der Buße tut? Bei kaum einem anderen Thema zeigt Suarez so viel Strenge und so viel Eifer wie bei der Abwehr dieser These. Immer wieder kommt er mit Nachdruck darauf zurück: Es gibt für Dämonen keine Rückkehr. Der Dämon kann seine Lebensrichtung nicht mehr ändern. Er kann nur noch schlecht handeln. Mit auffälligem Nachdruck stellt Suarez seiner Erörterung das Dogma voran.[22]

Suarez sagt gleich, warum er so energisch hervorhebt, daß er nicht eine bloße Meinung, sondern die Lehre der Kirche vorträgt: Es geht gegen den ‹alten Irrtum›, gegen die Allversöhnungslehre des Origenes. Hieronymus verwirft sie mit Zorn, *vehementer invehitur contra Origenem*; Augustinus läßt für diese Irrlehre keine Entschuldigung gelten, civ. 21, 17; mehrere Konzilien haben sie verworfen, und doch gibt es, klagt Suarez, immer wieder Leute, die ihn entschuldigen, zum Beispiel Pico della Mirandola; Erasmus erwähnt er nicht einmal mehr.[23]

Aber wieso sind die Teufel erstarrt im Bösen? Wenn die Dämonen ihre hohe Naturausstattung als reine Geister bei ihrem Sturz nicht verloren haben, wenn sie also frei sind, müßten sie auch bereuen können. Warum schließt Suarez jede Bekehrung empört aus? Schließlich hat er die rein theologisch-inhaltliche Definition von Freiheit verlassen, die Anselm und Thomas gelehrt und die Olivi kritisiert hatte. Er hat bei der Wahl des Lebensziels Vielfalt und Kontingenz zugelassen (wie oben gezeigt). Aber er sah eine Kampffront vor sich. Die Gegner waren die Lehrer eines gnädigeren Gottes und einer höheren Einschätzung geschöpflicher Freiheit. Sollten sie siegen, konnte sich eine weltliche Kultur ohne theologische Überhöhung durchsetzen. Dann war der jesuitische Lebensentwurf überholt.

Suarez argumentiert: Die bewußte Abkehr der Dämonen von Gott war eine Sünde von extremer Schwere. Sie hat daher ewige Strafe verdient, 8, 7, 4 S. 984 a. Aber, fährt er fort, würden sie nicht, wenn sie wahrhaft bereuen würden, Verzeihung erreichen? Schließt die Kirchenlehre ihre Rückkehr definitiv aus? Läßt sich mit Gewißheit folgern, daß sie niemals bereuen werden? Sie sind für immer verstockt. Suarez analysiert das Wesen der Verstocktheit. Sie ist die Unfähigkeit zur Reue. Sie braucht keinen ‹positiven Grund› (*positiva causa*), weder bewirkt Gott sie noch der Dämon. Nun kennt Suarez durchaus das Motiv, daß Gott das Herz des Sünders verhärtet, 7, 5, 29 S. 823 b, und auf Umwegen kommt er dahin zurück: Der Grund der Verstocktheit ist der gerechte Wille Gottes, den Verdammten jede Gnadenhilfe zu verweigern. Das sei übereinstimmende Lehre aller Theologen, 8, 7, 10 S, 986 a–b. Zu ihr gehöre, daß der freie Wille sich nicht allein, auch nicht mit der universalen Mitwirkung Gottes, zur Gnade vorbereiten könne; dazu bedürfe es spezieller göttlicher Zuwendung. Die Freiheit, die den Dämonen bleibt, reicht also zur Reue nicht aus; das allgemeine Vorauswirken des göttlichen Weltregiments genüge dazu nicht. Es bedürfte eines Aktes der speziellen Gnadenverwaltung, wie sie Augustinus gegen die Pelagianer entworfen hat. Und den verweigert Gott den Teufeln zu Recht. Wer freilich diese Konstruktion ablehnt, kann auf Reue der Dämonen hoffen. Eine solche Ansicht schreibt Suarez dem Duns Scotus zu, der sage, zur Freiheit gehöre die Möglichkeit auch zum Entgegengesetzten. Ihr stellt er ‹die allgemeine und wahre Lehre› gegenüber, nämlich die Phalanx des antipelagianisch verhärteten theologischen Augustinismus. Die Verstocktheit der Dämonen kommt also aus der geschöpflichen Schwäche und Gebrechlichkeit, der Gott, Gnade verweigernd, den Teufel überläßt, 8, 11, 2 S. 1003 a.

Abschließend zitiert Suarez die triumphierende Erklärung Bernhards:

Der Verdammte erhält auf ewig nicht, was er will,
und hält doch auf ewig aus, was er nicht will, 8, 11, 9 S. 1005 b.

Duns Scotus überschätze die Macht der Freiheit des Dämons. Seine Lehre sei noch schlimmer als die des Origenes: Dieser hatte gelehrt, Gott werde nach langer Erziehungszeit die Dämonen befreien, aber bei Scotus befreie der Dämon sich selbst, 8, 11, 11–12 S. 1006 a–b.

Der Franziskaner des beginnenden 14. Jahrhunderts dachte freiheitsfreundlicher als der frühneuzeitliche Jesuit. Für ihn war Willensfreiheit die Disposition, Alternativen zu haben. Suarez läßt sie als leerbleibende Möglichkeit bestehen, aber am Ende siegt der theologische Voluntarismus: Die Höllenbewohner sind für immer verstockt, weil Gott es zu ihrer Bestrafung so will. Sie behalten ihre Freiheit. Aber die nutzt ihnen nichts.

Mit Blick auf Skepsis

Gleich das erste Kapitel der riesigen Abhandlung des Suarez über die Teufel trägt die Teilüberschrift: *An dentur daemones*, ob es überhaupt Dämonen gebe. Nun war es gute aristotelische Schulgewohnheit, von einem Wissensgegenstand zunächst nachzuweisen, *daß* es ihn gibt, um dann zu beweisen, *was* er ist. Aber bei Suarez ist mehr im Spiel: Er fürchtet die Auflösung des katholischen Kosmos. Antike Philosophen, arabische Ärzte und zeitgenössische Häretiker spotteten über Teufelsgeschichten. Andere faßten den Gedanken, der Teufel könne, stolz auf seine Schönheit, sich mit seiner naturhaften Ausstattung als mächtige Intelligenz genügen wollen und alle übernatürliche Ergänzung abweisen. Offenbar beginnen Zeitgenossen, so diabolisch selbstzufrieden auszuruhen bei der Autonomie der Natur. Diese will Suarez anerkennen und einbeziehen, aber nur, wenn sie sich unterordnen läßt. Suarez studiert an Satan das Modell der Verweigerung höherer, übernatürlicher Aufstockung. Sein Teufel entdeckt in sich das irdische Paradies; er macht halt in diesem *locus amoenus* und verzichtet auf das himmlische Paradies. Gegenüber dieser Selbstgenügsamkeit gilt keine Nachsicht; es braucht ewige Strafe in sinnlichem Feuer. Die Qual kann für Dämonen und Verdammte nicht streng genug sein. Sie muß ohne jede Abschwächung dem Volk gepredigt werden, damit es begreift, daß es jetzt die Umkehrchance noch hat, die Verstorbenen und Teufeln versagt ist. Das Bild, das von der Hölle gepredigt wird, kann nicht düster genug sein. Wenn in der Hölle physisches Feuer brennt, muß es doch wenigstens Licht verbreiten? Nein, dagegen greift die ewige Gerechtigkeit ein; es ist da unten dunkel, doch hat Gott es so eingerichtet, daß es immerhin so hell ist, daß die Höllenbewohner sich in ihren Schmerzen sehen können, das soll ihre Strafe vermehren, *hoc enim eorum penam augebit*, 8, 12, 32 S. 1012 b.

Suarez kennt die Instrumente der Entmythologisierung des Satansreichs:

Die Berufung auf die Barmherzigkeit des gnädigen Gottes,
die Unerreichbarkeit reiner Geister durch physische Gewalt,
die natürlich-medizinische Erklärung der Besessenheit,
die allegorische Deutung der Schrift.

Selbst die orthodoxesten Satanologen kommen nicht ganz ohne sie aus, wie Suarez vorführt: Wenn sie erklären, was der Wurm ist, der nicht stirbt, und wie das Zähneknirschen zustande kommt, wo weder Dämonen noch abgetrennte Seelen Zähne haben, dann verstehen auch sie den ‹Wurm› bildlich.[24]

Suarez weiß, daß jetzt die Überlegung in der Welt existiert: Wenn es kein physisches Höllenfeuer gäbe, dann reden Bibel und Kirchenväter frommen Betrug (*pia fraus*), um uns einen Schrecken einzujagen. Aber das zu sagen sei Frevel und Häresie, 8, 14, 12 S. 1037 a.

So endet die gelehrte Überlegung mit dem augustinischen Bekenntnis, civ. 21, 10, Gott quäle die Höllenbewohner realistisch, aber auf wunderbare Weise, *veris licet miris modis*, 8, 13, 6 S. 1024 a. Aller Erklärungsaufwand war umsonst. Gott verweigert aufgrund eines verborgenen Urteils, *per occultum judicium*, den Dämonen jede Hilfe, 8, 1, 17 S. 963 a. Suarez sicherte zuvor den Dämonen eine gewisse Freiheit – *hanc libertatem retinet daemon*, 8, 8, 2 S. 988 b –, er verstand gegen Thomas Freiheit als das Haben von Alternativen; er dachte spätmittelalterlich-voluntaristisch dem Willen gegenüber dem Intellekt neue Möglichkeiten zu, darauf bestehend, daß Teufel beim Höllensturz nicht den Verstand verloren haben, 8, 6, 3 S. 979 b, – aber das alles nutzt ihnen nichts. Zuletzt raubt die selige Anschauung Gottes den Engeln und Heiligen die Möglichkeit der Wahl, 7, 3, 14 S. 806 b. Freiheit ist Geistwesen wesentlich, aber nur im Zwischenstadium. Die wahre Vollendung besteht in ihrem Verlust: *Visio Dei hanc potestatem auferre valet*, 7, 4, 3 S. 809 b.

Alle Möglichkeiten der Ermäßigung, der Abschwächung oder Aufhebung der physischen Höllenqual verwirft Suarez; die Allegorie kommt allenfalls als zweite Auslegung nach der historisch-realistischen in Betracht. Denn für Suarez steht – philosophisch völlig unbefragt – fest: ‹Wahr› ist, was wirklich ist. ‹Wirklich› ist, was ‹physisch› ist, ‹physisch› ist, was sinnlich ist.

Er fragt nicht, ob dieser naive Realismus zu seinem theologischen Projekt paßt. Man muß ihm zugute halten, daß das *Neue Testament*, die Kirchenväter und die Kirchenlehre des lateinischen Westens, wie er sagt, in nichts so einig sind wie in der Behauptung *physischer* Höllenstrafen, 8, 12, 20 S. 1016 a. Sie bestand wie versessen auf ihrem antiorigenistischen Affekt. Die eher idealistischen Konzepte von Dionysius Areopagita, Johannes Damascenus und Johannes Eriugena kamen im Westen dagegen nicht auf. Die westliche Kirche hatte auf Macht, Reichtum, Recht und Gewalt gesetzt; sie brauchte eine solche Hölle. Sonst bliebe unverständlich, wie Leser des Avicenna, *Metaphysik* 9, 7, an die Legende des heiligen Odilo glauben konnten, der in den Feuerfunken des Vulkans Stromboli die Stimmen gequälter Seelen im Fegefeuer gehört hat, 8, 12, 14 S. 1014 a. Dazu mußte ihn ein anderes Erkenntnisinteresse leiten. Suarez beweist, wie noch im ausgehenden 16. Jahrhundert ein ungeheurer begrifflicher und dokumentarischer Aufwand endet bei Geheimnis und unbegreiflicher Allmacht. Zuletzt bleibt die übergroße Mehrheit der Menschheit im ewigen Feuer.[25] Suarez redet mit Glaubenseifer und Energie. Es geht um die endgültige Ausrottung des Origenismus: Die Kirche lehrt das Gegenteil von dem, was Origenes sagt, *contrarium contra Origenem docet Ecclesia*, 8, 2, 9 S. 968 b.

XIV. Besuch in der Hölle. Um 1600

Gibt es die Hölle?

Von der Hölle war bisher oft schon die Rede; ich möchte sie mir genauer anschauen. Barocke Prediger wußten mehr über sie. Jesuiten bezogen ihr Wissen oft aus dem Kommentar ihres Ordensbruders Franciscus Suarez zur *Theologischen Summe* des Thomas von Aquino. Das umfangreiche Werk *Über die Engel, De angelis*, bringt zwei ausführliche Kapitel über die Hölle, Buch 8, Kapitel 16 und 17. Der Text, zwischen 1580 und 1620 geschrieben, faßt die katholische Variante der christlichen Höllenlehre zu Beginn der Neuzeit gut zusammen; ich folge seiner Beschreibung.

Suarez weist zu Beginn des Abschnitts über die Hölle die These zurück, es gebe keine Hölle. «Alle antiken Philosophen» hätten sie geleugnet, weil sie das physische Höllenfeuer bestritten. Auch Philo teile ihren Irrtum; Origenes, von dessen Ansicht es aber divergierende Auslegungen gebe, denke ähnlich. Doch müsse es die Hölle geben, und zwar als räumlichen, körperlichen Ort der Strafe, wo physisches Feuer brennt. Zu diesem Zweck hat Gott von Weltbeginn an die Hölle als körperliches Bauwerk eingerichtet.

Suarez meditiert weiter über mögliche Gründe der Philosophen, die Existenz der Hölle zu bestreiten, und nennt deren zwei. Erstens leugnen sie wohl die Hölle, weil sie weder an die Unsterblichkeit der Seelen glauben noch an Gottes Vorsehung und Gerechtigkeit, der die Bösen ewig strafe. Ein zweiter vermuteter Grund: Diese Philosophen nehmen wohl wie die modernen Häretiker an, sinnliche Realitäten paßten weder zur göttlichen Belohnung noch zur Bestrafung.[1] Suarez vertieft diese Überlegungen nicht; immerhin ahnt er, das Gottesverhältnis moderner Christen könnte so intim werden, daß die Drohung mit dem Strafbau nicht zu ihm paßt. Die Betrachtung geistiger Wirklichkeit konnte gegen 1600 dazu führen, sie in derart schroffen Gegensatz zu Dingen im Raum zu stellen, daß ihre Existenz bestritten wurde. Diese Gedankenlinie wurde später kräftig ausgezogen: Unter dem Einfluß der cartesianischen Philosophie erzeugte am Jahrhundertende das Bewußtsein von der Andersartigkeit geistiger Inhalte die relativ konsequenteste Kritik am Teufels- und Höllenwesen der Tradition. Suarez wußte, daß derartige Ideen auch im Mittelalter verbreitet waren; er sagt von Amalrich und von den Albigensern, sie hätten gelehrt, die Hölle sei nichts als das Bewußtsein der eigenen Sünde, *dixerunt infernum nihil esse praeter conscientiam peccati.* Suarez hat Witterung aufgenommen: Das Bewußtsein der Diskrepanz zwischen Geistigem und Körperdingen, zwischen Ethischem und Materiellem, nahm im Laufe des 17. Jahrhunderts zu und bedrohte die prunkvolle jesuitische Kultur. Suarez setzt den Zweifeln die feste Lehre entgegen: Die katholische Kirche bestehe darauf, daß es einen einheitlichen Ort gebe, den Gott zur Bestrafung der Verdammten, seien es Dämonen oder Menschen, eingerichtet habe (7, 16, 2 S. 1054 b).

An dieser Stelle ist die Terminologie zu beachten: Wenn Suarez mitteilen will, die Hölle sei ein wirklicher körperlicher Ort, dann sagt er, es handle sich um *vera loca corporalia terrestria ad tale munus destinata* (16, 3 S. 1055 a). Der Plural (*loca corporalia*) erklärt sich aus der Mehrteiligkeit der Hölle. Klar ist, daß Gott diese Örtlichkeit zum Strafzweck eigens eingerichtet hat, *ad tale munus destinata.* Dem Autor ist wichtig, daß es sich um ‹wahre› Orte handle, und ‹wahr› bedeutet hier wie oft bei Suarez: sinnlich, körperlich. Auf diese Prämisse vieler älterer Satanologen verwendet Suarez weiter keine Sorgfalt, hingegen beschenkt er uns mit einer Definition der Hölle als *locus animarum subterraneum.* Damit wissen wir auch, wo die Hölle sich befindet, nämlich in der Erde. Er entnimmt dies der Vulgatafassung von *Hiob* 10: Hier bittet Hiob um eine Pause der Plagen, bevor er in das finstere Land gehe, *ad terram tenebrosam,* bedeckt von Todesfinsternis, ins Land des Elends und der Finsternis, *terram miseriae et tenebrarum*, wo es keine Ordnung gibt, auf dem der Schatten des Todes und ewiger Schrecken liegt. Das Argument des Suarez beruht darauf, daß in der lateinischen Übersetzung von *Hiob* 10, 20–22 das Wort für ‹Erde› (*terra*) vorkommt. Er findet, das passe zusammen mit allem, was wir über den Abstieg Christi zur Hölle hören. Wenn von ‹Abstieg› (*descensus*) die Rede sei, müsse es nach unten gehen. Dabei sei es nicht wahrscheinlich, daß die Seele Christi bis in die tiefste Hölle, zu den definitiv Verdammten, vorgedrungen sei (8, 16, 3 S. 1055 a). Suarez läßt Jesus nur bis zum ‹Schoß Abrahams› absteigen, der die glaubenden Patriarchen aufnahm, scharf abgetrennt von der tiefsten Feuerhölle der ewig Verdammten, die er auch *gehenna*-Hölle, *infernus gehennalis*, nennt. Er besteht auf dem körperlichen, sinnlichen Charakter des Höllenbaus, erwähnt aber, daß Augustin in *De Genesi ad litteram* 12, 32–34 vorübergehend erwäge, ob die Hölle wirklich ein körperlicher Ort sei oder nur als solcher *dargestellt* werde. Suarez schwankt in dieser Frage sowenig wie Augustin in *De civitate Dei.* Zu deutlich sei die Sprache der Bibel, und dabei rede das *Neue Testament* direkter und öfter von der Hölle als das *Alte.*[2] Weitere Hölleninformation zieht der Jesuit aus dem 2. *Petrusbrief* 2, 4. Gott, heißt es dort, habe die bösen Engel nicht verschont, sondern sie in die «finsteren Höhlen der Unterwelt verstoßen». Er halte sie dort eingeschlossen bis zum Gericht. Wegen des Strafaufschubs für die Dämonen bis zum Jüngsten Tag braucht es außer den definitiven letzten Feuerhöhlen einen vorletzten Aufbewahrungsraum für Dämonen. Viele von ihnen werden auf der Erde noch gebraucht. Falls sie keine besondere göttliche Ausgeherlaubnis erhalten, bleiben sie im höllischen Warteraum bis zum Endgericht eingeschlossen, immer in furchtsamer Erwartung des nahenden Endgerichts, 8, 16, 23 S. 1061 a. Natürlich können sie nicht nach Gutdünken die Hölle verlassen; einige Teufel bleiben immer dort, andere werden abgeordnet in die Luft, um Gerechte zu erproben. Ein Teufel im Außendienst nimmt seine Feuerstrafe mit; er bleibt eingesperrt in einen individuellen Feuermantel.[3] Gott in seiner Allmacht verleiht dem Höllenfeuer Fernwirkung, so daß auch die Dämonen außerhalb der Hölle unter ihm leiden. Suarez fordert dieses Zusatzwunder, auch wenn er spätmittelalterliche Autoren zitiert, die davor warnen, allzu viele und allzu große Wundertaten Gottes zusätzlich zu verlangen, 8, 16, 35–36 S. 1064. Das Ökonomieprinzip wollte bis zu einem gewissen Grad auch er einhalten, aber einem Teufel Freigang und Feuerverschonung gewähren wollte er nicht.

Die Topographie der Hölle könnte unübersichtlich werden, zumal das *Neue Testament* außer dem Wort *gehenna* auch ‹Tartarus› gebraucht, 8, 16, 6 S. 1056 a. Aber Suarez bleibt dabei: *gehenna* bezeichnet den tiefsten und definitiven Ort der Strafe für alle Bösen. Und bei aller Differenzierung der Straforte, die besonders Papst Gregor beschreibe, betont Suarez deren Einheit: Sie muß *eine* sein für alle Verdammten. Das Konzil von Florenz habe bestimmt, daß alle in die gemeinsame Hölle kommen, sowohl die aktualen Todsünder als auch die, die allein durch die Erbsünde belastet sind.

Abgesehen vom zeitweiligen Luftaufenthalt vieler Dämonen unterscheidet Suarez im Inferno:

Erster Vorraum: Der ‹Schoß Abrahams›. Bis hierhin kam Jesus beim Höllenabstieg. Der Raum ist jetzt leer, da Jesus alle Patriarchen des Alten Bundes daraus befreit hat.

Zweite Randzone des Infernum: Das Purgatorium, das als zeitlich befristete Höllenstrafe vorgestellt wird.

Drittens der Randstreifen für ungetaufte Kinder, *limbus puerorum*.

Viertens *gehenna*, die eigentliche strengste Hölle, 8, 16, 19 S. 1060 a.

Der ganze Raum ist voll von Feuer; als Feuerpfuhl oder See voll glühenden Pechs schließt er die Verdammten ein. Seine Qual setzt nie aus, so daß es nicht der Dämonen bedarf, die Bösen zusätzlich zu quälen, 8, 16, 25–26 S. 1061 b.

Das ewige Glück und den ewigen Tod denkt Suarez als Kollektivschicksale; sie werden gemeinsam genossen oder gemeinsam erlitten. Die Verdammten bilden unter dem Teufel ein Reich, ein *corpus politicum*. Die verworfenen Menschen sind seine Untertanen, und deswegen sei es ‹vernünftig›, daß böse Engel und böse Menschen am Ende räumlich zusammengepfercht und durch ein und dasselbe Feuer gequält werden, 8, 16, 10–11, S. 1057 b. Aber Vernunftgründe allein ergeben keine Höllenkenntnis, denn die ganze Einrichtung hänge allein von Willensentscheidungen Gottes ab.

Topographie

Suarez bemüht sich, den Ort der körperlichen Hölle genauer zu bestimmen. Daß sie auf oder in der Erde liegt, steht ihm fest. Über ihre genaue Lage ist er sich weniger sicher, überwindet aber mit Erfolg seine Zweifel und kommt zu dem Ergebnis, sie liege wahrscheinlich nahe am Erdmittelpunkt.[4] Die Erdoberfläche schließt er in eingehender Erörterung aus. Man habe sie in unbewohnbar heißen Erdgegenden vermutet, auch in dem schaurigen Tal Gehennon bei Jerusalem, in dem schreckliche Orgien des Götzendienstes stattgefunden hätten. Sie dort zu lokalisieren sei lächerlich, ebenso die Vermutung, sie liege im Tal Josaphat. Es gebe keinen Erdteil, der wegen der Hitze völlig unbewohnbar sei. Das Zeitalter der Entdeckungen beeinflußt jetzt die Höllenbeschreibung. Für die Zentralposition der Hölle im Erdinnern zitiert Suarez Isidor von Sevilla und Damascenus, Augustin und Hugo von St. Viktor. Die beiden letzteren äußern Unsicherheit, die sie aber entschlossen überwinden, 8, 16, 17–18 S. 1059. Suarez findet die göttliche Anordnung sinnvoll, die Hölle an den Erdmittelpunkt zu legen: Dieser Ort sei im höchsten Maß verächtlich und häßlich, so weit als nur möglich von der Sonne entfernt. Der Zustand der Verworfenheit sei dem ewigen Glück am meisten entgegengesetzt; dazu passe, daß die Glückseligkeit unter der Herrschaft Christi im obersten Weltkreis (*supremus orbis*) stattfinde und die Verdammten sich ganz unten in der Erde befinden, 8, 16, 21 S. 1060 b.

Suarez braucht ein anschauliches Oben und Unten; er studiert die großen kosmischen Perspektiven zur Lage der Hölle, kümmert sich dann aber auch um die höllische Tagesordnung: Sind alle Dämonen abwechselnd in der Hölle, dann wieder in der Luft, oder werden einige für immer in der Hölle gelassen, während andere hinaufgeschickt werden, die Menschen in Versuchung zu bringen? Suarez entscheidet sich für das ständige Kommen und Gehen der Dämonen, wie es ihr Fürst eben anordnet und Gott erlaubt, 8, 17, 2 S. 1065. Ganz teufelsfrei ist weder die Hölle noch die Luft um uns. Die Erlösung Christi hat uns diese Last nicht abgenommen: Auch nach dem Kreuzestod umschwirren uns eine Vielzahl von Dämonen und plagen die Menschen, *vexant homines, etiam fideles.* Die Erlösung hat deren Einfluß vermindert, nicht beseitigt, 8, 17, 6–7 b S. 1066 b. Nur dem Lucifer selbst ist der Ausgang versperrt. Er bleibt in der Hölle, erst zur Zeit des Antichrist wird er, um die Erwählten zu erproben, noch einmal herausgelassen, 8, 17, 8–10 S. 1067.

Praxisbezug

Der Höllentraktat des Suarez gibt sich als rein theoretische Abhandlung. Seine lutherischen Fachgenossen hängten an die einzelnen Kapitel ihrer Dogmatik einen Abschnitt über die persönlich-fromme Anwendung der Lehre an; Suarez zeigt kein Interesse an Applikation. Dennoch fehlen ihm praktische Zwecke nicht; es sind vor allem kirchenpolitische. Er will die verwirrende Vielheit der Stimmen integrieren zur einheitlichen Doktrin der wahren Kirche. Die Ansichten der zahlreicher gewordenen Zweifler und Ketzer sollen als widerlegt erscheinen. Das Höllenfeuer muß physisch brennen, die Hölle wird als ungeheurer Bau gedacht, auch als Feuersee, in dem die Verdammten ewig schwimmen. Er malt dieses Bild nicht breit aus, aber führt es vor und präpariert es zur öffentlichen Verwendung. Es soll nicht in der Studierstube enden, sondern auf den Kanzeln Europas und der neuen Welt. Jesuitenprediger in aller Welt sollen es den Gläubigen vorzeigen. Suarez läßt sich keine Gelegenheit entgehen, gegen Origenes zu polemisieren; er setzt gegen diesen den physischen Charakter von Höllenfeuer und Höllenbau durch und widerspricht der Ansicht des Origenes, man solle dem Volk die Qualen der Hölle verschweigen, damit die Furcht vor ewiger Strafe es nicht bedrücke.[5]

Suarez teilt nicht diese vornehme Zurückhaltung. ‹Hölle›, das sei nun mal im Evangelium der physische Ort ewiger Bestrafung und nicht eine Erziehungseinrichtung zur Reinigung der Seelen. Das stellten Hieronymus und Augustin klar, Origenes sei ohnehin mit Vorsicht zu lesen, *Origenes caute intelligendus est,* er denke nicht richtig über die Ewigkeit der Höllenstrafe, *non bene sentit,* 16, 8, 7 S. 1056 b. Die Höllenlehre des Suarez ist konstruiert als schulwissenschaftlich konzipierte Doktrin, ist aber zur populären Anwendung bestimmt. Das erklärt wohl auch, warum er Ambivalenzen stehen läßt, die der Leser nach beiden Richtungen hin vergröbern kann. So erwähnt er ja auch gelegentlich, Augustin habe geschwankt, ob die Hölle nicht doch rein spirituell verstanden werden könne, und beschreibt sie dann zuversichtlich als sinnlich, körperlich, «wahr». Mehrfach deutet er an, wir wüßten etwas nicht so genau, das hält ihn aber nicht davon ab, die Hölle präzis zu verorten.

XV. Kritik am Satanismus: Balthasar Bekker

Was wird bestritten?

Fundamentalisten der verschiedenen christlichen Art wollen auf Satan nicht verzichten. Sie brauchen ihn für das Herz, das Sozialverhalten, besonders der Unterschichten, und für ihre Dogmatik. Daher verlief und verläuft die christliche Abschaffung des Teufels zögerlich und nie ohne Widerspruch. Niemand bestreitet die ungeheuren Schrecklichkeiten der Hexenverfolgung, niemand verkennt ihren Zusammenhang mit der Teufelshypothese, nicht alle halten sie deshalb für widerlegt. Die Meinung der Christen dazu ist auch heute nicht einhellig; viele begnügen sich mit dem Totschweigen des Bösen. Doch gab es wichtige theologische Stimmen gegen die Annahme des Teufels, und sie waren, wie gezeigt, vorbereitet durch die Schwierigkeiten, mit denen die scholastischen Satanologen gekämpft hatten. Die Erfolge kohärenten Naturwissens und der medizinischen Praxis haben sie verstärkt. Bevor ich mich mit theologischen Einwendungen gegen den Satanismus aufhalte, zwei kurze Klarstellungen: Erstens geht es hier nicht um die Metapher ‹Teufel› oder um ‹das Böse in der Welt›, sondern um den Teufel als eine eigene Person, ein reingeistiges Geschöpf, als *substantia separata*, wie ihn die traditionelle Orthodoxie katholischer wie protestantischer Konfession an die Wand gemalt hat. Daher geht es – zweitens – nicht um die Frage, ob die Welt optimistisch oder pessimistisch zu bewerten ist und ob wir mit ‹Fortschritt› rechnen können oder nicht. Wer die Existenz des Teufels als Substanz oder Person bezweifelt, braucht keine

Aufklärung über die Misere des menschlichen Lebens. Dies unterstellt nur die vulgärapologetische Rhetorik. Sie hat mit ernsthafter Prüfung der Sache nichts zu tun.

Die Bestreitung der realen Existenz Satans begann wohl damit, daß jemand ihn nicht ernst nahm. An Fastnacht trat eine gehörnte Maske auf und spielte den Teufel. Oder er kam auf die Bühne, und viele lachten. Ein Puppenspiel zeigt ihn als Verlierer. Eine Geschichte erzählt vom geprellten Teufel. Oder in einer Novelle des 14. Jahrhunderts sagt ein frommer Einsiedler statt ‹Geschlechtsverkehr› nur ‹den Teufel in die Hölle schicken› und macht Sex verbal zum gottgefälligen Werk (*Decameron* III 10). Er beginnt, die Verbindung von Teufelswerk und Geschlechtsleben aufzulösen, die er vorgefunden hat. Bevor die Existenz des Teufels bestritten werden konnte, wurde er zur komischen Figur. Er wurde zu Erzählstoff, zu Wortgebilde und Nachtmahr. Er wurde als real behauptet und gehörte doch zu Phantasie und Aberglaube.

Ernsthafte theologische Bücher kamen nach. Sie hatten schon immer die Wahl, entweder den Teufel stark zu machen, seine Rolle also hervorzukehren oder ihn zurückzudrängen. Wenn im Werk des heiligen Augustinus das Wort *diabolus* 2615 mal vorkommt – dabei hatte er für den Bösen noch eine Vielzahl anderer Namen –, wenn es ihn stört, daß die Wörter für Teufel, *diabolus*, und Gott, *deus*, beide mit dem Buchstaben d beginnen, läßt das nichts Gutes ahnen. Andere Theologen haben von der Drohgestalt weniger Gebrauch gemacht. Nach 1500 taucht er in Druckprodukten mancher Regionen mächtiger auf als in Schriften des 13. Jahrhunderts. Cusanus hat seine Existenz nicht bestritten, aber er kam mit ihm auch nicht glorios daher. Gegen 1700 klagte ein protestantischer Prediger, die Bücher der Protestanten erwiesen ihm mehr Aufmerksamkeit als die Papisten.

Wer hat seine Existenz zuerst direkt bestritten? Wo gab es und ab wann A-Satanisten? Natürlich mußten sie nicht auch A-theisten sein.

Einen mannhaften Anfang machte der reformierte niederländische Pfarrer Balthasar Bekker (1634–1698) mit seinem Buch *De betorvde wereld*, 1690 bis 1693. Es wurde sofort 1693 ins Französische und Deutsche übersetzt und gedruckt. Bekker war in Bielefeld geboren, und die deutsche Fassung klingt nicht wie eine Übersetzung; wegen ihres charakteristischen Deutsch zitiere ich sie gern ausführlich. Die deutsche Fassung erschien unter dem Titel *Die bezauberte Welt: Oder Eine gründliche Untersuchung des Allgemeinen Aberglaubens, Betreffend die Art und das Vermögen, Gewalt und Wirckung Des Satans und der bösen Geister über den Menschen.* Vier Bände, Amsterdam 1693.

Pfarrer Bekker lebte gefährlich. Er verlor sein Amt. Er kämpfte gegen die Angst vor dem Teufel. Als Aufklärer stellte er fest, vieles Übertriebene werde ihm leichtsinnig zugeschrieben. Er klagte, selbst Protestanten, nicht nur die ohnehin abergläubischen Papisten, hätten aus dem biblischen Teufel den Gott der Manichäer gemacht, II 145–146.

«Denn ich finde schier keinen Papisten, die von dem Teufel und den Zauberern mehr wunder schreiben als Danaeus, Zanchius und ihresgleichen thun. Woraus man sehen mag, den kläglichen Zustand der Kirche, in welcher ein so heßliches ungestaltes Ungeheuer von Meynungen nicht allein gelitten, sondern auch geheget und unterhalten wird» (III 155). Er zerstörte ‹Beweise› und Legenden. Aber ein A-Satanist war er nicht. Die Existenz von Engeln meinte er nicht beweisen zu können, doch glaubte er an sie als an «denkende Selbständigkeiten» (II 8). Als Bibelleser konnte er behaupten, der Satan liege in der Hölle gefesselt, seine Existenz bestreiten wollte er nicht. Ihm genügte es, daß der Teufel jetzt gefangen ist. «Was hat ein Gefangener zu sagen?» (II 114). Er beschränkte seine Macht. Er ließ ihn weder für Adams Fehltritt die Ursache sein (II Hauptstück XX), noch gestattete er ihm, den Erlöser in der Wüste in Versuchung zu bringen (II Hauptstück XXI). Er ging gelehrt philologisch vor, las die Bibel genau und beobachtete richtig, daß die Geschichte vom Sündenfall in *Genesis* 3 den Teufel gar nicht erwähnt. Er erzählt, er habe selbst mehr als 20 Jahre lang im Katechismusunterricht die traditionelle Auslegung des Sündenfalls vorgetragen (II 126 § 8). Er weist darauf hin, das Wort *diabolos* bedeute in der Bibel nicht immer ‹Teufel›, sondern generell ‹Gegner›, ‹Verwirrer› und ‹Verleumder›. Das Wort *angelos* bedeute auch nicht immer ‹Engel›, sondern meist ‹Bote› und bezeichne oft einen Menschen, dem eine Mission übertragen worden ist. Er bemerkte, die Bibel erzähle weder die Erschaffung der Engel noch ihren Sturz (II 49); sie enthalte nur das, was zu unserem Heil nötig sei, keine Naturerkenntnisse, keine Ontologie, keine Kosmologie und keine Dogmatik. Bekker reinigte den kulturellen Horizont der Zeit; er kritisierte umlaufende Erzählungen von Teufelswundern und Verzauberungen; er ließ dem Teufel im Leben des Christen keinen Spielraum. Er zog die Aufmerksamkeit von ihm ab. Er reduzierte sein Vorkommen in der Bibel. Sie sage fast nichts über den Teufel (II 51 und 103), und das wenige, das sie behaupte, sei nicht ‹buchstäblich› zu verstehen (II 114 § 11). Was Jesus über die Besessenen sage und über die Austreibung böser Geister, sei Anpassung an die herrschende Volksmeinung gewesen, nicht seine eigene Lehre (II 188). Konsequenterweise ließ er die Frage nach der *Existenz* des Teufels auf sich beruhen und wandte alle Aufmerksamkeit seiner Wirkung in Menschen als Zauberer und Hexen zu. Das hatte Friedrich von Spee ähnlich gemacht. Er hat nicht über die Existenz von Hexen gezankt; sie waren in der *Hebräischen Bibel* allzusicher bezeugt. Dagegen etwas zu sagen, wäre offene Häresie gewesen; er beschränkte sich darauf, wie schwer, fast unmöglich es sei, die Wirkung des Teufels in Hexen juristisch korrekt nachzuweisen. Diese pragmatische Argumentationsweise hatte im folgenden, im 18. Jahrhundert große Erfolge: Der Glaube an die Wirkung des Teufels auf Zauberer und Hexen ging bei Gebildeten zurück.

Biblisches

Bekker brachte das satanologische System durch eine Fülle bibelgelehrter Hinweise ins Wanken. «Der Bund der Zauberer und der Zauberrinnen mit dem Teuffel, ist nur ein Gedichte, das in GOTTES Wort nicht im allergeringsten bekandt ist.» (III 155 § 1) Der Teufelspakt ist eine späte Legende. Bekker fand, eine Decke der Satansgläubigkeit liege als Last auf der Christenheit. Er protestierte. Sie könne sich weder auf Vernunft noch Schrift stützen. Sein Gesamtergebnis:

«Es ist alles ausser Vernunft, wieder die Vernunft, wieder die Schrift eines Theils, und ausser der Schrifft gantz und gar.

Da ist kein Teufel, Engel noch Geist, durch menschliche Vernunft auszufinden, noch daß sie gewiß im Wesen seyn; viel weniger, was ein solcher thun kan, und am allerwenigsten noch, was er thut.» (III 155 § 1)

Bekkers umfangreiches vierteiliges Werk führt drei Arten von Argumenten vor: Außer bibelphilologischen Untersuchungen, die auch die Übersetzer nicht schonen, und legendenkritischen Analysen sind es cartesianisch-philosophische Reflexionen. Er betont immer wieder, seine Argumente entstammten der Vernunft und der Schrift, beide unterscheidet er sorgfältig. Er hat von Descartes gelernt, Vorurteile zu entlarven und die Einsamkeit des außenstehenden Kritikers nicht zu scheuen. Teufel und Engel sind reine Geister, dieses mittelalterliche Ergebnis steht ihm fest, aber er lädt es auf mit der cartesianischen Differenz von Geist und Stoff, von *res cogitans* und *res extensa*. Dieser strengere Begriff von ‹Geist› duldet weder Zaubereivorwürfe noch Geschichten vom Teufelsbeischlaf. Auch der philosophische Gottesbegriff in seiner cartesianischen Fassung widersprach dem Glauben an Satans Einwirkung: Der Gott des Descartes war *einer* und war allmächtig; er war die einzige ‹Substanz› – wie Spinoza aus der Metaphysik des Cartesius folgern wird –, neben ihm gab es keinen mächtigen Widersacher. Das sagt Bekker auch mit den Worten der Bibel: Wenn Gott ‹alles in allem› ist, bleibt für Satan kein Raum. Dann hilft nur die allegorische Bibelauslegung (II 65–66 §§ 18–20).

So fundamental die bibelexegetischen Studien und die philosophischen Reflexionen Bekkers für seinen Protest gegen den Satanismus waren, so groß war sein Entsetzen über die Herrschaft des Teufelswahns sogar in den protestantischen Gemeinden mit ihrem «gereinigten Gottesdienst und Lehre». Er schreibt ein ganzes Hauptstück (II XXII S. 122–129) über die intellektuellen, ethischen und religiösen Schäden des Teufelswahns in diesen Gemeinden. Sie haben mehr Angst vor Satan als Vertrauen zu Gott. Er schreibt

II XXII. Hauptstück § 2 II S. 123: «Unter den gemeinen Leuten höret man durchgehends von dem Teufel, von Gespenstern, von Zaubereyen und dergleichen sehr viel reden. Sie glauben allesamt, daß die Engel im Anfang sämtlich von Gott gut erschaffen, aber ein Theil derselben von ihm abgefallen und also Teufel worden seyn. Sie reden aber durchgehends von dem Teufel als von einem, der als ein Feind des menschlichen Geschlechts und sonderlich der Gläubigen uns unauffhörlich Böses zuzufügen suchet. Durchgehends hat das Volk große Gedanken von seinem großen und starcken Verstande, von seiner Krafft und von seinem Thun. Man begreiffet ihn, ja man redet von ihm als von einem, und dennoch aller Orthen gegenwärtig, der überall im Werck ist, der überall aufpasset, der überall seine Hand mit ein hat.»

§ 3 S. 123: «Was seine Erkäntniß anlanget, so hält man die wohl für so groß, daß er die Geheimnisse des Evangelii besser verstehet denn die erfahrnesten Schriftgelehrten unter uns; daß er auff unsere Gedancken acht hat und wircket; daß er Glück und Unglück wircke, wodurch der Mensch wegen Dinge, die noch geschehen sollen, vorher kann Nachricht haben und gewarnet werden; Insonderheit wenn jemand todt oder sonsten etwas Trauriges einem bevor stehet. Weiter glauben sie, daß ein Wahrsager oder Spiegelseher uns kann sagen, wo verlohrne Dinge zu finden oder ob und von wem ein Mensch bezaubert ist, was für Rath dagegen, und so fort.»

§ 4 S. 123: «Von des Teufels Krafft haben sie ausser Zweifel eine über die massen grosse Meynung. Denn da ist nichts grosses jemahls von Christo oder von Gott selbst gethan, deßgleichen das Volck nicht auch dem Teufel zutrauet. ... Wenn es Gott zulässet, kann er in allerley Gestalten den Menschen erscheinen, nicht allein in der Gestalt von Menschen, guter und böser, lebendiger und todter, sondern auch unterschiedlicher Thiere. Aus diesem Grunde glauben sie auch, daß boshafftige Menschen durch des Teufels Kraft mit den dazu gebräuchlichen Mitteln sich in Wölffe und zwar meistentheils in Katzen verwandeln und also verwandelt durch eine Fenster-Scheibe, ja durch einen Ritz kriechen können. Daß die Hexen des Nachts Zusammenkünffte halten, wie vorhinn gemeldet ist, und auff einem Besemstiel zum Schorstein hinaus dahin fliegen, und was dergleichen mehr ist. Das ist noch heutgen Tages bey uns die Meynung des gemeinen Volcks. Sie können auch durch des Teufels Hülffe Ungewitter erwecken, den Wind in ein Schnupftüchlein knüpffen und daraus lassen.»

Der Prediger Bekker kannte das Innenleben reformierter Gemeinden des 17. Jahrhunderts. Er war entsetzt über ihren Aberglauben und nahm auch deswegen seinen Kampf auf gegen diejenigen Gelehrten, die ihn teilten und oft erst erzeugt hatten. Er konnte den Teufel nicht abschaffen. Satan gehörte zu sehr zum alttheologischen Stammpersonal. Aber er nahm ihm Lebensbedeutung, vor allem durch seine Kritik an Zauberwesen und Hexerei.

Ambivalenzen der Satanskritik: Philipp van Limborch

Balthasar Bekker stieß auf heftige Kritik aus den eigenen Reihen der Reformierten. Ein bedeutender Denker von deren liberalerem Flügel, den sog. Arminianern, war Philippus van Limborch (1633–1712). Er hat deren wohl bedeutendste Glaubenslehre verfaßt, die *Theologia christiana,* die 1686 zuerst in Amsterdam erschienen ist und die ich in der vermehrten dritten Auflage, Amsterdam 1700, benutze.[1] Denn diese bringt im Kapitel vom Teufel und seinen Trabanten einen Zusatz über ein «neulich in unserer Stadt herausgekommenes Buch», das den Einfluß der Teufel auf Menschen bestreite. Ohne daß der Name fällt, ist klar, daß Limborch von Bekker spricht. Limborch verteidigt die menschliche Willensfreiheit gegenüber der Vorstellung teuflischer Quasi-Allmacht: Zum Reich des Satans gehöre niemand, der es nicht wolle. Die Menschen wählen sich Satan frei zu ihrem Herrn. Diabolischen Determinismus lehnt Limborch ebenso ab wie Bekker. Er verwirft wie dieser den Kult der Engel. Er kann aber nicht verstehen, wie ein Theologe die Existenz von Engeln und Teufeln leugnen könne mit der Begründung, man könne deren Einfluß nicht nachweisen, schließlich könne dieses Argument auch gegen Gottesbeweise vorgebracht werden. Wer die Existenz der Engel bestreite, sei auf dem Weg zum Atheismus (Liber II 22,2 S. 111 a).

Limborch greift Bekkers philosophische Prämisse an, Geist könne nicht auf Körper wirken. Die menschliche Erfahrung zeige viele Gegenbeispiele: Unser Körper beeinflusse den Geist, unsere Seele den Körper. Die tägliche Erfahrung widerlege die cartesianische Annahme radikaler Verschiedenheit von Denken (*cogitatio*) und Ausdehnung (*extensio*), die nichts miteinander zu tun hätten.

Bekker könne auch seine These bezüglich der Bibel nicht durchhalten, daß sie vom Teufel fast nichts sage. Was wird denn aus den zahlreichen Stellen, die von Teufelsaustreibungen Jesu berichten? Limborch war durchaus bereit, einige alte dogmatische Positionen zu räumen; so hielt er es für Anmaßung, etwas über die Satanssünde zu behaupten; er drängte die Zweinaturen Jesu, die Prädestinations- und Trinitätsaussagen zurück und wurde deswegen des Socinianismus bezichtigt, aber wer der Bibel glaube, könne nicht die Existenz von Engeln und Teufeln negieren. Bekker behaupte, nach der Kirchenlehre habe der Teufelssturz *vor* der Ursünde Adams stattgefunden und der Böse habe zuvor schon angekettet in der Hölle gelegen, aber dem stünden Bibelstellen entgegen, nach denen der Teufel auf der Erde herumlaufe wie ein brüllender Löwe. Limborch stand in Verbindung mit Jean Leclerc und John Locke; er gilt als Autor der Frühaufklärung, aber ein Christentum ohne Teufel konnte er sich nicht vorstellen. Er sah sich vor der Alternative: entweder Atheismus oder Christentum mit Engeln und Teufeln. Bekker war darin, wie Limborch ihm vorhielt, nicht konsequent verfahren: *nec ipse ille auctor ad fundamenta sua semper respicere videtur* (II 20, 25 S. 118 b).

XVI. Hundert Jahre Umbruch: 1650–1750

Ich habe von der Teufelsarbeit der europäischen Denker bis etwa zum Beginn des 18. Jahrhunderts berichtet und blicke hier noch einmal zurück und voraus bis zur Zeit Kants.

Das 17. Jahrhundert hat zunächst die Position des Satans in Europa konsolidiert. Zu Beginn des Jahrhunderts baute die jesuitische Wissenschaft ihre imposante systematische Satanologie aus, in Bellarmin und in Suarez, *De angelis malis,* 1620. Parallel dazu wies die lutherische Theologie in ihren großen quasi-scholastischen Summen dem Teufel seinen wohlbemessenen Platz zu: so bei Johann Gerhard in den neun Bänden seiner *Loci theologici* von 1610–1622. Sie fuhr lange so fort, noch spät in der monumentalen *Theologia didactico-polemica* des Johann Andreas Quenstedt, Wittenberg 1685. Frankreich hatte drei Jahre zuvor, 1682, die Hexenprozesse abgeschafft; in Deutschland wurde die letzte Hexe 1749 in Würzburg hingerichtet. In Deutschland sicherten die Konfessionen sich ihren Teufel theologisch ab; sie gaben ihm seinen festen Platz im System und wußten daher, wer auf der Feindseite herrschte. In diesen langen Jahrzehnten unterschieden ihre satanologischen Hauptwerke sich fast nur durch konfessionellen Kleinkram von den theologischen Summen des 13. Jahrhunderts, zumal Suarez mit Wissenschaftskonzeption und Metaphysik des Aristoteles erheblichen Einfluß auf die protestantischen deutschen Universitäten gewinnen konnte. Aber schon gefährdete die intellektuelle Situation den Gedanken der Teufelsmacht.

Die humanistische Gelehrsamkeit hatte die antiken Quellen präsent gesetzt, die forderten, ‹Besessenheit› natürlich-medizinisch zu erklären.

Die antike Medizin wurde gründlich studiert und in Einzelfächern wie in der Anatomie durch die Arbeiten Leonardos und des Andreas Vesal in seinen *De humani corporis fabrica libri septem* von 1543 bereits übertroffen. Pomponazzi hatte die Regel konkretisiert, Natürliches natürlich zu erforschen. Das war – wenn auch meist inkonsequent realisiert – aristotelisch-scholastische Tradition.

Im 17. Jahrhundert steigerten Philosophen und Physiker den methodischen Standard. Durch das Wiederaufleben der antiken Skeptiker und durch Kritik an spätscholastischen Konstruktionen waren skeptische Einwände verbreitet. Beweisverfahren wurden schärfer thematisiert, besonders bei Ärzten und Juristen. Friedrich von Spee in seiner *Cautio crininalis*, anonym erschienen in Rinteln 1631, hatte das Hexenproblem von der juristisch-detektivischen Seite her aufgezogen. Er hat nicht geleugnet, daß es den Teufel gebe und daß Hexen mit ihm in Kontakt stünden, er zeigte nur, das sei schwer oder fast gar nicht zu beweisen; es könne also dazu kaum oder praktisch gar nicht gerechte Urteile geben.

Das war zunächst eine Kritik der juristischen Methodologie. Aber auch der Einwand war nun in der Welt, es sei schwer, wenn nicht unmöglich, die direkte Einwirkung jenseitiger Mächte – sei es Teufel oder Gott – in irdischem Geschehen nachzuweisen. Viele fuhren fort, Gott in der Geschichte – so Bischof Bossuet (1627–1704) – oder in der Natur am Werk zu sehen, aber der Zweifel war verbreitet, wohl am meisten in England, besonders bei Ärzten und Juristen. Wie sollte ein gewissenhafter Beichtvater den Einfluß des Teufels bei der Verführung zur Sünde abschätzen, den der Beichtende zu seiner Entlastung behauptete? Daher schadete nichts der Anerkennung der Teufelsmacht mehr, als daß Juristen die Bestrafung der Zauberer und Hexen *methodisch* untersuchten und Mediziner das Verhalten der Ärzte zur Besessenheit analysierten. Die Überzeugung schwand, Naturvorgänge wie Erdbeben oder Epidemien seien das Werk einer menschenähnlichen Intelligenz, die uns mit ihnen etwas sagen wolle; das Konzept der Natur und des Naturwissens konsolidierte sich. Die Rolle des Teufels in der Betrachtung der *Natur* ging signifikant zurück. Die amoralischen Initiativen Satans, seine Verführungen zur Sünde blieben viel länger sein geschütztes Privileg; sie waren schwerer zu widerlegen. Lutheranern und Calvinisten waren sie wichtiger als die deftigeren katholischen Teufelsschäden an Gesundheit, Viehbestand oder Ernte.

Auch spekulative Theologen und Metaphysiker der Geistseele reduzierten die Macht Satans. Calvin hatte eine kleine Teufelsreform vorgenommen: Er schaffte die Vorstellung ab, der Teufel müsse vor seinen Untaten Gott um Erlaubnis bitten, die er dann wohl auch erhalte; ihm zufolge hatte Satan schlicht zu gehorchen, was Gott ihm befahl. Prinzipiell betrachtet, wurde damit der Teufel zur Welterklärung und Entlastung Gottes entbehrlich.

Das 13. Jahrhundert hatte dem Teufel und seinen Engeln die hohe Ehre reiner Geistigkeit verschafft; seit Descartes brachte ausgerechnet diese Rangerhöhung sie zangenartig in argumentative Bedrängnis. Denn Descartes erklärte, es sei nicht einzusehen, wie reiner Geist auf die Körperwelt wirken könne. Er stilisierte den Geist so ‹rein geistig›, daß der Gegensatz von *res cogitans* und *res extensa* teuflische Interventionen in Natur und Menschenleibern unwahrscheinlich machte.

Thomas Hobbes dozierte in seinem *Leviathan*, 1651, es gebe keinen reinen Geist. Besessene seien Kranke. Demnach gab es entweder überhaupt keinen Teufel, oder er war eine zwar unsichtbare, aber doch körperliche, also eine luftartige Substanz. Aus diesen Entwicklungen zog Balthasar Bekker am Ende des Jahrhunderts die Konsequenzen in seiner *Bezauberten Welt* von 1693. Er verstärkte sie, indem er sich bei der Bibelauslegung neu entstehende größere Freiheiten gestattete. Bekker wurde viel gelesen, aber öfter, um ihn zu widerlegen, als um von ihm zu lernen. Zwar war sein Buch ein charakteristisches Symptom dafür, daß seit dem ausgehenden 17. Jahrhundert die Skepsis gegenüber Satanologen zunahm. Aber die vielen Kritiken bewiesen: Die Widerlegung des Satanismus wurde weder im 17. noch vor 1760/70 zur allgemeinen Ansicht gebildeter Europäer. Deren intellektuelle Welt spaltete sich angesichts des Teufels. Die Lage war voller Divergenzen.

Die Debatte, ob es reine Geister gebe, verschmolz mit der Diskussion um den Atheismus und seine politische Gefährlichkeit, vor allem in England zwischen der ‹blutigen› und der ‹glorreichen Revolution› (1648–1688). Henry More deklarierte, wenn es keine Geister gebe, gebe es keinen Gott. Die Satanologen zeigten die Krise an, indem sie den Mund voller nahmen: Joseph Glanvill erklärte den Saducismus, also die Leugnung reiner Geister, schon im Buchtitel *Saducismus triumphatus* von 1681 für besiegt. Der englische Presbyterianer Richard Baxter reagierte auf die zunehmende Verunsicherung, indem er 1691 *The Certainty of the World of Spirits* bewies. Teufelsgläubige Autoren wußten, daß jetzt Erfahrungsbeweise gefragt waren, keine bloße Spekulation. Sie entwickelten die Mode, die Realität der Geisterwelt dadurch «empirisch» nachzuweisen, daß sie Geschichten von Besessenen erzählten, aus deren Mund die Stimme Satans selbst zu hören war. Zudem konnte nur ein Teufel die Nägel, Nadeln, große Stücke von Stein oder Kohle, die sie erbrachen, in sie hineingezaubert haben.

Das klang ganz gut. Aber gleichzeitig wurde es als immer unsicherer diskutiert, ob es den Teufel überhaupt noch gab.

Der Zweifel hatte eine Reihe von Spezialfeldern, von Ursachen und Autoren. Ich nenne nur Johann Weyer, Reginald Scot und Spinoza. Thomas Hobbes spielte eine wichtige Rolle mit seinem *Leviathan*. ‹Leviathan› ist ein biblischer Name des Teufels, aber das berühmte Buch von 1651 handelt zwar gründlich auch vom Teufel und seinen Engeln, aber in der Hauptsache nicht von ihm, sondern von einem Idealstaat, der weltliche und geistliche Macht in sich vereint, nicht um den Staat als sichtbaren Gott zu verehren, sondern um den Schutz der Individuen voreinander garantieren zu können. Er muß von starker Souveränität sein, um den Egoismus der einzelnen und der Gruppen, vor allem der streitenden Konfessionen, bändigen zu können. Er ist so unüberwindlich stark, daß von ihm das Bibelwort gilt: «Es gibt auf Erden nichts seinesgleichen» (Hiob 41, 25). Er allein könnte den Frieden sichern in den Religionskriegen des 17. Jahrhunderts. Dies ist das Hauptthema des Buches, aber wegen der engen Verflechtung von Politik und Religion geht Hobbes gelehrt auf Einzelfragen der Theologie und Kirche ein, darunter auch auf den Teufel und überhaupt die ‹Geister›.

Er versteht sich nicht als Atheisten, sondern als christlichen Denker, aber er bestreitet, daß es ‹reinen Geist› überhaupt gebe. Was etwas ist, muß körperlich sein. «Und was kein Körper ist, ist kein Teil des Universums.»[1] Richtig stellt er fest, daß der Bibel das Konzept des reinen

Geistes fehlt; es gibt in ihr keine völlig stofffreien Wesen.[2] Hobbes hat erkannt, daß die Idee, Engel und Teufel seien reine Geister, ein später philosophischer Import stark aristotelischer Prägung war, nur verstand er unter ‹Aristotelismus› die Neigung zu abstrakter Terminologie und zur Hypostasierung von Gedankendingen, nicht die Passagen über den ‹Geist› aus dem 12. Buch der *Metaphysik* und dem 3. Buch *Über die Seele.* Die scholastische Philosophie habe das christliche Denken verdorben mit ihrem Verbalismus und der Neigung, bloße Gedanken und Eigenschaften als Dinge, als Substanzen anzusehen. So verfiel sie auf den Irrtum mit den ‹getrennten Wesenheiten›.[3] Mit schneidender Härte stellte er fest, daß durch die philosophische Überformung der antiken Teufel und Dämonen der Gedanke widersprüchlich geworden sei, sie in körperlichem Feuer leiden zu lassen.

«Wenn sie Rede und Antwort stehen sollen, wie eine unkörperliche Substanz Schmerz empfinden und im Höllenfeuer oder im Fegefeuer gefoltert werden kann, dann haben sie nichts weiter zu erwidern, als daß man nicht wissen könne, wie Feuer Seelen verbrennen kann.»[4] Wenn es überhaupt Teufel und Engel gibt, seien sie Luftwesen, und das Höllenfeuer müsse jedenfalls allegorisch gedeutet werden.[5] Das christliche Denken müsse die Irreführung durch die Sprache der Scholastiker überwinden und sich trennen von dem Wust heidnischen und jüdischen Aberglaubens an Zauberei, Magie und Hexen:

«Männer, Frauen, ein Vogel, ein Krokodil, ein Kalb, ein Hund, eine Schlange, eine Zwiebel, ein Lauch wurden zu Göttern erhoben. Außerdem erfüllte man fast alle Orte mit Geistern, die Dämonen genannt wurden; die Ebenen mit Pan und kleinen Pans oder Satyrn, die Wälder mit Faunen und Nymphen ... die Hölle mit Spukgestalten und geistlichen Beamten wie Charon, Zerberus und den Furien.»[6] Hobbes wollte ein reformiertes Christentum, das nicht wie der ‹Papismus› Kompromisse einging mit römischem und jüdischem Aberglauben, scholastischer Sprachverhexung und bibelexegetischen Naivitäten. Er war ein gelehrter Bibelkenner; er gehörte zu den ersten, die erkannten, daß nicht alles in den fünf ersten Büchern der Bibel von Moses stammen kann, denn darin war von seinem Tod und seinem Grab die Rede.[7] Hobbes hat im Zeitalter der Konfessionskriege die Souveränität des Staates zwar nicht bis zur Figur des totalitären Staates getrieben, aber doch von den Religionen verlangt, den Frieden zu fördern. Er hat den Staat so stark gewollt, daß die Religionsparteien nicht mehr Glaubenskriege führen konnten; die Religion sollte Gehorsam und Frieden erzeugen; er stellte seine guten geschichtlichen Kenntnisse der christlichen Theologie in den Dienst dieser Friedenskonzeption. Da konnten der Teufel und seine Engel nur stören. Er wendet ein: Hat nicht ‹unser Heiland›, wenn er Geister austrieb, diese direkt angesprochen? War er nicht davon überzeugt, daß Dämonen in die Besessenen eingedrungen sind? Warum hat er den Geheilten nicht erklärt, er habe sie nur von einer Krankheit geheilt? Hobbes antwortet: Wenn es heißt, er habe dem Teufel befohlen auszufahren, dann sei das eine Redewendung, wie wenn er sagt, er habe dem Wind oder dem Fieber geboten zu verschwinden. Der Sinn der Bibel ist nicht, den Wind zur Substanz zu machen oder zu entscheiden, ob es stofflose Geister gebe, sondern Frieden und Gehorsam zu gebieten gegenüber der friedensschaffenden Autorität.[8] Diese soll weltliche und geistliche Macht in sich vereinen; deswegen muß ihr ein Philosoph sagen, was das wahre, das wirklich reformierte Christentum ist. Daher handelt der große Teil III des *Leviathan* vom ‹christlichen Gemeinwesen› und der ebenfalls umfangreiche Teil IV vom ‹Königsreich der Finsternis›, *civitas Dei* und *civitas diaboli.* Diese Diskussion um den Teufel wird ausgetragen mit Verfahren der philosophischen Kritik und der Bibelphilologie; zugleich ist sie ein politischer Streit. Das hatten schon Johannes Weyer und Jean Bodin gesehen.

Der Teufel in der besten aller Welten: Leibniz (1646–1716)

Die Entmachtung des Teufels im 18. Jahrhundert war ein so umfassender Prozeß, daß er nicht auf eine einzige Fachdisziplin allein zurückzuführen ist, noch weniger auf ein einzelnes Werk. Aber wenn ein einzelnes Buch dabei nicht übergangen werden kann, dann sind es die *Essais de Theodicée sur la bonté de Dieu, la liberté de l'homme et l'origine du mal* von Leibniz, Amsterdam 1710. Sie tragen das Problem des Bösen schon im Titel. Und Leibniz kannte nur zu gut die neutestamentlichen Sprüche vom Teufel als Vater des Bösen in der Welt, Mörder von Anfang an.[9] Er versuchte sie so zu deuten, daß sie zum Lob der menschlichen Freiheit gereichten und sein System universeller Harmonie nicht störten. Er sah durchaus den Ernst der Probleme: Wie kann es sein, daß der Mensch, der aus einem einheitlichen Grund hervorgeht, einem göttlichen Grund, der im höchsten Maße gut, intelligent und mächtig ist, so vielen Krankheiten ausgesetzt ist, daß er unter Hunger und Durst, Hitze und Kälte leiden muß? Wie kann ein souveränes heiliges Prinzip Wesen hervorbringen, die solche Verbrechen begehen wie der Mensch?[10]

An Wahrnehmung des Bösen in der Welt hat es Leibniz also nicht gefehlt. Nur erklärt er es auf seine Weise: Gott als denkendes, wohlwollendes und allmächtiges Wesen konnte keine Welt schaffen, in der es keine Begrenzungen, also Mängel, gab. Auch er konnte zwei Punkte auf dem kürzesten Weg nur verbinden, indem er eine gerade Linie zog. So konnte es keine sinnliche Welt geben ohne Gegensätze und ohne Konflikte. Wenn er endliche Wesen schaffen wollte, waren Untergänge, Verluste und Schmerzen nicht zu vermeiden. Er hat voraussehend und um uns besorgt die beste Welt geschaffen, die möglich ist. Aber dazu gehört ein gewisser Grad von Mangel und Bosheit. Davon müssen wir ausgehen; dann erklärt sich das faktische Leid der Menschen.

Einige Orthodoxe, fährt Leibniz fort, versuchen das Problem zu lösen, indem sie sagen, der Teufel sei der Urheber der Sünde. Aber die Sünde hat einen weiter zurückliegenden Ursprung, nämlich in der ursprünglichen Begrenztheit und Unvollkommenheit von Geschöpfen. Dies macht die Menschen *fähig* zu sündigen, und unter bestimmten Umständen realisieren Menschen selbstbestimmt diese Möglichkeit.[11] Damit hat Leibniz den Teufel nicht geleugnet; er hat ihn depotenziert. Er ist weder die Wurzel allen Übels, noch nimmt er dem Menschen die Freiheit. Er ist eine der vielen Zufälligkeiten, die den Menschen bestimmen könnten, frei die falsche Wahl zu treffen. Ein Weltprinzip ist er nicht, denn das Böse beruhe auf Privation.[12] Balthasar Bekker habe recht gehabt, wenn er bestreite, der Teufel sei eine Macht und Autorität parallel zu Gott. Im übrigen seien die Aussagen der Bibel nicht sonderlich klar, doch entspreche wohl die «allgemeine Ansicht», *l'opinion commune*, dem heiligen Text am meisten.[13] Aber was war um 1700 noch die ‹allgemeine Ansicht›?

Leibniz unterscheidet im § 156 S. 203 seiner *Theodizee* die Ursache der Sünde (*cause*) von ihrem Urheber (*auteur*), dem Teufel, und dem Ursprung (*origine*) des Bösen. Leibniz will nicht bei allem nach einem Prinzip suchen; keinesfalls ist der Teufel das Prinzip des Bösen. Er ist nicht dessen Ursprung, und als sein ‹Urheber› (*auteur*) kann er nicht wirklich gelten, weil er die Freiheit des Menschen nicht aufheben kann. Er ist marginalisiert. Leibniz läßt sich in einen Disput mit Pierre Bayle ein, der die Gründe der Manichäer plausibel fand und die Ansicht Calvins aufgegriffen hat, daß Gott das, was er zulasse, auch wolle. *Wollte* Gott also den Fall Adams? Leibniz versucht klarzustellen, Calvin behaupte nichts anderes, als daß Gott die Sünde Adams gewollt habe aus einem uns unbekannten Grund. Die Wendung, Gott lasse das Böse zu, bedeute nur, daß er es nicht verhindern kann, ohne gegen Regeln zu verstoßen, die in seinem Wesen begründet sind.[14] Und schließlich macht Gott aus der Sünde Adams eine *felix culpa*, eine glückselige Schuld; seine Weisheit bewirkt, daß das Böse einem größeren Gut diene.[15]

Diese Rhetorik rettet die Harmonie des Systems, indem sie an eine gemeinsame Weltansicht appelliert, die sich auflöste und zudem ein großes Universum voraussetzt, an dessen Ordnung kein Zweifel besteht – Leibniz gibt allerdings zu, seine Erklärung sei wohl geeignet, Einwände aufzulösen, aber nicht, um die Sache selbst zu begreifen, *Cette explication imparfaite … est suffisante pour la solution des objections, mais non pas pour une comprehension de la chose.*[16]

Sündenfall ohne Satan: Herder (1744–1803)

Seit der zweiten Hälfte des 17. Jahrhunderts schwächte auch das vertiefte Geschichtsinteresse die Satanologie. Die neue Bibelphilologie relativierte die augustinischen Deutungen der *Hebräischen Bibel.* Die neue Bewertung von menschlicher Weltveränderung und Erkenntnis entfernte alte Überlagerungen von den Bibeltexten. Philosophen und Historiker fragten nach dem Anfang der Menschheitsgeschichte und stießen auf den Anspruch der Theologen, Gott selbst habe ihn in den Kapiteln 1 bis 11 der biblischen *Genesis* verläßlich beschrieben. Damit setzte eine Reihe von Versuchen ein, die Erzählung vom Sündenfall und der Vertreibung aus dem Paradies als geschichtliche Wahrheit zu entziffern und damit die übernatürliche Deutung durch eine menschlich-natürliche zu ersetzen. Der Verlust des Paradieses war dann nicht mehr ein Erfolg teuflischer Verführung, sondern die natürliche Entwicklung des Menschen. Sie wären Tiere geblieben, hätten sie das Paradies nicht verlassen. Dann wurde der Teufel für die Erzählung des Anfangs der Menschheitsgeschichte entbehrlich. Der Beginn der Menschheitsgeschichte lag vielleicht nicht in Palästina, sondern in Afrika, in Ägypten oder in China. Vielleicht hat die Entwicklung des Menschen länger gedauert als die 5000 oder 6000 Jahre der bibeltheologischen Chronologie. Auch geologische Forschungen drängten zu diesem Verdacht. Er wurde in vielfachen Formen vorgetragen, als geistreicher Spott, als exakte Philologie oder als empirische Naturforschung wie das Studium von Fossilien. Eine mächtige Stimme war die Voltaires, der 1756 zwei seiner älteren Schriften zum *Essai sur les moers et l'esprit des nations* verband. Er bestritt den Charakter der hebräischen *Genesis* als älteste historische Nachricht; er griff das chronologische System der Tradition an.

Johann Gottfried Herder arbeitete spätestens seit dem Ende der sechziger Jahre an der Neudeutung der Bibel. Er nahm das *Alte Testament* als Dichtung und sah in den ersten Kapiteln der *Genesis* die poetisch-mythologische Darstellung der ältesten hebräischen Volksdichtung. Deren Erzählungen seien als Gesänge entstanden, erst später habe sie ein Redaktor, vielleicht mit Namen Moses, zusammengestellt.[17] Herder verteidigte gegen Voltaire die alte Chronologie; er bestand weiterhin darauf, die genannten *Genesis*-Kapitel seien die ältesten Texte der Menschheit, älter als die ägyptische Kultur. Darin konnte ihm die spätere Forschung nicht folgen, aber der Ansatz, daß es sich um Poesie handele, erwies sich als fruchtbar. Herder insistierte, die orthodox-dogmatische Deutung habe das orientalische Weisheitsgedicht von der dem Menschen versagten Unsterblichkeit überfrachtet und verzerrt. Im Text ist die Schlange eine dichterisch wirkliche Schlange, und sie wird wie alle kommenden Schlangen dichterisch bestraft, und wer fragt, ob das mit Gottes Gerechtigkeit vereinbar sei und ob ein Tier schuldig werde und die Schuld gar vererbe, tritt aus dem Lied heraus. «Jede andere grübelnde Erklärung stört die Unschuld des Textes.»[18] Herder wischt die allegorischen Deutungen der Sündenfallerzählung vom Tisch; in ihnen war die Schlange ganz oder halb der Teufel. Aber der Teufel im ältesten Lied war nur europäischer Import in eine ihm fremde Umgebung. Europa wollte physische Ursachen wissen, keine dichterischen. Das Gedicht erklärt dichterisch, warum Schlangen so verachtet und so feindselig sind. Dies wurde nicht verstanden; Herder nimmt die gesamteuropäische hermeneutische Gewalttat zurück. Die dichterische Schlange kann gar nicht schlangenartiger sein als in diesem Poem. Nur war die buchstäblich-dogmatische Teufelskonzeption dann nicht mehr biblisch begründbar. Aber das natürlich-poetische Sinnbild hat «ganz Europa Jahrhunderte nicht verstehen wollen».[19] Diskussionen über Schlange und Teufel lenken ab vom großen Inhalt des Gedichts: «Baum des Erkenntnisses! Nacktheit! Scham! Weib! Mann! Baum des Lebens! Kleidung! Alles Ideen voll Orientalischer heiliger Weisheit, und Offenbarungen über die wichtigsten Phänomene der Menschheit! Die Philosophischste der Urkunden des Altertums.»[20]

Herder beschreibt seine eigene Lesart: «Ich schreibe im Tone eines Morgenländers; denn ich interpretiere ein Morgenländisches Stück aus den ältesten Zeiten.»[21] «Der Philosoph», schreibt Herder noch 1785, sondert von der einfachen Sage den spätaugustinischen Überbau ab, die Erbsündentheorie und Satanologie.[22] Doch dringt Rousseaus Kritik am modernen Verfall in Herders Beschreibung der Ursünde: Die Menschen gingen über die Grenzen ihrer unschuldigen, einfältigen Natur hinaus. Sie wollten ihren Lebenskreis, ihre Seelenkräfte, kurz: ihr Glück erhöhen. So vermehrten sie ihre Bedürfnisse und Begierden und wurden dadurch elend. Darin bestand ihre Strafe: Sie sahen ihren Mangel und schufen sich noch mehr Unruhe, mehr Begierden. Sie verschafften sich die «Hüllen des Wohlstands» und hielten sie fälschlich für ihr Glück. Aber dadurch erweckten sie ineinander immer nur größere Bedürfnisse, immer nur unmäßigere, üppigere und phantastischere Begierden. Die Sündenfallgeschichte erzähle auf die einfachste orientalische Art die «Erstgeburt der Triebe», «die aus unnütz verfeinerten Phantasien, aus Wahn entstehen».[23]

Indem Herder die Sündenfallerzählung entdogmatisierte, entdämonisierte er die Anfänge der menschlichen Geschichte. Kant folgte ihm kaum in der Poetisierung, wohl aber in der Naturalisierung: In Kants *Aufsatz Mutmaßlicher Anfang der Menschheitsgeschichte* ist viel vom Verlassen des Paradieses die Rede, aber der Teufel kommt dabei nicht mehr vor. Kant will vom ersten Anfang nur reden, «wie ihn die Natur macht».[24] Er schraubt die Ansprüche seiner Mutmaßungen nicht zu hoch. Was er bringe, entspringe «der Einbildungskraft in Begleitung der Vernunft»; seine Arbeit sei nicht mehr als eine «Lustreise».[25] Aber ein bloßer Roman ist sie auch nicht; sie orientiert sich an der «Analogie der Natur». Kant bedenkt, daß gemäß dem biblischen Bericht der Mensch beim Sündenfall schon gehen und stehen kann, und dazu mußte ein großer Zeitraum vorausgehen. Kant ahnt eine jahrtausendelange Vorgeschichte. Der Übergang zum Gebrauch der Vernunft begann – wie in der Bibel, wie bei Herder – mit der Erweiterung seiner Kenntnisse möglicher Nahrungsmittel. Er ließ sich seine Ernährung nicht länger nur durch Instinkt und Gewohnheit vorschreiben; er *wählte* sie. Indem er seine Lebensweise frei auszusuchen begann, stand er vor einem Abgrund; er mußte sich zwischen unendlich vielen Möglichkeiten entscheiden (S. 112). Er lernte die Zukunftsangst und die Sorge kennen; er mußte an die nächste und an die ferne Zukunft denken (S. 113). Er begann, sich als Selbstzweck zu begreifen; das war seine Entlassung aus dem Mutterschoß der Natur, sein Übergang in den Stand der Freiheit (S. 115). Von Sünde und Teufel ist nicht mehr die Rede. Herder polemisierte noch gegen die Überfremdung der ältesten Poesie durch Satanologie, bei Kant kommt sie einfach nicht mehr vor. Sie *fehlt* schlicht in Kants freiem, «muthmaßlichem» Anschluß an *Genesis* 3. Die europäische Arbeit am Teufelsmythos erreicht hier eine Art Abschluß; sie beginnt, Augustins Erblast zu «vergessen». Schillers obenerwähnter Aufsatz *Etwas über die erste Menschengesellschaft nach dem Leitfaden der mosaischen Urkunde* faßte teufellos die erste Entwicklung dahin zusammen: Die Menschheit war im Übergang vom «Paradies der Unwissenheit und der Knechtschaft» zum «Paradies der Erkenntnis und der Freiheit».

XVII. Klimawandel: Rousseau. Goethe

‹Natürliche Religion›

Seit der zweiten Hälfte des 18. Jahrhunderts ging es dem Teufel in Westeuropa schlecht. Einige Theologen wollten ihn loswerden; nicht jeder Bibelforscher glaubte noch an seine Existenz. Deren gelehrte Argumente bringt das nächste Kapitel, aber mehr als diese setzte der allgemeine geistige Klimawandel dem Teufel zu. Am Ende des Jahrhunderts lehrten die Große Revolution und der korsische General die Menschen wieder das Fürchten, aber bis dahin war die Zuversicht in die Kräfte des Menschen gewachsen: Vertrauen in Vernunft und Technik, in neue Politik und Medizin. Mancher arrivierte Bürger wollte auf Religion nicht verzichten, aber er wollte sich seine eigene Religion bauen. Er sah zuvor kritisch an, was für ihn Geltung besitzen sollte. Vielen sah es so aus, als gehöre der Teufel vergangenen Zeiten an. In der zweiten Hälfte des 18. Jahrhunderts stand er, so schien es, nur noch im ‹Fabelbuch›.

Ein so umfassender Wandel wie Zunahme des Individualitätsgefühls, Stärkung des bürgerlichen Selbstbewußtseins, Selbstgewißheit der vernünftigen Moral und Bejahung des Diesseits hat nie nur eine einzige Ursache. Er bricht von vielen Seiten her aus. Es gibt für diese Klimaänderung zu viele Beweise, als daß sie leicht zu belegen wäre. Man kann suchen bei englischen Deisten, bei Diderot und Voltaire. In dieser Verlegenheit der Überfülle scheint es mir klug, mich an Jean-Jacques Rousseau (1712 bis 1778) zu halten; in seinem Glaubensbekenntnis des savoyischen Vikars, *Profession de foi du vicaire savoyard,* gab er dem neuen

Denken klassische Form und europäische Verbreitung. Sein Text steht im vierten Buch des Erziehungsbuchs *Émile*, das 1762 erschienen ist; die *Profession* dürfte ab 1758 entstanden sein.

Allgemeine Vorstellungen über Rousseau gehören zum Bildungsbestand, aber oft überbetonen sie die Rolle des ‹Gefühls› in Rousseaus Ansicht von der Religion. Rousseau *analysiert* den Gegensatz von *sentiment* und *raison*. Existieren bedeute für uns: spüren, wahrnehmen, *sentir* (S. 89). Aber wenn es vom Gewissen heißt, es beruhe auf *sentiment*, dann heißt *sentiment* nicht einfach ‹Gefühl›, sondern das Wahrnehmen der natürlichen Grundgegebenheiten des Menschen, wie Ich-Erfahrung, Glücksstreben, Abwehr des Todes. Vernunft, *raison*, gehört nicht einfach und nicht immer in die kritisierte entfremdete Welt von Wissenschaft und Zivilisation. Ohne *raison* gibt es keine Erkenntnis von Gott und Mensch und Natur. Rousseau setzt eigene Erfahrung gegen die Welt bloß begrifflicher Konstruktionen; er stellt nicht ‹Gefühl› gegen ‹Begriffe›. Seine Aufklärungskritik richtet sich gegen den geschichtsphilosophischen Optimismus des Fortschrittsdenkens. Aber er wollte mehr, nämlich die Überwindung der von der Natur entfernten Erziehung und Bildung *(Émile)*; er plädierte für die Abschaffung der Politik, die gegen die Interessen des Volkes herrscht (*Contrat social*). Das war nicht weniger als eine Reform des gesamten privaten und öffentlichen Lebens. Er wollte nicht zurück zur Natur, sondern vorwärts zur mit der Natur versöhnten Tugend. Sein Émile sollte kein Wilder werden, sondern nur sich nicht fortreißen lassen vom Wirbel der Welt, von Leidenschaft und Vorurteilen der Menschen; er sollte mit eigenen Augen sehen. In diesen Zusammenhang gehört seine Philosophie der Religion, wie sie die *Profession de foi* vorträgt. Sie verfolgt zwei Hauptgesichtspunkte: Sie argumentiert für die Grundzüge der ‹natürlichen Religion›. Und sie kritisiert zweitens die Ansprüche einer gesonderten Offenbarung, die Gott einer ausgewählten Menschengruppe mitgeteilt habe, die sich im Besitz der allein wahren Religion begreife. Rousseau liefert eine detaillierte Kritik der christlichen Dogmatik; er verwirft die Lehren vom Teufel und ewigen Höllenstrafen.[1]

Die natürliche Religion gründet sich nicht auf Bücher und Überlieferungen. Dann enthielte sie nur Inhalte vom Hörensagen. Sie beruht auf der Anschauung der Natur, die Gott als weisen Ordner und guten Vater der Menschheit zeigt. Das Verhältnis zu Gott soll spontan entstehen; es soll frisch sein. Dazu beginne es anschaulich mit der Ordnung der Natur, die Gottes Vorsehung beweise. Rousseau bekämpft einerseits Materialisten und Religionskritiker wie Helvétius und Holbach, andererseits die Dogmatiker der Offenbarungsreligionen. Er argumentiert gegen den Sensualismus: Eigene Anschauung und direktes Empfinden ist für uns wesentlich, sie bilden die Grundlage unserer Erkenntnis, doch bilden Vergleichen und Denken die höhere Stufe (S. 89). Wer vergleicht und denkt, bestätigt sich als tätiges und hervorbringendes Wesen. Die Materialisten verstehen die Materie nicht. Sie verkennen, daß sie träge ist, und, um bewegt zu werden, eine Willensmacht voraussetzt. Rousseau führt gegen zeitgenössische Atheisten den teleologischen Gottesbeweis wie die antiken Stoiker (S. 65–66), betont aber immer wieder, wie beschränkt und wie dunkel diese Erkenntnis sei. Er findet, sie folgere überzeugend aus der Gesetzmäßigkeit der Naturvorgänge, der mächtige Wille eines denkenden Wesens lenke die Natur. Er begründet damit kein theologisches System, er verteidigt nur die natürliche Empfindung, in einer von Gott geordneten Welt zu leben und dafür dankbar zu sein. Er ist sich der Unzulänglichkeit seines Denkens zu sehr bewußt, um über das *Wesen* Gottes nachzudenken (S. 69). Diese Erkenntnis kommt dem Menschen zugute; er darf sich als das Ziel der ganzen Natur sehen. Rousseau rehabilitiert den alten Anthropozentrismus: Die Welt ist für den Menschen gemacht; er ist der König der Erde (S. 69). Eine trostlose Philosophie stelle ihn den Tieren gleich, aber der Mensch handle frei; er entziehe sich dem Druck der Außenwelt. Die Freiheit des Menschen erkläre das Übel in der Welt. Der Mensch braucht nicht nach dessen Urheber zu suchen; er ist es selbst (S. 76). Rousseau führt nicht nur den antiken Gottesbeweis aus der Ordnung der Natur – ihre Ordnung verdankt sich sowenig dem Zufall, wie aus willkürlichem Schütteln der Buchstaben die Äneis entstehen könnte; er beweist auch wie einige Scholastiker aus der Geistigkeit der Seele ihre Unsterblichkeit. Weil die Seele unkörperlich sei, überlebe sie den Körper.

Das eitle Räsonnieren der materialistischen Aufklärer bestreite die Würde und Eigenheit der Tugend, aber die Seele empfinde ihrer Natur nach, daß das Gute Wert in sich selbst habe, daß es nicht auf den Nutzen einzelner zurückgeführt werden könne.

Diese ganze Argumentationsreihe unterstützt die christliche Glaubenslehre. Sie scheint zu ihrer Verteidigung angelegt. Rousseaus Verteidigung der Unsterblichkeitslehre klingt jenseitiger als die der christlichen Neuplatoniker: Das Leben der Seele beginnt mit dem Tod des Körpers (S. 78). Das irdische Leben ist das eines Gefängnisses. Gott wäre ungerecht, wenn er uns nicht ein besseres Leben schenkte. Das reine Vergnügen wird auch das nicht sein, denn Rousseau will uns eine Ewigkeit lang damit beschäftigen, das, was wir getan haben, zu vergleichen mit dem, was wir hätten tun sollen (S. 79). Aber was Rousseau verteidigt, ist allein die Naturreligion, die er zum Maßstab setzt, in den Offenbarungsreligionen alles zurückzuweisen, was nicht durch die Naturreligion gesichert ist. Diese beruht allein auf der natürlich-vernünftigen Betrachtung der moralistisch überzeichneten Harmonie der Natur, die seit dem Erdbeben von Lissabon anno 1755 vielen ehemaligen Optimisten zweifelhaft geworden ist; sie beruft sich in keiner Phase auf die Bibel oder die Kirchenautorität. Das ergäbe nur Religion vom Hörensagen. Damit eröffnet Rousseau seine Kritik jeder Offenbarungsreligion. Diese ist überflüssig. Sie erzeugt nur Unsicherheit, falsches Autoritätswesen und Intoleranz. Denn die natürliche Vernunft überzeugt uns, wenn auch zitternd, von allem Wichtigen: von der Gegenwart Gottes in der Welt, von der Unsterblichkeit der Seele und von der Verbindlichkeit der Tugend. Die Offenbarungsreligionen in ihrem Anthropomorphismus vermenschlichen Gott (S. 98); sie lassen ihn formelhafte Gebete und Körperhaltungen fordern, aber der einzige Kult, den er fordert, ist der Kultus des Herzens.

Gegen Offenbarung

Was Gott zu anderen Menschen gesagt hat, ist für uns unklar; wir können es nie mit Sicherheit wissen. Dabei treten immer Menschen zwischen ihn und uns, mit ihren Irrtümern und Absichten. Der savoyardische Vikar empfiehlt, sich an das Evangelium zu halten, nicht an die

Kirchenlehre. Es kann nicht der Sinn der Offenbarung Gottes sein, nur wenigen Menschen zugänglich zu werden. Die Christen behaupten zwar, ihre Religion sei über die ganze Erde verbreitet, aber das sei noch nicht einmal heute wahr, geschweige denn für die Vergangenheit.

Rousseau kritisiert alle Offenbarung, gerade auch die christliche, aber er bewundert die Erhabenheit des Evangeliums. Das Leben und Sterben Jesu sei göttlich, bleibe aber mit viel Dunkelheit behaftet, während das sittliche Handeln eine feste Richtschnur habe. Das Evangelium enthalte zuviel Unglaubwürdiges. Die verschiedenen Religionen setzen sich gegeneinander, sie variieren adversativ das Grundthema der Natur; ihre Verschiedenheit und ihre Abweichung von der natürlichen Religion folgen dem Klima und den Mentalitäten der Völker. Sie verdienen Ehrfurcht, soweit sie nicht der natürlichen Religion widersprechen, wie jenes grausame Gesetz der Unduldsamkeit, das behauptet, es gebe kein Heil außerhalb der Kirche.

Gott spricht aus der Natur, ohne uns zu Spekulationen über sein Wesen einzuladen. Die Natur braucht keine übernatürlichen Zusätze; Gott wirkt keine Wunder. Wir kennen die Natur nicht genug, um mit Sicherheit sagen zu können, was ‹übernatürlich› ist (S. 101–103). Die Leute, die Gott Wunder zuschreiben, behaupten außerdem, der Teufel ahme die Wunder Gottes nach. Zudem beweisen sie zuerst die Wahrheit ihrer Glaubenslehre durch Wunder und dann die Wirklichkeit ihrer Wunder durch die Doktrin – das macht das Erkennen der Gotteswunder unmöglich (103–104). Außerdem widerspricht die Lehre der Offenbarungsreligionen den sicheren Erkenntnissen der natürlichen Religion. Deren Gott ist gütig und weise; der Gott der Offenbarungen ist zornig und rachsüchtig; er ist eifersüchtig, parteiisch und haßt Menschen. Er ist ein Gott der Kriege und der Strafen (S. 104–105). Er straft sogar Unschuldige. Es ist ein Gott des Schreckens, *un Dieu terrible* (S. 105). Hier muß man wählen: Der Gott mit Teufel und Quälsystem paßt nicht zur natürlichen Religion. Der Gott, der die Mehrzahl der Menschen zu ewigen Höllenstrafen verdammt, ist nicht der gute Gott, den meine Vernunft mir zeigt (105). Der wahre Gott hat die Menschen nicht geschaffen, damit sie ewig leiden (79). Zu den ewigen Feuerqualen will Rousseau sich eigentlich nicht äußern, aber er glaubt nicht an sie;

er haßt die eitle Neugier, die sich in solche Fragen vertieft. Wenn die göttliche Gerechtigkeit überhaupt die Rache kennt, dann rächt sie sich in diesem Leben. Sie benutzt dazu die Leiden, die wir Menschen uns gegenseitig antun. Damit fällt die Vision eines jenseitigen Ortes der Strafe und der Belohnung. Die Hölle kommt nicht im nächsten Leben; sie liegt im Herzen der Bösen. Aber wie könnten sie noch böse sein, wenn sie keinen Körper, keine vergänglichen Bedürfnisse mehr haben? Bleiben wird nur das Gute (S. 80). Denn es ist der Körper, der uns egoistisch macht. Das Gewissen ist die Stimme der Seele, die Leidenschaften sind die Stimme des Leibes (S. 83).

Für Rousseau war die Vorstellung einer historisch-gelehrten Glaubensbegründung eine Schreckensvision, aber er kennt durchaus eine *rationale* Gotteserkenntnis. Die Rolle des Gefühls bei Rousseau schließt keineswegs aus, daß die wesentlichen Einsichten über uns und über die Gottheit allein die an der Natur orientierte Vernunft erbringt. *Les plus grandes idées de la Divinité nous viennent par la raison seule* (S. 98). Diese Einsicht führt zur Ablehnung eines Gottes, der Menschen in die Hölle steckt, weil sie nie etwas von Christus gehört haben und nicht getauft sind (S. 114). Wie kann dieser Gott alle Menschen verdammen, die diese dunklen Mysterien nicht glauben? Diese Ansicht ist zu seltsam, um glaubwürdig zu sein (S. 115). Und sollte Gott dies wirklich wollen, müßte der Mensch sein Leben damit zubringen, alle Religionen aus ihren Quellen zu studieren und zu vergleichen. Das brächte das normale menschliche Leben zum Erliegen. Wie viele Sprachen, wie viele Bücher träten dann zwischen mich und meinen Gott! Dann würde Gott, damit wir ihn kennenlernten, bei Höllenstrafe verlangen, daß ich zum Gelehrten werden müßte (S. 117), aber die Künstlichkeit, Unnatürlichkeit der Gelehrtenwelt ist längst bewiesen. Das religiöse Verhältnis muß vom inneren Menschen ausgehen, nicht von geschichtlichen Behauptungen, bei denen es immer ein Für und Wider gibt. Würde Gott seine Wahrheit nur einer begrenzten Gruppe mitteilen, machte er deren Mitglieder nur hochmütig und ungerecht. Sie würden zu den ausgeschlossenen Gruppen sagen: ‹Ihr seid verdammt› (S. 121). Sie würden intolerant und grausam.

Dies schreibt Rousseau scharf und kompromißlos. Aber er macht

Émile nicht zum Religionskritiker. Er soll nicht diskutieren; das gehe nie ohne Ungerechtigkeit ab. Er soll die künstlichen Religionsformen im Glauben der natürlichen Religion und durch gutes Handeln transzendieren. Darauf allein komme es an. Worin die Offenbarungsreligionen voneinander und von der natürlichen Religion abweichen, dem soll Émile mit einem *doute respectueux* begegnen (S. 118). Er soll vor allem keinen Streit verursachen. Er soll auch die Einwände gegen alle Offenbarung nicht hartnäckig verteidigen. Er, Rousseau, würde, wenn Gott doch die Bösen auf ewig bestrafen würde, seine Vernunft vernichten angesichts der Gerechtigkeit. Aber die Selbstvorwürfe der schlechten Menschen würden sich erschöpfen; sobald sie dem Elend des irdischen Lebens entrissen sein werden, gebe sich auch die Bosheit. Wenn alle in den ewigen Frieden eingehen, dann werden sie Gott preisen (S. 80–81). Auf diese demütige Art wird Rousseau Teufel und Hölle los. Er preist die Bereitschaft der Vernunft, sich vor dem Unendlichen, das ihr unfaßbar bleibt, selbst zu vernichten, überwältigt von seiner Größe (S. 83).

Wollte Rousseaus natürliche Religion die herrschenden Glaubensrichtungen verteidigen? Dann haben sie es ihm schlecht gedankt. Freigeistige Religionskritiker fanden ihn naiv und spotteten über ihn, den sie lange für einen der ihren gehalten hatten; er hatte für die *Encyclopédie* Artikel über Musik geschrieben. Kirche und Staat verfolgten ihn: Das Buch fand rasende Verbreitung; noch im Jahr seines Erscheinens 1762 gab es eine deutsche Übersetzung; aber schon am 9. Juni 1762 wurde es vom Henker zerrissen und verbrannt. Der Bischof von Paris, Christoph de Beaumont, schrieb gegen es ein Hirtenwort. Er sollte verhaftet werden; er floh aus Genf. Auch die Berner duldeten ihn nicht, als er nach Yverdon ziehen wollte. Er geht nach Moutier im Kanton Neuchâtel, das zu Preußen gehörte. Friedrich II. nahm ihn auf. David Hume lädt ihn 1766 nach England ein. Es kommt auch mit Hume zum Zerwürfnis. Es folgen unruhige Wanderjahre. Erst 1770 kommt er nach Paris zurück, wo er 1778 stirbt. Der junge Goethe moquierte sich: Der Dank der großen Nation an ihren Schriftsteller bestand darin, daß sie ihn in den letzten Lebensjahren unbeachtet und unbelästigt in Paris vor sich hinleben ließ.

Wirkungen

Wer über Rousseau schreibt, kommt nicht leicht von ihm los. Seine sprachliche Kunst hält den Leser fest. Zu viele Nuancen sind zu entdekken, zu viele Nachwirkungen wären zu nennen; zu widersprüchliche Bewertungen zu diskutieren. Er hat die Zeit des deutschen ‹Sturm und Drang› mitbestimmt, Herder und den Goethe der Werther-Jahre geprägt; Schiller und Kant beeinflußt. Er hat die französische wie die deutsche Romantik ermöglicht; sein Stil und die Rückbeziehung aller Kultur auf das selbstwahrnehmende Ich haben bis ins 20. Jahrhundert gewirkt, auch wo sein Individualismus Kritik auf sich zog. Die Natur ist gut, nur daß der Mensch in ihr vieles verdirbt, dies wurde eine für die gesamte westliche Kultur von nun an mögliche Perspektive. Im Namen Rousseaus war auch in Deutschland «eine stille Gemeinde weit und breit ausgesäet», wie Goethe schrieb.[2] Daß die Natur die Stimme Gottes sei, und zwar die einzige, die den Teufel nicht als anderen Herrn dieser Welt neben sich duldete, das galt weithin für die Religion der Gebildeten, drang im 19. Jahrhundert in Wissenschaften und Alltagsleben ein; es beeindruckte in charakteristisch auseinanderliegenden zeitlichen Schüben auch die Theologie, ohne sie freilich je ganz zu bestimmen. Rousseau übte «über die ganze gebildete Welt Wirkung aus».[3] Dem Teufel blieb nur in Randgebieten Platz.

Goethe als Theologe

Goethe war 1768 erkrankt vom Studium in Leipzig zurückgekommen; im Genesungsjahr 1769 trat er Susanne von Klettenberg und dem pietistischen Protestantismus näher. Im akademischen Jahr 1770/71 ging es weltlicher zu: Zum Jurastudium in Straßburg, verliebt in die Pfarrerstochter Friederike Brion in Sesenheim, entdeckt er in der Gesellschaft Herders Rousseau.

«Rousseau hatte uns wahrhaft zugesagt.» So steht es in *Dichtung und Wahrheit,* Dritter Teil, Elftes Buch. Goethe nimmt die Idee auf, es gehe um die Gewinnung volksnaher Bildung und Politik. Er entdeckt das Volkslied, das Straßburger Münster und Shakespeare. Er liest mit den Augen Herders die Bibel und Homer. Im Sommer 1772 arbeitet er am Reichskammergericht in Wetzlar und verliebt sich in die Verlobte seines Freundes Kestner, in Charlotte Buff. Dort erschoß sich am 30. Oktober 1772 der befreundete Legationssekretär Karl Wilhelm Jerusalem aus unglücklicher Liebe. Goethe gestaltete die Wetzlarer Erfahrung in *Die Leiden des jungen Werthers.* Der Roman erschien 1774 und wurde ein Welterfolg. Im Herbst 1772 war Goethe bedrückt von Wetzlar nach Frankfurt zurückgekehrt, aber im Dezember hatte er bereits neue Pläne. Am 11. Dezember schreibt er an Kestner:

«Da binn ich wieder in Frankfurt, gehe mit neuen Plans um und Grillen, das ich all nicht tuhn würde hätt ich ein Mädgen».[4] Wir können an Götz und Werther denken, auch an Faust. Zu den «Grillen» mag er die zwei kleinen theologischen Bücher gezählt haben, die er in den letzten Tagen des Jahres hinwarf: Das eine war eine Untersuchung, was auf den Gesetzestafeln Mosis gestanden haben mag und was der biblische Ausdruck ‹in Zungen reden› bedeute. Das zweite trug den Titel:

*Brief des Pastors zu *** an den neuen Pastor zu ***.*
Aus dem Französischen 1773.[5]

Das kleine Buch ist anonym erschienen und wahrscheinlich in Darmstadt gedruckt; im Januar 1773 lag es vor. Goethe hat viel getan, ihm den Anschein zu geben, es komme von weit her; es soll aus dem Französischen übersetzt sein. Aber an seiner Verfasserschaft gibt es keinen Zweifel; er erwähnt es in *Dichtung und Wahrheit* und auch sonst. Lavater hat den Autor sofort erkannt.

Der dreiundzwanzigjährige Goethe gibt sich als älterer Landpfarrer der lutherischen Kirche, der den neuen Pastor der Nachbargemeinde begrüßt und ihm den Verdruß schildert, den er mit dessen streng orthodoxem Vorgänger hatte, vor allem mit dessen Exklusivismus; er eiferte für Teufel und Hölle, für Erbsünde und ewige Strafen für alle Heiden. Der altgewordene Pastor, der den Brief schreibt, hat sich zu freier Betrachtung durchgearbeitet, er erzählt von den Hindernissen, die er überwinden mußte. Er konfrontiert die junge Generation von

Christen mit der streng lutherischen Theologie der meisten Vorgänger. Er will ein undogmatisches und tolerantes Christentum; er hat Rousseau gelesen.

Der Brief des alten Landpfarrers ist im leidenschaftlichen Ton des ersten *Werther*-Entwurfs geschrieben: Er ist kein Lehrschreiben, sondern Herzensergießung. Kein frommer Traktat, sondern witzige Polemik. Immer wieder spricht das ‹Ich›. Schon der Stil des Briefs sagt, Religion sei Bewußtsein des eigenen Glücks, sei Vergewisserung bleibender Seligkeit, sei Ruhe in der Liebe Gottes. Der alte Pfarrer blickt zurück auf seinen eigenen Kampf; seine Gegner sind noch an der Macht; er spricht von ihnen mit Ironie und Spott. Viel redet dieses ‹Ich› von sich und seinem ‹Herzen›, doch ist der sprachliche Grundton nicht pietistische Ergriffenheit, sondern entsakralisierende Polemik. Der junge Nachbarspfarrer, den der Brief immer wieder brüderlich anspricht – ‹Lieber Herr Amtsbruder› –, ist schon auf dem richtigen Weg, aber ihm soll klarwerden, daß die alten Mächte noch wirksam sind, die das Leben nach dem Muster Jesu verhindern. Diese Kirche duldet kein Leben nach dem Vorbild Christi; das bringt der Brief freundschaftlich, aber im Ton leidenschaftlicher Kirchenkritik zum Ausdruck. Goethe tut alles, um den Stil frommer Feierlichkeit, abgeklärter Altersweisheit und intimer Seelenpflege zu vermeiden. Schon wie er einleitend vom verstorbenen Pfarrer spricht, zerstört alle Erbaulichkeit: Kühl nennt er dessen Tod eine «Veränderung in meiner Nachbarschaft». Er gesteht, daß er sich darüber «von ganzem Herzen gefreut» habe. Er faßt sein Verhältnis zum alten Nachbarpfarrer zusammen: «Er konnte niemanden leiden, Euer Vorfahr, und Gott wird mir vergeben, daß ich ihn auch nicht leiden konnte» (S. 423). So ungeniert reuelos drückt sich kein gottergebener Pietist aus, wenn sein Nachbar, immerhin auch er ein Herr Amtsbruder, soeben verstorben ist. Der Briefschreiber zieht in Wortwahl und Satzbau die Erhabenheiten der theologischen Diskussion und der Pastorensprache ins Alltägliche, auch Lächerliche. Er entmythologisiert: Da gebe es Pastoren, schreibt er, die sich als Hirten einer Herde verstehen, aber es sei «auch kein Vorteil für die Herde, wenn der Schäfer ein Schaf ist» (S. 423). Selbst die Taten des Erlösers beschreibt der Brief in betont unfeierlichen Vokabeln; er rühmt ihm nach: «Er wollte anklopfen an der Türe und sie nicht einschmeißen» (S. 429). So volkstümlich hätte das Fräulein von Klettenberg nicht von ihrem Jesus gesprochen. Eher schon Götz von Berlichingen. Der Verfasser hält sich an privaten Briefstil; er folgt plötzlichen Einfällen und fügt am Ende noch etwas hinzu, das er vergessen hatte, etwa mit der unfeierlichen Wendung: «Noch was lieber Bruder ...» (S. 431). So spricht man nicht in Ämtern und von Kanzeln. Aber an deren Inhaber richtet sich der Brief wohl mehr als an den jungen Amtsbruder. Er ruft den Theologieprofessoren zu: «O meine Herren, eure Dogmatik hat noch viel Lücken» (S. 431). Die Sprache des Briefs ist unehrerbietig und aufmüpfig. Im Plauderton beschreibt er die feierliche biblische Szene der Abschiedsreden Jesu im *Johannesevangelium*: «Er hält viel zu lange Reden, auch über das Altarsakrament. Johannes lag an seiner Brust und hatte das Brot nicht nötig, um sich von seiner Existenz lebendig zu überzeugen; den Aposteln hatten diese langen Reden den Kopf verdreht, von denen sie keine Silbe verstunden» (S. 430).

Oder die Teufelsaustreibung im *Markusevangelium* Kapitel 5: Jesus verjagt aus Besessenen unreine Geister. Auf ihre Bitte hin gestattet er ihnen, in eine riesige Schweineherde zu fahren. Die etwa zweitausend Schweine stürzen sich in den See. Daraufhin kommen die Bauern und bitten ihn, ihre Gegend zu verlassen. Jesus geht weg, ohne zornig zu sein. Der Brief folgert daraus, der Pfarrer soll nicht hadern mit Leuten, die nichts von ihm wollen. Er halte sich an die Heilsbegierigen; den anderen lasse er «ihre Teufel und ihre Schweine» (S. 427). Der Briefschreiber begründet mit dieser Erzählung die Toleranz seiner seelsorgerlichen Praxis: Er respektiert den Willen von Abweichlern. Er maßt sich nicht an, das Urteil Gottes über sie auszusprechen.

Dem Begrüßungsbrief geht es nicht nur um Kritik an Pfarrersunarten, er lehrt das wahre Verständnis der Religion. Es gehe darum, «recht im Herzen zu fühlen, was das sei: Religion» (S. 429). Der Pfarrer soll jeden lassen, wie er es fühle, denn bei Lichte besehen, habe jeder seine eigene Religion. Dogmatiker nennen dieses personenbezogene Konzept von Frömmigkeit ‹individualistisch›. Er aber denkt: Die christliche Religion muß *innen* sein, sonst ist sie überhaupt nicht. «Es war nie eine sichtbare Kirche auf Erden» (S. 430). Das heißt nicht, daß sie ‹rein geistig› oder unkörperlich sein soll. «Denn der Körper bleibt immer ein merkwürdiger Theil des Menschen» (S. 430). Er fordert sein Recht auch in der Religion; daher nähert der Briefschreiber sich dem katholischen Verständnis der Sakramente: Er glaubt, daß sie Zeichen sind, aber er glaubt nicht, daß sie *nur* Zeichen sind. Aber nicht nur um die Sakramente geht es ihm, sondern um das wahre Konzept von Gott: Er will begreiflich machen, daß «Gott und Liebe Synonyme sind» (S. 424). Er ist unendliche Liebe. Als Unendlicher bleibt er uns unbekannt. Wir wissen nicht, was Gott tut. Aber ‹Glaube› ist die Gewißheit, von Gott geliebt zu werden. Religion ist das Glücksbewußtsein oder doch die Suche danach, in der Liebe Gottes zu leben. Alles, was diesem Begriff widerstrebt, ist aus der Religion zu entfernen. Was sich als neutral zu ihm erweist, soll als gleichgültig gelten. Nach dieser Regel durchforscht der Autor die bestehenden Religionen, und zwar alle. Ihr Kern sei überall die Liebe Gottes, die in Christus sich auf der Erde gezeigt hat. Wer dies begreift, betrachtet mit brüderlicher Liebe alle Sekten und Parteien und freut sich darüber, daß Gott, also die Liebe, auf die verschiedenste Weise zum Ausdruck komme. Je mehr und je verschiedenere Religionen, um so besser. Mit einem anti-katholischen Schlenker erklärt der Briefschreiber, er würde dieses Glücksbewußtsein niemals tauschen wollen gegen Infallibilität. Mit seiner charakteristischen Vorliebe für unfeierliche Anschaulichkeit drückt er das so aus:

«Welche Wonne ist es zu denken, daß der Türke, der mich für einen Hund, und der Jude, der mich für ein Schwein hält, sich einst freuen werden meine Brüder zu sein» (S. 427).

Er vereint Religion und Toleranz, ohne Indifferentismus oder Relativismus, wie der formelhafte Vorwurf der Dogmatiker lautet. Der lutherische Pfarrer identifiziert dieses Gottesbewußtsein mit Luthers Konzept des Glaubens, der allein rechtfertigt, ohne die Werke. Er lebt in diesem Glauben, aber in einer neuen Form, die er vereinfacht und reinigt nach dem Kriterium, daß Gott und Liebe Synonyme sind. Dabei fällt vieles weg. Vorerst alles, worauf der alte Verstorbene sein Christentum konzentriert hat und das auf den Sprengel des Briefschreibers überzugreifen drohte:

Daß jemand glaubt, er werde seines Glaubens erst froh, wenn «alle

Heiden ewig gebraten» werden – wieder wählt er die niedere Stilschicht und macht den furchtbaren Gedanken ewiger Höllenstrafen lächerlich, indem er ihn ins Alltäglich-Banale des Anbratens zieht. Er stöhnt auf, denn die ewigen Höllenstrafen sind nicht die einzige Lehre, nach der nicht gefragt worden zu sein er am Ende jeder Woche Gott dankt, denn mit bloßen Worten will er niemanden abspeisen. Aber die sind unvermeidlich, wenn jemand tote Lehrstücke verteidigt, gegen die er sich nicht wendet, sondern die er nur vermeidet. Denn über die «Lehre von Verdammung der Heiden» eile er hinweg «wie über glühendes Eisen» (S. 424). Sie steht im Katechismus, den er erklären sollte. Dort steht der ganze Gedankenkreis von Sünde, Erbsünde, Teufel und ewiger Höllenstrafe. Es ist unter Pfarrern offenes Geheimnis: Tolerante und barmherzige Geistliche wie er teilen die Lehre des Origenes von der Allversöhnung, obwohl ihre Kirche sie verworfen hat:

«Ihr wißt, lieber Herr Amtsbruder, daß viele Leute, die so barmherzig waren wie ich, auf die Wiederbringung gefallen sind, und ich versichre euch, es ist die Lehre, womit ich mich insgeheim tröste; aber das weiß ich wohl, es ist keine Sache davon zu predigen» (S. 425).

Das ist ein merkwürdiges Zugeständnis: Unter Gleichgesinnten geben lutherische Prediger zu, daß sie sich heimlich trösten mit der Lehre des Origenes und der Versöhnung selbst mit dem Teufel, daß sie aber anders predigen müssen, als sie denken. Es liegt ein Regelsystem mit mehreren Lehrpunkten («Materien» in Lehrbüchern) über dem Evangelium, die mit dessen Hauptaussage – Gott und Liebe seien Synonyme – unvereinbar sind. Der Brief erklärt, warum der Pfarrer diese Doppelzüngigkeit einhält: Er will Streit vermeiden. Die Botschaft des Friedens soll nicht Inhalt von Kontroversen unter Christen werden. Uneinigkeit der Christen ist nicht mit der Liebespredigt vereinbar. Er gestattet sich die Zweideutigkeit und flicht gelegentlich ein, wir wüßten alle nicht, was Gott tut. Außerdem habe ein menschenfreundlicher Pfarrer auf der Erde zuviel Zeitliches zu tun, um über die Ewigkeit zu reden. Aber gelegentlich muß er die Hölle erklären: Wenn ich behaupte, «daß es eine Hölle gibt, so red ich davon, wie die Schrift davon redet, und sage immerhin Ewig!» (S. 423–424) Bei der Predigt hält er sich ans Evangelium, das von der ewigen Hölle redet, heimlich tröstet er sich mit der Allversöhnungslehre des Origenes. Über ihn hatte der junge Goethe in Gottfried Arnolds *Unpartheyischer Kirchen- und Ketzerhistorie*, Frankfurt, Band 1, 1729, S. 103 a, gelesen, daß «sein gemüthe es aufrichtig mit Gott gemeynet hat»; erst nach seinem Tod sei er aus Neid und Unverstand verurteilt worden. Er habe gelehrt, daß «die teuffel endlich sowohl als die gottlosen aus der hölle herauskommen» (S. 103 b). Der Briefschreiber gehört einer unorganisierten unsichtbaren Kirche an, die sich mit der Allversöhnungslehre trösten kann, weil sie aus der großzügigen Gelehrtheit Gottfried Arnolds Lebensmöglichkeiten schöpfte. Goethe leiht dem unter seinem Zwiespalt leidenden Pfarrer noch eine zweite Begründung, damit dieser das Donnerwort «Ewig!» weiterschmettern kann: Niemand versteht es. Wenn man von Dingen spricht, die ohnehin niemand begreift, ist es «einerlei, was für Worte man braucht» (S. 426, 2). Diese verständnisvolle Erklärung bewegt sich am Rande des Spotts; es gab Freigeister, die sie auf die gesamte Theologie und jede Predigt bezogen. Wenn ohnehin niemand etwas versteht, kann jeder sagen, was er will oder was eine Behörde befiehlt. Luthers Befreiung der Gewissen – «er gab dem Herzen seine Freiheit wieder» – und seine Treue zum Bibeltext werden obsolet. Die Lehre Christi ist begraben unter einer Masse sinnlos gewordener Vokabeln. Der Briefschreiber sieht den Kern des Evangeliums überlagert von leeren Formeln. Er liest keine exegetischen oder dogmatischen Bücher mehr; er hält sich allein an seine Herzensgewißheit. Von der vieldiskutierten Gnadenwahl verstehen wir alle nichts (S. 429, 13). Er erwartet weder von katholischen noch von protestantischen Autoren die Wahrheit. Die sichtbare Kirche ist keine wahre Kirche; wer immer in ihr die Lehre Christi befolgt hat, wurde verfolgt. Sie war nirgendwo unterdrückter als in der Kirche (S. 432, 6). Die Glaubensbekenntnisse sind seltsam unverständliche Gebilde, bloße Formeln, die nur ihre Urheber beruhigen. Die Empfindungen sind individuell, die Formeln allgemein; sie passen nicht zusammen.

«Es sind wunderliche Leute, die Theologen, da prätendieren sie was nicht möglich ist: Die Christliche Religion in ein Glaubensbekenntnis zu zwingen, o ihr guten Leute!» (S. 430, 2–4). Das wirkliche christliche Leben strömt in den Lebensfluten des Gottesgeistes. Es ist Rätselhaftem wie dem «Reden in Zungen» anheimgegeben; in ihm entscheidet oft ein einziger Augenblick über das ganze Leben; keine Formel faßt es. Aber irgendwann hat der Gottesgeist aufgehört, «an die Herzen zu predigen». Direkt an die Theologen, seine eigentlichen Adressaten, gewandt, fährt der Brief fort: Jetzt ist «euern schalen Diskursen das Amt überlassen, von dem Reiche Gottes zu zeugen» (S. 431, 33–35). Aus all dem folgert der Brief Toleranz: Juden und Türken sind keine Teufelskinder, und selbst die Katholiken sind so schlimm nicht, wie lutherische Prediger sie machten; sie haben nur ein paar Satzungen, wenige nur, die nicht auf göttlich Wahres zurückgehen; sie verdienen weder Abscheu noch Verachtung (S. 428, 25–29). Auch Calvinisten haben Vorzüge: Ihre Abendmahlslehre steht der biblischen Erzählung näher als die lutherische.

Goethe behauptet im Untertitel des Briefes, er stamme «aus dem Französischen». Das trifft im doppelten Sinne zu: Er hat die literarische Form französischer Polemiken; im Stil steht er Voltaire näher als deutschen Pietisten. Alltagsausdrücke verhindern das hohe Pathos theologischer Streitschriften. Um eine solche handelt es sich aber; wir lesen eine individuelle Entwicklungsgeschichte. Und auch dieses Konzept stammt aus dem Französischen; es wandelt das Glaubensbekenntnis des savoyardischen Vikars auf deutschem Boden ab. Goethe kannte diesen Text; er zitiert ihn auch (S. 427). Wie sehr ihn dieses Buch beschäftigt hat, belegt ein Tagebucheintrag schon vom Jahresanfang 1770, in dem er Rousseaus Antwort auf das Schreiben des Pariser Erzbischofs gegen den *Émile* zitiert.[6]

Dem entspricht die inhaltliche Nähe des Briefes von 1772 zum savoyardischen Vikar: Dieser überprüft das überlieferte Christentum, wieweit es sich auf natürliche Religion stützen kann. Er geht die philosophischen Argumente durch, die es für Gott als ersten Beweger, als Macht und Güte gibt. Er nimmt von der Überlieferungsmasse nur an, was der natürlichen Religion entspricht. Dabei fällt vieles weg, vor allem das, was Gott als grausam und rachsüchtig erscheinen läßt, und das ist der Motivkreis von Hölle und Teufel, von willkürlicher Gnadenwahl und Erbsünde. Also der spätaugustinische Kern der kirchlichen Dogmatik. Das ist der dunkle Komplex, der zu Intoleranz und autoritativem Gehabe führt, das Lieblingsthema des verstorbenen Landpfarrers. Die philosophische Durchsicht der christlichen Lehre stellte der savoyardische Vikar unter das Kriterium der individuellen Wahrheit, und an sie hält sich der Briefschreiber. Er nimmt sich das Recht, über manche dogmatische ‹Materien› hinwegzueilen wie «über glühendes Eisen». Weil er Kontroversen haßt, will er nichts ‹beweisen›; er widerlegt nicht die Satanologien. Er geht über sie hinweg. Er behandelt sie als abgestorbenen Formelkram. Er argumentiert nicht philosophisch wie Rousseau, der seine wenigen Dogmen aus der Betrachtung der sinnlichen Natur förmlich ableitete wie ein Scholastiker, während der lutherische Pfarrer nur sein vage gefaßtes «Evangelium» und seine erleuchtungsweise und plötzlich erreichte Identifikation mit Christus hat, für die er nicht argumentieren kann und will. Theoretisch ist seine eher impressionistische Position schwächer als die des Vikars. Sie verrät noch seine Herkunft aus dem Pietismus, den er verlassen hat zugunsten seiner nicht-sichtbaren Reformkirche. In ihr gibt es keinerlei Hierarchie, wie er mehrfach und mit Leidenschaft schreibt. Auch dieses Ideal der Gleichheit, das er für urchristlich hält, kam «aus dem Französischen». In der unsichtbaren Kirche gilt kein Glaubensbekenntnis. Theologenformeln sind ihr Schall und Rauch. Wer wirklich fromm ist, hat seine Privatreligion, die Gott und Liebe als Synonyme denkt und liebt. Da gibt es keine Einschüchterung und keine Drohung mit Höllenstrafen.

Der junge Goethe hatte vielerlei Interessen und tadelte zuweilen seine Neigung zur Zerstreutheit. Aber er liebte früh und nachhaltig religiöse Spekulationen. Er suchte eine freiere Gangart in der Geschichte des Christentums, wie er es auch den Briefschreiber von sich behaupten läßt. Er hatte früh Gottfried Arnolds *Kirchen- und Ketzerhistorie* gelesen. «Seine Gesinnungen stimmten sehr zu den meinigen, und was mich an seinem Werk besonders ergötzte, war, daß ich von manchen Ketzern, die man mir bisher als toll oder gottlos vorgestellt hatte, einen vorteilhaftern Begriff erhielt. Der Geist des Widerspruchs und die Lust zum Paradoxen steckt in uns allen. Ich studierte fleißig die verschiedenen Meinungen, und da ich oft genug hatte sagen hören, jeder Mensch habe am Ende doch seine eigene Religion, so kam mir nichts natürlicher vor, als daß ich mir auch meine eigene bilden könne.»[7]

Diesem Kontext entstammt Goethes Brief eines Landpfarrers. In seiner Religion gibt es keinen Teufel mehr. Als Glied der Fabelwelt bleibt er unentbehrlich. Poetisch zeigt er – in seiner alttestamentlich abgemilderten Form, nicht als Höllenherr – die Macht der erotischen Verzauberung. Er entlarvt die Verdorbenheit der Mächtigen und den Schwindel des expandierenden Papiergelds. Er treibt die Roheit der immer weiter ausgreifenden Kolonisation.

XVIII. Teufelsstreit

Bekker bleibt allein

Die Teufelskritik des Balthasar Bekker von 1693 setzte sich in keiner der konfessionellen Theologien vor 1760 durch. In der deutschen evangelischen Theologie blieb sie Außenseitermeinung bis ins letzte Drittel des 18. Jahrhunderts. Aber das Thema war jetzt in der Welt, nicht nur in der theologischen. Das kulturelle Gesamtsystem war berührt. Praktische Alltagsfragen brachten es oft in Erinnerung – so die Diskussionen der Juristen, Ärzte und Pfarrer über Hexenverfolgung und Bestrafung der Zauberei. Die überwiegende Mehrheit der protestantischen Theologen vor 1760 entsprach der Erwartung und polemisierte gegen Balthasar Bekker. Viele sagten – wie schon zu seinen Lebzeiten –, er halte es mit dem Teufel. Er sei ein Fürsprecher der Hexen. Es gab auch ernsthafte Argumente, schließlich sprachen autoritative Texte der Bibel gegen ihn: das *Neue Testament,* die Kirchenväter, besonders Augustin, Luther und die Bekenntnisschriften.

Johannes Gerhard

Die orthodoxen evangelischen Theologen des 17. Jahrhunderts handelten von guten und bösen Engeln im Stil der mittelalterlichen Theologen. Der Abschnitt über Engel und Teufel in den *Loci theologici* des Johannes Gerhard (1582–1637)[1] läßt zunächst nur durch einen Stoßseufzer über die Schwäche des menschlichen Intellekts vermuten, daß die Reformation stattgefunden hat. Seine demütige Klage über die armen Erdenwürmer, die am Boden dahinschleichen – *nos humi reptantes vermiculi* –, hielt Gerhard nicht ab, zuversichtlich die Zahl der Engel zu berechnen, er kam auf 81 960.[2] Sein ‹System› ist von dem der gleichzeitigen Jesuitentheologen Suarez und Bellarmin trotz antirömischer Polemik nicht sehr verschieden. Zwar betont er das Schriftprinzip als antirömische Ansicht. Den Päpsten hält er vor, einige von ihnen glaubten schon nicht mehr an die Existenz des Satans.[3] Seine Schriftauslegung ist buchstäblicher als die der meisten mittelalterlichen Theologen. Gerhard verstand Theologie als Wissenschaft und betonte dies durch Anwendung der aristotelischen Lehre von den vier Ursachen, zumal im Abschnitt über die Lehre von Gott. Seine lutherische Orthodoxie deklarierte er, indem er die Schrift zum einzigen theologischen Erkenntnisprinzip erklärte. Er faßte die Bibel als im strengen Sinn von Gott inspiriert auf. In Metaphysik und Wissenschaftsverständnis orientierte er sich an Aristoteles; das rückte seine Position nahe an die seiner jesuitischen Zeitgenossen heran, deren jesuitische Studienordnung 1593 noch einmal den Vorrang des Aristoteles festgeschrieben hatte. Gerhard teilte noch das Freiheitsverständnis, das Olivi und Scotus kritisiert hatten, wonach der Wille, der so im Guten gefestigt sei, daß er nicht mehr sündigen kann, freier sei als jeder andere. Das wiederholt er nach Augustin, *Enchiridion* c. 55, nach Anselm und Thomas. Damit fiel er zurück hinter Positionen des 14. Jahrhunderts, denen der Jesuit Suarez gefolgt war. Sein Kapitel über den Teufel steht im Traktat über die Welterschaffung an ähnlicher Stelle wie in der *Theologischen Summe* des Thomas von Aquino; das blieb feststehende theologische Lehrart der lutherischen Theologie bis ins hohe 18. Jahrhundert. Nicht die Reformation, sondern die intellektuelle Umwälzung der zweiten Hälfte des 18. Jahrhunderts hat die tradierte Satanologie wenn nicht unmöglich, so doch zum Markenzeichen der konservativen Theologenpartei gemacht.

Zwar nimmt Gerhard vorsichtig einige mittelalterliche Details der Dämonenlehre zurück: Er weigert sich, die alte Frage weiter zu erörtern, wie die Engel miteinander reden. Dazu sage die Bibel nichts, und auch Augustin gestehe sein Nichtwissen darüber, Sectio 19 § 79 Band 4,

S. 48. Er lehrt wie Thomas, den Dämonen stehe weder Reue noch Rückkehr offen, aber er begründet das nicht mehr mit ihrem Charakter als *intellectus*. Der Wille des Allmächtigen genügt ihm als Grund, *Locus VI De creatione*, Sectio 12 § 60 Band 4, S. 34. Zu der Frage, ob Dämonen in Seelen und Körper der Menschen eindringen können, zitiert er ausführlich Scholastiker, die das bestreiten. Aber er tritt nicht auf ihre Seite. Er sagt, er wisse das nicht, Sectio 19 § 81 Band 4, S. 49. Er nimmt die neutestamentlichen Berichte über Besessenheit als Gottes Wort buchstäblich, er erhebt keine erkenntnistheoretischen Einwände. Seine Theologie bestätigt die Tatsächlichkeit von Besessenheit und Hexerei.

Franz Budde

Die Dogmatik von Johann Franz Budde (1667–1729) ist hundert Jahre nach dem Hauptwerk Gerhards geschrieben und 1723 in Leipzig erschienen. Es war das Jahrhundert des Dreißigjährigen Kriegs, des mühsamen Wiederaufbaus und neuer Kriege. Änderungen kündigten sich an: Die Selbstverständlichkeit der aristotelischen Metaphysik wich der eigenen philosophischen Position, die man damals ‹eklektisch› nannte, was nicht so pejorativ klang wie heute. Buddes Gesamtentwurf ist weniger scholastisch; er zeigt erhebliches historisches Interesse; er lobt den Historiker Jean Leclerc. Aber die Positionen der protestantischen Orthodoxie, wie Gerhard sie repräsentiert hatte, bewahrt der berühmte Hallenser und dann Jenenser Professor auch in der Lehre vom Teufel. Er gehörte dem Pietismus nicht an, aber dieser machte sich an seinem größeren Interesse an der Lebensverwertbarkeit seiner Theologie bemerkbar; das subjektive Interesse zählt ihm mehr als Gerhard, dem dies auch keineswegs gleichgültig war; er fragte immer nach dem ‹Gebrauch›, den ein Christ von seiner Lehre machen konnte. Buddes Theologie soll uns, die wir Sünder sind, als Menschen verbessern. Sie repräsentiert nicht das Wissen Gottes; sie hat nur die Aufgabe, die uns nötigen Kenntnisse zu vermitteln.[4] Das sind neue Töne.

Budde beginnt seinen systematischen Vortrag mit der Erklärung, aller Theologie liege das allgemeine Bewußtsein der Menschen von Gott voraus. Daß Gott der Grund der Welt ist, daß er gut und weise und allmächtig den Weltlauf lenkt, daß es Gerechtigkeit im Jenseits gibt, daß er Gute belohnt und Böse bestraft, das *wissen* wir. Das ist als natürliche Religion allen Menschen ins Herz geschrieben. Aber da dieses Wissen nicht ausreicht, um Sündern Zuversicht zu geben, braucht es außer der natürlichen Religion die christliche Offenbarung. Die Wahrheit der christlichen Religion hielt Budde für beweisbar, wenn man nur zwischen fundamentalen und nicht-fundamentalen Artikeln unterscheide. Die natürliche Religion setzte er voraus; sie galt ihm als negatives Kriterium: Kein Satz, der ihr widerspreche, könne als göttliche Offenbarung anerkannt werden. Dieser Satz setzt, für sich genommen, das natürliche Denken als Richter über alle Offenbarungsansprüche. Aber Budde setzt diesem Grundsatz enge Grenzen: Er treibe in der *Dogmatik* nicht natürliche Theologie, sondern die geoffenbarte. Sein Erkenntnisprinzip sei die Heilige Schrift. Er polemisiert gegen die, die der Vernunft zuviel zugestehen. Man erkennt sie daran, daß sie die *satisfactio* Christi für einen entbehrlichen Lehrpunkt halten. Dabei gehe es darum, daß Christus durch sein Leiden den Zorn Gottes besänftigt und uns dadurch Hoffnung auf Verzeihung unserer Sünden eröffnet. Das Christentum Buddes ist exklusive Erlösungsreligion. Wer wie Sozinianer, Arminianer und englische Deisten den *Heiden* das ewige Heil öffne, verleugne den christlichen Glauben. Zu ihm gehöre wesentlich, daß allein in Christus Heil ist, weil nur er uns mit dem Vater versöhnt, I 1 § 18 S. 16; § 47 S. 59s; § 32 S. 40. Einige griechische Väter haben den Heiden den Himmel geöffnet; im Gegensatz zu ihnen zeige Augustin den richtigen Weg, I 1 § 53 S. 75. Wenn schon Orthodoxie, dann die strengste augustinisch-lutherische! Das war die Dogmatik von Goethes verstorbenem Landpfarrer.

Budde nutzt die exklusive Strenge seines Christentums zur konfessionellen Polemik: Niemand habe dem Pelagianismus mehr Zugeständnisse gemacht als die römischen Päpste. Sie haben dadurch den Übergang zum Naturalismus eröffnet, I 1 § 53 S. 71 a. Für den Teufel heißt das: Budde kämpft gegen Balthasar Bekker. Er spart nicht an Ausrufen der Empörung und Verachtung, aber er geht systematisch vor, wie vor ihm Suarez und Gerhard; er beweist erst einmal die Existenz des Teufels. Er bringt zwei Arten von Beweisen: Zunächst fordert er, die Gegner sollten erst einmal beweisen, daß die Existenz des Bösen unmöglich ist. Die Vernunft lehre, daß seine Existenz nicht unmöglich ist, II 2 § 21 S. 370 a. Denn der Teufel sei ‹eine stofffreie Substanz› – dieses Ergebnis der Autoren des 13. Jahrhunderts setzt Budde einfach voraus –, und warum sollte es so etwas nicht geben? Wir Menschen sind doch auch Geist (*mens*), nur mit dem Körper verbunden, warum sollte es nicht möglich sein, daß auch körperlose Geister existieren?

Das ist für einen Philosophen ein eigenartiges Argument. Das ist doch, als bestreite jemand, daß es Einhörner gebe, und ein Einhorngläubiger fordert von ihm, er solle erst ihre Unmöglichkeit beweisen. Damit dreht er die Beweispflicht bei Existenzbeweisen einfach um. Aber selbst wenn er die Möglichkeit bewiesen hätte, hilft das wenig; es gibt unendlich viele nur mögliche Dinge, die es de facto nicht gibt. Das sah wohl auch Budde ein, und er argumentiert weiter: Wenn man zugesteht, daß es körperfreie Geistwesen geben *kann,* dann sollte doch niemand mit gewagten Argumenten die Zeugnisse derer zurückweisen, die aus eigener Erfahrung von ihnen berichten. Sonst müsse man unzähligen Menschen aus allen Jahrhunderten vorwerfen, sie hätten entweder sich selbst getäuscht oder andere betrogen: Wer kann das glauben? Das verlangte noch mehr Glauben als der Glaube an die Existenz von Dämonen. Mögen sich einzelne getäuscht haben! Mögen einige dieser Zeugen Betrüger gewesen sein! Sie alle lassen sich nicht Lügen strafen. Eine Reihe von Zeugen konnten und wollten die Wahrheit sagen, und ihnen ist zu glauben. Die sicherste Bezeugung von Teufelserfahrungen biete die Heilige Schrift. Diese beweise *evidentissime,* daß es Teufel gibt, die auf Menschen einwirken, II 2 § 53 S. 370 a. Dann führt Budde wie vor ihm Gerhard viele Bibelstellen an, die jeden Zweifel an der Existenz des Teufels ausschließen. Er beginnt mit der Sündenfallgeschichte *Genesis* 3, in der allerdings nur eine sprechende Schlange, aber kein Teufel vorkommt. Aber selbst wer Budde hier den Teufel zugesteht – Budde könnte argumentieren, sein Begriff von natürlicher Religion schließe es aus, daß eine Schlange spreche; sie lehre, wo gesprochen werde, müsse eine geistige Substanz sein –, dann hätte er doch nur bewiesen, daß die Bibel die Existenz des Teufels lehrt. Aber nicht nach der Tatsache dieser

Lehre, sondern nach ihrer *Wahrheit* war gefragt. Und so fährt Budde dann auch fort: Es gibt Besessenheit, denn die Bibel bezeugt Teufelsaustreibungen aus Besessenen. Wer Besessenheit leugne, bestreite den ganzen christlichen Glauben, II 2 § 39 S. 395 b. Allerdings gibt Budde zu, heute sei die Kraft zur Teufelsaustreibung erloschen, die den Aposteln gegeben war, ib. S. 396 a. Die Exorzismen der Katholiken seien nur Aberglauben; gegen Teufelsinvasion helfe nur das Gebet. Die Apostel haben nach Ausweis der Bibel an magische Wirkungen geglaubt, die über Menschenkraft hinausgehen, also gibt es sie. Auf die Bibel gestützt, bestätigt Budde alle populären Teufelsangriffe gegen die Frommen als Tatsachen, II 2 39 S. 396 a.

1720 schien für die deutsche Theologenwelt der alte Satanismus erneuert und gegen eine Welt von Zweiflern bestätigt. Der Vernunft waren kleine Zugeständnisse gemacht: Gesundes Mißtrauen gegen Teufelsberichte wurde angeraten. Kleinere Abschwächungen an der Bibellehre waren gestattet. Budde konnte sagen, die Teufel werden in der Hölle von wirklichem Feuer gequält, aber dieses Feuer sei anders als *unser* Feuer, II 3 § 16 S. 458, ohne daß wir erfahren, warum dieses Zauberfeuer noch den Namen unseres ‹Feuers› verdient. Zurückhaltung, sagt er, sei empfehlenswert, wenn es um die Art der Teufelssünde geht; wir brauchen sie nicht genauer zu bestimmen, als die Bibel das tut, II 2 § 35 S. 391 b. An der Ewigkeit der Höllenstrafen zweifelte Budde nicht, II 3 § 17 S. 460–468. Er weiß, daß es Einwände gibt, aber die Aussagen der Bibel seien zu klar. Budde nennt seine Theologie eine praktische Wissenschaft, aber er hat keine Probleme mit der juristischen Verfolgung von Zauberern und mit der Verbrennung von Hexen. Evangelische Theologen lasen die Werke von Gerhard und Budde noch bis ans Ende des Jahrhunderts. Sie waren wenig darauf vorbereitet, die Zweifel zu widerlegen, die inzwischen von vielen Seiten herkamen. Bekker war übertönt; widerlegt war er nicht.

Gleichwohl verdient Buddes Dogmatik großes Interesse. Der deutsche Protestantismus restauriert hier noch einmal seine Orthodoxie. Sein Werk hat diesen respektabel dezisionistischen Zug: Wer an die Verbalinspiration glaubt, muß das ganze System akzeptieren. Zugleich nahm Budde pietistische ‹Betroffenheit› und Philosophendebatten aus aller

Welt auf. Die Mauern der Orthodoxie ließ er stehen, aber bei ihm wehte ein anderer Wind als bei Gerhard. Gerade dies macht die spätere Entwicklung zwischen 1720 und 1780 begreiflich: Die Weltprobleme der westlichen Philosophie beginnen bei ihm, die deutschen Theologen zu beunruhigen; er zitiert Descartes und Hobbes; er kennt Leibniz, Bayle und Wolff. Er stöhnt über die allzu zahlreichen Kontroversen der Theologen und zettelt sofort selbst neue an, indem er leidenschaftlich Spinoza bekämpft als den Anführer des Atheismus, S. 369 a. Er ist umfassend über den internationalen Buchmarkt und seine angeblich oder wirklich antichristlichen Produkte informiert. Das vermehrt die Zahl seiner Polemiken, denn er schlägt sich mit Sozinianern und Arminianern. Er findet, das Christentum sei bedrängter als je, S. 76 b. Daher bekommt sein System, durch klare Begrifflichkeit und historische Umsicht ausgezeichnet, apologetischen Charakter. Darin lag die Tendenz zur Verengung, aber dieser stand sein philosophischer Sinn entgegen, ebenso sein Wissen von Nachbarwissenschaften, deren Ergebnisse auch Themen der Theologie betreffen, z. B. Historiker, Orientalisten, klassische Philologen.

Johann David Michaelis

Johann David Michaelis (1717–1791) ist zu Lebzeiten und danach so oft als außerordentliche Persönlichkeit und großer Gelehrter gefeiert worden, daß wenig Originalitätssucht dazu gehörte, ihn herunterzureden. Alexander von Humboldt hörte einen Vortrag des berühmten Göttinger Gelehrten; fand ihn abscheulich und voller Zoten. Moses Mendelssohn sagte von ihm, er habe entweder Falsches oder jedenfalls nichts Neues gelehrt; Julius Wellhausen erklärte ihn zu einer ‹Scheingröße›. Rudolf Smend, dem wir seit 1989 ein kundiges Portrait verdanken und dem ich diese Zitate entnehme, fand, Michaelis schreibe «flach und geschwätzig. Ihn zu lesen ist kein Vergnügen.»[5] Damit geht er im Abbau eines Übervaters zu weit. Es kommt darauf an, was man von ihm liest. Ich bezeuge gern, die zweite Auflage seiner *Dogmatik,* ein Buch von 614 Seiten, mit Vergnügen gelesen zu haben, mit mehr Vergnügen als bei jeder anderen Darstellung der christlichen Lehre seit Erasmus.

Ich meine damit allein die zweite Auflage, die von 1785. Die erste war lateinisch 1760 erschienen. Die zweite schrieb er auf deutsch. Das Klima war seit 1760 umgeschlagen; er sagt, er könne jetzt «freyer und offenherziger mit seinem Publico reden» (S. X). Er war jetzt 68 Jahre alt. Krankheiten hinderten ihn, dem Buch die letzte Form zu geben; es fehlt zum Beispiel die Inhaltsübersicht über seine 18 Artikel, aber er schöpft aus lebenslanger Arbeit am Urtext der Bibel; er hat philosophisches Problembewußtsein. Mit enormer philologischer Gelehrsamkeit erklärt er hebräische und griechische Termini aus dem Zusammenhang ihrer sprachlichen und kulturellen Welt. Er schreibt wach und heiter, er konnte nichts dafür, daß Alexander von Humboldt bei ihm wohl in eine Vorlesung geraten ist, in der er ungeniert über die hebräischen Patriarchen und deren wahrhaft heilsbedeutende geschlechtliche Aktivität zu sprechen hatte.

Michaelis war in Göttingen Professor für Philosophie und Orientalische Sprachen. Er arbeitete nicht nur über die hebräische Sprache, sondern ebenso über die syrische, die aramäische und die arabische, und er hielt privatissime für Juristen und andere Nicht-Theologen Vorlesungen über die christliche Glaubenslehre. Sie stellten den Gewinn heraus, den Philosophie und Philologie dem Verständnis des lutherischen Christentums einbringen können.

Die deutsche *Dogmatik* ist ein Spätwerk, ein Buch der Revisionen, aber auch des besonnenen Widerstands gegen die neuesten raschen Revolutionen im Fach. Michaelis fand selbst, er, der so oft für heterodox gehalten worden war, werde jetzt wohl als *zu orthodox* gelten. Er hält seine Position durch gegen rechts und links. Das Buch ist eine persönliche Reflexion über das Ganze der christlichen Glaubenslehre, nicht für Theologen geschrieben, sondern für das allgemeine Publikum. Michaelis ist in Halle geboren, wo schon sein Vater und sein Großonkel als Professoren der Theologie und Orientalistik gewirkt haben; früh hat er die orientalischen Sprachen gelernt. Aber Halle war auch das Zentrum des Pietismus, und obwohl er alles andere als ein Pietist war, erlaubte er sich wie die Pietisten eine subjektive Gangart, eine individuelle Sicht der allgemeinen Dinge. Pietistisch war wohl auch der Nachdruck, mit dem er das Sündenbewußtsein betonte: Die christliche

Religion war ihm das Wissen, Sünder zu sein und zugleich die Hoffnung zu haben, daß Gott im Blick auf die «Genugthuung» Christi hin dem Sünder verzeiht. Doch war es von Anfang an die Philologie, die den Einfluß des Pietismus auf ihn begrenzte. Und 1741/42 hielt er sich fast zwei Jahre in Holland und England auf. Das bedeutete: Er nahm die neueren Impulse der alttestamentlichen Forschung auf. Sie waren vom katholischen Frankreich ausgegangen, von Jean Astruc und Richard Simon, hatten dort aber, von Bischof Bossuet bedrängt, keine Heimat gefunden, wurden in Holland und bei anglikanischen Theologen fortgeführt. Sein längerer Aufenthalt in England bedeutete Bekanntschaft mit der metaphysikkritischen Philosophie von Thomas Hobbes und John Locke; er machte Michaelis vertraut mit dem englischen Deismus, der das alte Programm der natürlichen Theologie zum Auslegungsschlüssel des christlichen Glaubens machte im Sinne von John Toland, *Christianity not mysterious* von 1696.

Auf die zweite Auflage kommt es an

Ich lese die zweite Auflage der *Dogmatik* als ein letztes Produkt des Ancien régime, aufgelockert, mit Fragezeichen versetzt, durch englische Weltkenntnis erweitert, liebenswürdig aufgeweicht, ohne die dogmatisch-starre Selbstsicherheit der klassischen deutschen Orthodoxen. Wir können ihn uns bei seinem Vortrag vorstellen; ein Zeitgenosse berichtet, wie er auftrat: «als Cavalier gekleidet, mit besetzten Kleidern, gestiefelt und gespornt, den Degen an der Seite … Er war voll Leichtigkeit, Witz und Anmuth …»[6]

Dieser undogmatische Dogmatiker hatte 1784 keine Bedenken mehr wie noch 1760, die Dinge anders zu sagen, als seine Hörer in Religionssachen zu hören gewöhnt waren. Er sagt, er rede jetzt «viel dreister» als vor 25 Jahren (S. XII). Skeptische Zweifel haben ihn berührt, aber er hat sie nicht bis zum Skeptizismus getrieben. Der Herr mit dem Degen gehörte noch in die Welt der natürlichen Theologie. Sein Gott war noch beweisbar; er war Inbegriff und Garant der Moral und Herr eines geordneten Universums. Am liebsten wäre ihm, die Monadenlehre wäre noch in Kraft; er redet noch wie diese von der «besten Welt» (§ 68 S. 207–211), hat aber Theodizeebedenken; er weiß: Die Philosophie des Leibniz ist mittlerweile «abgegangen».[7] In der Glaubenslehre hält er – als eingestanden individuelle Auslegung – an alten Lehrpunkten fest, die manche Neuerer inzwischen aufgegeben haben. Er zählt sie auf: «die Gottheit Christi», also daß Christus wesensgleich ist mit Gottvater, zweitens die «angebohrene moralische Verdorbenheit», also das, was Theologen die ‹Erbsünde› nennen, allerdings ohne geschlechtliche Vererbung von Schuld, nur als ursprüngliche Tendenz, im Widerstreit von Vernunft und Sinnlichkeit zu verlieren. Drittens die Erlösung durch Christi Blut. Die «Genugthuung Christi» (S. VIII) bestehe darin, daß er durch sein freiwillig für uns auf sich genommenes Sterben am Kreuz die Schuld Adams wiedergutgemacht, den Zorn Gottes besänftigt, seine Forderung nach Gerechtigkeit erfüllt und uns die Versöhnung mit dem Vater geschenkt habe. Michaelis sagt: Seht, wie konservativ ich bin; ich halte die umstrittensten alten Theorien. Kein Wunder, daß man ihm Inkonsequenz vorwarf, wenn er daneben an vielem einzelnen rüttelte. Was den Teufel anging, so erklärte er dessen Existenz zwar für plausibel (§ 95 S. 283), weil zum alten Bild des hierarchisch geordneten Kosmos die Engel passen, aber er bestritt, daß es heute Besessenheit gebe: Heute ist sie entweder Betrug oder eine natürlich zu erklärende Krankheit (§ 98 S. 292).

Er nimmt zurück, was er darüber in der ersten Auflage noch behauptet habe (S. 271). Was über Hexen gesagt werde, sei Aberglaube (S. 39). Er kritisiert Theologen, die vom Teufel mehr behaupten und öfter reden als die Bibel (§ 99 S. 296), gesteht aber ein, daß Jesus an die Teufelsbesessenheit seiner Kranken geglaubt hat (§ 98 S. 293). Er bejaht die Theologie der «Genugthuung» durch den Kreuzestod, erklärt sie aber so, daß er sie fast ablehnt (§ 132 S. 366–367), und immer wieder schiebt er einen Ausruf dazwischen, der den Wissensanspruch einzuschränken fordert (§ 91 S. 276 u. ö.): «Besser ists, nichts bestimmen, als irren» (§ 91 S. 273).

«Mehr von allem diesem wissen wollen, als uns die Bibel sagt, ist äußerste Thorheit: denn die Philosophie sagt uns ja keine Facta, und im Himmel ist niemand gewesen» (§ 91 S. 26). Zur Theologie der Trinität sagt er im Blick auf ihre neutestamentliche Begründung: «Vielleicht wäre es besser gewesen, manches nicht so genau bestimmen zu wollen» (§ 48 S. 152). Er findet die rationalen Erklärungen lächerlich (§ 49 S. 158) und fragt subversiv:

«Wäre es nicht vernünftiger, die Bibel verwerfen, als mit solchen Erklärungen glauben?» (§ 48 S. 158)

Zum Filioque bemerkt er höflich:

«Man nehme es mir nicht übel, wenn ich nichts zu sagen weiß» (§ 52 S. 158). Theologen der Römerbriefgeneration, die ihr gedankliches und sprachliches Niveau an Karl Barth ausgebildet haben, können mit dieser Sprache individuellen Denkens nichts anfangen. Und gewiß gibt es in diesem Buch Spannungen und interne Konflikte: So legt er das Christliche wesentlich als Jenseitshoffnung aus, hält Unsterblichkeit für den Kern der Religion, schildert dann aber das Ewige Leben, als sei es von entsetzlicher Langeweile (§ 76 S. 234–237), denn Monaden wollen tätig sein. Über die Tätigkeit der Engel bewahre die Bibel «vernünftiges Stillschweigen», aber daraus sei nicht der Schluß zu ziehen, daß sie «nichts thun, als Gott beschauen, anbeten, und loben», und mit einer eleganten anti-römischen Bemerkung fährt Michaelis fort: «welcher Irrthum ihnen wunderliche Nachahmer erwecket hat» (§ 93 S. 278), was gegen das katholische Mönchtum geht. Das ist nach Jahrhunderten grober Polemik ein zarter Ton; Michaelis wußte, daß unter seinen Hörern auch Katholiken saßen.

Michaelis liebt lautlose Entwicklungen. Zwar hat seine Dogmatik noch den alten Grundriß: Nach biblischen Einleitungsfragen, die er mit heftiger Islamkritik verbindet, handelt er von Gott, der Trinität und der Welterschaffung. Darauf folgt die Beschreibung der Schöpfung, und bei ihr stellt Michaelis, abweichend von Vorgängern, den Menschen und selbst das Tier *vor* Engel und Dämonen. Er stellt die herkömmliche Reihenfolge um. Kein Wort mehr der Polemik gegen Balthasar Bekker. Engel und Teufel haben eine fast nur hypothetische Existenz; lebhaft verwirft er Engelsanbetung und predigerhaft erzeugte Teufelsangst. Nachdenklich ist sein Versuch, die Teufel nicht abstrakt nur aus Bosheit bestehen zu lassen (§ 98 S 291). Das war auch schon ein Problem der früheren Satanologen: Sollten Teufel sich nicht auch einmal freuen dürfen? Bestanden sie nur aus Strafe und Bosheit, oder behielten sie nicht auch einen guten Kern? Wer sie abstrakt nur als Bosheit und Unglück bestehen ließ, legte den Verdacht nahe, sie seien bloße Gedankenprodukte.

Zurückhaltend spricht er vom Höllenfeuer: «Worin die Strafen jener Welt bestehen werden, davon können wir wenig sagen» (§ 115 S. 336). Es gibt im *Neuen Testament*, vor allem in der *Offenbarung des Johannes*, Schilderungen des Höllenbrands, die «natürlicher Weise zu rasendem Haß gegen den strafenden Gott hinreißen» müssen (§ 115 S. 337). Ich finde solche Sätze alles andere als ‹blaß›; aber Michaelis liebt auch die Phrasen der neuen Origenesfreunde nicht, die zu wissen behaupten: «Alle Strafen Gottes sind bessernd», nein, das wissen wir auch nicht. Dauern die Höllenstrafen ewig? Das Problem der Rückkehr und der endgültigen Allversöhnung kehrt zurück. Wie es seine Art ist, untersucht Michaelis zunächst den Sprachgebrauch. Was heißt ‹ewig› im *Neuen Testament*? Ist lange Zeitdauer oder volle Ewigkeit gemeint? Eher das erstere. Michaelis hat die Schrift seines guten Bekannten Lessing über die Höllenstrafen gelesen und rechnet wie dieser damit, daß die Verdammten immer neu sündigen und deswegen immer neu bestraft werden. «Sollten nicht unter den so mannigfaltigen Strafen der Sünden auch bessernde sein?» Die Redensarten sind abgewiesen, das Problem des Origenes bleibt. «Alles zusammen genommen, läßt sich von der uns verhülleten Ewigkeit nichts gewisses sagen» (§ 116 S. 341). Menschen können Gott nicht das Begnadigungsrecht nehmen. «Durch die Vernunft drohet Gott ohnehin nicht ewige Strafen, sondern sie läßt die Sache unbestimmt». Daß die Verdammten nicht frei wären zur Reue, von diesem Theologenprodukt, dem ‹Stand der Befestigung›, also der bleibenden Verstocktheit, weiß die Bibel ohnehin nichts (§ 204 S. 582). Michaelis arbeitet Unbestimmtheiten der Bibel heraus und kehrt sie gegen die Festlegungen der Theologie Augustins und Luthers. Dies zeigt sich besonders bei der Bewertung der Ethik der Heiden. Die Tugenden der Heiden nannte Augustin ‹glänzende Laster›. Das 18. Jahrhundert stellte diese Abwertung der antiken Welt und Ethik in Frage, z. B. durch Johann August Eberhard mit seiner *Neuen Apologie des Sokrates oder Untersuchung von der Seligkeit der Heiden*, 1772/73. Michaelis erzählt, er sei bei diesem Thema in der zweiten Auflage seiner *Dogmatik* viel weiter gegangen als in der ersten von 1760 (S. X bis XI und S. 420–426); nachdenklich schränkt er ein: Ein gewissenhafter Heide ohne Offenbarung sei doch wohl eher zu melancholischer Resignation geneigt gewesen als zur Hoffnung auf Befreiung von seinen Sünden. Jedenfalls bricht Michaelis mit der augustinisch-lutherischen Abwertung der antiken Ethik. Dies gilt ebenso für Augustins Vorhersage des Schicksals der ungetauften Kinder. Sie kommen, Augustin zufolge, alle in die Hölle, werden dort allerdings nur milde bestraft. Sie kommen in den sog. Limbus, eine weniger harte Zone des Straforts. Aber in den Himmel dürfen sie keinesfalls. Michaelis setzt sich davon ab: Es ist «bey ihnen an ewige Verdamniß nicht zu denken, da sie keine eigenen Sünden begangen haben können» (§ 159 S. 433). Michaelis bricht klar und kompromißlos mit dem Augustinismus der protestantischen Theologietradition. 1785 drückt er dies schärfer aus als 1760. Michaelis schrieb seine zweite *Dogmatik* nicht als geistreicher Plauderer und witziger Weltmann, sondern als sanfter Revoluzzer der Theologie. Sein Buch ist so ernsthaft wie der Text der *Hochzeit des Figaro.* Er urteilt als militanter Anti-Augustinist unter lauter Lutheranern:

Enthielte die Bibel tatsächlich, was sie nicht tut, «den ungerechten Satz, daß Kinder, die noch keine Vernunft und Freyheit haben bloß wegen Mangels des unmöglichen Glaubens zu ewiger Pein verdammt seyn sollen, so müßte man lieber die ganze zweifelhafte Stelle zur Ehre des N. T. ausstreichen, denn die Offenbarung wäre verwerflich, die solche grausamen Lehren enthielte» (§ 159 S. 434).

Das sind scharfumrissene Sätze eines inzwischen ‹Konservativen› von anno 1785. Seine immense sprachhistorische Gelehrsamkeit schuf Unruhe und forderte im Detail Revisionen, aber er revolutionierte nicht das Bild der Bibel. Heute wirkt es hausbacken: Er glaubte noch, alle Bücher, die Moses zugeschrieben werden, seien von ihm verfaßt. Er nahm noch nicht einmal die Entdeckung Astrucs von 1753 auf, die Unterscheidung zwischen Jahwist und Elohimist in der *Genesis*. Er glaubte noch, Moses habe etwa 1000 Jahre vor Homer geschrieben. Er leugnete Jesu Naherwartung; er behauptete noch, das Schreiben an die Epheser sei ein Originalbrief von Paulus. Diese Art von Bibelforschung war schon 1785 veraltet. Die *Dogmatik* von Michaelis, alles andere als zeitlos, war ein Zeugnis enormer Gelehrtheit, persönlichen Nachdenkens und untergehenden Zeitgeschmacks. Über ihren sprachlichen Stil macht sich keine Sorgen, wer sie gelesen hat und wer sich erinnert, daß Goethe bedauerte, nicht bei Michaelis studiert haben zu können.

Denkwürdig bleibt, daß er im Alter erzählt, er habe schon 1760 offen gestanden, keine höhere Erleuchtung erlebt zu haben. Und wie er das ausdrückte:

«Von den übernatürlichen Gnadenwirkungen gestand ich zwar aufrichtig, daß ich in meinem Leben bey genauer Prüfung meiner eigenen Erfahrungen nie etwas übernatürliches an mir wahrgenommen hätte, (welches schon manchen Lesern befremdend vorkam), allein eine weitere Ausführung ließ ich vorbey, weil sie damahls zu viel Anstoß gegeben haben würde. Die Zeiten haben sich geändert; was ich vor 20 oder 30 Jahren in der Stille lehrte, prediget man jetzt ohne meine Schuld oder Veranlassung von den Dächern» (S. XI, vgl. auch § 13 S. 67). Er war ein Bibelleser, der in dem Bewußtsein arbeitete, ohne eingestrahlte übernatürliche Erleuchtungen arbeiten zu müssen. Karl Barth, im Vollbesitz höherer Einsichten, konnte sich über das Eingeständnis des Michaelis nur verständnislos moquieren.

Jean Paul

Es stand um den Teufel in Deutschland am Ende des Jahrhunderts nicht sonderlich gut, außer in Bayern. Das zeigt auch die Sammlung von Exzerpten, die sich im Jahr 1780 ein Student der evangelischen Theologie anlegte. Friedrich Richter, den wir sonst unter dem Namen Jean Paul kennen, hatte als Heranwachsender Zugang zu der relativ guten Bibliothek seines geistlichen Förderers, des Pfarrers Vogel in Rehau. Er hatte kein Geld, Bücher zu kaufen; daher schrieb er sich viele Seiten aus dessen philosophischen und theologischen Büchern ab; zuweilen kommentierte er sie. Das erste Exzerpt stammt aus dem *Journal für Prediger* von 1770 und handelt von der Ewigkeit der Höllenstrafen. Sein kurzer Kommentar lehnt sie ab. Der nächste Eintrag handelt von den Wirkungen des Teufels. Auch hier lehnt Friedrich Richter ab: Der Teufel kann nicht an allen Sünden schuld sein, sonst wäre er allgegenwärtig. Aber Jean Paul geht in der Ablehnung weiter und kommentiert:

«Non credendum est diabolum existere quod ego iam probabo.

Man braucht nicht zu glauben, daß der Teufel existiert. Ich werde das bald beweisen.»[8]

Das war eine scharfe Kritik an der protestantischen Orthodoxie, vor allem an der Predigt und der Erziehungsweise seines Vaters. Hier geht es nicht mehr um die Nachweisbarkeit der Teufelswirkungen, sondern um dessen Existenz. Friedrich kündigt an, er selbst arbeite an Beweisen für dessen Nichtsein.

Johann Salomo Semler

Im 18. Jahrhundert drängten die subkutanen teufelskritischen Motive des vorigen Jahrhunderts in den Vordergrund. Beileibe nicht in der römischen Theologie, die im 17. Jahrhundert noch Erfolge feiern konnte auf dem Gebiet der historischen Theologie (Dionysius Petavius, Jean Mabillon, die Mauriner), auch nicht in der lutherischen vor 1750. Die intellektuelle Landschaft war und blieb zerklüftet. Wir dürfen uns das 18. Jahrhundert vom vorhergehenden nicht isoliert vorstellen: Descartes und Spinoza wirkten weiter, ebenso die Impulse der französischen Bibelkritik (Jean Astruc und Richard Simon), der englischen Erfahrungsphilosophie und Aberglaubenskritik. Unübersehbar war die Wirkung des Deismus. Balthasar Bekker war nicht vergessen; Johann Salomo Semler (1725–1791) hat dessen Werk 1781/82 neu herausgebracht. In seinem Universitätsort Halle erinnerte man sich an Christian Thomasius' Buch über das Verbrechen der Magie, zuerst lateinisch 1701. Von 1738 bis 1741 hatte der Superintendent Eberhard David Hauber in Lemgo drei Bände gegen den Teufelsglauben veröffentlicht: *Bibliotheca, Acta et scripta magica. Gründliche Nachrichten, Auszüge und Urtheile von solchen Büchern und Handlungen, welche die Macht des Teuffels in leiblichen Dingen betreffen.*

Es gab Teufelsgegner, aber die protestantische Orthodoxie hat lange für ihren Satanismus gekämpft. Sie entnahm der Bibel als dem inspirierten Gotteswort die Lehre vom Teufel und von Besessenheit. Sie hatte wie die Scholastiker den Satan schön systematisch installiert. Er war ‹wissenschaftlich› untergebracht; seine Wirksamkeit im Gemeindealltag (Hexerei und Zauberei, Besessenheit und private Sünde) war theologisch, juristisch und polizeilich geregelt. Sie behauptete assertorisch gegen erheblichen Widerstand die Existenz des Teufels und führte jahrzehntelange Diskussionen über ihn. Andere arbeiteten sich ab am von Luther erneuerten anti-origenistischen Erbe Augustins und der Verwerfung der Allversöhnungslehre. Das war ein langer Prozeß, der eine eigene Darstellung wert ist. Für viele war, als Goethe den Vorspruch dieses Buchs 1788/1790 in *Faust I* einfügte, der Teufel schon «lang ins Fabelbuch» geschrieben, wenigstens in Weimar und in Frankfurt. Die deutschen protestantischen Theologen diskutierten noch hin und her, ob es ihn überhaupt gebe, zumal seit sich 1759 in Kemberg bei Wittenberg der spektakuläre Fall von Besessenheit der 21-jährigen Anna Elisabeth Lohmann ereignete. Um einen Einblick in die Diskussionen zu geben, wende ich mich dem Hallenser Professor Johann Salomo Semler zu. Sein umfangreiches Werk ist neuerdings relativ gut erschlossen;[9] ich beschränke mich auf Grundlinien seiner Teufelsforschung.

Semler[10] war in Gegenstellung zu Pietisten und radikalen Freigeistern einer der Begründer der historisch-kritischen Bibelauslegung in Deutschland. Er ging bei einer Streitfrage wie der Existenz des Teufels nicht mehr vom biblischen Kanon als Ganzem aus, sondern von einzelnen Schriften, deren unterschiedliche Besonderheit es zu erforschen gelte. Noch weniger wollte er ein immer gleichbleibendes, zeitloses dogmatisches System zugrunde legen. Er betrieb Theologie als historische Wissenschaft und fragte nach Herkunft und genauer Funktion des Teufels und unreiner Geister. Sein aufklärerisches Ziel war die Befreiung des christlichen Glaubens vom Aberglauben, den er vor allem aufs alte Judentum zurückführte. Er suchte das Neue und Abweichende des Christentums gegenüber Judentum und Griechentum; alles, was ihm am Luthertum mißfiel, führte er auf diese unreine Umgebung zurück. Auf diesem Weg erwies er den vernünftigen Charakter des modern interpretierten Christentums. Das Christentum verliere nichts, wenn es die Lehre vom Teufel aufgebe.

Dazu mußte er die Rolle des Teufels im *Neuen Testament* und die Erzählungen von Teufelsaustreibungen interpretieren. Er war zu sehr Philologe, die vielen Passagen über Teufel und Dämonen als Fremdkörper aus dem Bibeltext zu eliminieren. Nur hielt er sie nicht mehr für Wort für Wort inspiriert.[11] Er bestritt, daß sie ein bleibendes, ein wesentliches Element der Christenlehre seien. Paulus und Johannes erwähnten Jesu Teufelsaustreibungen nicht; sie beweisen, daß es das Christentum auch ohne diesen jüdischen Aberglauben gab. Die synoptischen Erzählungen nennten sie in einem Zug mit anderen Krankenheilungen, verstünden die Erkrankungen im Rahmen schlichter medizinischer Kenntnisse ihrer Zeitgenossen. Semler wollte aber mehr; er suchte eine reinigende Reform des Christenglaubens; er wollte den Monotheismus konsequent denken, ihn also befreien vom spätjüdischen Dualismus. Der Glaube dulde neben dem allmächtigen Christengott keinen Oberdämon als Gott dieser Welt. Es blieben einige Textstellen wie Mt 8, 28–8, 32, Heilung der Besessenen von Gadara, wohl auch Mt 9, 32; 10, 1 und Mt 17, 14–18, die bewiesen, daß Jesus selbst vom Teufel und von seinen eigenen Teufelsaustreibungen aus Besessenen überzeugt war. Jesus behauptet, die Kranken seien vom Teufel besessen; er redet die Dämonen direkt an.[12] Dieses Zugeständnis an die orthodoxe Lesart gab Semler nach 1776 auf den Einspruch von Hugh Farmer hin auf. Semler wollte das neue Christentum vom Aberglauben an Teufel und Verhexung befreien, ohne Zugeständnis an die Orthodoxie. Diese sah in den neuesten Teufelsaustreibungen den Beweis, daß Gott auch heute noch durch sie vor der Macht des Satans warne. Semler erklärte diese Sätze als Jesu Akkommodation an die Denkweise seiner einfachen Zuhörer. Die Kranken glaubten, ihre Symptome stammten vom innewohnenden Teufel, und Jesus ließ sie in diesem Irrtum. Sie darüber aufzuklären bildete nicht die Aufgabe von Jesu Verkündigung.

Neben Semlers bibelhermeneutischen Grundsätzen wurde seine Ansicht von der Anpassungskunst Jesu einer der Streitpunkte im Teufelsstreit: Sollte der Erlöser, der die Wahrheit selber zu sein beanspruchte, anders gesprochen haben, als er dachte? Brach die Akkommodationstheorie nicht mit dem Grundsatz, jeden Text aus seiner Zeit, aus deren Sprache und Weltsicht auszulegen? Verfolgte Semler hier nicht mit historistischen Mitteln das ungeschichtliche Ideal, den Komplex Teufel-Hölle-Besessenheit-Exorzismus aus dem *Neuen Testament* herauszuschneiden? Das war die theologische Entwertung der Wörter, die Goethes Landpfarrer betrieb. Sie führte zu der Annahme zweier Stufen des christlichen Glaubens: Auf der höheren Stufe versteht der Gläubige die Akkommodation als solche, auf der niederen Stufe wird er in ihr verfestigt. Semler konnte darauf verweisen, daß im *Neuen Testament* diese Art Zweiklassenlehre von Gläubigen angelegt sei, Mt 13, 10–17; Joh 16, 12. Solche Stellen bewiesen ihm, daß niemand, der an Jesus glaubt, körperliche Eingriffe des Teufels und seiner Dämonen noch zu befürchten habe. Wenn das *Neue Testament* reale Besessenheit annehme, dann in wenigen Fällen, ausschließlich bei Heilshandlungen Jesu und der Apostel an Menschen, die noch nicht Christen waren. Kein Getaufter werde je vom Teufel besessen.

Semler wurde in konkretere Debatten verwickelt. Der Superintendent publizierte über die Besessenheit der Anna Lohmann, griff zum alten Mittel des Exorzismus und forderte Semler zur Stellungnahme heraus. Dieser historisierte auch die Wunder; sie seien Mittel Gottes zur Beglaubigung des sich ausbreitenden Christentums gewesen; sie gehörten nicht mehr in die Zeit des sieghaften Christentums. Sein Kontrahent forderte Semler auf, sich bei der öffentlichen Durchführung des Exorzismus – es waren einmal mehr als 300 Personen als Zuschauer versammelt – von seiner Wirksamkeit zu überzeugen. Er urteile zu sehr vom grünen Tisch aus. Semler erwiderte, diese Erfahrung sei entbehrlich. Es gehe nicht um das Faktum, sondern um dessen Deutung. Denn er sah in der ‹Besessenheit› nicht die Einwohnung von Dämonen, sondern eine naturbedingte Erkrankung.

Zweiter Teufelsstreit

1774/75 kam es zum zweiten Teufelsstreit, als bekannt wurde, daß ein Leipziger Kaffeehausbesitzer Dämonen beschwor und in Süddeutschland der katholische Geistliche Gaßner mit Exorzismen Kranken heilte.[13] Lavater trat öffentlich für Gaßner auf; er verlangte von Semler, er, der bekannte Teufelskritiker, solle sich durch Augenschein von dessen Erfolgen überzeugen, was Semler ablehnte.[14]

Nach 1775 wurde es «Mode», «sich entweder einem Freund oder Feind des Teufels zu erklären».[15] Im Teufelsstreit standen Diabolisten gegen Anti-Diabolisten. ‹Diabolisten› bestanden darauf, der Teufel sei ein Individuum, eine substantielle Person; er sei mehr als eine Allegorie, ein Symbol oder Zeichen für das Böse im Menschen. Nicht jeder Anti-Diabolist bestritt gänzlich die individuelle personenhafte Existenz des Satans wie der Landpfarrer Christian Wilhelm Kindleben, der erklärte, «daß die ganze Lehre vom Teufel eine Chimäre, ein wirklicher Aberglaube sey.» [16] Einige von ihnen bestritten wie einst Balthasar Bekker dem Teufel nur die *physische* Einwirkung auf die sinnliche Welt; um so dramatischer schilderten sie seine zerstörende Wirkung auf die Moral. Bei dieser individualistisch-moralistischen Reduzierung des alten Teufelsglaubens ging es primär darum, Hexerei und Zauberei als Teufelseinwirkung und strafwürdige Verbrechen aus dem Leben von Christen zu entfernen.

Anti-Diabolisten wie der Hallenser Professor Semler hatten zwei Gruppen von Argumenten. Erstens legten sie die massiven neutestamentlichen Bezeugungen des Teufelsglaubens neu aus. Diese Texte bezeugten nicht die Lehre Jesu, sondern den jüdischen Volksglauben. Der Teufel und seine Engel bildeten keinen wesentlichen Bestandteil des christlichen Glaubens. Der Teufel sei besiegt, oder er habe nie existiert; in dieser Hinsicht gab es Varianten der Anti-Diabolisten. Eine zweite Gruppe von Gründen erklärte, der christliche Monotheismus sei unvereinbar mit der Annahme Satans als des Gottes dieser Welt. Ob der Teufel als Person existiere oder nicht, in keinem Fall verdiene er die besondere Aufmerksamkeit des Christen, der seine Lebensrichtung allein Gott zuwende.

Diabolisten wie der rheinhessische Pfarrerssohn Heinrich Martin Gottfried Köster, Geschichtsprofessor in Gießen, griffen die Künstlichkeit der Exegese der Anti-Diabolisten an.[17] Sie stehe im Gegensatz zur weit überwiegenden christlichen, vor allem auch lutherischen Tradition. Unerträglich sei die These von der Akkommodation; sie mache den Gottessohn zum Betrüger am Volk. Sie verteidigten «die Redlichkeit Christi». Die Argumente aus der Natur des christlichen Theismus seien wertlos, sobald feststehe, daß Teufelswirkungen in der Erfahrung vorkommen, und diese seien bei Magie und Besessenheit gegeben. Es sei Unsinn, aus dem Begriff Gottes etwas als nicht-existent oder ohnmächtig abzuleiten, was es de facto gebe. Außerdem sei die Annahme der personenhaften Existenz des Teufels mit der Gesamtheit des christlichen Glaubens so eng verknüpft, daß seine Leugnung den Glauben insgesamt bedrohe. Man könne vorhersehen, daß dann auch die Erlösung als Genugtuung, die Gottheit Christi, die Erbsünde und am Ende gar die Hölle bedroht sei.

Diabolisten und Anti-Diabolisten bekämpften sich mit Erbitterung und Spott. Beide Gruppen sahen das Christentun bedroht. Die Anti-Diabolisten wollten es von Aberglauben und Hexenwahn befreien, damit es in der modernen Welt noch Zustimmung finden könne. Sie hielten Fortschritt in der menschlichen Erkenntnis des Christentums für möglich. Sie unterstellten die Perfektibilität des menschlichen Geistes. Das christliche Altertum war für sie kein verbindliches Ideal; es war ihnen zu sehr vermischt mit dem Aberglauben der altjüdischen und der heidnischen Welt. Zudem beruhe die Position der Diabolisten auf der alten Lehre von der Verbalinspiration der Bibel, die aus anderen Gründen angreifbar sei.

Anti-Diabolisten dachten an die Zukunft der Kirche, Diabolisten an ihre Vergangenheit. Mehr noch an die Ewigkeit. Ihr Grundstock christlicher Lehren stand für immer fest. Sie sahen sich einer rationalistischen Mode gegenüber und sagten deren Vergänglichkeit voraus. Sie warfen ihren Gegnern vor, sie verwandelten die Religion in bloße Moral. Wenn Gott den Bösen als Herrn dieser Welt zulasse, sei niemand berechtigt, dem Weltherren dreinzureden. Sie dachten sich verpflichtet, den ihnen aufgetragenen Kampf mit Satan aufnehmen, dessen Leugner sie im Dienst des Teufels sahen.

Die Diabolisten dachten zu starr, die Anti-Diabolisten zu modisch und zu wendig. Die Diabolisten waren mit dem christlichen Selbstverständnis der lutherischen Orthodoxie zufrieden, die Anti-Diabolisten wollten es über sich hinaustreiben und stießen auf Widerstand. Die Diabolisten schienen innerhalb des Status quo konsequenter: Wer den christlichen Glauben annahm, sollte ihn ganz annehmen und nicht wesentliche Stücke herausreißen. Sie hielten Luthers Reformation für die letzte Erneuerung des Christentums. Die Anti-Diabolisten wollten eine neue Reform. Aber sie rüttelten an die *sola-scriptura*-Lehre, und sie schrieben dem allmächtigen Gott vor, was er an Bösem zulassen könne. Die Diabolisten ahnten, daß man Satan erst abschaffen könne, wenn man auch Gott aufgibt.

Ich bleibe noch einen Augenblick beim Anti-Diabolisten Semler. Bei seiner Teufelskritik ging es ihm primär darum, die physische Einwirkung des Teufels auf Getaufte zu bestreiten. Es sollte keine Exorzismen als Heilung Besessener mehr geben. Als moralische Gegeninstanz ließ Semler den Teufel bestehen. Nur wo ein Mensch in freier Entscheidung sich für ihn öffne, habe Satan Gewalt. Der menschliche Wille ermächtigt, wenn er böse wird, den Teufel.

Semler hat den Teufel eingeschränkt, nicht abgeschafft. Er hat ihn verfeinert, moralisiert und alles sinnlich Grobe dem Einfluß der heidnischen Umwelt, apokrypher Bibeltexte wie des *Henoch* und nicht zuletzt dem Aberglauben der Juden und des Papsttums zugeschrieben. Der Protestantismus sollte rein dastehen. Was historistisch zu beweisen war. Es gab im Teufelsstreit Stimmen, die Semlers Gelehrsamkeit anerkannten, aber seine theoretische Position halbherzig fanden. Sie war zudem verbunden mit einer eigenwilligen Deutung von Religion, Kirche und Staat. Er unterschied die christliche Privatreligion, also den persönlichen Glauben, von der Theologie als der sich ständig ändernden Wissenschaft von der kirchlichen Lehre und ihrer politischen Verfaßtheit in der Kirche. Die Religion ist individuelle Überzeugung und Praxis. Sie ist tätige Disposition des Herzens, Privatreligion. In ihr erkennt der Christ die moralische Würde Gottes in sich selbst als lebendig wirksam.[18] Er erfährt die umwandelnde Kraft des Geistes Gottes in sich; er arbeitet an sich, also an seiner ständigen intellektuellen und moralischen Verbesserung. Das entscheidende Merkmal, das Semler hervorhebt, ist seine Unabhängigkeit von Kirche und Glaubensbekenntnissen. Die Dogmatiken sind Regelungen der Kirchensprache; sie unterstehen der landesherrlichen Autorität. Sie zu bejahen gehört zum bürgerlichen Gehorsam, auch für die Pfarrer, die nicht sagen dürfen, was ihr Herzensglauben ihnen vorsagt. Sie sind an die Anordnungen der reformabsolutistischen Obrigkeit gebunden. Die öffentliche Religion ist streng geregelt, die individuelle Religion als das Verhältnis des einzelnen zu Gott unterliegt keiner Vorschrift. Glaubensbekenntnisse regeln die Kirchensprache; sie sind für den einzelnen nicht verbindlich, allerdings für den Pfarrer als den Diener seiner Kirche und damit der Obrigkeit, also der Landesregierung. Denn dies gehöre zur öffentlichen Religion, an der die Staaten ein berechtigtes Normierungsinteresse haben, weil sie Eintracht und Wohlstand fördere. Der Landesherr binde mit Recht Prediger und Lehrer an die Bekenntnisschriften; die Herzensreligion und die Theologie als Wissenschaft ist frei.[19] Die Bekenntnisschriften – natürlich mit Teufel und Hölle – sind in Preußen verbindlich. Sie sorgen für Ruhe und Ordnung. Die öffentliche Religion darf nicht durch Privatleute verändert werden. Privatpersonen dürfen nicht einmal ihre Abänderung *verlangen.* Ihre Sache ist die moralische und individuelle Religion; diese ist von Theologie und Kirchenregiment streng zu unterscheiden; sie heißt auch ‹freie Religion›, aber ihre Freiheit besteht in ihrer inneren moralischen Selbstgestaltung; sie bezieht sich auf Gefühl und Nächstenliebe. Sie heißt ‹frey›, weil sie nicht durch die Obrigkeit und die symbolischen Bücher bestimmt ist, weil sie durch Gottes Geist frei Zugang findet zu Menschen in allen Konfessionen und Religionen. Hingegen führt die ‹Polizeiwissenschaft›, also die Berliner Regierung, die Aufsicht über Predigten, Gottesdienste und die Theologie. In der Privatreligion kann und soll der dazu befähigte Christ die Lehrsätze seiner Konfession oder Religion sorgfältig prüfen; er kann eine Auswahl treffen; er bekommt einen religiösen Innenbereich, in dem er auf Teufel und Hölle, auf Erbsünde und ewige Strafen verzichten kann.

Auch Kant unterschied Kirchenglauben und Religionsglauben. ‹Religion› war die individuelle Disposition der praktischen Vernunft, ‹Kirche› die öffentliche und politische Organisation, die er ebenso wie Semler der Regierung unterstellte. ‹Religion› verwirklicht sich nur individuell, ist aber ihrer Natur nach allgemein-menschlich. Sie ist einheitlich, «allgemein und notwendig»; in ihr kann es keine «Sectenverschiedenheit» geben.[20] Diese gibt es nur bei Kirchen, weil sie sich gegeneinander definieren. ‹Religion› hingegen beruht auf inneren Gesetzen, «die sich aus jedes Menschen eigener Vernunft entwickeln lassen». Es geht in ihr ums selige Leben, aber nicht um eines, das uns von außen hinzugefügt würde als willkürliche Gabe, sondern eines, das durch moralische Besserung erreicht wird. Religion kann nicht – wie der Kirchenglauben – auf Satzungen gegründet werden. Religion faßt unsere Pflichten als göttliche Gebote. Sie ist eine Art, Moral zu verstehen und zu befolgen. Kant unterscheidet sie streng – wie Semler vor ihm – von Theologie. Diese ist «der Inbegriff gewisser Lehren als göttlicher Offenbarungen» (S. 44). Gegen Semler wurde schon 1775 der Vorwurf erhoben, er verwandle Religion in Moral. Kant definiert ‹Religion› förmlich als solche, «ohne Statuten, auf bloßer Vernunft gegründet» (S. 45). Das ‹ewige Leben› sei an die «moralische Besserung des Menschen» als an seine Bedingung geknüpft (S. 46). Die Bibel enthält auch geschichtliche Erzählungen, die dem einen oder anderen als Vehikel zur einzigen Religion dienen mögen, aber sie selbst, ohne moralische Auslegung, ergeben nur statutarischen Kirchenglauben. Die Theologen drängen darauf, dieser bloße Geschichtsglaube gehöre zur Religion (S. 47). Dabei sehe der Philosoph in der Schrift vieles, was als göttliche Offenbarung gar nicht betrachtet werden darf, z. B. die Erzählungen von Besessenen. In ihnen spricht eine damals herrschende irrige Meinung, ein damals herrschender Wahn, den die Bibel nicht korrigiert; er widerspricht nicht der ‹Religion› (im kantisch definierten Sinn), gehört ihr aber auch nicht wesentlich zu (S. 47). Der Teufel kann als Bild des radikal Bösen weiter wirken, wenn wir daraus «etwas für uns Praktisches» machen, aber wie bei Rousseau gehören Hölle, Teufel und Besessenheit nicht mehr zur ‹Religion›, sondern nur zum Kirchenglauben. Um ihn zu streiten lohnt sich nicht. Er gehört zur Welt der vielen Dinge, die für die Religion gleichgültig sind. Es klingt wie ein Rückblick auf den Teufelsstreit:

«Warum sollten wir uns wegen einer Geschichtserzählung, die wir immer an ihrem Ort (unter die Adiaphora) gestellt seyn lassen sollen, uns in soviel gelehrte Untersuchungen und Streitigkeiten verflechten, wenn es um Religion zu thun ist, zu welcher der Glaube in practischer Beziehung, den die Vernunft uns einflößt, schon für sic hinreichend ist» (S. 54). Der Teufelsstreit war unnötig.

Schleiermacher

Christliche Religionsphilosophen wie Dionysius Areopagita hatten längst an der Begrenzung der Teufelsmacht gearbeitet. Denker des 13. Jahrhunderts hatten Engel und Teufel gleichermaßen zu reinen Geistwesen erhoben und mit dem Areopagiten darauf bestanden, sie hätten ihre hohe Naturausstattung beim Engelsturz nicht verloren; sie hatten riskiert, sowohl die Engelssünde wie die Teufelsstrafe unbegreiflich zu machen. Balthasar Bekker hatte dem Satan fast alles irdische Terrain genommen; Limborch als korrekter Bibelleser gestand es ihm widerwillig neu zu. Wie stand es hundert Jahre später mit dem Satansreich auf Erden? Die Revolution in Frankreich und die Kriege Napoleons verschafften dem Teufel neue Gläubige, aber an der Spitze der Berliner Theologie fand er keine Gunst. Friedrich Schleiermacher in seinem dogmatischen Hauptwerk *Der christliche Glaube,* das ich in der zweiten Auflage von 1831 zitiere, gönnte ihm zwar noch den ihm von mittelalterlichen Theologen reservierten Platz: Wie sie sprach er nach der eigentlichen Lehre von Gott von der Welterschaffung mit den beiden Unterabteilungen Engel und Teufel, aber entgegen seiner Stoffeinteilung gestand er seine «gänzliche Unwissenheit über das Dasein eines solchen Wesens».[21] Er schaffte ihn nicht vollends ab. Er wollte auch nicht auf die Kirchenlieder verzichten, die von des Teufels großer Macht und List sangen. Für den ‹Privatgebrauch› wollte er ihn beibehalten, aber er begründete elf Seiten lang, warum er keinen Platz in der christlichen Glaubenslehre zu beanspruchen hatte:

«Die Vorstellung vom Teufel, wie sie sich unter uns ausgebildet hat, ist so haltungslos, daß man eine Überzeugung von ihrer Wahrheit niemandem zumuten kann.» (S. 211)

Schon diese Ausdrucksweise klingt merkwürdig im Munde eines Glaubenslehrers. Sollte er uns nicht darüber belehren, ob es den Satan gibt oder nicht? Und ob es ihn gibt oder nicht, jedenfalls, meine ich, sollte er die Vorstellung von ihm erklären und untersuchen, wie sie sich von ihm «unter uns ausgebildet hat», nämlich indem seine Predigerkollegen jahrhundertelang das Volk indoktriniert haben. Schleiermacher weiß, daß die Teufelslehre im *Neuen Testament* steht, daß Augustinus sie gepflegt, Luther sie zugespitzt und die Bekenntnisschriften seiner Kirche sie eingeschärft haben; er will keinem Christen die Berechtigung absprechen, von ihr Gebrauch zu machen, aber nur «Privatgebrauch» und höchstens «hie und da einen liturgischen Gebrauch», am besten nur einen «dichterischen Gebrauch» (S. 223). Die Halbherzigkeit schreit zum Himmel: Er glaubt dem Jesus des *Johannesevangeliums*, der von sich sagt, er sei *die* Wahrheit; er zitiert die drei Stellen, an denen Jesus den Satan als den Herrn der Welt bezeichnet (S. 217 Anm. 5), aber er weigert sich, den Teufel als bleibenden Bestandteil seiner Glaubenslehre aufzunehmen (S. 219). Jesus – heißt er nicht die Wahrheit selbst? – habe sich nur dieser Vorstellung bedient, «wie sie unter dem Volk im Schwange ging» (S. 215); weder er noch die Apostel haben über ihn eine ‹neue Lehre› aufgestellt. Als habe nur das an christlicher Lehre Wert, was *nicht* in der *Hebräischen Bibel* steht. Das war schon Semlers antijüdische Konstruktion des Christentums. Schleiermacher mag den Ausdruck ‹Akkommodation›, der in der Tat despektierlich klingt, auf den Erlöser nicht anwenden, aber genau sie schreibt er ihm zu.

Er macht eine Reihe von Einwänden gegen die Teufelsvorstellung, von der er nicht mehr weiß, daß sie erst seit Dionysius Areopagita und ausgeführt erst seit dem 13. Jahrhundert ein immaterielles «Wesen von hoher Vollkommenheit» meinte, das in naher Verbindung mit Gott lebte und freiwillig aus diesem Zustand «in einen Zustand des Widerspruchs und der Empörung gegen Gott übergegangen» ist (S. 211). Je vollkommener der Teufel gedacht werde, um so unbegreiflicher werde sein Abfall. Jetzt bezahlt die Glaubenslehre die Kosten für die scholastische Nobilitierung Satans zum hohen Intellekt.

Zumal wenn er im Besitz einer guten Naturausstattung, seiner Vernunft und seines Willens bleibe, sei seine konstante Bosheit rätselhaft. Hat aber die Sünde Verstand und Wille geschwächt, dann sei es leicht, ihm zu widerstehen. Dann ist er nicht so gefährlich, wie die Prediger ihn darstellen.

Nicht einzusehen sei, wieso ein Teil der Engel gottergeben blieb, während der andere Teil gegen Gott aufstand. Die bösen Engel hatten den ewigen Tod vor Augen und waren ihrer definitiven Niederlage gewiß, dann waren doch eher Resignation und melancholische Untätigkeit zu erwarten als ständiger Kampf gegen das Gottesreich.

Auch die Vorstellung vom Reich des Teufels mache Schwierigkeiten: Soll der Satan die Unterteufel zum Kampf gegen das Gottesreich anführen, dann muß er als ihr Oberherr allwissend sein; er muß vor ihrer Aktion wissen, ob und wie weit Gott sie gestattet.

Schleiermacher spricht diesen Zwiespalt aus: Das *Neue Testament* spricht häufig vom Teufel (S. 215), aber er, der Glaubenslehrer, kann mit ihm nichts anfangen. Die christliche Erlösung, meint er, bleibe *ohne Teufel* dieselbe. Das ist historisch falsch und wird an Merkwürdigkeit nur von Ernst Bloch und seinen theologischen Nachfolgern übertroffen, die glaubten, die christliche Idee der Erlösung bleibe auch *ohne Gott* dieselbe.

Wie Bekker stellt Schleiermacher klar, das *Neue Testament* bezeichne die in der Besessenheit wirksamen Wesen mit je verschiedenen Namen (S. 221). Er erklärt die Hartnäckigkeit, mit der der Teufel im christlichen Bewußtsein verharrt: Die Vorstellung vom Teufel halte sich, weil uns bei der Selbstbeobachtung der plötzliche Wechsel menschlicher Zustände rätselhaft und unheimlich wird. Die abgerissenen Impulse zum Bösen sind schwer verständlich; daher schreiben wir sie in ihrer Fremdartigkeit dem Satan zu. Aber Schleiermacher fährt optimistisch fort: Im neuen Jahrhundert sind wir dabei, unsere Selbstbeobachtung zu verbessern. Wir hören auf, unsere überraschenden Reaktionen dem Teufel zuzuschreiben. Der Teufelsglaube war eine Folge primitiver Psychologie. Schleiermacher erwartete eine Verbesserung der Lebensverhältnisse, und darunter verstand er mehr als die Zunahme des Sozialprodukts. Das Gute werde sich «als ein geschichtliches Ganze» befestigen. In der hier und jetzt entstehenden neuen Welt wird «an den Teufel nicht mehr gedacht» (S. 221). Der Theologe erwägt nicht, daß das auch mit dem Gottesgedanken geschehen könnte, und nennt als Gründe, warum der Teufel tot ist: Es wird nicht mehr an ihn gedacht. Der Glaube an ihn veraltet. Schleiermacher erklärt den Tod des Teufels mit zunehmender sozialer und psychologischer Disziplinierung der Menschen: Unsere unerklärlichen plötzlichen Attacken werden seltener. Wir regeln unser

Verhalten strenger. Wir steigern, wie er sagt, die «Zuversicht in die Leitung des eigenen Gemüts» (S. 22). Wir rationalisieren unser Seelenleben. Wir haben professionelle Psychiater. Es gibt immer weniger, was als Teufelseinwirkung diagnostiziert wird. Die Menschen des bürgerlichen Alltags werden vorhersehbarer und langweiliger, auch mit Hilfe der Psychopharmaka, wenn nicht, füge ich hinzu, Wirtschaftskrisen, große Kriege, die Explosionen von Atomkraftwerken und totalitäre Regime sie zu außergewöhnlichen Bosheiten reizen, die wir ‹diabolisch› nennen und die dem Teufel als Erklärungsgrund wieder eine gewisse Aktualität verschaffen.

Theologische Reaktionäre brauchten nur darauf zu bestehen, der Teufel habe im *Neuen Testament*, bei Augustinus, erst recht bei Luther und in der orthodox-protestantischen Theologie einen festen Platz, um die Orthodoxie wiederherzustellen, gegen Bekker wie gegen Schleiermacher. Die liberalen Theologen von Strauß bis Harnack, von Biedermann bis Troeltsch machten von der Satanologie wenig oder keinen Gebrauch, stießen aber im 19. und 20. Jahrhundert regelmäßig auf Widerspruch; ihre Orthodoxie wurde bestritten, so von Martensen, Luthardt, Rothe und Dorner. Der Teufelsglaube schien schon auszusterben, da gaben zwei Weltkriege der Teufelsrhetorik neuen Anlaß; die sog. Lutherrenaissance kam hinzu, und Paul Althaus rief mit bewährt-wachem Sinn für Zeitströmungen kraftvoll aus, «das Zeitalter einer Theologie ohne Satan» sei zu Ende.[22] Die protestantischen Glaubenslehrer näherten sich wieder den vatikanischen Dogmatikern, die weder an Engeln noch an Teufeln noch gar an sich selbst je gezweifelt hatten.

XIX. Mephisto

> Unbedingte Tätigkeit, von welcher Art sie sei,
> macht zuletzt bankerott.
>
> GOETHE, WILHELM MEISTERS WANDERJAHRE 1829.
> 2. BUCH BETRACHTUNGEN

1. Goethes *Brief des Pastors* ist im Januar 1773 erschienen. Er belegt den intellektuellen Klimawandel, der Europa im Anschluß an Rousseau in der zweiten Hälfte der 18. Jahrhunderts geprägt hat. Er hat den Teufel in Mitleidenschaft gezogen und den Abbau der Hölle mitbewirkt. Er hat gegen die protestantische Orthodoxie und ihren Satanismus das Erbe des Origenes aktualisiert. Dessen Allversöhnungslehre nahm dem Teufel die paulinische Weltherrschaft und die augustinisch-lutherische Dominanz, aber Goethes *Faust* machte ihn zum Herrn der Bretter, die die Welt bedeuten. Der Neuerfinder des Mephisto humanisierte, säkularisierte, histrionisierte ihn. Und zwar mit solcher Perfektion und Vielseitigkeit, mit einem solchen diagnostischen Erkenntnisgewinn, daß der für ‹real› gehaltene Teufel daneben abstrakt und langweilig wurde. Der Teufel war längst *vor* Goethe eine wirksame Person im Puppenspiel und im Theater. Aber durch die Erfindung Mephistos als ‹Gefährten› Fausts wurde Goethe einer der wichtigsten Akteure in der Geschichte des Teufels.

Er kannte den Gottseibeiuns gut. In den Jahren nach 1750 ging der Teufel noch um in der gut evangelischen Reichsstadt am Main. Goethe hat als Kind das Puppenspiel von Dr. Faustus gesehen, er hat früh das Volksbuch über Faust gekauft und hat als Junge Klopstocks *Messias* gelesen. Als er im November 1775 nach Weimar kam, brachte er den Text mit, der seit seiner Entdeckung 1887 *Urfaust* hieß. Anfang Dezember las er der Herzogin-Mutter Anna Amalia und Herzogin Luise aus dem *Faust* vor.

Der *Urfaust* ist in Schüben entstanden. Einzelne Teile dürften vielleicht noch *vor* das Jahr 1772 gehören, ab 1773 hat Goethe in mehreren Anläufen daran gearbeitet. Viel kam da zusammen: die Kindheitseindrücke, die Erfahrung des Pietismus ab 1768, die Gespräche mit Fräulein von Klettenberg, zunehmender Abstand zum orthodoxen Protestantismus, die theologischen Studien von 1771/72, nicht zuletzt die öffentliche Hinrichtung der Susanna Margarete Brandt am 14. Januar 1772 in Frankfurt. Im Hintergrund standen Rousseaus Natur- und Volksbegriff, die Verbindung mit Herder, das Volkslied und die enttäuschende Universität, bald der zunehmende Einfluß Spinozas, dessen Gott keinen anderen Gegner kennt als sich selbst. Das alles hat wohl dazu geführt, daß Goethe im losen Anschluß an den *Brief des Pastors* sich *neu* Faust zugewandt hat, dessen Verbindung mit dem Teufel Traditionsstoff war.[1] Übermut, Distanz zum Wissenschaftsbetrieb und Rousseau-Nachklänge mit Naturschwärmerei auch in der *Frühen Fassung*, wie ich manchmal statt *Urfaust* sage: Faust fürchtet *weder Höll noch Teufel*; er sucht Ausweitung, seelische Heilung und lebensnahes Wissen bei der Natur.

Und wenn Natur dich unterweist
Dann geht die Seelenkrafft dir auf.[2]

Mephisto tritt erstmals auf mit Schlafmütze und großer Perücke. Er hält an Fausts Stelle Studienberatung. Abfällig charakterisiert er die korrupte Universität und den verschlafenen *Geist der Akademien*, S. 477–484. Ironisch, witzig, leger bringt er den Studienanfänger herunter von den hohen Phrasen über seines *Geists Erweitrung*. Der Student schwadroniert, jetzt stehe ihm *das Feld der Weisheit offen*. Mephisto kratzt sich bei den gestelzten Worten hinter den Ohren. Er erinnert ihn an Alltagssorgen um Wohnung und Verpflegung. Er desillusioniert mit Vergnügen die akademische Welt und ihren überhöhten Anspruch: Das Studium der Logik und überhaupt der Philosophie sei darauf angelegt, den Geist auszutreiben. Medizin zu studieren biete wenigstens den Vorteil leichter sexueller Übergriffe. Der Teufel betritt die Bühne als kritischer Spötter und Immoralist. Seine theologische Herkunft deutet er nur an; erst später redet er von seiner *Muhme, der Schlange.*

Die einzelnen Szenen des *Urfaust* stehen relativ lose nebeneinander. In der zweiten tritt Mephisto zusammen mit Faust in Auerbachs Keller (S. 482–493). Wie die beiden zusammengekommen sind, erfahren wir noch nicht, auch nicht, wie er den an seinem Leben und Wissen verzweifelten Faust in seinen Bann bekam. Mephisto gibt sich gelöst, fidel, ein Reisender, der sich unter lustig zechenden Studenten einen schönen Abend machen will. Er spielt die Saufszene mit; er singt das Spottlied auf den König, der seinem Floh eine prachtvolle Livree verschafft und ihn dann zum Minister macht: Mehr hält er nicht für nötig. Die Studenten verlangen von den Herren, ihnen Wein zu verschaffen; Faust bohrt den Tisch an, und aus der hölzernen Tischplatte entspringen vier Weinsorten. Die Studenten sind's zufrieden, Faust will gehen, Mephisto zögert. Einige Tropfen des Weins fallen auf den Boden und fangen an zu brennen. Die Zecher ahnen Tod und Teufel, erkennen die Zauberkunst, die Faust und Mephisto verbindet. Sie kennen die Rechtslage und rufen: *Ein Zauberer ist vogelfrei.* Sie fühlen sich berechtigt, die beiden totzuschlagen. Sie erkennen: *Es war der Teufel selbst.* Die beiden verschwinden.

Wie anders als in allen früheren Teufelsbüchern tritt Goethes Mephisto auf! Er ist absolut modern. Zuerst sehen wir ihn als verkappten zynischen Professor, im zweiten Text hilft er Faust beim Weinzauber und entkommt knapp einer Prügelei. Dann erst, im dritten Bild, trifft Faust auf der Straße Margarete, die im vertrauten Umgang ‹Gretchen› heißt. Er ist von ihrer Schönheit hingerissen und verlangt vom Teufel: *Hör du must mir die Dirne schaffen!*[3] Die Tragödie beginnt. Die Schuld ist klar verteilt: Faust, nicht Mephisto, macht den Anfang des Bösen. Mephisto ist behilflich. Nicht als bliebe er unschuldig. An der Ermordung von Gretchens Bruder ist er wesentlich beteiligt, aber auch hierbei steht er nicht am Beginn der Handlung. Der Teufel *verführt* Faust nicht, schon gar nicht zwingt er ihn. Es ist Faust, der mit der Zauberbohrung beginnt, jedenfalls in der *Frühen Fassung.* Er bleibt verantwortlich, steigert aber seine Ansprüche so sehr, daß er in Situationen gerät, die er ohne Verbrechen und Teufelshilfe nicht glaubt lösen zu können. Er braucht, um seine Macht zu steigern, die Magie.

Im *Urfaust* tritt Mephisto nicht als theologisches Schwergewicht auf. Er kommt nicht, um Faust zu kontrollieren, er hat keinen höheren Auftrag, sondern ist nur der Gefährte Faustens in der Magie, sein mächtiger, manchmal auch zögernder Helfer und Berater, nicht als Ursprung des Bösen, schon gar nicht neutestamentlich als Herr dieser Welt. Allerdings steht er außerhalb des Dunstkreises der verkehrten Menschenwelt und ihrer hohlen Wissenschaft. Ob er als Substanz existiert, stehe dahin, denn wir sind auf der Bühne, wo die ontologisch-theologische Frage nicht hingehört, aber schon gar nicht existiert er als rivalisierender Feind Gottes. Wie weit Goethe sich von tradierten Teufelslehren entfernt, zeigt sich schon daran, daß er nicht klären will, ob Mephisto der oberste aller Teufel oder jemand aus der mittleren Riege ist. Diese Hierarchien interessieren nicht mehr. Mephisto selbst stellt sich vor als ‹der› Teufel (V. 1408), auch als ‹der Satan› (V. 10 119). Das klingt, als sei er noch der alte Zentralgeist des Bösen. Dann sagt er, er sei *keiner von den Großen* (V. 1641), aber man weiß nicht, ob der Erzlügner diese Bescheidenheit nur vorgibt. Als Gottesgegner, als selbständiger Gegenspieler des ‹Herrn› fände er neben Faustens Gott, dem *Allumfasser* (V. 1130), niemals ontologisch Raum, denn wer alles umfaßt, hat keinen substantiellen Feind. Albrecht Schöne zeigt, daß Goethe einen größeren Textteil der *Walpurgisnacht* ausgearbeitet und dann weggelassen hat, eine Beschreibung der Teufelsmesse.[4] Dieser Höhepunkt der diabolischen Liturgie hätte Mephisto gewiß optischen Gewinn gebracht. Er wäre als mächtiger Herr der Blocksbergwelt aufgetreten, quasi-göttlich verehrt, aber niemals eine Art Gegengott. Goethe errichtet kein neu-manichäisches metaphysisches System. Er braucht Mephisto als den unabhängigen Analytiker, den scharfen Beobachter von außen, als Paradefigur der entlarvenden Tonart. Er ist durchdringende, auch zynische Intelligenz, Theatergestalt des skeptischen Blicks, der zeigt, wie erbärmlich die Verhältnisse und die Menschen sind, wie lächerlich beschränkt. Spricht Mephisto in der Regel abfällig, herablassend, entlarvend und voltairianisch auflösend, so ist er doch sprachlich ein Verwandlungskünstler und kennt auch die Sprache fast mystischen Staunens, Stammelns, Verstummens. Faust fragt ihn am Ende des ersten Akts nach dem Weg zu den *Müttern*. Mephisto antwortet:

Kein Weg! Ins Unbetretene,
Nicht zu Betretende; ein Weg ins Unerbetene,
Nicht zu Erbittende. Bist du bereit? (V. 6222–6224)

Faust, der alternde Gelehrte, *will nicht mehr in Worten kramen* (V. 385). Er lebt eng in unbrauchbarem Bildungsplunder, aber er weiß das und will heraus. Niedrig banal gezeichnet sind der Student und die Witwe Marthe. Nicht nur Mephisto stellt sie als dumm und selbstbezogen dar. Mephisto wird gebraucht zur Zerstörung der Illusionen junger Männer. Er *verführt* nicht zu Fausts Dummheiten und Verbrechen; er bestärkt sie nur, vergrößert ihre Reichweite und hilft bei der Ausführung. Sein Element ist das Feuer: Flammen und Flämmchen, Explosion und Rauch beweisen die Präsenz des Teufels – bis hin zum Brand der Hütte von Philemon und Baucis. Er spricht die Tonart vernichtender Kritik. Mit bissiger Verachtung redet er vom Nachwuchs- und Normalwissenschaftler Wagner. Immerhin ist der Famulus ununterbrochen tätig. Wer *Tätigkeit* für das Kriterium richtigen Lebens hält, muß Wagner anerkennen, schließlich verbessert Wagner ständig sein Niveau: Gierig gräbt er nach Schätzen und ist *froh, wenn er Regenwürmer findet* (V. 246–249). Die desillusionierende Diktion Mephistos kommt nicht nur aus dessen Mund; sie verbindet mehrere Personen des Dramas. Einzig Margarete und gelegentlich Faust sprechen die Sprache einfachen Gefühls und des besorgten Miteinander. Mephisto anerkennt, daß sie das Teuflische ahnt und die Gefahr, die er darstellt. Er lobt ihre physiognomische Diagnose. Fausts Liebesschwüre und seine Rhetorik von ewiger Treue verspottet er (V. 507–510). Derb realistisch zieht er seine hohe Rhetorik von Liebe, Herz und Gefühl ins Lächerliche. Diabolisch negativ bewertet er Faustens zerstörerische und großsprecherische Illusion. Zynisch behandelt er den Studienanfänger, die Bürgerfrau Marthe, der er die Todesnachricht ihres Mannes bringt, auch die Habgier und verlogene Rhetorik der Kirche. Politisches klingt an in seinem Lied vom König, der seinen Floh herausputzt und zum Minister macht. Brüchig sieht er schon in der *Frühen Fassung* die politische Situation des zerfallenden Imperiums:

Das liebe heilge römsche Reich
Wie hälts nur noch zusammen? (V. 7–8)

Faust hat sich aus Verzweiflung an seiner Wissenschaft der Magie ergeben. Das rückt ihn objektiv in die Nähe des Teufels, auch noch ohne Pakt. Mephisto zaubert in größerem Umfang; im Handumdrehen besorgt er wertvollen Schmuck. Auch Ersatz für das erste Geschenk, das der Pfaffe an sich gerissen hat. In der *Frühen Fassung* – wie man nach Albrecht Schöne besser als *Urfaust* sagen sollte – faßt Faust allein und ohne fremde Hilfe den Plan, Gretchen zu verführen:

Die hat was in mir angezündt (V. 471).

Dieser Satz fehlt in *Faust I* von 1808. In dieser Fassung führt Mephisto Faust zuerst in die Hexenküche, bevor er Margarete trifft. Jetzt entsteht die Liebesleidenschaft pharmakologisch-diabolisch; in der frühen Fassung kam sie spontan aus Fausts Innern, und er brauchte den Teufel nur, ihm das Mädchen herbeizuschaffen (V. 472). Den Übergriff plant er von sich aus. Der Teufel ersetzt nicht den menschlichen Verbrecher. Seit 1790 nimmt die Macht des Teufels zu.

2. Es geht hier nicht darum, Goethes Teufelsbild genetisch zu entwikkeln. Bisher habe ich mich an *Faust, Frühe Fassung* gehalten und gebe nur einige Hinweise zur Fortentwicklung der Teufelsgestalt in

Faust. Ein Fragment, 1790, zitiert nach Ernst Beutler, *Die Faustdichtungen*, Artemisausgabe, Band 5. Zürich ²1962, 64–137,

Faust. Eine Tragödie, Erster Teil 1808, zitiert als *Faust I* nach Albrecht Schöne, 7, 1 S. 11–199,

Faust. Der Tragödie Zweiter Teil, 1832, zitiert als *Faust II* nach Albrecht Schöne, S. 201–464.

Der Mephisto des *Urfaust* ist fast ein Mensch geworden wie wir, nur gescheiter, witzig und umgänglich. Versiert. Aber auch unheimlich. Wie der *Brief des Pastors* von sich behauptete, er komme aus dem Französischen, tritt er auf wie ein westlicher Galan, der bald finden wird, im Deutschen lüge man, wenn man höflich ist. Er spielt an auf *welsche* Liebesdichtungen, vielleicht das *Decameron.*[5] Geschickt treibt er Konversation mit jedem, ohne Anteil zu nehmen. Immer bleibt er kühl; er wird wohl nie einen Menschen lieben. Wie Faust ein Zauberer, stellt er sich, ohne schon dazu verpflichtet zu sein, in dessen Dienst. Ich nenne ihn nicht das Double Faustens. Wir sind auf dem Theater, und da stehen Faust und Mephisto sich als zwei Figuren gegenüber. Sie als zwei Seiten von Fausts Charakter zu nehmen ist Interpretation, kein Theaterbild. Freilich führt Faust gelegentlich, sich zu entlasten, seinen eigenen Nihilismus auf den Gefährten zurück (V. 3240–3250). Aber dadurch wird nicht Mephisto ein Etwas an Faust. Als dessen personifizierte kritische Intelligenz steht er ihm gegenüber und sieht *immer etwas tiefer* als Faust, auch wenn es am Ende Margarete vorkommt, als sei dieser fast zu einer Person mit Mephisto verschmolzen. Eher noch ist er das Double des Autors, denn er weiß zwar nicht alles, aber viel, vor allem wie es jeweils weitergeht. Er spricht wie dieser nicht nur die *eine* Sprache, die aufgeklärt mephistotelische, sondern mehrere, wie am Beispiel der *Mütter* gezeigt (V. 6222–6224). Schon der fromme Bischof Thietmar nannte den Teufel theologisch unkorrekt ‹allwissend›, nur sind wir bei Goethe konsequent und unverkennbar auf dem Theater. Von Mephisto heißt es, er wisse alles *ein bißchen tiefer* (V. 3051). Er teilt nicht Fausts Illusionen. Er spricht aufgeklärt, aber nicht in der Manier Wagners.

Der Autor mußte plausibel machen, daß die Sünderin Gretchen und sogar der Teufelsverschworene Faust am Ende gegen die Fausttradition ‹gerettet› werden. Dazu mußte Goethe einen theologisch-theatralischen Rahmen schaffen, der im *Urfaust* noch fehlte. Das konnte nicht die augustinisch-lutherische Satanologie der protestantischen Theologie sein. In ihr war eine solche Rettung nicht vorgesehen. Mit ihr unvereinbar war schon der Unendliche, der spinozanahe *Allumfasser* des *Urfaust,* ebenso das Rousseausche Konzept der Natur und die im *Brief des Pastors* ausgesprochene Sympathie für die von Luther mit Augustin verketzerte Allversöhnungslehre des Origenes.

Das *Fragment* von 1790 kennt zwar noch nicht den Teufelspakt, steigert aber die teuflische Mitwirkung an Fausts Vergehen durch die erotisierenden Säfte der Hexenküche.[6] Durch diesen Zaubergriff wirkt der Teufel mit an der plötzlichen Verliebtheit des verjüngten alten Mannes. Jetzt hat er seine Hand von Anfang an im Spiel, denn mit diesem Trank im Leibe sieht Faust Helena in jedem Weibe.[7]

Der *Prolog im Himmel* von *Faust I* klärt den theologischen Rahmen:

Faust ist Gottes *Knecht*.[8] Zwar dient er Gott auf eigene Weise, aber Gott weiß, daß sein Knecht sich des rechten Weges wohl bewußt ist. Und Mephisto ist Gottes gerngesehener Gast bei Beratungen im Himmel. Gott befragt ihn ab und zu darüber, was die Menschen so treiben.

Von Gegen-Gott, von Rebellion und Engelsturz ist nicht die Rede. Gott weiß, daß der Versuch des Teufels, Faust in seine Hölle zu schaffen, scheitert. Und der Zuschauer bzw. der Leser weiß, daß der Teufel auf verlorenem Posten kämpft. Spannung kommt nur auf, weil Mephisto seine Anläufe mit soviel Energie, Rücksichtslosigkeit und Zauberkraft, vor allem mit soviel Einsicht ins moderne Leben macht, daß sie fast gelingen könnten. Goethe hat den Teufel des Paulus verharmlost, als wolle er ihn in den himmlischen Hofstaat wieder integrieren. Er schließt sich an das *Buch Hiob* an und überspringt die spätjüdische Apokalyptik, das *Neue Testament*, Augustin und Luther.

Der Prolog im Himmel bestimmt die Aufgabe Mephistos genauer: Er soll die Menschen aktivieren. *Er reizt und wirkt* (V. 343). Er bekommt keine ethische Vorschrift für sein Wirken, wenn er nur die Menschen aktiv hält. Auch wenn er schaden will, bewirkt er am Ende das Gute. Er belebt, das genügt. Der Herr läßt eine gewisse Geringschätzung der Moral durchblicken: Die Menschheit soll *streben*, aber auf Wahrheit und Gutsein kann man sie nicht festlegen:

Es irrt der Mensch so lang' er strebt (V. 317). Faust, vom Teufel gereizt, wirkt viel und irrt ungeheuer. Er möchte sich von Mephisto trennen, kann ihn aber nicht entbehren,

wenn er gleich, kalt und frech,
Mich vor mir selbst erniedrigt. (V. 3243–3245)

Mephisto negiert das, was Faust erstrebt. Er desillusioniert; ein guter Gott gab ihm dem Mann zur Seite, der fast unvermeidlich zum Selbstbetrug neigt. Er macht das fälschlich Erstrebte zu *Nichts* (V. 3245). Er radikalisiert die Ideen der radikalen französischen Aufklärer. Bis zum Nihilismus und Zynismus. Aber nicht, als wäre Faust ohne Mephisto nur gut. Er beschreibt selbst seine zerstörerische Unrast und Bindungsunfähigkeit.

Faust muß insbesondere scheitern an seiner Illusion, das Schicksal der ganzen Menschheit in sich zu vollziehen.[9] Das ist eine neue, eine philosophisch überhöhte Stufe des Selbstbetrugs. Aristoteles hatte gelehrt, die Seele sei gewissermaßen alle Dinge. Leibnizens Monade existiert als lebendiger Bezug zu aktiver Universalität. Aber diese Prädikate bezogen sich auf die menschliche Erkenntnis. Faust aber will für sich Totalität als *Erlebnis.* Er wendet die alte Allbeziehung des Intellekts *individualistisch.* Er verdirbt sie durch seinen Hunger nach dem *Unendlichen.* Für dieses idealistisch-romantische Projekt ist der Teufel zu klug. Mephisto rät ihm lebenserfahren-gutmütig ab. Mephisto kennt die wesentliche Beschränktheit des Individuums. Er hat schon begriffen, daß Menschen lernen müssen zu entsagen. Faust bleibt zu seinem Übermenschen-Projekt entschlossen: *Allein ich will.* In dieser Selbstüberschätzung des *allgewaltigen Willens* (V. 11 255) verschließt er sich der einfachen Überlegung, daß nur die Menschheit *als ganze groß* genug ist, um alle Lebensvielfalt zu erfahren. Mag er immer strebend sich bemühen. Er tut es gegen die beschränkte Menschenwirklichkeit. Er negiert seine Grenzen im Hier und Jetzt. Er übernimmt sich in seinem Unendlichkeitsdrang. Das muß scheitern.

3. In *Faust I* wird das Verhältnis Mephisto-Faust durch den *Pakt* geregelt. Faust erfährt von Mephisto, Teufel dürften ein Haus nur durch dieselbe Tür verlassen, durch die sie hereingekommen sind. An diese Regel seien sie gebunden. Faust stellt überrascht fest, im Teufelsreich gebe es offenbar Rechte, dann könne man mit ihm ja wohl auch einen *Pakt* schließen. Mephisto bestätigt: Nichts von dem, was sie versprächen, werde abgezwackt, doch müsse die Sache demnächst gründlicher besprochen werden.[10]

Der Teufel der ersten Studierzimmerszene von 1808 ist nicht mehr nur Artist und Magier; er gehört einem geordneten Reich an, zu so etwas wie der *civitas diaboli* Augustins, die schon den Teufelspakt kannte. Faust überrascht das, und mit Recht. Mit dem Teufel einen Vertrag schließen, das fordert dieselbe Grammatik. Das setzt einen gemeinsamen Rechtsbegriff voraus, was die Transzendenz und Inkommensurabilität Satans begrenzt. Im Rückblick auf die augustinisch-lutherische Teufelsidee redimensioniert Goethe den Teufel. Aber im Vergleich zum eleganten Reisenden der *Frühen Fassung* gibt er ihm prinzipiellen, philosophischen Charakter: *Er ist der Geist, der stets verneint.* Ein negativer Metaphysiker also. Was entsteht, ist wert, daß es zugrunde geht.

Er denkt die Philosophie des *Ewig Leeren* (V. 11 603). Er ist mehr als der zaubernde Zechkumpan, der Wein und Trauben herbeizwingt. Er wirkt in allem, *was Ihr Sünde, Zerstörung, kurz das Böse nennt.*[11] Er hat universale, kosmologische Kompetenz. Aber der Herr dieser Weltzeit ist er dennoch nicht. Ihn binden Regeln und Gesetze; er kann nicht einmal frei wählen, durch welche Öffnung er das Haus verlassen will. Er unterliegt weiteren Beschränkungen. Er muß einen gewissen Schutz der Privatsphäre einhalten: Er kann ein Haus nur betreten, wenn er dreimal hereingerufen wird (V. 1531). Vor allem muß der einzelne Mensch den ersten Schritt zum Teufelsbund gehen. Mephisto gesteht, daß er auf das unschuldige Gretchen keinen Einfluß hat. Ihm ist nicht alle Gewalt gegeben im Himmel und auf Erden.[12] Goethe hat ihn antipaulinisch konstruiert: Er ist nicht der Gott dieser Welt. Er sagt, er sei *keiner von den Großen* (V. 1641). Freilich ist er auch ein Lügner von Anfang an und ein Sophist. Wäre er absolut, könnte er nicht Vertragspartner werden. Aber er droht immer noch mit seiner Gewalt über die Natur. Er wirke in der Welt *Mit Wellen, Strömen, Schütteln, Brand* (V. 1367).

In der zweiten Studierzimmerszene macht Mephisto sich zum Diener Faustens, wenn dieser bereit ist, ihm *drüben* dienstbar zu werden.[13] Faust kann die Abrede eingehen, denn das *Drüben* kümmert ihn nicht. Er deklariert konsequente Diesseitigkeit. Was er zu erfüllen hätte, käme ohnehin viel später dran.[14] Mephisto hat erst gewonnen, wenn Faust, der zu wissen glaubt, daß er die rastlose Tätigkeit und den Genußwillen nie aufgeben wird, sich zur Ruhe setzt. Was er erwartet, ist nicht Wissensgewinn, auch nicht Freude, sondern Sinnentaumel, Schmerz und Genuß. Der Teufel wäre damit zufrieden, daß Faust ihm im ‹Drüben› ebenso dient, wie er es auf der Erde tut. Aber Faust gerät in selbstbetrachtende Redseligkeit und beschreibt seine Ruhelosigkeit. Er wird nie zum Augenblick sagen, verweile doch ... Die Rastlosigkeit hat auf den Pakt keinen Einfluß, sie sagt nur, daß Faust den Tod der Ruhesetzung vorzieht. Faust wird dadurch zum negativ-metaphysischen Wanderer. Er geht über alles hinaus, er wird dem Teufel als dem ewigen Ruhestörer ähnlicher. Aber aufgrund seiner individuellen Natur. Er ist von Anfang an

der Flüchtling, der Unbehauste,
Der Unmensch ohne Zweck und Ruh.[15]

Diese Selbstbeschreibung der *Frühen Fassung* zeichnete den Gegensatz zwischen Fausts rastlosem Leben und der Lebensart Margaretes. Sie sagte der Frau Unglück voraus; sie wird ihre Ruhe verlieren und vernichtet werden. Aber im Zusammenhang mit dem Pakt in *Faust I* wird daraus die Beschreibung einer Grundsituation. Sie ist nicht nur die eines Individuums. In der alten Metaphysik gab es Bewegung nur, weil sie einen Zweck hatte und in Ruhe endete. Damit ist es vorbei. Im Kosmos des Aristoteles und im Universums Leibnizens führte Bewegung zur Ruhe; sie hatte Sinn und Zweck. Faust verneint jede Ruhe und bejaht den Sinnverlust. Er stellt sich außerhalb dieser alten Welten und proklamiert die Bejahung der Ruhe- und Zwecklosigkeit als Lebensentwurf, als Programm verlorener Ideale und rastloser Tätigkeit. Was bleibt, ist: *Fluch vor allem der Geduld.*[16] Augustin hatte gelehrt, nichts Vergängliches sei wirkliches Sein. Wir sollten uns an das Bleibende als an das einzige Sein halten. Mephisto wendete dieses Programm dahin, daß alles, was entsteht, wert ist, daß es zugrunde geht. Und Augustin stimmt ihm zu: Wenn Gott die Welt regiert, in der alles, was entsteht, zugrunde geht, dann ist es auch wert, zugrunde zu gehen. Faust identifiziert sich mit diesem Nihilismus der irdischen Welt, nach Drüben ist die Aussicht ihm verrannt. Daher verflucht er vor allem die Geduld. Er kann und will nicht geduldig verweilen vor etwas, von dem er weiß, daß es vergeht. Das ist der Grundvorgang des Teufelsbündnisses. Er wird daran zugrunde gehen. Nur die Gnade könnte ihn vielleicht retten. Das sagt ihm jeder Leser von *Faust I* voraus, der sich erinnert, daß die *energeia* des Geistes bei Aristoteles und die Tätigkeit der Monade bei Leibniz nicht äußerer Aktionismus und hektische Betriebsamkeit waren, sondern Selbstbesinnung und vernünftiges Wollen.

Soviel zur Metaphysik der Wette. Nur daß der Teufel pedantisch darauf besteht, sie auch noch schriftlich zu haben, unterzeichnet mit einem

Tropfen Blut. Der Lügengeist und Erzbetrüger verlangt die altmodische Sicherung. Goethe kehrt nicht ‹realistisch› zum alten Teufelsglauben zurück; er staffiert eine Theaterfigur aus. So gehen Mephisto und Faust zusammen in die Hexenküche. Danach erst sieht er Gretchen, und der *Tragödie Erster Teil* nimmt ihren Lauf. Während Margarete angeklagt wird und der Hinrichtung entgegensieht, amüsiert Faust sich in der Walpurgisnacht (V. 4149).

4. Goethe hat den Teufelsstreit der deutschen Theologen zweifellos wahrgenommen, aber sich nicht direkt an ihm beteiligt. Er bezieht sich auf ihn satirisch, ironisch. Er bringt zu Wort, was man in Deutschland am Jahrhundertende über Satan dachte. Im *Walpurgisnachttraum,* also im *Intermezzo der Walpurgisnacht,* sagen die Parteisprecher ihre Sprüche.[17] Sie bilden nicht das Herzstück des *Faust,* aber wer sich für Goethe und den Teufel interessiert, darf sie nicht übersehen.

Zuerst beweist der wissenschaftliche orthodoxe Theologe, auf welch scharfen Schluß seine Weisheit, also die Satanologie, beruht: Er läßt sich vom Teufelsstreit nicht beirren; er bleibt bei seiner Lehre. Für ihn muß der Teufel *etwas sein.* So argumentiert der

Dogmatiker
Ich lasse mich nicht irre schrein,
Nicht durch Kritik noch Zweifel.
Der Teufel muß doch etwas sein;
Wie gäbs denn sonst auch Teufel?

Solide Wissenschaft vom Teufel klingt anders.

Danach kommt der Zweifler zu Wort. Er gehört, wie gezeigt, in Europa längst zur Geschichte des Teufels. Daher spottet der

Skeptiker
Sie gehen den Flämmchen auf der Spur,
Und glaub'n sich nah dem Schatze.
Auf Teufel reimt der Zweifel nur;
Da bin ich recht am Platze. (S. 186)

Das gilt zwar nur, wenn man den Teufel frankfurterisch ausspricht, muß aber gesagt werden. Goethe sagt dem, der es bisher nicht bemerkt hat, wo er im Teufelsstreit steht.

Ganz frommen Leuten paßt der Teufel auch nicht so recht. Sie nehmen nur den Umweg über die Dämonen in Kauf, um von der Güte Gottes und den lieben Englein zu predigen. So sagt der

Supernaturalist
Mit viel Vergnügen bin ich da
Und freue mich mit diesen;
Denn von den Teufeln kann ich ja
Auf gute Geister schließen.

Wenn der Teufel nur dazu da ist, auf Engel zu schließen, wird er langweilig, um die alte Kraft und Buntheit betrogen. Diesen spiritualisierten, also nur abgespeckten Satan will Goethe gar nicht. Er spottet über die aufgeklärte Teufelsverehrung, die heute nicht mehr vom Satan predigt, sondern vage vom ‹Geheimnis des Bösen› plaudert:

Orthodox
Keine Klauen, keinen Schwanz!
Doch bleibt es außer Zweifel,
So wie die Götter Griechenlands,
So ist auch er ein Teufel.

Auch wenn orthodoxe Theologen ihn verstümmeln, um ihn realistisch annehmbarer zu machen, bleibt er Ideologie des europäischen Nordens.

5. Goethes *Faust II*, der *früh sich einst dem trüben Blick gezeigt*»,[18] bleibt jedenfalls *auch* ein gewaltiges Buch über den Teufel. Goethe hat gewarnt, es zu einem einzigen Thema zu verengen. Nur hermeneutische Gewalttat beugt es unter das Joch eines einzigen Konzepts, das meist nicht mehr ist als ein oft wiederholtes Substantiv. Ich gebe hier keine ‹Interpretation›, sondern mache nur wenige Bemerkungen über den Teufel bei Goethe. Unter den nicht verwerteten *Paralipomena zu Faust I* finden sich die zwei Sätze:

Die Welt geht auseinander wie ein fauler Fisch.
Wir wollen sie nicht balsamieren.[19]

Vermutlich sollte Mephisto diese Sätze sagen. Mephisto unterstützte in *Faust I* nicht nur vertragsgetreu die maßlosen Aspirationen Fausts, bei denen drei Menschen ihr Leben verloren, er beschrieb sie auch mit diabolischer Kälte als Irrweg. In *Faust II* verhilft er Fausts Wirkungen zu historischen Dimensionen. Sie bewirken Weltpolitik und Makroökonomie. Was falsch war, steigert er ins unermeßlich Dämonische. Sie schaffen eine neue Natur und neue Menschen. Der Teufel balsamiert nicht die Fehlentwicklungen schonend ein und wird so in *Faust II* zum unerbittlichen Analytiker einiger diabolischer Entwicklungen der modernen Welt. Er zeigt, er *macht* die beginnende Diabolik des 19. Jahrhunderts. Dies ist nicht die einzig-mögliche Lektüre des 1831 vollendeten Textes, aber man wird ja wohl so fragen dürfen. Es ist der neuesten Goetheforschung nicht fremd.[20]

In *Wilhelm Meisters Lehrjahren* charakterisiert Goethe seinen Wilhelm durch dessen *fast unüberwindliche Neigung* (...) *zum Selbstbetrug.*[21] Das *fast* ist nicht zu übersehen, denn Goethe hielt Wilhelm für ein freies Wesen – doch steht das *unüberwindlich* da. Ohne Roman und Tragödie zu verwechseln und ohne Faust, der kein Schauspieler war, gleichzusetzen mit Wilhelm, dem kein Teufel als Gefährte beigegeben ist, frage ich nach einer gewissen Nähe sowohl der beiden Figuren wie der beiden langbedachten Werke. Hat nicht vielleicht auch Faust eine «fast unüberwindliche Neigung» zum Selbstbetrug? Schließlich sagt Mephisto über Faust:

Und kurz und gut, Ich gönn ihm das Vergnügen,
Gelegentlich sich etwas vorzulügen.
Doch lange hält er das nicht aus. (V. 3297–3299)

Verfällt Faust in seinem rastlosen Streben immer neuem Selbstbetrug? Wer so fragt, vermeidet die törichte Alternative, ihn entweder als das Ideal des «faustischen Menschen» oder als Verbrecher zu sehen. Die Figur Faust braucht Mephisto, denn dieser liefert dessen erste Diagnose. Er hat ihn sowohl zu unterstützen wie zu demaskieren. In *Faust II* greifen sie zusammen ins Welthistorische aus. Dem gehe ich kurz nach.

Am Ende von *Faust I* steht Faust als Mörder vor uns, ohne seine Schuld auf Mephisto abwälzen zu können. Seine Untaten werden nicht entschuldigt. Aber wir werden daran erinnert: Das Festhalten an der moralischen Differenz von Gut und Böse, gar ihre räumliche Entgegensetzung als Himmel und Hölle, in der auch noch physisches Feuer brennt, kann nicht, wie schon Johannes Eriugena gesehen hatte, unsere letzte Wahrheit sein. Davon gibt Ariel zu Beginn von *Faust II* ein erstes Zeichen. Er ruft die Elfen herbei, Faust zu befrieden. Sie geben ihn zurück dem heiligen Licht:

Ob er heilig, ob er böse,
Jammert sie der Unglücksmann.[22]

Diese kleinen Wesen lassen die moralistische Erstarrung hinter sich, die den Gegensatz von Moralisch und Unmoralisch in alle Ewigkeit als Gottes Willen festhalten will. Sie spenden Faust *Tau aus Lethes Flut* (V. 4629). Schon sie legen ihren Handlungen nicht mehr die Zweiteilung der Menschheit in Heilige und Böse zugrunde. Sie zeigen Mitleid mit dem ‹Unglücksmann›. Sie teilen nicht den Moralismus, zu dem unser ansonsten schätzenswertes Volk eine Neigung hat.

I. Kaiserliche Pfalz. Die Erde war beständig auch während der Gretchenkatastrophe, die Faust angerichtet hat. Dies weckt in ihm *kräftiges Beschließen, zum höchsten Dasein fortzustreben.*

Daß er gleich zum *höchsten Dasein* will, kündigt neuen Selbstbetrug an. Er blickt zur Sonne auf, fühlt sich schmerzhaft geblendet und begreift:

Am farbigen Abglanz haben wir das Leben.

Nächstes Bild: Staatsrat in Erwartung des Kaisers. Der Kaiser geht zum Thron, begrüßt seine Getreuen, vermißt aber seinen Hofnarren. Der ist offenbar eine wichtige Person; ein Junker erklärt dem Kaiser sein Fehlen mit folgenden Worten:

Gleich hinter deiner Mantelschleppe
Stürzt er zusammen auf der Treppe;
Man trug hinweg das Fettgewicht;
Tot oder trunken? Weiß man nicht. (V. 412–415)

Damit sind wir bei Mephisto; er wird Nachfolger des abwesenden Hofnarren. In dieser Funktion empfiehlt er dem Kaiser Faust als Ratgeber in der Finanzmisere. Dieser antwortet mit der Erfindung des Papiergeldes, das in Zukunft alle Art Schulden zu machen gestattet. Kaiser und Hof sind glücklich, die Wirtschaft springt sofort an. In der Jubelstimmung fordert der Kaiser ein neues Spektakel: Faust soll Helena, die schönste Frau des Altertums, und Paris herbeizaubern. Das gelingt ihm zum Schein mit Hilfe Mephistos, aber der Zauber bricht schnell zusammen: Faust faßt sie mit Gewalt an, Explosion. Der größere Schwindel mit dem Papiergeld bleibt. Die vielen Worte, sein Wert sei gedeckt durch die Gold- und Silberschätze, die im Boden des Reichs liegen, verhallen folgenlos. Es handelt sich um diabolische Täuschung, um die bleibende Grundlage des modernen Banksystems, wie es sich im 19. Jahrhundert entwickelt.

Ich komme noch einmal zurück auf die vier Verse des Junkers über den Sturz von Mephistos Amtsvorgänger. Diese Sprache kennt der Leser von *Faust I*: Es ist die kalte Diktion Mephistos. Kein Mitempfinden mit dem Gestürzten: *tot oder trunken*. Es herrscht ein derb realistischer, vulgärer Ton, eine herabsetzende Wortwahl: *Fettgewicht*, sagt der Junker selbst vor dem Kaiser im Thronsaal. Der Diabolismus ist mental und verbal in der höfischen Umgangssprache anwesend, bevor der Teufel die Schloßwachen überwindet und persönlich blitzschnell zur Stelle ist. Die mephistotelische Art, Personen und Verhältnisse herunterziehend zu beschreiben, herrscht am Hof durchweg. Der desakralisierende Naturalismus der Sprache kommt in der nächsten Umgebung des Kaisers genau so vor wie bei der Menge. Das zeigt deren Gemurmel über den alten und den neuen Hofnarren: Der alte fiel, heißt es,

Es war ein Faß, der neue ist ein Span. (V. 4760)

Der Kaiser und seine höchsten Mitarbeiter beschreiben den Verfall des Reiches. Alle klagen, nur Mephisto als Hofnarr findet das Reich wohl gegründet: Er lobt ironisch den Klerus und die Ritter als dessen mächtige Stützen. Seine Erde stecke voll von Silber und Gold, es bedürfe nur

Eines begabten Mannes Natur- und Geisteskraft,

es zu holen. Faust ist ein solcher Mann, der das vermag, was keiner kann. Daher verspricht Mephisto:

Ich schaffe was ihr wollt, und schaffe mehr.

Das Papiergeld ersetzt die Naturbasis des Reichtums. In Wirklichkeit herrscht Willkür, die als Freiheit besungen wird: *Viva la libertà.* Wie öfter bei Goethe: Kritik an der revolutionären Freiheitsrhetorik, wie auch in V. 2244 und 2295. Die Hofgesellschaft geht zum Amusement über; sie feiert den *großen Pan* (V. 5804).

Der Erste Akt geht unter in Geldschwindel und Mummenschanz.

Mit dem Preis der Erde, daß sie endlich offen, zugänglich und nützlich gemacht sei.

Mephisto suggeriert, was man mit dem Geld alles machen kann, nämlich buchstäblich alles, da alles zur Ware wird:

Paläste, Gärten, Brüstlein, rote Wangen.

V. 4968, von Mephisto dem Astrologen eingeflüstert. Nebenbei erfahren wir vom Teufel, daß er geographische und historische Grenzen hat: Er gehört in die christlich-nordische Welt:

Das Heidenvolk geht mich nichts an,
Es haust in seiner eignen Hölle (V. 6109–6110).

II. Hilft vielleicht die griechische Kultur Faust, seinem teuflischen Helfer zu entgehen? Kommt er durch sie von der Magie los? Die Probe darauf macht er in der *Klassischen Walpurgisnacht*.

Sie bildet das griechische Gegenstück zur deutschen Walpurgisnacht in *Faust I*, die im Harz *in der Gegend von Schierke und Elend* stattfindet. Die Szene beginnt in Faustens altem Studierzimmer. Inzwischen ist Fausts Famulus Wagner ein berühmter Professor, der erste Mann in seinem Fach. Einer seiner Schüler tritt auf. Er repräsentiert eine neue, selbstbewußte Generation. Diese *Neuesten* arbeiten strenger als ihre autoritätshörigen, humanistisch-rhetorisch gebildeten Vorgänger. Sie passen genauer auf und verachten die Alten. Der Jungforscher verspottet Mephisto wegen seines kahlen Schädels; ihm ist alles Alte zuwider:

Hat einer dreißig Jahr vorüber,
So ist er schon so gut wie tot.
Am besten wärs, euch zeitig totzuschlagen. (V. 6787–6790)

Der Geschichtswind ist umgeschlagen. Gehörte die Kaiserpfalz des ersten Akts dem 16. Jahrhundert an, kommen wir jetzt in Goethes Gegenwart und blicken in die Zukunft. Der junge Forscher arbeitet erfolgreich an dem modernsten Projekt, der künstlichen Herstellung des Menschen. Ihm ist soeben im Laboratorium der lebendige Homunculus gelungen. Im ersten Akt von *Faust II* machte Papiergeld Gold als Währungsgarantie überflüssig: Fausts Enkelschüler schafft die geschlechtliche Erzeugung des Menschen ab. Sie hing von zu vielen Zufällen ab; dem jungen Konstrukteur ist sie eine Posse, die der alten Zeit angehört. Eine

Generation kündigt sich an, die Natur nur noch als ‹Rohstoff› ihrer eigenen Aktivität kennen will. Sie will eine neue, eine selbstgebaute Welt. Das erreicht sie nur mit Magie, Gewalttat und Teufelei. Der Mephisto von *Faust II* unterstützt diesen Selbstbetrug und diagnostiziert ihn.

Homunculus und Faust drängen nach Griechenland. Mephisto begleitet sie schlecht gelaunt. In einigen Teilen dieses Zwischenstücks taucht er gar nicht mehr auf, z. B. gegen Schluß in den Felsbuchten des Ägäischen Meeres. Er paßt nicht in die klassische Welt. Das weiß er, und das wird ihm immer wieder und auf grobe Weise gesagt. Der Teufel gehört zu Deutschland. Jedenfalls zur nordalpinen-mittelalterlichen Kultur. Er ist keine ewige, überkontinentale Instanz, sondern das Produkt einer bestimmten Kultur, zu der auch die Hexen gehören. Allerdings gab es auch in der Antike Hexen, Lamien, von denen Horaz erzählt, daß sie Kinder aufessen.

Mephisto schaut sich um in Faustens uraltem Studierzimmer und macht sich klar, daß jemand in solchem regellosen Gemäuer auf tolle Grillen kommen muß. In Griechenland mimt er den Tugendhaften und beschwert sich zweideutig über zuviel Nacktheit. Auf dem Blocksberg störte sie ihn nicht. Hier im klassischen Griechenland fühlt er sich

befremdet.
Fast alles nackt, nur hie und da behemdet. ...
Zwar sind auch wir von Herzen unanständig,
Doch das Antike find ich zu lebendig. (V. 7082–7087)

In einer Zeit, in der Griechenlandtouristen regelmäßig Engländer waren, kommentiert er die alte Frage nach seinem Namen so:

Mit vielen Namen glaubt man mich zu nennen! –
Sind Briten hier? Sie reisen sonst so viel,
Schlachtfeldern nachzuspüren, Wasserfällen,
Gestürzten Mauern, klassisch dumpfen Stellen:
Das wäre hier für sie ein würdig Ziel.
Sie zeugten auch: im alten Bühnenspiel
Sah man mich dort als Old Iniquity (V. 7116–7122).

Im verwirrenden Spiel von Personen und Formen der *Klassischen Walpurgisnacht* hört er manche treffende Charakteristik seiner Person und Funktion. So sagt die Sphinx zu ihm, er sei

Dem frommen Manne nötig wie dem bösen,
Dem ein Plastron, asketisch zu rapieren,
Kumpan dem andern, Tolles zu vollführen,
Und beides nur, um Zeus zu amüsieren.[23]

Er hat kein moralisches Konzept. Er stärkt die Guten wie die Bösen. Die Guten zwingt er zu größerer Anstrengung auf ihrem rechten Weg; mit den Bösen treibt er seine Tollerei jenseits von Gut und Böse. Zeus ist nicht besser; er amüsiert sich bei beiden. Daher unterstützt der Teufel den neuen Trend, durch Aktivismus eine neue Welt und einen neuen Menschen machen zu wollen. Wo tüchtig zugepackt wird, geht es weiter – wenn auch ohne Zweck und Ruh. Man hört jetzt Parolen wie:

Man greife nun nach Mädchen, Kronen, Gold,
Dem Greifenden ist meist Fortuna hold,
sagt der Greif ... (V. 7104–7105).

Das Gewoge der Eindrücke in der Klassischen Walpurgisnacht wirft Erkenntnisse ab über Goethes Teufel. Das markanteste Ereignis ist der Untergang des Homunculus aus Faust und Wagners Labor. Das Experiment mit dem Retortenmännchen gelingt anfangs. Der Kleine im Glas redet schon, aber er ist noch nicht zur Welt gekommen; er möchte gern entstehen und fragt den griechischen Philosophen Thales um Rat, den dieser gerne erteilt. Aber bevor er damit Erfolg hat, zerschellt er an Galateas Muschelthron. Mephisto ist bei diesem Scheitern schon nicht mehr zugegen. Eine solche Kleinigkeit beschäftigt ihn nicht; er hat schon zu viele Untergänge erlebt und gefunden, daß die Evolution sich zuletzt doch durchsetzt.

So herrsche denn Eros, der alles begonnen. (V. 8479)

Die Natur gleicht die Dummheiten der Menschen wieder aus. Sie begrenzt auch ihre Zerstörungsmacht. Thales kommentiert, woran Homunculus gescheitert ist: Es ist Faustens Erbschaft, es sind die *Symptome des herrischen Sehnens* (V. 8470).

III. Helena

Im dritten Akt von *Faust II* gelingt es, Helena herbeizuzaubern. Neben der schönen Frau tritt Mephisto auf als Phorkyas, Ausbund der Häßlichkeit und negativer Weltbetrachtung. Er ist mehr als eine Seite der

Seele Fausts. Er ist alt, er repräsentiert und erinnert Zeit und Geschichte. Er kennt das Vergängliche als das Negative. Helena will nicht an Verdrießliches erinnert werden. Er erwidert:

Geschichtlich ist es. (V. 8984).

Er kann sie überzeugen, daß ihr Mann Menelaos sie aus Rache umbringen will; so weicht sie mit ihm kraft seiner Zauberkunst aus auf Fausts Burg im Norden von Sparta. Der Turmwärter Lynkeus singt das Preislied der *gottgegebenen Frau.* Er sieht die Vielgescholtene in ihrer Würde und Schönheit (V. 9218–9245). Es kommt zur Liebesverbindung mit Faust. Doch fragen beide auch:

Ist der holde Bund ein Traum? (V. 9883)

Sie erzeugen einen überlebendigen Sohn, den Goethe nach der Figur des englischen Dichters Byron als kunstverliebten Abenteurer gestaltet haben soll. Er hält sich an keine Warnung, er steigt auf und stürzt. Helena, die Mutter, schwindet ihm nach. Die Idylle zerbricht. Aber daß es gelungen ist, Helena zu rufen und zu retten, daß es zur glücklichen Vereinigung zwischen Faust und der griechischen Königin gekommen ist, das wäre ohne Mephistos Zauberkünste nicht möglich gewesen. Er war vertragstreu. Mephisto und Faust waren zunächst so erfolgreich, daß Faust beinahe zum Augenblick gesagt hätte, verweile doch ... Aber die Szene endet mit Euphorions Tod und Helenas Verschwinden. Es war die erste Endkatastrophe nicht: Zuerst wurde Gretchen getötet und ihre Familie ausgelöscht. Das Papiergeld erzeugte Täuschung und Müßiggang. Dann folgte die Explosion im Kaiserpalast. Homunculus zerschellte. Dann stürzte Euphorion ab. Zuletzt verschwand Helena. Konnte Goethe deutlicher sagen, er halte den Versuch, durch *herrisches Sehnen* die neue Welt zu schaffen, für einen Fall von Selbstbetrug, wie er jungen dynamischen Herren, die über verbesserte, strengere Methoden verfügen, ‹fast unvermeidlich› ist?

IV. und V.

In der Szene *Am obern Peneios* in der *Klassischen Walpurgisnacht* nennt der Greif die Felder, auf denen der Wackere durch forsches Zugreifen die Gunst der Fortuna erlangt. Er bekommt: *Mädchen, Kronen, Gold.* Damit gibt er fast eine Liste der Hauptthemen von Goethes *Faust.*

Faust und Mephisto haben sich am Kaiserhof hohes Ansehen verschafft, so daß sie nach dem retardierenden Moment der Walpurgisnacht und der Helena-Sehnsucht wieder in die große Politik einsteigen können; dies geschieht im vierten und fünften Akt. Der Zerfall des Reiches ist inzwischen fortgeschritten; es herrscht Bürgerkrieg. Fausts neuer Leistungseifer – er fühlt wieder einmal *Kraft zu neuem Fleiß* (V. 10 184), soll durch kaiserliche Gunst ein entsprechend großes Betätigungsfeld erhalten, daher unterstützen Faust und Mephisto den Kaiser im Krieg gegen den Gegenkaiser. Mephisto tritt massiv, gewaltig auf in Siebenmeilenstiefeln. Er hat es eilig. Faust ruft: *Herrschaft gewinn ich. Eigentum!* (V. 10 187) Mephistos grobe ‹drei Gesellen› besorgen roh das Nötigste. Aus Dankbarkeit für die kriegsentscheidende Hilfe belehnt der Kaiser Faust mit dem Strandgebiet Deutschlands. Sehr alt geworden, wirft Faust sich mit Energie auf die Landgewinnung durch Kanal- und Dammarbeiten. Sein erfolgreiches Engagement fand bei wilhelminischen Gelehrten, bei Nazis und Kommunisten hohe Anerkennung, zumal Faust deklamatorisch den ethischen Zweck seiner Betriebsamkeit mit dem Satz bemäntelte, sie diene dazu,

Auf freiem Grund mit freiem Volke (zu) stehn (V. 13 580).

Das ließ sich auslegen als Fausts Überwindung der bloß privatistischen Genieethik und des leeren Hungers nach Unendlichem, als habe Faust nun das menschliche Ziel sozialer Kompetenz erreicht. Als sei schließlich seine Erziehung zum ethischen Bürger in einem freien Staat gelungen. Statt Romantik und Geisterseherei treibe er nun Kolonisation; er gewinne dem Meer Land ab für das freie Volk.

Diese Deutung ist mit Sicherheit falsch. Gegen sie spricht schon die Gesamtreihe der Katastrophen, die Faust und der Teufel zurücklassen. Wir sehen eine Serie des Scheiterns. Goethe verstand die Landgewinnung nicht als die ethische Kulmination von Fausts Lebensweg. Scharf widerspricht sein Text dieser ethisch-aktionistischen Glättung.

Schon wie Faust und Mephisto die Beleihung mit dem Strandgebiet erreichen, bildet einen Abgrund von Unmoral. Sie greifen gegen den Gegenkaiser nur ein, um den Kaiser für Fausts Landbelehnung günstig zu stimmen. Goethes Schilderung, wie die drei Gesellen das Zelt des Gegenkaisers plündern, zeigt bedenkenlose Gewaltanwendung.

Das erste Opfer der Landgewinnung, die Faust und Mephisto in wachsendem Einverständnis vornehmen, sind Philemon und Baucis, bei denen der Wanderer zu Besuch ist, den vor vielen Jahren der Schiffbruch bei ihnen angespült hatte und der sich bei ihnen bedanken wollte. Das alte Paar wird als freundlich, gutmütig, hilfsbereit eingeführt. Die Umgestaltung der Landschaft ist weit fortgeschritten. Philemon sagt zu Baucis, der Wanderer werde erschrecken, *er glaubt nicht, was er sieht* (V. 11 082). Er hat es mit Menschen einer neuen geschichtlichen Art zu tun; diese Neuen wollen Herren und Besitzer der Natur sein:

Kluger Herren kühne Knechte
Gruben Gräben, dämmten ein,
Schmälerten des Meeres Rechte,
Herrn an seiner Statt zu sein. (V. 11 091–11 094)

Das Meer ist rechtlos in den Augen dieser Herren. Und wie beim Zerschellen des Homunculus zeigt Goethe die Konkurrenzgesinnung dieser Macher gegen die Natur: Sie wollen statt ihrer ‹Herr› sein. Philemon beschreibt die Roheit ihres Verfahrens, das ohne Zauberei nicht auskommt:

Tags umsonst die Knechte lärmten,
Hack' und Schaufel, Schlag um Schlag;
Wo die Flämmchen nächtig schwärmten,
Stand ein Damm den andern Tag. (V. 11 123–11 126)

Die Flämmchen verraten das Teufelswerk, bei dem es nicht friedlich zugeht:

Menschenopfer mußten bluten,
Nachts erscholl des Jammers Qual;
Meerab flossen Feuergluten,
Morgens war es ein Kanal. (V. 11 127–11 130)

Jetzt geht die Kausalität auf Mephisto oder Faust gleichermaßen zurück. Die beiden sind so einig wie nie. Philemon kann nichts anderes tun als läuten, knieen, beten,

Und dem alten Gott vertrauen. (V. 11 142–11 143)

Die technische Überwältigung bedroht nicht nur einzelne Menschen, nicht nur die alte Landschaft, sondern eine ganze Welt, die dem

Herrschsinn und dem Geschäft geopfert wird und deren Herr, Gott, jetzt alt aussieht.

Mephisto analysiert schonungslos die Umgebung, die zweckmäßig für erfolgreiche Schiffahrt eingerichtet wird. Wo Schiffahrt, da sieht er

Krieg, Handel, und Piraterie,
Dreieinig sind sie, nicht zu trennen. (V. 11 187–11 188)

Wer drei Schiffe hat, besitzt bald auch zehn. Die Wirtschaft blüht. Aber Satans gewaltige Gesellen stehen bereit. Der Teufel zeigt Verständnis für die Einschränkung, die fremder Besitz für den Unendlichkeitshungrigen bedeutet. Er bekräftigt Fausts herrischen Haß auf jede Beschränkung seines Herrschaftsgebietes:

Was willst du dich denn hier genieren?
Mußt du nicht längst kolonisieren? (V. 11 273–11 274)

Faust, nicht Mephisto, gibt den Befehl, Philemons kleines Reich zu zerstören. Er mahnt die Rohen, dabei schonend vorzugehen; er weiß, daß diese sich nicht daran halten werden. Mephisto erklärt: *Wer Gewalt hat, hat das Recht* (V. 11 184). Lynkeus, der Türmer, singt sein Lied, das die Schönheit der Welt lobt, aber dann sieht er bestürzt Flammen aus der Hütte brechen. Das Kapellchen bricht zusammen. Ein jahrhundertealtes Ensemble von Bäumen, Hütte und Kapelle wird vernichtet:

Was sich sonst dem Blick empfohlen,
Mit Jahrhunderten ist hin. (V. 11 336–11 337)

Es folgt die Szene *Mitternacht,* die fortschrittsgläubige, wirtschaftsliberale, wilhelminische, nazistische und deutsch-kommunistische Interpreten übersehen oder gewalttätig umdeuten mußten: Die Sorge haucht Faust an; er erblindet (V. 11 495–11 510). Er hört die Arbeiter graben, er deutet das Geräusch als die von ihm befohlenen Kanalarbeiten und preist den Augenblick, in dem ein Ewigkeitswerk entsteht. Er freut sich,

Wie das Geklirr der Spaten mich ergötzt (V. 11 539).

Er denkt großspurig-metaphysisch, durch seine Kanalbauten werde die Erde mit sich selbst versöhnt, aber er täuscht sich: Die Lemuren schaufeln sein Grab. Sein Auge versagt, sein Gehör täuscht. Er ist in Selbstbetrug verblendet, nur die allmächtige Gnade kann ihn erlösen und tut es am Ende aus origenistischer Überzeugung. Mephisto wollte das verhindern, er wollte Fausts entweichende Seele schnappen, aber ein augenblicklicher lüsterner Einfall lenkt ihn ab; er steht am Ende als Verlierer da. Die Szene *Grablegung* läuft skuril: Nicht durch göttlichen Eingriff, sondern durch kleine Unaufmerksamkeit verliert Mephisto den Ertrag seiner Anstrengungen. Die Frage, ob *er* denn nicht auch gerettet werden könnte, stellt sich nicht. Die harmonischen Liebesgesänge am Faustschluß legen es nahe, aber lassen es offen.

Um zurückzublicken: Was hat Goethe mit den Teufel gemacht? Er hat ihn für immer in eine Theaterfigur verwandelt, die den Übergang von der feudalen Welt zur beginnenden Gegenwart erkennt, betreibt und nach den Folgen bedenkt. Er beschreibt das Diabolisch-Ungeheure, das mit Dampfmaschine, künstlicher Menschenzeugung, Revolutionsrhetorik, Kolonisation und Welthandel auf die Menschen unausweichlich zukommt. Goethe hat ihm Witz und Einfallsreichtum des französischen Galans belassen und ihn zum mitwissenden Teufel der neuen Welt gemacht. Dadurch wird er zum Zentrum diagnostischer Kraft. Das wurde kaum wahrgenommen, solange ‹Immerstrebend sich bemühn› und ‹Tätigkeit› mit besinnungslosem Aktionismus und Herrschaftsanspruch verwechselt und für Goethes Ideal des faustischen Menschen gehalten wurde. In Wirklichkeit taumelt Faust von Selbstbetrug zu Selbstbetrug. Der Teufel weiß es etwas besser als er. Von seinen alten Eigenschaften, Hörnern und Schwanz, Lüsternheit und Intelligenz, beließ Goethe ihm fast alles, auch die Zuverlässigkeit beim Einhalten des Pakts. Wenn schon Teufel, dann mit allem, was zu ihm gehört, anders als der abgewrackte Satan der Orthodoxen. Aber bei Goethe ist der Teufel nicht der alte dogmatische Bestand, sondern Personal der Bühne. Goethes Kunst gab dieser Figur Vitalität, intellektuelle Wachheit und Gegenwartsaufmerksamkeit. Von ihr führt kein Weg mehr zurück zum schlichten Glaubensteufel. Er wäre inhaltsarm und langweilig. Goethe hat Mephisto eng verbunden mit dem Leben des Menschen Faust. Er ist nicht nur dessen Begleiter und Helfer, sondern der erste Kritiker und Analytiker seiner monströsen Projekte, ihrer Roheit und ihrer naturfernen Welt. Faust war nicht nur der verzweifelte Gelehrte des gotischen Studierzimmers, sondern arbeitete an einigen der ungeheueren Neuerungen des Maschinenzeitalters, des Welthandels und der Schaffung einer neuen, naturunabhängigen Welt. Dadurch wurde Mephisto selbst eine historische Realität von bislang unerschöpfter Fruchtbarkeit. Neben ihm sah der Teufel Augustins und Luthers alt aus.

Zuletzt tritt Mephisto klanglos ab. Er steht neben dem sterbenden Faust und wartet, bis dessen Seele sich vom Leib löst, um sie zu erhaschen, aber ein homosexueller Einfall, ein rasches Gelüste nach einem kräftigen jungen Engel lenkt ihn augenblicks ab (V. 11 753–11 843). Indessen entführen Engel *Faustens Unsterbliches.* Mephistos ganzer Aufwand war umsonst. Er beklagt seine Torheit und verschwindet aus dem Drama. In der letzten Szene – *Bergschluchten, Wald, Feld* – ist er einfach nicht mehr da.

Diese letzte Szene gibt Fragen auf. Ihre Feierlichkeit, ihr sakraler Ton, ihre liturgische Form, ihr katholisierender Stil, ihre Andersartigkeit im Vergleich zu dem irdischen Treiben, von dem bislang die Rede war. Der Prolog spielte im Himmel, die letzte Szene ist kein Epilog *im Himmel.* Sie spielt noch auf der Erde, aber alles ist in Bewegung nach oben. Die Liebe kommt von oben entgegen; die MATER *GLORIOSA schwebt einher.* Deutlich wird angezeigt, daß das obere Leben kein Stillstand sein wird, sondern ein ständiges Weitergehen, nur Geliebtwerden, Lieben und Lernen. Faust ist da, ohne etwas zu sagen. Er ist jetzt *Drüben*, dessen Existenz und dessen Erkennbarkeit er bestritten hat. Gnade wird ihm zuteil, die er nie erbeten hat. Von *Erlösung* ist die Rede, aber es ist nicht die durch das Kreuz und das Blut. Es ist Allversöhnung. Eine der Büßerinnen, *sonst Gretchen genannt,* sieht ihn:

Der früh Geliebte
Nicht mehr Getrübte
Er kommt zurück. (V. 12 073–12 075)

Der Mensch kommt zurück, ob er heilig, ob er böse. Wer eine Gerichtssitzung Gottes erwartet hätte, würde enttäuscht. Es wird nicht über Faust oder die Menschheit geurteilt. Nur Gretchen wird entschuldigend als die genannt,

Die nicht ahnte, daß sie fehle. (V. 12 067)

Alle Bosheit ist verschwunden, als habe Liebe sie aufgezehrt. Nur sinnvolle Tätigkeit bleibt. Die juridischen Vorstellungen, mit denen die

Konfessionen ihre Botschaft überformt haben, liegen weit zurück. Den Teufel gibt es nicht mehr. Es kann ihn nicht geben, wenn Liebe *allmächtig* ist. Wen sie hegt, wird für Dämonen unangreifbar. Und entscheidend ist: Sie hegt alles und alle.

So ist es die allmächtige Liebe,
Die alles bildet alles hegt. (V. 11 872–11 874)

Das Stichwort *alle*: auch V. 11 807; 11 821. Es hat, wie oben gezeigt, im *Neuen Testament* keine Grundlage, auch wenn Kommentatoren den *Ersten Korintherbrief* 15, 28 und *Epheserbrief* 1, 10 anführen.

Goethes Mephisto war ein kulturelles, ein literarisches Ereignis. Von jetzt an waren alle Autoren eingeladen, ihre eigenen Teufel zu erfinden. Sie konnten sich ungeniert selbst verteufeln und durften als Autoren fast alles *etwas tiefer* wissen. Der eigentliche Teufel, der einzig präsente, ist fortan der Satan der Kunstwelt. Mephisto gab ihm neues, überbordendes Leben. Die Frage nach der physischen oder psychischen Existenz des alten Naturteufels stellen nur noch Theologen. Mit immer magerer werdenden Antworten.

XX. Teufels Tod

The devil's dead.
CHRISTOPHER MARLOWE,
DR FAUSTUS, B – TEXT,
OXFORD 2008, S. 226

Der Teufel ist tot

In Europa ist der Teufel tot. Vielleicht lebt er noch in Afrika oder in einem Slum Südamerikas. Ich halte mich an die Grenzen meiner Erfahrung und spreche von Europa. Hier lebt er nur noch als geschichtliche Figur oder artistischer Einfall. Als Gefühlsrest in einem Winkel melancholischer Seelen oder als Prätention autoritätslos gewordener Institutionen.

Es gibt Menschen, die mir entgegnen, für sie sei der Teufel lebendig. Deshalb sage ich zunächst einmal rückblickend, warum der Teufel für mich tot ist. Er ist für mich gestorben, als ich sah, daß die größten Glaubenslehrer der Christen mir die Frage nicht beantworten konnten, woran genau eine teuflische Wirkung sich von einer ‹normalen› unterscheiden läßt. Auf diese Frage gaben die Teufelsgelehrten keine plausible Antwort. Ich schloß daraus, daß ein solches Wesen seiner Natur nach immer völlig unbekannt bleiben muß. Mich mit solchen Wesen – außer literarisch oder historisch – zu befassen, dazu ist mir meine Lebenszeit zu kostbar.

Dies ist mein Hauptargument, warum der Teufel für mich tot ist. Niemand konnte mir erklären, woran genau ich ihn erkennen kann.

Aber es gibt noch andere Gründe:

Er taugt nicht zur Erklärung des Ursprungs des Bösen. Denn dann entsteht die Frage, wie das Böse in den ursprünglich guten Teufel gekommen ist.

Man sagt mir, es gebe in der Menschheitsgeschichte das diabolisch Böse, und das sei sein Werk. Aber wir wissen nicht, wo die Grenze des menschenmöglich Bösen liegt. Das kann nur die Erfahrung zeigen.

Fromme Denker leiden daran, daß ihr guter und mächtiger Gott soviel Böses in der Welt duldet oder bewirkt. Sie nennen den Teufel zur Entlastung Gottes. Aber sie sagen auch, der Teufel müsse für jede Untat die Erlaubnis Gottes einholen. Bekommt er sie, wird Gott der Hauptverantwortliche. Er taugt nicht zur Entlastung des Schöpfers.

Wer für Aufklärung arbeitet, behauptet nicht, er könne alles erklären. Es passieren in der Natur und im Menschenleben viele seltsame Dinge. Wenn ich sie heute nicht erklären kann, dann werden wohl Künftige dies können. Wenn nicht, ist auch der Teufel kein Erklärungsgrund, sondern bloß ein Wort, das nichts sichtbar macht. Da ich solche Vokabeln nicht benutzen werde, ist der Teufel für mich tot.

Wiederbelebungsversuche

Es verspricht wenig Erfolg, dem Teufel Adieu! zu sagen. Doch hat ihn ein so bedeutender Theologe wie Schleiermacher für ‹unzumutbar› erklärt – brauchen wir da noch Zeugen für Satans Ende? Semler hat mit der Kritik an der Verbalinspiration der Bibel eine seiner letzten Stützen zu Fall gebracht. Semler sah auch – wie andere vor ihm – das Mißverhältnis zwischen der Teufelsvorstellung und jedem auch nur notdürftig einheitsmetaphysisch oder «spinozistisch» vertieften Gotteskonzept. Das hätte der endgültige Abschied vom Teufel werden können. Sowohl die philosophische Reflexion wie die historisch-kritische Arbeit in Europa gingen auf Distanz zum Leibhaftigen. Um so freier trat Lucifer seit dem 19. Jahrhundert im Theater auf und im Roman. Als Kunstfigur lebt er quicklebendig in Film und Internet.

Aber nach Revolution und Napoleonischen Kriegen gab es Leute, die zu alten Autoritäten, zum schlichten Bibelwort und einfachen Kirchenglauben zurückkehren wollten. Autoren der Restauration fanden den Teufel dort wieder, den ‹Gott dieses Aions›. Vielleicht war Joseph Görres noch nicht einmal der Schlimmste, aber seine fünf Bände *Christliche Mystik,* Regensburg 1836–1842, strotzen nur so von Wundern und Teufelszeug. Heilige Militärmächte hatten den Corsischen Satan besiegt, Teufelsgeschichten stärkten jetzt wieder Thron und Altar. Schelling hielt in den dreißiger und vierziger Jahren seine Vorlesungen zur *Philosophie der Offenbarung.* Er berichtet, daß «in unserer Zeit eine neue Art von sehr eifrigen advocatis diaboli aufgestanden ist, die die gewöhnliche Vorstellung des Satans mit Begierde ergriffen und geltend zu machen gesucht haben. Für solche, die in der Wissenschaft auf Abenteuer ausgehen, läßt sich auch nicht leicht eine vortheilhaftere Gelegenheit finden als jene Vorstellung.»[1] Im 19. Jahrhundert balgten in Deutschland konfessionelle Streithähne darum, wer das vollständigere, das wahrere Christentum habe. Sie machten das Fehlen der Teufelslehre als Mangel *der anderen* aus. Spekulative Köpfe suchten Argumente, den Teufel wieder ‹zumutbar› zu finden: die Sündhaftigkeit der Welt, die Bosheit der Menschen, die ungelösten Konflikte zwischen Neigung und Pflicht, die Aufmüpfigkeit in den Arbeitervororten, die zunehmende Unzucht, die neuen Kleidersitten, die moralische Schwäche der Frau, die Flachheit des aufklärerischen Optimismus, die Tiefe des Schmerzes und überhaupt das Ungeheure, das auf uns zukommt. Melancholiker fanden das Christentum ohne Teufel fad.[2]

Auf Hexen haben Christendenker erleichtert verzichtet. Selbst der letzte Brentano, der späteste Schelling und der spekulativste Franz von Baader kamen nicht auf sie zurück. Der konfessionellste aller bedeutenden Historiker, Ludwig von Pastor, verwarf empört den Hexenwahn und schob ihn den Lutheranern in die Schuhe. Dabei war doch auch die Existenz der Hexen autoritativ gesichert – durch das verbal inspirierte Buch *Exodus,* das ‹ordentliche Lehramt› und die große theologische Tradition, überkonfessionell. Der Vorrat der Konfessionen an Glaubenswahrheit, das sog. *Depositum fidei,* ertrug den Verlust der Hexen leichter als den der Besessenen. Die Hexen wurden eher vergessen als verschmerzt. Nach ihnen fragten erst wieder Historiker wie

W. G. Soldan mit seiner *Geschichte der Hexenprozesse* von 1843; Feministinnen hinkten nach. Mancher Autor der Biedermeierzeit fand das Christentum ohne Teufel und ohne Exorzismus ungeschützt und kahl; ihm fehlte der alte Prunk, die üppige religiöse Folklore mit ihrem schaurig-schönen Zwielicht, das sich poetisch schätzen ließ. Es fehlte das schwarz-goldene Ornament. Als sei die Welt nicht vollständig ohne den Bösen.

Der Hexenwahn hatte eine solide biblische Grundlage, aber er hat das 18. Jahrhundert nicht überlebt. Der Teufelsglaube, mit ihm genetisch eng verwandt, hatte noch reichere Ressourcen neutestamentlicher, spekulativer, psychopathologischer und institutioneller Art, er war in Dogmatik und Liturgie tiefer verankert: Der Teufel war nicht so leicht zu ‹vergessen› wie die Hexen.

Aber die europäischen Intellektuellen hatten an ihm vor allem *zwei* artverändernde Eingriffe vorgenommen: Augustin und die westlichen Kirchen ordneten die allegorische Methode der Faktenbehauptung *unter*. Sie gestatteten die bildliche Deutung nur als *Ergänzung* der ‹realistischen›. Aber seit dem Ende des 18. Jahrhunderts las die historisch-kritische Forschung selbst die Zeugenformel «Ich habe es selbst mit eigenen Augen gesehen» als literarische Figur. Sie stellte die von Augustin, Thomas von Aquino und Luther geforderte primäre Realitätsversicherung in Frage. Dann blieb nur die Rückkehr zum puren Glaubensgehorsam oder der vollständige Verzicht auf den Leibhaftigen.

Zweitens hatte das 13. Jahrhundert den Teufel zum reinen Geist befördert, ohne ihn abzulösen von deftig-sinnlichen ‹Tatsachen› wie Teufelspakt, physischem Höllenfeuer, Hexensabbat und Beischlaf von Menschenfrauen mit schwarzen Engeln. Dabei hatte Thomas von Aquino gelegentlich richtig geahnt, der Verlust des Luftkörpers könnte dem Teufel abträglich werden. Dieses Schicksal hat ihn im Werk von Pomponazzi und Reginald Scot, von Hobbes und Rousseau ereilt.

Heute treten Prediger der christlichen Lehre auf, die erklären, daß sie den Teufel brauchen: Er gebe ihrer Rede den letzten Ernst. Er verleiht ihrer Neigung zur Unbarmherzigkeit theologische Weihe. Das teufellose Christentum, sagen sie, breche mit seiner Tradition; es präpariere Gottes Offenbarung diensteifrig, unterwürfig für die Spaßgesellschaft.

Erst Kreuzestod und Satan gäben der christlichen Predigt den untergründig-tiefen Psycho-Sound. Das Schaudern sei der Menschheit bester Teil, und zum Schaudern braucht es Blutopfer, Höllenrachen und Schwefelpfuhl. Als sei der Teufelshorror kein modernster Theatereffekt, wird er genutzt zur Eigenwerbung; er gebe der Religion den postmodernen Schliff ins Brisante, Aufregende; er nehme ihr den Geschmack des Harmlosen und Schläfrigen, er erzeuge Lebensernst, Wachsamkeit, Kampfgeist, Kriegsdienst des Glaubens, *militia Christi.*

Was Geschichte hat, endet

Satan hat Geschichte. Was Geschichte hat, hört irgendwann auf. Und eine Geschichte hat er; ich fasse sie noch einmal ganz kurz zusammen: Die ältesten Teile der *Hebräischen Bibel* kennen ihn noch nicht. Die Alleinherrschaft Jahwehs ließ ihm kaum Raum. Der Sündenfall in *Genesis* 3 fand ohne ihn statt. Das *Buch Hiob,* etwa aus dem 5. vorchristlichen Jahrhundert, kennt ihn nicht als Feind Gottes. Als Mitglied des himmlischen Hofstaats steht er bei den Gottessöhnen an Jahwehs Thron; er wirkt als willkommener Ankläger und wird beauftragt mit Menschenprüfung.

Erst das *Buch der Weisheit,* der jüngste Text des *Alten Testaments* (1. Jahrhundert v. Chr.), bringt Satan mit Eva und Adam in Verbindung durch die kurze Notiz, der Tod sei durch den Neid des Teufels in die Welt gekommen. Hier erfahren wir erstmals etwas darüber, was den Satan treibt: Er blickt voll Neid auf den Menschen und sucht ihm zu schaden.

Im *Neuen Testament* ist die Teufelsherrschaft voll entfaltet.[3] Der Kampf gegen sie ist ein wesentlicher Inhalt des Lebens Jesu.[4] Der Tod am Kreuz bringt den Wendepunkt; jetzt, heißt es, der Teufel sei besiegt.[5] Aber der Sieg steht im Zwielicht, er erfolgt nicht eindeutig, der Satan ist immer noch Herr dieser Welt.

Augustin griff in die Entwicklung ein, indem er die bildliche Deutung von Teufel und Höllenfeuer verbot. Er setzte seine ‹realistische› Deutung im lateinischen Westen kirchenpolitisch durch, Papst Gregor I. hat sie vergröbert.

Im 12. und 13. Jahrhundert änderten philosophische Reformer des lateinischen Westens die *Natur* des Teufels: Das Lufttier wurde reiner Geist. Sie hatten mit Aristoteles darüber nachgedacht, was ‹Leben› heißt, und wußten, daß ein homogenes Luftwesen ohne Organe nicht leben kann. Ihre Entstofflichung der Dämonen stützte sich auf Dionysius Areopagita und Johannes Damascenus, auf Aristoteles, *De anima* III und die Kommentatoren. Die Entmaterialisierung des Teufels erreichte bei Thomas von Aquino ihre klassische Form; er verband sie mit kirchenpraktisch-volkstümlichen Teufelsbildern. Trotz der Geistwerdung des himmlischen wie des höllischen Hofstaates ließ er es beim Sexismus der augustinischen Erbsündentheorie, beim augustinischen Bild vom Teufelspakt samt *incubi* und *succubi* und bei körperlichem Höllenfeuer, das reine Geistwesen peinigen sollte. Der Teufel und seine Engel waren jetzt vergeistigt, aber statt einer konsequenten Wende in der Geschichte des christlichen Selbstverständnisses ergab sich ein Nest von Widersprüchen. Die intellektuelle Hautevolee Europas spaltete sich: Philosophen wie Pomponazzi zeigten, wie überflüssig das Teufelswesen dem allgemein anerkannten philosophischen Denken des Aristotelismus sei. Gelehrte Kenner des Origenes entdeckten dessen Urteil, es sei nicht nötig, dem einfachen Volk viel von Höllenstrafen zu erzählen. Dominikanische Inquisitoren des 15. Jahrhunderts, an Thomas orientiert, vergröberten die Teufelspräsenz, indem sie den Hexensabbat ausmalten und den Teufelspakt als Häresie und Gotteslästerung mit dem Scheiterhaufen bestraften. Sie förderten die blutrünstige Verfolgung, die im 17. Jahrhundert zunehmend Kritik fand und dann allmählich verschwand. Der Hexenglauben war danach nicht wiederherzustellen; er bietet zum Teufelsglauben eine instruktive Parallele. Warum ging er zugrunde, der Teufelsglaube aber nicht? Schon der Hexenwahn war recht komplex; eine einzige Ursache hätte ihn nicht zum Verschwinden gebracht; nur ein Bündel von Motiven konnte ihn abschaffen.

Im Vordergrund stand der Zweifel an der korrekten juristischen Beweisbarkeit der Schuld. Das setzte einen entwickelten europäischen Stand der Rechtswissenschaft und der Rechtspflege voraus, also die Durchsetzung der bürgerlichen Rechtsordnung.

Wirksam waren: die Kritik an der Folter beim Prozeß, die Bestreitung oder die historisierende Umdeutung der biblischen Begründung des Hexenwesens als ‹Akkomodation› an den damaligen Volksaberglauben.

Bei europäischen Intellektuellen stieg das Mißtrauen gegen die dogmatischen Argumente der sich gegenseitig verurteilenden christlichen Kirchen.

Als tieferliegende Begründungen wirkten mit:

die strengeren methodischen Anforderungen beim Studium der Natur, der Geschichte, des seelischen Lebens,

die Erfolge der Medizin, die Entstehung der Psychiatrie,

das Bewußtsein der Autonomie der Moral,

die Verdiesseitigung des ethischen Selbstverständnisses,

die Säkularisation des alltäglichen Lebensgefühls,

der Rückgang des Kircheneinflusses, vor allem auf die Erziehung. Die Reformations-und Gegenreformationszeit verbreiterten und vertieften das religiöse Erziehungswesen. Jetzt hatten nicht nur Mönche Sorge um das eigene Seelenheil. Konfessionelle Auseinandersetzungen, vom Buchdruck verstärkt, ermöglichten die Individualisierung der Frömmigkeit, besonders bei Frauen und auf dem Land; gleichzeitig stärkten sie sowohl die Höllenangst wie die Skepsis.

Literarische Kritik und rigorose Philologie, das Erbe des Lorenzo Valla und des Erasmus, machten mißtrauisch gegen Legenden und Wundergeschichten,

allgemeine erkenntnistheoretische Bedenken kritisierten überschwengliches Jenseitswissen,

die tradierte Geringschätzung der Frau als des Einfallstors des Teufels in die geordnete Stadt der männlichen Kultur wurde unglaubhaft. Die Töchter der Florentiner Großkaufleute des Quattrocento und erst recht die der Göttinger Philologieprofessoren des 18. Jahrhunderts erkannten sich in den klerikalen Frauenbildern nicht wieder.

Dies dürften einige der Hauptursachen für die unwiderrufliche Beseitigung des Hexenwahns gewesen sein; die Abschaffung Satans verläuft komplizierter.

Unterbrochener Abgang

Die Axt an den Baum des Satanismus war gelegt. Den effektiven, aber allmählichen und immer umstrittenen Abbau der Teufelsmacht in Christenseelen brachten nicht die Reformatoren des 16. Jahrhunderts. Ihr Augustinismus und Anti-Origenismus trieb sie vielmehr in Richtung Satanismus. Ähnlich wirkten bei den Gegenreformatoren die im Thomismus erhalten gebliebenen Augustinismen. Den Durchbruch brachten nach der Vorarbeit des Pietro Pomponazzi und des Arztes Johannes Weyer aufgeklärte Theologen, Philosophen und Juristen seit dem Ende des 17. Jahrhunderts. Ich nenne noch einmal Reginald Scot, Thomas Hobbes, für die Bibelerklärung Richard Simon und die englischen Deisten, dann die evangelischen Exegeten von Göttingen und Halle.

Heute propagieren protestantische Kirchenvertreter ein anderes Bild der Reformation. Sie preisen sie als Befreiung. Jedenfalls war sie nicht die Befreiung vom Teufel. Wer die Wahrheit wissen will, lese die Quellentexte, mindestens:

Luthers *Großen Katechismus* von 1529, besonders zum 2. Artikel,[6]

dort auch zur dritten und sechsten Bitte des Vaterunser,[7]

die Schrift zum Bauernkrieg 1525: *Wider die räuberischen und mörderischen Rotten der Bauern,*[8]

Artikel 20 der Augsburgischen Konfession.

Ausreichend reformatorische Teufelsbelege stehen bei Heiko A. Oberman, *Luther: Mensch zwischen Gott und Teufel,* Berlin 1982. Im Rausch des drohenden Lutherjubiläums von 2017 ist zu erwarten, daß niemand mehr auf Oberman hört. Deshalb zitiere ich noch einen weiteren Zeugen zu Luther und dem Teufel:

«Wie bequem macht sich's nicht Luther durch seinen Teufel, den er überall bey der Hand hat, die wichtigsten Phänomene der allgemeinen und besonders der menschlichen Natur auf eine oberflächliche und barbarische Weise zu erklären und zu beseitigen.»[9]

Heute reden evangelikale Kreise, fundamentalistische Gruppen und Römisches Lehramt wieder viel und realistisch von Satan. Papst Johannes Paul II. hat das von 1614 stammende Ritual der Teufelsaustreibung (Exorzismus) anno 1998 überarbeitet und erneuert. Der *Katechismus der Katholischen Kirche* von 1993 stellt ihn als mächtig handelnde Person vor und sagt:

«Sein Tun bringt schlimme geistige und mittelbar selbst physische Schäden über jeden Menschen und jede Gesellschaft.» (§ 395 S. 131)

Das ist die alte Allgegenwart des Satans, betont durch das doppelte «jede», unauffällig eingeschränkt durch das «mittelbar». Damit es ihn ‹wirklich› gibt, muß er «selbst physische Schäden» anrichten: Sind Erdbeben gemeint? Wie man sieht, behauptete die christliche Lehre zwei Jahrtausende lang die reale Macht und den personalen Charakter des Gegenspielers Gottes. Wir sollen den Teufel gerade nicht metaphorisch als Prinzip des Bösen deuten, als sei er ein abstraktes Prinzip, sei er doch denkender und wollender ‹personaler Geist›. Die Christenheit hat den reduzierten Gott der radikalen antiken Dualisten als Satan im Leib. Sie ordnete ihn – ontologisch gesehen – dem Schöpfergott unter, ließ ihn aber in der irdischen Welt so mächtig walten, als sei Satan doch nicht besiegt. Darüber machte die Christenlehre zweideutige Aussagen; sie warnte gleichzeitig vor seiner Unterschätzung und hob doch hervor, er mache nichts ohne die Erlaubnis Gottes.

Das war ein bedenkliches Zugeständnis. Denn genehmigt ihm Gott seine Untat, dann ist Gott für sie verantwortlich. Kann er ihm die Erlaubnis nicht verweigern, ist er nicht allmächtig. Wenn Gott unendlich gut ist, müßte er sie ihm verweigern. Aber dann ist der Teufel funktionslos. Er entlastet Gott nicht vom Übel.

In der überwiegenden Zeitspanne ihres Bestehens hielt die Christenheit Satan für den Herrn dieser Welt, wenigstens bis zu seiner endgültigen Fesselung nach der Endzeit. Er konnte fast alles; er war für den einfachen Christen mit Gott verwechselbar, abgesehen davon, daß der urtümliche Jahweh diabolische Dinge tat: Er gab die verworfene Idee der Volkszählung ein, die er dann bestrafte; er schickte dem gemütskranken König Saul den bösen Gottesgeist.

Einige Theologen versuchten, die im *Neuen Testament* verbürgte Weltherrschaft Satans einzuschränken. Andere steigerten sie. Besonders die Botschaft vom bevorstehenden Weltende, die Täuschung der Apokalyptik, erhöhte Satans sinistre Macht: Danach leben wir in der Endzeit; in ihr sei dem Teufel besondere Macht gegeben zu unserer Erprobung. Der Teufel wisse, daß er nur noch kurze Zeit habe, uns ins Verderben zu stürzen, und nutze sie aus. Zugute kam dem Bösen die Vorstellung von seiner Herkunft vom Himmel. Spät bekam er eine Vorgeschichte als Engel. Die hatte er nicht von Anfang an; sie wurde zudem metaphysisch überhöht, als er seinen alten Luftkörper verlor und zum reinen Geist avancierte. Damit stand er über der Sternenzeit, er konnte die Zukunft wissen. Als sei das nicht genug, machte die theologische Phantasie ihn

zum obersten aller Engel,

zum Herrscher über Teufelsheere,

zum Anführer der Engelrebellion, die zu seinem Sturz führte,

zum listvollen Irreführer, der sich verwandeln kann in einen Engel des Lichts,[10]

zum Herrn über Naturvorgänge, der Körper verändert, Unwetter verursacht, menschliche Leiber umformt, Wahrnehmungen erzeugt, verhindert und verändert.

Ihm gegenüber war der Mensch schwach. Der Mensch konnte sich im eigenen Haus nicht sicher fühlen. Er sollte sich schwach *wissen* und seine Zuflucht bei der Gnade des Allmächtigen suchen. In jedem Unglück sollte er den Leibhaftigen am Werk sehen. Die Wahnsinnigen bewiesen, daß der Teufel mächtig genug ist, den Menschen am Denken zu hindern.

Viele Jahrhunderte lang gab es für die Christenheit keine Wirkung in der sichtbaren Welt – Sternbewegungen ausgenommen –, die Satan nicht verursacht haben könnte. Pest, Hunger und Kriege, das alles *kann* von ihm kommen, sagte Thomas von Aquino, das alles *kommt* von ihm, sagte Martin Luther. Dies wurde über Jahrhunderte gelehrt und eingeübt; es schuf intellektuelle und sentimentale Dispositionen; es prägte das Alltagsbewußtsein und erschwerte Versuche wissenschaftlicher Welterklärung. Es schuf die «wichtigsten formenden Elemente der Lebensführung» Max Webers.

Er wurde lange plausibel gefunden. Er stimmte zum Gesamtrahmen, zum Bedürfnis der durchgesetzten Unterscheidung von Gut und Böse, zum Theismus mit Widersacher, zum Polaritätsdenken nach Hell und Dunkel, Ordnung und Chaos. Thomas von Aquino gewann aus allgemein vorhandenen Bildern der Magie seinen Teufelsbeweis. Volkstümliche Vorstellungen vom Himmelspalast und von Rebellion des Vasallen stützten es. Auch die Überzeugung von der intellektuellen Minderwertigkeit der Frau, von ihrer Beeinflußbarkeit und moralischen Labilität. Es regte an, alles Sexuelle mißtrauisch zu beobachten und das Leben der Mitchristen autoritär zu kontrollieren. Juristisch-spekulativ befriedigte: Das Teufelsreich hatte ähnlich wie das Gottesreich eine hierarchische *civitas*-Struktur. Das Gesamtbild wirkte überzeugend vollständig; es brachte die Naturphilosophie lange auf seine Seite; bis ins 17. Jahrhundert war es von einer Sprachauffassung begünstigt, die den Vokabeln noch etwas von der wesensgerechten Sprache Adams zutraute; das Wort galt noch als Konsequenz der Dinge. Von ihm waren magische, zauberhafte und/oder liturgische Wirkungen zu erwarten; es gab mehr als bloße Information. Der Gesamtkomplex von Teufel, Dämonen und Hexen und Besessenen war flexibel und in Einzelteilen umbaufähig; in Krisenzeiten ließ er sich apokalyptisch zuspitzen. Das große Drama des Kampfes des guten mit dem bösen Prinzip ‹erklärte› viel: die Inkompetenz der Fachleute bei Katastrophen wie Hunger, Pest und Krieg, die Korruption der Kirche, die Bosheit der Tyrannen, zunehmende Versuchungen der Heiligen. Für viele Jahrhunderte war die europäische Elite davon überzeugt, daß Höllenstrafen gepredigt werden müssen. Nur die Angst vor ihnen halte die Unterschichten botmäßig. Ohne diese Drohung würden die Bauern den Zehnten verweigern, die bürgerliche Moral verschwände.

Das waren so viele Vorzüge, daß man sich die Gründe in Erinnerung bringen muß, die das System ins Schwanken brachten:

Der Monotheismus wurde strenger gefaßt. Im 18. Jahrhundert breitete der moderierte, oft verdeckte Spinozismus sich unter viel Geschrei aus; dessen Gott duldete keinen Sondergott der irdischen Welt neben sich. Er schied wie der königliche Absolutismus Zwischeninstanzen zwischen Gott und Mensch zunehmend aus. In den Theologien traten die spätmittelalterlichen Motive der Willensallmacht und Furchtbarkeit Gottes zurück. Gott wurde ‹lieb›. Das Konzept Gottes als des Weltenrichters verlor an Plausibilität. Die Begriffe von Begnadung und Erlösung wurden humanisiert. Erbsünde als biologische Vererbung von Sünde und Genugtuung durch Blutvergießen des Sohnes wurden unbegreiflich. Das bürgerlich selbständige Subjekt fühlte sich gestört vom Autoritarismus des Konzepts der Offenbarung. Es wertete seine Moral höher als alle Rituale. Die sah es als «Afterdienst der Religion». Es ertrug nicht mehr die Prädestination der Mehrheit der Menschen zur Hölle. Es empfand die Ewigkeit der Höllenstrafen als Widerspruch zu Gottes Güte und zur Würde der Person. Es bestand auf der Willensfreiheit als Bedingung der Anrechenbarkeit von Schuld. Die Neuzeit behauptete ihre Legitimität; sie ging Natur und Geschichte mit strengeren Verfahren an; sie verdrängte die Verbalinspiration der Bibel durch historisch-kritische Analyse; sie wies nach, daß Satan eine Geschichte hatte, vielleicht gar außerbiblischer Import und im Christentum ein abstoßbares judaistisches Element war.

Die Verteufelung der Sexualität war nicht zu halten. Dem Christentum entging die Deutungshoheit über die Reproduktion des Menschen. Der Teufel verlor sein liebstes Betätigungsfeld.

Der Inquisitor Kramer hatte noch mit Hilfe des Thomas von Aquino die aristotelische Naturphilosophie im *Hexenhammer* mit dem Satanismus kompatibel gemacht; das 17. Jahrhundert begann, den Naturbegriff genauer, empirisch strenger zu fassen. Der Naturbegriff des Pomponazzi war noch zuwenig streng, enthielt noch Reste der antiken Mythologie. Nachdem Hume und Kant erklärt hatten, was Erfahrung ist, konnte niemand mehr zeigen, woran man das Teuflische der Satanswirkung erkennt, wenn es sie überhaupt gibt. Wer danach fragte, erfuhr nur noch, das müsse er glauben. Es stehe schließlich in der Bibel.

Gegenkräfte

Europa nahm den Teufel nicht einfach hin; es rang mit ihm. Es machte ihn nicht klein, sondern nobilitierte ihn zum reinen Geist und beließ ihn gleichzeitig in der zuerst klerikalen, dann populären Subkultur.

Und dagegen entwickelte es wiederum Gegenkräfte. Es gab in der christlichen Zeit mehrere Modelle wissenschaftlicher Orientierung; sie stammten aus der Antike, später aus der arabischen Welt; seit dem 13. Jahrhundert entwickelte der lateinische Westen sie selbst mit Hilfe antiker und arabischer Vorbilder. Wenn streng gedacht wurde, ließ keine Art des Monotheismus den Teufel zum Gott dieser Welt aufsteigen, am wenigsten der islamische. Im späten Judentum und in der Christenwelt bedrohten Eingriffe der göttlichen Allmacht, ‹Wunder› genannt, die alltäglichen wie die gelehrten Gewißheiten; Dämonen setzten jede reale Welterkenntnis unabsehbar ins Zwielicht: *unabsehbar,* wenn jede natürliche, auch religiöse Erfahrung vom Vater der Lüge stammen konnte, von dem man überzeugt war, daß er dem Menschen auf alle Weise schaden wolle.

Ein Christ konnte auf metaphysische Absicherungen verzichten, konnte sich auf Versuch und Irrtum beschränken. Eine derartige Resignation war um so klüger, je niedriger das Voraussageniveau der zeitgenössischen Wissenschaften lag. Aber seit dem 12. Jahrhundert konnte die expandierende Welt Europas sich damit nicht mehr begnügen. Mochten Randgesellschaften die fromme Skepsis kultivieren oder als untergeordnete kulturelle Praxis von Randexistenzen mitschleppen; in den führenden Schichten ging das nicht. Diese versuchten, Sicherheiten zu schaffen. Dazu boten sich verschiedene Wege an:

Thomas von Aquino unterschied Natur von Übernatur. Das gestattete immanente Rationalität der Naturbetrachtung. Sie blieb aber immer *hypothetische* Rationalität. Sie ignorierte de facto das göttliche und diabolische Wunderwirken in abgegrenzten Diskurszusammenhängen, z. B. innerhalb der philosophischen Theorie der Wahrnehmung. Sie blieb zur *faktischen* Welt in Distanz. In dieser konnte alles passieren. Für die reale Erfahrung gab sie den Anspruch auf Erfassung des Übernatürlichen auf; für diese ließ sie den rohen Autoritätsstandpunkt nicht nur zu; sie *forderte* ihn, um dann in zweiter Instanz mit spekulativer Theorie der Glaubenslehren fortzufahren. Sie blieb *formale Rationalität.* Ihr Zwei-Stockwerksystem sicherte der scholastischen Tradition eingeschränkte Fortwirkung; es war mit Aberglauben und religiösem Willkürstandpunkt kombinierbar und verwarf gleichzeitig für die ‹natürliche›

Welt den Aberglauben. Bei sozialen, politischen und intellektuellen Krisen gewann Satan wieder an Gewicht. Dadurch kam es zu mehreren *historischen Konjunkturen* der Teufelspräsenz, auch noch in den Jahren nach dem Zweiten Weltkrieg.

Eine zweite Möglichkeit bestand darin, den Teufel funktionslos zu machen, ihn theoretisch und ethisch-praktisch als entbehrlich zu erklären und/oder zu behandeln. Ein solcher Anlauf konnte sich auf den Versuch stützen, das Gotteskonzept umzuwandeln in den Inbegriff logischer Rationalität, was spät- und nach-scholastisch möglich war mit Hilfe aristotelischer, cartesianischer oder spinozistischer Elemente. So ließ sich ein neuer Grad lebenspraktischer und wissenschaftlicher Sicherheit erreichen, der die fromme Skepsis hinter sich ließ, wenn er sich auch – wie etwa die cartesianische Schule – innerhalb eines historisch kontingenten Paradigmas bewegte; Pascal hielt diese Gewißheit daher für *inutile et incertaine*, unnütz und unsicher.

Der Teufel bildete ein historisch variables, aber als solches ein stabiles Element des christlichen Denkens vom ersten bis ins 18. Jahrhundert; seine Abschaffung, ein theoretischer Vorgang erheblichen Interesses, basierte auf einer Reihe theoretischer Argumente theologischer, philosophischer, methodologischer und juristischer Art; sie forderte argumentative Anstrengung und entfernte zuletzt auch die Gottheit aus dem Theoriefeld. Zunächst gewann Gottes Alleinherrschaft im Namen der natürlichen Religion dem Teufel Terrain ab, parallel zum fürstlichen Absolutismus des 17. und 18. Jahrhunderts, der den alten Adel entmachtete; zuletzt bestritt sie ihm gänzlich den Platz. Denn bei zunehmender historischer Erfahrung und politischem Bewußtsein sprang die Skepsis von der Satanologie über auf die philosophische Theologie. Das philosophische Denken wurde nicht nur den Teufel los, sondern auch Gott. Doch zuvor fand die in Frankreich vor allem von Richard Simon entwickelte kritische Bibelphilologie aufmerksame Aufnahme bei englischen Deisten; sie führte zur Kritik an Weissagungen und Wundern. Antony Collins (1676–1729) empfahl in *A Discourse of Freethinking* (1713) die Freidenker als die einzigen Befreier von Teufelsherrschaft. Englische Theologen dachten jetzt ein Christentum, das so alt sei wie die Schöpfung, das also keiner zusätzlichen Offenbarung bedurfte; sie deuteten es ähnlich wie Kant von der Vernunft und der Autonomie der Moral her; sie leiteten ihre Ethik nicht mehr von der Bibel ab. Übernatürliche Eingriffe wurden überflüssig; für Satan war kein Platz mehr. Die Annahme, in der Endzeit zu leben, verlor sich und damit die Überzeugung, in apokalyptischer Zeit unter besonderer Bedrängnis durch Satan zu leiden.

Der Teufelsglaube ist nicht primär an der neuen Naturwissenschaft des englischen 18. Jahrhunderts gescheitert. Das zeigen auch die gelehrten Recherchen von Stuart Clark über das Hexeninteresse der naturforschenden Herren von der Royal Society.[11] Der Widerspruch hatte, wie erwähnt, mehrere Wurzeln: Er widersprach dem neuen Nachdenken über die Unendlichkeit Gottes, das bald als Pantheismus verschrien und als Spinozismus bekämpft wurde. Ein neues menschliches Selbstbewußtsein erhob, zunächst in England und Frankreich, den Anspruch, den Kirchenglauben nach Maßstäben des Vernunftglaubens zu bewerten. Es ertrug den Teufel nur als Symbol des radikal Bösen. Denker traten auf, die das institutionell geförderte menschliche Schwächebewußtsein überwinden und die metaphysische Untertanenschaft abwerfen wollten; sie argumentierten erkenntniskritisch und methodologisch und fragten: Woran sollen wir Naturvorgängen ansehen, daß sie auf *teuflische* Einwirkung zurückgehen? Wie sollen wir bei Vorgängen des Natur- oder Seelenlebens die Wirkung Gottes identifizieren? Da sieht jemand einen Baum, der in Flammen auflodert, aber dabei nicht verbrennt. Ist das ein Wunder? Das könnte nur behaupten, wer alle Arten des Verbrennens und der möglichen Hindernisse des Verbrennens kennte und gegenwärtig hätte. Er müßte alle künftigen Forschungen zur Brandentstehung kennen. Und wäre es ein Wunder – ist es ein Wunder Gottes oder des Teufels? Woran genau soll ich diesen entscheidenden Unterschied festmachen?

Auch bibelphilologische Argumente bedrohten seit dem Ende des 17. Jahrhunderts die Teufelsherrschaft. Einige Theologen, aber auch Philosophen wie Thomas Hobbes entdeckten die Fruchtbarkeit der von Lorenzo Valla, Erasmus, Richard Simon und Pierre Bayle entwickelten historisch-kritischen Analyse. Sie gaben die Lehre von der Verbalinspiration auf, schufen historisches Abstandsbewußtsein zum Text und deuteten die satanologischen Stellen des *Neuen Testaments* nicht als geoffenbarte ewige Wahrheit, sondern als Akkomodation an volkstümliche Überzeugungen und medizinische Irrtümer des ersten Jahrhunderts.

Begrenzungen. Kompetenzentzug

Europäische Denker erlaubten – von einem bestimmten Zeitraum an – dem Teufel nicht mehr *alles*. Sie haben eine ganze Serie von Halbherzigkeiten erdacht, die Macht des Teufels zu beschränken. Abschaffen ließ er sich nicht, solange noch eine Reihe anderer Plausibilitäten seine Plausibilität stützte; also banden sie ihn an Regeln. Das ergab eine Einschränkung seiner Macht, Kompetenzentzug für einzelne Gebiete, eine Art ‹kleiner Abschaffung›. Ihre Argumente waren vor allem folgende:

Orthodoxe Theologen betonten, allmächtig sei allein der gute Gott. Sein Wille habe die Macht Satans stabil begründet, aber auch begrenzt. Er sollte zum Beispiel nicht wie der Erschaffer etwas aus dem Nichts hervorbringen, also völlig neu setzen können. Er muß mit dem vorhandenen Weltstoff auskommen. Er kann auch nicht die Gesamtstruktur des Universums verändern. Er kann nicht bestimmen, was gut und was böse ist. Er ist der Böse: Könnte er auch das Gute wollen? Will er nicht das Gute für sich, zum Beispiel Erfolg bei der Jagd nach Seelen? Bejaht er es nicht als gut für sich, daß seine überragende Intelligenz erhalten bleibt?

Gewisse Grenzen sind ihm auch daraus erwachsen, daß er reiner Geist, *substantia separata*, geworden ist: Er muß *wissen*, daß er böse ist. Er *will böse sein*, dazu muß er wissen, daß er seinen Willen einsetzen kann. Er hat eine eigene Art der Zeitlichkeit, Teufelszeit wie Engelszeit, denn seine Überlegungen und Willensakte können nicht alle zugleich stattfinden; auch bei ihm kommt *ein* Akt nach dem anderen. Sie unterliegen nicht der Sternenzeit, wohl aber ihrer eigenen Zeit. Teufel sind auch darin begrenzt, daß sie nicht wie Gott die zukünftigen Dinge an ihnen selbst erkennen; sie erfassen nur deren gegenwärtige Ursachen. Ihre Kenntnis des Kommenden ist zwar sicherer als die der Menschen, aber doch immer indirekt, erschlossen.[12]

Die Vormacht Gottes beengte das Kraftfeld Satans. Es gab wohl nie, auch nicht im antiken Manichäismus, totale Gleichartigkeit der dualistisch konzipierten metaphysischen Mächte. Aber sie nahmen Bezug aufeinander und entwickelten in der Gegensätzlichkeit gemeinsame Züge. Satan wurden Handlungsarten zugeteilt, die zuvor Jahweh vorbehalten waren; das hat den Begriff Gottes im Sinn moralischer Korrektheit verändert. Der Teufel repräsentiert ein aus Jahweh herausoperiertes Element und behält aufgrund dieses Ursprungs Familienähnlichkeit. Sie besteht, auch wenn sie nicht Gleichartigkeit bedeutet. Beide, sagt man, stehen im Kampf einander gegenüber und zeigen damit Gemeinsamkeit. Sie stehen als vorstellbare Subjekte diametral einander gegenüber, im selben *vorgestellten* Raum, und entsprechen einander in dieser Gegenlage. Auch Gott wird vorstellbar, wenn Satan vorstellbar gedacht wird. Theologen versicherten, der Teufel dürfe keinen Schaden anrichten, ohne Gott dafür vorher um Erlaubnis gefragt zu haben. Kolloquien dieser Art ließen sich seit dem 18. Jahrhundert schwer mit Gottes Transzendenz vereinbaren.

Ihr Kampf gegeneinander relativiert beide. Als Platon, Plotin und Proklos das Konzept der negativen Theologie entwarfen, hatte ihr Gott keinen Kontrahenten. Indem der Christengott in die Auseinandersetzung mit Satan eintrat, begrenzte er die Macht des Satans und wurde selbst begrenzt.

Für massive Kämpfe mit dem Teufel stand der heilige Michael zur Verfügung. Vor allem bei der Entfernung Beelzebubs aus dem Himmel soll er handgreiflich zugepackt haben. Gott konnte im Hintergrund bleiben. Daß er dabei nicht direkt als Kombattant auftrat, war ein tiefsinniger Zug der theologischen Mythologie; sie rettete einen Rest der negativen Theologie. Auch Michael wirkte nicht *ewig*; auch er hatte geschichtliche Konjunkturen, er stand für die Bekämpfer der Türken vor Wien; im Ersten Weltkrieg und selbst im Zweiten repräsentierte er auf jedem militärischen Koppelschloß die deutsche Gewißheit, daß «Gott mit uns» sei.

Die innere Burg

Einige philosophische Köpfe unter den Christen begrenzten den ausufernden Teufelseinfluß, indem sie gegen ihn die Unzugänglichkeit der inneren Burg des Menschen verteidigten. Das ‹Fleisch› war das Einfallstor des Teufels. Die irdische Natur, der Leib und die Seele in ihren niederen Funktionen (Ernähren, Fortpflanzen, Wahrnehmen, Erinnern) unterlagen der Teufelsmacht. Der Teufel konnte selbst die *Ausübung* des Intellekts und des Wollens blockieren, denn seit dem 13. Jahrhundert erkannte der menschliche Intellekt – aristotelisch – nichts ohne Vorstellungsbilder (*phantasmata*),[13] und diese unterliegen Teufelseinwirkungen; dennoch, sagten sie, sei dem Teufel der Zutritt ins Innerste des Menschen verwehrt, in seine intellektuelle Aktivität und seinen freien Willen. Allein Gott könne den Willen bewegen, unsere frei gewollten Überlegungen könne weder ein Dämon noch sonstjemand erkennen, sondern allein Gott und der frei wollende und nachdenkende Mensch.[14] Wenn es bei *Jeremias* 17,9 heißt, «Das Herz des Menschen ist unerforschlich», so bedeutete das kein mystisches tête-à-tête von Gott und Mensch, sondern ein Verhältnis des Verursachens und Befehlens: Der Mensch ist auch in seinem Willen unmittelbar Gott untergeordnet; Gott kennt und lenkt sein Herz, der Teufel und die Dämonen können das nicht. Sie haben zwar eine höhere Intelligenz als Menschen; sie kennen dank ihrer allgemeineren Erkenntnisbilder auch die engeren Begriffe der Menschen, aber welchen Gebrauch, der immer ein willentlicher ist, wir von ihnen machen, das bleibt allen außer Gott verborgen.

Die Argumente zur Begrenzung der Teufelsmacht gingen mehrfach hin und her. Denn: Gewönnen Teufel und Dämonen gar keine Einsicht in menschliche Gedanken und Willensakte, könnten sie nicht auf Menschen einwirken. Augustinus hielt es daher für ausgemacht, Dämonen hätten Kenntnisse auch von unausgesprochenen menschlichen Gedanken, aber wie das möglich sei und wie weit es gelte, das sei eine äußerst schwierige Frage.[15] Thomas zitierte diese Aussprüche und machte sich daran, diese Frage zu entscheiden, was ihm möglich war, weil er die

Dämonen zu *substantiae separatae* erhoben hatte, ihnen also allgemeinere, aber gefüllte Konzepte zugestand, ohne ihnen die einzelnen menschlichen Willensakte und die von ihnen gesetzten Gedanken zugänglich zu machen (*De malo* 16, 8).

Das war eine halbherzige Befreiung des Menscheninnersten vom Teufelsdruck. Denn Thomas hatte keinen Zweifel: Der Teufel zeigte dem Menschen Körper und Körperdinge, die sein Denken und Wollen mitbestimmen.[16] Papst Gregor fand, der Teufel dringe sogar in die Seelen von Heiligen ein, könne nur nicht darin *bleiben* (*Moralia* 27, 26, 50). Diese großen Kirchendenker schützten nur inkonsequent den verschlossenen Garten der Christenseelen vorm bösen Eindringling. Sie redeten, als brauchten sie nur ein Wortgewebe, ein rhetorisches Ganzes zusammenzubringen, in dem sowohl das Vorrecht Gottes, in jedes Innere einzugreifen, als auch die Allgegenwart Satans vorkam. Sie schufen Formeln, die beides bestehen ließen.

Sie unternahmen Anläufe zur rationalen Lösung. Aber da sie *guten* Engeln Einfluß aufs Menscheninnere zugestanden, konnten sie, nachdem sie die Naturgleichheit von Engeln und Dämonen lehrten, die gute Seele nicht mehr vor Zudringlichkeiten des Teufels schützen. Damit öffneten sie das Seelentor dem niederen Teufelswerk, der Magie, die immerhin mit Teufels Hilfe Frösche herstellen konnte.[17] Dann gab es Nekromantie, Verhexungen, Satanspakte, Traumerscheinungen, Sinnestäuschungen und Besessenheit; Teufelswunder ereigneten sich, so die Verwandlung der Frau Lots in eine Salzsäule.[18] Dämonen konnten dann zwar immer noch keine Menschen zeugen, aber sie sammeln Samen und verwenden ihn geschickt für ihre Zwecke.[19] Und ohnehin war die geistige Seele in *Gottes* Hand wie Ton in der Hand des Töpfers.

Christentum ohne Teufel?

Könnte das Christentum die Abschaffung des Teufels überstehen? Läßt sich das Christentum ohne Satan rekonstruieren?

Dagegen spricht die intellektuelle Innovationsscheu von Autoritäten. Fast alle Gelehrten bleiben ihr Leben lang bei ihrem einmal gewählten Paradigma. Dagegen spricht die Vollständigkeit des Systems, vielleicht auch die Angst vor dem Teufel. Tendenzen dazu konnten sich kaum durchsetzen; das ist selbst Schleiermacher nicht gelungen, der doch wortmächtig und unentschieden genug war, um breite Zustimmung zu finden. Das *Neue Testament* spricht zuviel vom Teufel; Satans psychologische Ambivalenzen deuten vage ins ‹Tiefe› und werden so noch geschätzt; die bildliche Auslegung, von Augustin früh durchschaut als Glaubensverweigerung, wird verschämt gehandhabt. Der Teufel repräsentiert die Übermacht des Bösen in der Welt zusammen mit dessen Besiegbarkeit; diese psychologische Koinzidenz disparater Motive übersteigt die bloß moralistische Betrachtung der Welt und tritt daher auf als Ausbund von Tiefsinn. Sie straft diejenigen Lügen, die den Unterschied von Gut und Böse absolut festhalten wollen in der Annahme, das sei das Höchste, was menschliches Denken erreichen kann. Frühe Christen mußten die grausame Hinrichtung Jesu als in Gottes Welt möglich denken können – ohne Teufel war diese blutige Genugtuung, diese Art der Besänftigung des Gotteszorns nicht plausibel. Die dadurch entstehende Komplexität bot gruppenpsychologisch Vorteile: Sie schließt Gemeinden und Konfessionen zusammen; sie hält an zu Wachsamkeit und zur gemeinsamen Wahrung der Identität. Sie gibt dem Verein der Befreiten das Bewußtsein der Ausnahmeexistenz, des prekären und gefährdeten Charakters, denn die Weltzeit, hieß es, gehe bald zu Ende. Der Teufel bewirkt Wehrhaftigkeit, und diese ist besonders in geschichtlichen Situationen gefragt, in denen sichtbare Feindesgruppen auftreten, die sich als Teufelssöhne identifizieren lassen: Juden, Hunnen, Ungarn, heidnische Slawen (wie bei Thietmar von Merseburg, † 1018), Sarazenen, Mongolen, Türken, Kommunisten. Politiker finden es nützlich, die Gegenseite als ‹Reich des Bösen› auszumachen. Den Führern des Lichtreiches bestätigt die Rede von der Existenz des Bösen die Wichtigkeit ihrer Aufgabe; sie bereitet sie darauf vor, daß sie besonderen Versuchungen ausgesetzt sind. Die Dämonen tragen ja, wie Thomas von Aquino (Sth I 64, 4) erklärte, zur Weltordnung dadurch bei, daß sie die Guten in Versuchung bringen und ihre Widerstandskraft stärken.

Bis ins 18. Jahrhundert bekam der Teufel Lebensbedeutung und Alltagsbezug durch die Erfahrungsfälle der Besessenheit, der Zauberei, der Gewitter und der Hexerei. Er verursachte noch Epidemien und Fluten, und genau diese allzu gute Vernetzung mit dem Alltag ergab erste und wichtigste Angriffspunkte gegen den Teufelsglauben. So ungefähr ging es dem Teufel unter den Christen: Solange er noch mit jedem Blitzschlag quasi-vernünftig in Verbindung gebracht werden konnte und hinter jeder attraktiven Frau als Verführer lauerte, war er präsent; bei veränderter Weltansicht verlor er diese Köder. Er wurde funktionslos und kam im produktiv-lebenden Bewußtsein nur noch literarisch vor. Das Christentum ohne den Teufel schien freier zu werden, zwangloser, optimistischer, aber es wurde auch inhaltsarm und blaß. Man vergegenwärtige sich den reichen Blumenstrauß von Kompetenzen, über den der Böse im 13. Jahrhundert verfügte. Thomas von Aquino sah ihn vielfach wirksam: Er wohnt in Sündern, er hält junge Leute vom Klosterleben ab, er verhindert den Vollzug mancher Ehe, er quält Seelen Verstorbener im Höllenfeuer, er verursacht bei frommen Männern nächtlichen Samenerguß, er hat die größte Freude, wenn er verführt, besonders zu Wollust, *luxuria*, und Götzendienst, *idololatria*. Das alles hat er verloren. Unter der Sonne Satans ist es langweilig geworden. Der Teufel bewirkt höchstens noch bloß individualpsychologische Fehlgriffe, ‹Bosheiten› genannt.

Der Zusammenhang von Gott und Teufel ist eng, enger als gedacht. Vielleicht wurden deshalb selbst die reformeifrigsten Theologen den Teufel nicht recht los. Vermutlich muß Gott fahren lassen, wer Satan wirklich loswerden will – Gott in der Kirchen-Fassung, biblisch und jenseitig. Anders wäre es mit Gott als Allheit der Realität. Mit dem Theologengott teilt Satan viele Eigenschaften: Er ist unsichtbar wie er; er ist überall wirksam. Und er ist ewig oder fast so ewig wie er. Für ihn ließ sich vorbringen, es gebe das Gute nicht ohne das Böse, also auch *den* Guten nicht ohne *den* Bösen. Weder Gott noch der Teufel wurde je gesehen. Woher sollten die Prädikate kommen, die man ihnen zuspricht? Aus der Bibel, aber sie galt nur bei Eingeweihten und nur, solange an sie als Gotteswort geglaubt wurde. Tradierte Gottesprädikate wurden dem Teufel umgewidmet. Bekannte Alltagsalternativen wie Gut und Böse, Hell und Dunkel, Oben und Unten bestimmten das

Bild von Gott und Teufel. Das klang plausibel, verband aber Gott und Teufel so eng, daß sie zu trennen schwerfiel. Nur beide zusammen ergaben das vollständige Bild der Herren der Welt. Nimmt man beide als Bild, ergibt das sogar Sinn, nämlich den für alle Ewigkeit festgeschriebenen Moralismus von Gut und Böse, von Himmel und Hölle.

Anhang

Anmerkungen

I. Wer ist Satan?

1 Wilhelm Wattenbach – Robert Holtzmann – Franz Josef Schmale, Deutschlands Geschichtsquellen im Mittelalter, Erster Teil, Darmstadt 1967, S. 57.

2 Thietmar von Merseburg, Chronik, I 24, lat.-dt. hg. von Werner Trillmich, Darmstadt [5]1974, S. 26 und 28. Eigene Übersetzung.

3 Beweis: Ovid, Metamorphosen 2, V. 260–261:
Dissilit omne solum, penetratque in Tartara rimis
Lumen et infernum terret cum coniuge regem.
Der Zusammenhang: Phaeton hat mit dem Sonnenwagen den Weltbrand verursacht. Nun zeigen sich Risse überall am Boden. Licht dringt durch die Spalten in den ewig finsteren Tartarus und erschreckt den König der Unterwelt und seine Gattin.
Übrigens lebte auch der Gott des Alten Testaments nicht immer ohne Frau. Belege bei Othmar Keel, Gott weiblich. Eine verborgene Seite des biblischen Gottes, Gütersloh 2008.

4 Walter Stephans, Demon Lovers. Witchcraft, Sex and the Crisis of Belief, Chicago 2002; Catherine Rider, Magic and Impotence in the Middle Ages, Oxford 2006; Centro italiano di studi sul basso Medioevo (Hg.), Il diavolo nel Medioevo, Spoleto 2013, mit weiterführender Literatur.

5 Ich denke besonders an Elisabeth Langgässer, Das Triptychon des Teufels von 1932. Dazu Kurt Flasch, In Richtung Wahrheit, München 2014, S. 125–126.

6 Isidor von Sevilla hat sie in seinen Etymologien (8, 11, 18–28) 31 zusammengestellt. Mit weitaus größerer Gelehrtheit Johannes Gerhard in seinen Loci theologici, Locus 31 in seiner Onomatologia Inferni, Loci

theologici, Band 20, ed. Ioannes Fredericus Cotta, Tübingen 1781, S. 141–152. Viele Teufelsnamen nennt das Buch Henoch, c. 7. Vgl. Leonard R. N. Ashley, Names of the Devil, in: Literary Onomastic Studies 13, 1986, S. 127–170. Namen von Dämonen bei Dante, Inferno 21, 118–123. Erklärungsversuche bei Natalino Sapegno, La Divina Commedia, Band 1: Inferno, Florenz [15]1982, S. 236.

7 Das berichtet Flavius Josephus, De bello judaico 2, 7, 142, hg. von Otto Michel und Otto Bauernfeind, Band 1, München [2]1962, S. 208 mit Anmerkung 66, S. 436.

8 Thomas von Aquino, De malo 16, 1, Opera omnia, Band 22, Editio Leonina, Rom 1982, S. 283 a Zeile 322–324: Iustorum enim anime in manu Dei sunt, que autem sunt peccatorum confestim hinc abducuntur.

9 I. Kant, Muthmaßlicher Anfang der Menschengeschichte, in: Kants gesammelte Schriften, Ausgabe der Berliner Akademie der Wissenschaften Band 8, 1912, S. 107–124.

10 Friedrich von Schiller, Sämtliche Werke, Säkular-Ausgabe in 16 Bänden, Stuttgart und Berlin, 1905, Band 13, S. 26.

11 Descartes, Œuvres, ed. Adam-Tannery, Nouvelle Présentation, Paris 1973, Band 7, S. 22–25. Dazu Tullio Gregory, Genèse de la raison classique de Charron à Descartes, Paris 2000.

12 Kants Schriften zitiere ich nach der Ausgabe der Preußischen Akademie der Wissenschaften, Berlin 1902 ff. in der Studienausgabe Berlin 1968. Außer der Religionsschrift und dem Streit der Fakultäten, die ich in den Originalausgaben zitiere, sind besonders wichtig: Kritik der reinen Vernunft B XXX und B 773 und B 848 ff., Kritik der praktischen Vernunft, dort die Dialektik der reinen praktischen Vernunft, Akademieausgabe 5, S. 107–148; Kritik der Urteilskraft §§ 83–91, Akademieausgabe 5, S. 429–474.

13 I. Kant, Religion innerhalb der Grenzen der bloßen Vernunft, S. 72, zitiert Epheserbrief 6.12, den Lieblingstext des späten Schelling.

14 Goethe, Anschauende Urteilskraft, Gedenkausgabe der Werke, hg. von Ernst Beutler, Band 16, Naturwissenschaftliche Schriften. Erster Teil, Zürich 1949, S. 877–878.

15 Goethe, Belagerung von Mainz, Artemisausgabe, Zürich 1949, Band 12, S. 426.

II. Was macht den Teufel interessant?

1 Max Weber, Die protestantische Ethik und der Geist des Kapitalismus. Gesammelte Aufsätze zur Religionssoziologie, Band 1, Tübingen 1922, S. 13.

2 Angelologie wurde Modethema der Debutanten. Umfassendes Kompendium mit Literaturübersichten: Giorgio Agamben – Emanuele Coccia, Angeli. Ebraismo – Christianesimo – Islam, Vicenza 2009. Hinzuzufügen: Isabel Iribarren – Marin Lenz (Hg.), Angels in Medieval Philosophical Enquiry, Ashgate 2008; Tobias Hofmann (Hg.), A Companion to Angels in Medieval Philosophy, Leiden 2012. – Neueste Teufelstudien: Tullio Gregory, Principe di questo mondo. Il diavolo in Occidente, Rom – Bari 2013; L'Academia Tudertina (Hg.), Il diavolo nel Medioevo, Spoleto 2013.

3 Nathan Johnstone, The Devil and Demonism in Early Modern England, Cambridge 2006, S. 8.

4 Jeffrey Burton Russell, Lucifer. The Devil in the Middle Ages, Ithaca – London 1984, S. 12.

5 Tullio Gregory, Principe di questo mondo. Il diavolo in Occidente, Rom – Bari 2013; Alain Boureau, Satan héretique. Histoire de la démonologie en Occident médiévale (1280–1330), Paris 2004; Centro italiano di studi sul basso Medioevo (Hg.), Il diavolo nel Medioevo, Spoleto 2013.

6 Zu dieser oft erörterten Frage vgl. außer den bekannten Arbeiten von Aron Gurevic über Kultur und einfache Leute und von Jean-Claude Schmitt über den heiligen Windhund (deutsch Stuttgart 1982): Peter Burke, Popular Culture in Early Modern Europe, London 1978; Pieter Spierenburg, The Broken Spell. A Cultural and Anhropological History of Preindustrial Europe, New Brunswick 1991; Eamon Duffy, The Scripping of the Altars. Traditional Religion in England, 1400–1580, New Haven 1992; Catherine Rider, Magic and Impotence in the Middle Ages, Oxford 2006.

7 Texte bei Joseph Hansen, Quellen und Untersuchungen zur Geschichte des Hexenwahns, Bonn 1901, S. 38–42.

8 Wilhelm von Auvergne, Opera omnia, Band 1, Paris 1674, De universo. De legibus c. 26, S. 83.

9 Gratian, Decretum, Secunda pars, causa 33 qu. 1, ed. E. Friedberg, Leipzig 1879, col. 1150.

10 Frederic Pedersen, Marriage Disputes in Medieval England, London

2000; eine Liste von bekannten Laien mit nachweisbarem Interesse an dieser rechtlichen Frage bei Catherine Rider, Magic and Impotence, Oxford 2006, S. 229–231.

11 Caesarius von Heisterbach, Dialogus Miraculorum 5, 21, Fontes Christiani 86/1, Turnhout 2009, Band 1, S. 1021.

12 Caesarius von Heisterbach, Dialogus Miraculorum. Dialog über Wunder, 11, 60, Fontes Christiani 86/5, Turnhout 2009, Band 5, hg. und übersetzt von Nicolaus Nösges und Horst Schneider, S. 2166–2167.

13 Caesarius von Heisterbach, Dialogus Miraculorum. Dialog über Wunder, 5, 2 S. 954, auch 5, 3 S. 958 und 5, 4 S. 962.

14 Caesarius von Heisterbach, Dialogus Miraculorum 5, 4 S. 962, auch 5, 30. Vgl. 5, 44 S. 1100–1106.

15 Caesarius von Heisterbach, Dialogus Miraculorum 1, 34, Fontes Christiani 86/1, Turnhout 2009, Band 1, S. 300–307. Vgl. auch Philipp Schmidt, Der Teufels- und Dämonenglaube in den Erzählungen des Caesarius von Heisterbach, Basel 1926.

16 Caesarius von Heisterbach, Dialogus Miraculorum 5, 1, Fontes Christianae 86/3, Turnhout 2009, S. 948, im selben Band auch in 5, 4 S. 966; 5, 25 S. 1046; 5, 38 S. 1090.

17 Caesarius, 5, 40 S. 1092: totius doli artifex.

18 Caesarius, 5, 20 S. 1020: spiritus erroris.

19 Caesarius von Heisterbach, Dialogus Miraculorum 3, 12, Fontes Christianae 86/2 Freiburg/Br. 2009, S. 540–542.

20 Jeffrey Burton Russell, Lucifer, Ithaca – London 1984, S. 12.

21 Zur regionalen Forschungsliteratur zur Geschichte der Hexen siehe unten S. 425 Anm. 9.

III. Satan existiert historisch

1 Übrigens wußte Bischof Wilhelm von Auvergne, † 1249, noch, daß unser ‹Harlekin› ursprünglich eine Teufelsfigur war: Wilhelm von Auvergne, De Universo, 3 c. 12, Opera omnia, Paris 1674, S. 1037.

2 Zur elementaren Information: Jan Chr. Gertz (Hg.), Grundinformation Altes Testament, Göttingen ^{4}2010.

3 Vgl. T. Ortolan, s. v. démon, in: DTHC 4, (1911), Sp. 321–414; Werner Förster, s. v. daimon, daimonion, in: ThWNT, Band 2, Stuttgart 1935, S. 1–21; Edward J. Montano, The Sin of the Angels. Aspects of the Teaching of St. Thomas, Washington 1955; Palémon Glorieux, Autour de la spiri-

tualité des anges, Tournai 1959; Elaine Pagels, The Origin of Satan, New York 1995, deutsch: Satans Ursprung, Frankfurt/M. 1998; Adele Monaci Castagno, Il diavolo e i suoi angeli. Testi e Tradizioni, Secoli I–III, Florenz 1996; Dyan Elliott, Fallen Bodies. Pollution, Sexuality and Demonology in the Middle Ages, Philadelphia 1999, S. 127–156; Hermann Lichtenberger – Armin Lange – K. F. Diethard Römheld (Hg.), Die Dämonen – Demons. Die Dämonologie der israelisch-jüdischen und frühchristlichen Literatur im Kontext ihrer Umwelt, Tübingen 2003. Dort bes. die Beiträge von B. Gladigow, S. 3–22, von A. Klostergaars Petersen, S. 23–44, von O. Keel, S. 211–238, von L. Albinus, S. 425–446, von H. Cancik, S. 447–462; Adele Monaci Castagno, in: DM S. 29–76.

4 Matthias Josef Scheeben, Handbuch der katholischen Dogmatik, Band 2 Freiburg/Br. 1878, S. 591.

5 Im kurzen Teufelsauftritt Sacharja 3, 1–2, gegen 500 v. Chr., genauer wohl 519 v. Chr., erscheint er wieder als Ankläger: Der Prophet sieht den Hohenpriester Jeschua, der vor dem Engel des Herrn stand. Der Satan stand rechts von Jeschua, um ihn anzuklagen, NJB S. 1060. ‹Satan› steht hier nicht für einen äußeren Feind, sondern für eine bekämpfte Gruppe innerhalb des Volks. Er wird Instrument im inner-israelischen Parteienstreit. Die spätere Unterscheidung zwischen Gotteskindern und Teufelssöhnen bereitet sich vor.

6 Buch Henoch, deutsch bei E. Kautzsch, Die Apokryphen und Pseudepigraphen des Alten Testaments, Band 2, Tübingen 1900, S. 236–310; Paul Rießler (Hg.), Altjüdisches Schrifttum außerhalb der Bibel, Augsburg 1928, S. 355–473; S. Uhlig (Hg.), Das äthiopische Henochbuch. Jüdisches Schrifttum der hellenistischen Zeit, Band 5 und 6, Berlin 1984.

7 Buch Henoch 19, 1 bei E. Kautzsch Band 1, S. 250.

8 Deutsch bei E. Kautzsch, Die Apokryphen und Pseudepigraphen des Alten Testaments, Band 2, S. 31–118.

9 Das Leben Adams und Evas, deutsch bei E. Kautzsch, Die Apokryphen, Band 2, S. 512–528, bes. S. 513–514. Der Text ist schwer zu datieren. Wahrscheinlich erstes Jahrhundert vor Christus.

10 Annette Steudel (Hg.), Die Texte aus Qumran, 2 Bände, München 2001; Géza G. Xeravits, Dualism in Qumran, London 2010; Enno Edzard Popkes, Jesus, Paulus und die Texte von Qumran, Tübingen 2014.

11 Zu Fragen der relativen Datierung vgl. Udo Schnelle, Einleitung in das Neue Testament, Göttingen [7]2010.

12 2 Kor 4, 4; Mk 1, 12–13; 1, 34; 3, 23–27; 4, 12–15; Mt 4, 1–4, 11; 12, 28; Lk 3, 16–17; 4, 1–7; 8, 12; 10, 18–20; 22,3–4; 22, 31–32; vgl. Apg. 5, 3–4.

13 Vgl. außer den Kommentaren und den Einleitungen zum Neuen Testament, wie Udo Schnelle, S. 555–566; David E. Aune, in: RGG [4]Bd. 4, Sp. 540–547; zur älteren Forschungsgeschichte Otto Böcher, Die Johannesapokalypse, Darmstadt 1980, zum Teufel besonders S. 76–83; Elaine Pagels, Revelation. Visions, Prophecy and Politics in the Book of Revelation, New York 2012.

14 So in der Schrift Der Hirt des Hermas, die vor 150 n. Chr. entstanden sein dürfte. Norbert Brox (Hg.), Der Hirt des Hermas. Übersetzt und erklärt, Göttingen 1991. Dort siebtes Gebot, S. 228, und zwölftes Gebot, S. 270.

15 Justinus, 2. Apologie 1, ed. M. Marcovic, Berlin 1994, S. 135–136.

16 Justinus, 2. Apologia 5, ed. M. Marcovic, S. 143–144.

17 Tertullian, Apologeticum, ed. E. Dekkers, Opera pars 1, CCSL Band 1, Turnhout 1954, S. 85–171; lat.-dt. von Carl Becker, München [2]1961.

18 Ignatius von Antiochien, Epistola ad Romanos, 2–4, in: E. Prinzivalli – M. Simonetti, Seguendo Gesù. Testi christiani delle origini, Mailand 2010, S. 374–377.

19 Andrei Timotin, La démonologie platonicienne. Histoire de la notion de daimon de Platon aux derniers néoplatoniciens, Leiden 2012.

20 Zur Frage der Verfasserschaft vgl. Hans Krämer in Überwegs Grundriß der Geschichte der Philosophie. Die Philosophie der Antike, Band 3, hg. von Helmut Flashar, Basel [2]2004, S. 84.

21 Plutarch, Œuvres morales, Band 8, De Deo Socratis, ed. Jean Hani, Paris 1980; auch in der Loeb Library: Plutarch, Moralia, Band 7, ed. Philip Delacy, London 1968. Apuleius, Opera, Band 3, De philosophia, De Deo Socratis, ed. Claudi Moreschini, Stuttgart 1991, bes. c. 4, S. 6–13; 16, 20 und 22. Übersetzung von M. Baltes, Darmstadt 2004.

22 Zur Prinzipienlehre vgl. besonders Enneade 3,5; 3,8; 5,8; 6,9. Zu Plotin: Les sources de Plotin. Entretiens de Vandoeuvres, Genf 1960; Christian Parma, Pronoia und providentia. Der Vorsehungsbegriff Plotins und Augustins, Leiden 1971; Werner Beierwaltes, Das wahre Selbst. Studien zu Plotins Begriff des Geistes und des Einen, Frankfurt/M. 2001; Jens Halfwassen, Plotin und der Neuplatonismus, München 2004; Wilfried Kühn, Quel savoir après le scepticisme? Plotin et ses prédécesseurs sur la connaissance de soi, Paris 2009.

23 Origenes, De principiis, 1 Praefatio 6, De principiis, griech.-dt. von Herwig Görgemanns und Heinrich Karpp, Darmstadt [3]1992, S. 92–95.

24 Origenes, De principiis, 1 Praefatio 8–9, S. 94–97.

25 Kelsos bei Origenes, Contra Celsum 6, 42, Contre Celse III, ed. M. Borret, SC 147, Paris 1969, S. 279–285.

26 Origenes, Contra Celsum 6, 42–44, Contre Celse III ed. M. Borret, SC 147, S. 279–291.

27 Origenes, Contra Celsum 8, 31, Contre Celse SC 150, S. 242.

28 Origenes, De principiis, 1, 5, 2–5, S. 195–213 und De principiis 1, 6, 1–4 S. 214–231.

29 Die Stellen Ezechiel 28, 11–19 und Jesaia 14 beschreiben den Sturz eines orientalischen Königs mit so exzessiver Rhetorik, daß Origenes fand, so könne doch niemand von einem Menschen sprechen. Es müsse ein hoher Engel gemeint sein, eben Satan, Contra Celsum 6, 44, ed. cit. S. 286–289.

30 Origenes, De principiis, Buch 3, S. 458–586. Vgl. De principiis 1, 5, 2–3 und 1, 6, 3.

31 Origenes, De principiis 3, 2, 2, S. 569.

32 Bei Origenes, Contra Celsum, 7, 68, Contre Celse IV, ed. M. Borret SC 150, Paris 1969, S. 170–175.

33 Origenes, Contra Celsum 7, 69, Zeile 21–22 Contre Celse IV S. 174.

34 Johannes Chrysostomus, Catecheses baptismales, griech.-dt., Fontes christiani, 2 Bände, Freiburg/Br. 1992.

35 Zu Augustins Denken im Allgemeinen vgl. Kurt Flasch, Augustinus. Einführung in sein Denken, zuerst Stuttgart 1980, mehrere Neuauflagen; Logik des Schreckens, zuerst Mainz 1995, mehere Neuauflagen; ders., Kampfplätze der Philosophie. Von Augustin bis Voltaire, Frankfurt/M. 2008.

36 Augustinus, De diversis quaestionibus octoginta tribus, qu. 12, CCSL 44 A S. 19; De Genesi ad litteram 12, 17, CSEL 28, 1 S. 403–404.

37 Augustinus, De civitate Dei 14, 17, CCSL 48 S. 439.

38 Augustinus, De civitate Dei 15, 23, CCSL 48 S. 499, 14–37.

39 Teufelspakt bei Augustin: Augustinus, De doctrina christiana 2, 20–24, besonders 23. Gratian übernahm diesen Text in sein Decretum 2, 26, 2, 6 ed. E. Friedberg 1, S. 1021–1022.
Geschlechtsverkehr mit Dämonen, diese als incubi und succubi: civ. 8, 14–22; 12, 1–3; 15, 23; 21, 1–12.

40 Augustinus, De diversis quaestionibus octoginta tribus 1, 12, CCSL 44 A, Turnhout 1975, S. 19; De Genesi ad litteram 12, 17 CSEL 28, 1 S. 403–406.

41 Augustinus, De divinatione daemonum, PL 40, Sp. 582–591.

42 Augustinus, De diversis quaestionibus octoginta tribus, qu. 79, CCSL 44 A, Turnhout 1975, Mutzenbecher, S. 225–231; De doctrina christiana 2, 20–24.

43 Belege dazu im nächsten Kapitel. Vorläufig verweise ich für die ältere Zeit auf das Dossier von Palèmon Glorieux, Autour de la spiritualité des anges, Tournai 1959.

44 Doch vgl. schon Kurt Flasch, Warum ich kein Christ bin, München [5]2013, S. 199–214.

45 Daß Leviathan nichts auf Erden Gleichmächtiges hat, erfuhr Luther aus der Bibel: Hiob 41, 24. Von dort bezog es schon der Hexenhammer. Das Zitat steht auch auf dem Titelblatt von Hobbes' Leviathan.

IV. Entmaterialisierung

1 Grundlegend: Dionysius Petavius, De theologicis dogmatibus, Band 3, De diabolo et angelis eius, Venedig 1767, S. 71–99; Joseph Turmel, Histoire du diable, Paris 1931; ders., Histoire des dogmes, Band 4, Paris 1935, S. 45–119; Palèmon Glorieux, Autour de la spiritualité des anges, Tournai 1959; Art. Engel in: Reallexikon für Antike und Christentum, Band 5 (1962), S. 54–322, besonders S. 118–123; Adele Monaci Castagno, Il diavolo e i suoi angeli. Testi e tradizioni, secoli II–III, Florenz 1996; Dyan Elliott, Fallen Bodies. Pollution, Sexuality and Demonology in the Middle Ages, Philadelphia, 1999, S. 127–156; Giorgio Agamben – Emanuele Coccia, Angeli. Ebraismo, Christianesimo, Islam, Vicenza 2008.

2 Irenaeus, Adversus Haereses 3, 20 4: sine carne enim angeli sunt.

3 Origenes erklärt in De principiis 1, 6, 4, hg. von Görgemanns – Karpp, S. 230, 14–20 (wie S. 410, Anm. 23), kein anderes Wesen außer Gott könne ohne Stoff existieren, da es allein das Privileg der Trinität sei, ohne materielle Substanz zu existieren: Nullo omnino genere intellectui meo occurrere potest, quomodo tot et tantae substantiae vitam agere ac subsistere sine corporibus possint, cum solius dei, id est patris et filli et spiritus sancti naturae id proprium sit, ut sine materiali substantia et absque ulla corporeae adiectionis societate intellegatur existere.
Weitere Texte des Origenes bei Glorieux, S. 17–19, wie Anm. 1.

4 Ambrosius, De Abraham 2, 58.

5 Augustinus, Sermo 12, 9 PL 38, 104: Unde et illi, quamvis non nati ex femina, verum tamen corpus habuerunt, quod ex qualibet specie in quamlibet speciem pro sui ministerii atque officii ratione converterent.

6 Augustinus, De Genesi ad litteram 3, 10, CSEL 28, ed. J. Zycha, Wien 1894, S. 72, 22; civ. 8, 15 CCSL 47, S. 232; Ep. 9 CSEL 34, 1 S. 21.

7 Lucretius Carus, De rerum natura, III 94–97, ed. Joseph Martin, Leipzig 1953, S. 91:

Primum animum dico, mentem quem saepe vocamus,
in quo consilium vitae regimentumque locatum est,
esse hominis partem nihilo minus ac manus et pes
atque oculei partes animantis totius extant.

Stephan Greenblatt, Die Wende. Wie die Renaissance begann, New York 2011, deutsch München 2012.

8 Zeugnisse gesammelt bei Hermann Diels – Walther Kranz, Die Fragmente der Vorsokratiker, Band 2, Berlin [10]1960, S. 5–44, auch bei Geoffrey Kirk – John Raven – Malcom Schofield, Die Vorsokratischen Philosophen (deutsch Stuttgart 2001), S. 397–400. Vgl. dazu Kurt von Fritz, Die Rolle des Nous, in: Um die Begriffswelt der Vorsokratiker, Darmstadt 1968. – Die Kenntnis von dieser Diskussion unter antiken Philosophen vermittelte dem Mittelalter vor allem Augustinus, civ. 8, 2–22, CCSL 47, S. 217–239.

9 Platon kritisiert im Phaidon, 97 c ff., die Inkonsequenz der Lehre des Anaxagoras vom Nous. Vgl. auch Platons Gigantenschlacht zwischen Idealisten und Materialisten im Sophistes, ferner Timaios, besonders 27 d–31 b und das zehnte Buch der Nomoi.

Von Aristoteles sind grundlegend für die Philosophie des Nous: Metaphysik, Buch I und Buch 12, von der Schrift über die Seele, Buch III, Kapitel 4–8. Zur mittelalterlichen Lehre vom intellectus vgl. Kurt Flasch, Meister Eckhart. Die Geburt der ‹deutschen Mystik› aus dem Geist der arabischen Philosophie, München 2006. Dort weitere Literatur.

10 Plotin, Enneade V 5, 1 und 5, 2. Dazu Hans Joachim Krämer, Der Ursprung der Geistmetaphysik, Amsterdam 1964; Thomas Szlezák, Platon und Aristoteles in der Nuslehre Plotins, Basel 1979.

11 Brief des Ignatius an die Christen in Tralleis (Tralles) in der römischen Provinz Asia, Ad Trallenses, 5, 2, ed. Emanuela Prinzivalli – Manlio Simonetti, Seguendo Gesù. Testi christiani delle origini, Band 1, Mailand 2010, S. 379; Gregor von Nyssa, Contra Eunomium 12 und Oratio 4 in Orationem Dominicam.

Eusebius von Caesarea, De demonstratione Evangelica 3, 3, Eusebius Werke, Band 6, ed. Ivar A. Heikel, Leipzig 1913, S. 113, Zeilen 8–29; ib. 4, 1, Eusebius Werke, Band 6, ed. Ivar A. Heikel, Leipzig 1913, S. 150–151; Demonstratio 4, 6, Werke, Band 6, S. 158–160.

Johannes Cassian, Collatio 7, 13, PL 49, 684, über Engel: incorporeae nullatenus aestimanda sunt. Habent enim secundum se corpus quo subsistunt, licet multo tenius quam nos ... Quibus manifeste colligitur nihil esse incorporeun nisi Deum solum. Weitere Texte im Dossier von Glorieux, S. 30–48, wie Anm. 1.

12 Dionysius Areopagita, De coelesti hierarchia, passim, besonders c. 1; De divinis nominibus 4, 1 Johannes von Damaskus, De fide orthodoxa, ed. Eligius M. Buytaert, Louvain – Paderborn 1955, II 3 = c. 17, S. 69–77.

13 Gennadius, De ecclesiasticis dogmatibus 12, PL 42, 1216: Creatura omnis corporea est.

14 Augustin, in civ. 8, 12–22, bei Petrus Lombardus, 2 Sent 8, 1, 3, Bd. 1, S. 367, 1. Für Thomas bildete sie den Eingang zur Entstofflichungsdebatte: 2 Sent 2, 8, 1 arg. 1 et ad 1, ed. Parm., S. 454 a.

15 Augustin, civ, 8, 16 CCSL 47, S. 233, 7–9. – Frau Nadia Bray, Lecce, machte mich freundlicherweise auf folgende Texte über die Luftkörper der Dämonen bei Apuleius aufmerksam: Apuleius, De dogmate Platonis, ed. C. Moreschini, Apulei Platonici opera. Band 3, Berlin 1991, S. 100, 21; De deo socratis c. 6, ed. C. Moreschini, S. 16–17; c. 9, S. 18, 19–21; S. 19, 7–9; c. 11, S. 20, 10–15; c. 13, S. 23, 10–11: daemones sunt genere animalia, ingenio rationabilia, animo passiva, corpore aeria, tempore aeterna.

16 Petrus Lombardus, 2. Sent 8, 1, ed. Grottaferrata 1971, Band 1, 365–367, 10. 1, 3.

17 Bartholomaeus Anglicus, De rerum proprietatibus I c 19, Frankfurt/M. 1601, S. 41 und 42. Nach Isidor von Sevilla, Etymologiae 8, 11, 17, der Augustin folgt, De Genesi ad litteram 3, 10 CSEL 28, 1 S. 73–74.

18 Roger Bacon, Opus maius, pars septima, ed. John Henry Bridges, Band 1, Oxford 1897, S. 236–268. Ich verdanke den Hinweis Frau Nadia Bray, Lecce.

19 Gregor, Moralia 2, 7, lehrt, der Mensch bestehe aus spiritus und caro, der Engel nur aus spiritus, aber Gregor beließ es, wenn ich nichts übersehen habe, bei der Unklarheit des Begriffs ‹spiritus›. Vgl. auch Glorieux S. 59–61, wie Anm. 1. Sie bestand auch noch bei Petrus Lombardus, der von Engeln sprach, die in suis spiritalibus corporibus existieren, was man wohl übersetzen muß: in ihren geisterhaften Körpern, 2 Sent 8, 3, 2.

20 Gratian, Decretum II c. 26 qu. 3 c. 2, ed. E. Friedberg, Leipzig 1879, Sp. 1025–1026.

21 Thomas von Aquino, Sth 1, 50, 2 und De potentia 6, 6.

22 Thomas von Aquino, De substantiis separatis c. 20, Editio Leonina Bd. XL, Rom 1968, S. 76–80; Dietrich von Freiberg, De cognitione entium separatorum n. 72, Opera omnia, Band 2, CPTMA II 2, Hamburg 1980, S. 234–235 dazu Flasch, Dietrich, S. 370 und 560.

23 Petrus Lombardus, Sententiae II 8, 1, Band 1 Grottaferrata 1971, S. 365–367. Dort auch die Belege für Bernhard, viele weitere zu Augustin S. 366 A. 3. – Rupert von Deutz, De sancta Trinitate et operibus eius 1, 10, ed. Haacke, CCCM 21, Turnhout 1971, S. 138.

24 Gratian, Deretum c. 26, c. 2, ed. E. Friedberg, Leipzig 1879, Sp. 1025–1026; Petrus Lombardus, 2 Sent 8, 2, 5, a. a. O., S. 368 Zeile 26–28.

25 Zur Einführung in die Engellehre des Dionysius vgl. Pseudo-Dionysius Areopagita, Über die himmlische Hierarchie. Über die kirchliche Hierarchie, deutsch von Günter Heil. Bibliothek der griechischen Literatur Band 22, Stuttgart 1986. Die Dämonen sind körperlos, De div. nom. 4, 32 Scazzoso S. 444, deutsch von Beate Regina Suchla, Pseudo-Dionysius Areopagita. Die Namen Gottes, Stuttgart 1988, S. 65, auch 4, 27, S. 63. Die Engel ohnehin: ib. 4, 1 Scazzoso S. 404, deutsch von Beate Regina Suchla, Peudo-Dionysius Areopagita, Die Namen Gottes, Stuttgart 1988, S. 42.

26 Origenes, De principiis 1 Praef. 8 S. 95.

27 Dionysius Areopagita, De caelesti hierarchia, ed. G. Heil – A. M. Ritter, Corpus Dionysiacum, Band 2, Berlin 1991; griech.-ital., in: Tutte le opere, ed. P. Scazzoso, Mailand 2009; Hugo von St. Viktor, Gesamtausgabe: PL 175–177; De sacramentis Christianae fidei, I 1, 5, 7–8, PL 176, 249–250. Neue Ausgabe von Rainer Berndt, Münster 2008.

28 Caesarius von Heisterbach, Dialogus miraculorum 5, 15, Band 3, Turnhout 2009, S. 1003.

29 Bonaventura, In 2 Sent 8, pars 1, 1, 1, Opera omnia, Quaracchi 1885, S. 211.

30 Bonaventura, In 2 Sent 8, 1, ganz, ed. cit. S. 214–234. Vgl. 2 Sent 3, 1,1, qu. 1 und 2, ed. cit. S. 89–98.

31 Wilhelm von Auvergne, De universo 2. 2 c, 1 Opera omnia Paris 1674, 844 a; 2, c. 26–27 S. 868–869. Diskussion mit Apuleius: 2 c. 33 S. 875–876; 3 c. 24 S. 1065 b–1066.

32 Albertus Magnus, 2 Sent 8, 1, Opera omnia, ed. Borgnet 27, 166–172.

33 Albertus Magnus, 2 Sent 3,1, 1: In angelis nullo modo potest esse materia.

34 Jacqueline Hamesse (Hg.), Les Auctoritates Aristotelis. Auctoritates Apulei, Definition 7: Daemones sunt animalia animo passiva, mente rationabilia, corpore aeria, tempore aeterna, Louvain 1974, S. 298, aus Apuleis, De Deo Soratis c. 13.

35 Nadia Bray hat mir ein Dossier von Alberttexten zusammengestellt. Ich verzeichne mit Dank: Albertus Magnus, De V universalibus S. 11, 61 und S. 62–65; S. 107 und 126; De sex principiis S. 65 und 86, 56 und 122, 49.

Vgl. Summa theol. II tr. II q. 6 S. 119 und De causis et processu universitatis a prima causa, tr, II c. 1, ed. Colon. 17, 2 S. 92–93.

36 Dionysius Areopagita, De coelesti hierarchia 1,1,3, Corpus Dionysiacum 2, S. 8–9, deutsch bei G. Heil, S. 29–30.

37 Dionysius Areopagita, De divinis nominibus 4, 23–35, Corpus Dionysiacum I, S. 170–180.

38 Wenn im 13. Jahrhundert ein Text vom Teufel versichert, er sei Geist, ‹spiritus›, hieß das noch nicht, er sei körperlos, sondern nur, er gehöre zu den invisibilia, die das sog. Athanasianische Glaubensbekenntnis von den visibilia unterschied, die die ältere Formel ‹Himmels und der Erde› ersetzte, bzw. erklärte; er konnte einen ätherischen oder einen luftigen Leib haben. Die unterscheidenden Stichwörter waren intellectus und mens. Wenn daher das Vierte Laterankonzil von 1215 lehrt, Gott habe spiritualia und corporalia geschaffen, und wenn es die Engel zu den spiritualia zählt, hat es so wenig wie der von ihm anerkannte Petrus Lombardus über die reine Geistigkeit der Engel, gar der Teufel entschieden, bei D–H, Nr. 800, S. 357. Die Frage stellte sich an dieser Stelle nicht.

39 Dionysius Areopagita, De coelesti hierarchia 2,3, Corpus Dionysiacum 2, S. 12–13, deutsch bei G. Heil, S. 32–33.

40 Dionysius Areopagita, De coelesti hierarchia 2, 4–5, Corpus Dionysiacum 2, S. 13–17.

41 Dionysius kennt natürlich Dämonen, betont aber, daß sie nicht existieren könnten, wenn sie nur schlecht wären. Und er spricht im Dämonenabschnitt, De div. nom. 4, 23–24 Scassoso S. 440–444, nicht vom Diabolos. Ähnlich, knapper noch: Kirchliche Hierarchie 3, 7 PG 3, 433 D = Scazzoso S. 234. Satanas erwähnt in Kirchl. Hierarchie 2, 6 Migne PG 3, 396 B = Scazzoso S. 210, und Brief 8, 3 PG 3, 1092 B = Scazzoso S. 652.

42 Dieser Meinung ist Nathan Johnstone, einer unserer besten Teufelssachverständigen: «The basic concept oft the Devil has remained fundamentally unchanged since its establishment in Christian orthodoxy around the fifth century AD.» Er folgt damit Jeffrey Burton Russell, einer anderen großen Autorität, der 1984 ein noch düstereres Bild der mittelalterlichen Theologie gezeichnet hat: «On the whole diabology changed during this period in refined detail rather than in main points. This unusual consistency follows from the general consistency of Christian theology in the Middle Ages, which can be attributed to its relative cultural isolation and security from threatening new ideas.»

43 Also im Sentenzenkommentar des Thomas, In 2 Sent 7, 1 und 8, 1, 5, in

der Summe der Theologie I 50, 1–2 und 51, 1–3; De potentia 6, 6–8; De spiritualibus creaturis 5; De malo 16, 1. Auf die hohe Bedeutung von De substantiis separatis komme ich unten zu sprechen, S. 121–123.

44 Augustinus, Enchiridion 9, 29 und civ. 22, 1.

45 Petrus Lombardus, 2 Sent 8, 1, 3, Grottaferata, 1971, Band 1, S. 367, 4–5.

46 Vgl. Kurt Flasch, Das philosophische Denken im Mittelalter, Stuttgart [3]2013, bes. S. 210–237, 419–429. Literatur zum Wandel seit dem 12. Jahrhundert: S. 731, Anm. 14.

47 Bonaventura, 2 Sent 1, 2 qu. 2, Opera omnia 2, S. 217.

48 Thomas von Aquino, Sth II–II 95, 4, vgl. I, 110, 4 ad 2; I–II, 100, 7 ad 3; SCG 3, 104–109 und 154.

49 Thomas von Aquino, De substantiis separatis c. 20, Opera omnia, Editio Leonina, Band XL, Rom 1969, S. 79, Zeile 257. Dort, Zeile 257–341, nennt er die folgenden Schwierigkeiten.

50 Thomas de Vio, Opera omnia, Lyon 1659, In Epistolam ad Ephesios c. 2, Zitat im DTHC 4 (1911), Sp. 403.

51 Diese und die folgenden Bestimmungen bei Thomas von Aquino, Quaestiones disputatae De Malo, Quaestio 16: De Daemonibus, in: Quaestiones Disputatae De Malo, Opera omnia, Editio Leonina, Rom 1982, Band 23, hier a. 1, S. 282, Zeile 240–242. Ich zitiere im Folgenden mit a. die einzelnen Artikel der Quaestio 16 nach der angegebenen Ausgabe.

52 Origenes, De principiis 1 Praef. 6, ed. Görgemanns – Karpp, S. 92–95.

53 Tertullian, De cultu feminarum I 2, 1–3, 1, Tertulliani Opera, Band 1, CCSL 1, Band 1, Turnhout 1954, S. 344–347.

54 Tertullian, De virginibus velandis 7, 1, Tertulliani Opera, Band 2, CCSL 2, Turnhout 1954, S. 1216–1217.

55 Augustinus, civ. 2, 4 CCSL 48, S. 37–38 und civ. 14, 3 CCSL 48, S. 416–417.

56 Augustinus, De civitate Dei 3, 5, CCSL 47, S. 68 und 15, 23 CCSL 48 S. 489.

57 Jesaja 14, 12–15, NJB S. 1050 b.

58 Origenes, De principiis I, 5, 5, S. 210–212.

V. Drei Klippen

1 Thomas von Aquino: Apprehensio demonis est solum per intellectum, in quo non cadit falsitas; dicit enim Augustinus in libro 83 quaestionum qu. 32, CCSL 44 A 46, quod qui non intelligit verum nichil intelligit, et

Philosophus dicit in libro de Anima 3, 9, 433 a 26, quod intellectus semper est rectus.

Das steht als vierter Einwand in der Quaestio De malo 16, 2, in der es um die Teufelssünde geht. Die Antwort des Thomas ad 4 bestätigt diese Prämisse, für die höchste Autoritäten sprächen, intellectus semper est rectus (16, 8 arg. 2 sed contra, S. 308 a).

Thomas, Quaestio De malo 16,6 S. 310 a Zeile 233–254 faßt diese Theorie noch einmal zusammen, bes. Zeile 244–247: Sicut igitur nobis non potest inesse falsa opinio circa prima principia naturaliter nobis nota, ita nec angelo potest inesse falsa opinio circa quecumque naturali eius cognitioni subsunt.

Ib. 16, 6 ad 2 in contrarium: Intellectus semper dicitur rectus in intelligendo quia ut Augustinus dicit in libro 83 quaestionum, qu. 32 CCSL 44 A 46, quicumque intelligit aliquid, intelligit illud esse ut est; potest tamen potentia intellectus non intelligendo verum errare, ut patet in eo qui opinatur falsum.

2 Thomas von Aquino, De malo 16, 2, Opera omnia 23, S. 289 b: Non enim appetiit aliquod malum, set quoddam bonum sibi conveniens.

3 Thomas von Aquino, De malo 16, 2 ad 18, S. 291 b: Iustitia vero naturalis consequitur naturam intellectualem et rationalem, cuius intellectus naturaliter ordinatur ad verum, et voluntas ad bonum; unde non potest esse quod talis iustitia subtrahatur a Deo rationali nature ipsa natura manente. Potest tamen de potentia absoluta naturam rationalem in nichilum redigere subtracto influxu essendi.

4 Thomas von Aquino, Quaestio De malo 16, 5 ad 1: bona naturalia in angelis sunt integra quantum pertinet ad nature ordinem, sunt tamen corrupta vel depravata seu diminuta per comparationem ad capacitatem gratie vel glorie. Ib. 16, 6 c. a.: data naturalia in eis manent integra et splenditissima, ut Dionysous dicit.

5 Thomas von Aquino, Quaestio De malo 16, 3 c. a., S. 293 b: Voluntas enim semper appetit aliquod bonum vel sibi vel alii.

6 Thomas von Aquino, De malo 16, 6, Opera omnia 23, S. 310 a Zeile 233–238: angelus secundum conditionem sue nature actu habet perfectam notitiam omnium eorum ad que vis sua cognoscitiva naturaliter se extendit: non enim discurrit a principiis in conclusiones sed statim in ipsis principiis notis conclusiones videt.

7 Thomas von Aquino, De malo 16, 6, Opera omnia 23, S. 309 b Zeile 215–228: falsa opinio est quedam defectiva operatio intellectus sicut partus monstruosus est quedam defectiva operatio nature … defectiva autem

operatio semper procedit ex defectu alicuius principii ... Nichil autem potest deficere quantum ad id quod semper est in actu secundum suam naturam.

8 Thomas von Aquino, De malo 16, 6: actu habet perfectam notitiam omnium eorum ad que vis sua cognoscitiva naturaliter se extendit.

9 Thomas von Aquino, De malo 16, 5 c. a., S. 305 Zeile 314–320: Sicut nos immobiliter nos habemus in cognitione primorum principiorum, ita intellectus eorum immobiliter se habet circa omnia que naturaliter cognoscit, et quia voluntas proportionatur intellectui consequens est quod etiam voluntas eorum naturaliter sit immutabilis circa ea que ad ordinem nature pertinent.

10 Thomas von Aquino, De malo 16, 12 ad 2, S. 333–334 Zeile 160–214.

11 Thomas, Quodl. 16, 2 ad 4, S. 290 Zeile 368–370: semper autem in peccato defectus intellectus vel rationis et voluntatis proportionaliter se concomitantur.

12 Thomas, ib. c. a., S. 288 a Zeile 207–210: substantiis autem intellectualibus in quantum huiusmodi inest appetitus respectu boni simpliciter; unde omnis naturalis inclinatio in eis est ad bonum simpliciter.

13 Thomas von Aquino, De Malo 16, 2 ad 13 S. 291 a.

14 Thomas von Aquino, De malo 16, 3, S. 294 Zeile 219–221: Unde relinquitur quod peccatum diaboli non fuerit in aliquo quod pertinet ad ordinem naturalem set secundum aliquid supernaturale.

15 Dazu auch Jacques Maritain, Le Peché de l'Ange, in: Revue thomiste 64, 1956, S. 197–239.

16 Belege bei Kurt Flasch, Dietrich von Freiberg, S. 556, Anm. 25.

17 Thomas von Aquino, De ver 26, 1 arg. 6 et ad 6.

18 Albert, In 2 Sent 6, 7; Bonaventura, In 2 Sent 6,2,2; Thomas von Aquino, In 2 Sent 2,6, 1, 3–6; Sth 1, 64, 4.

19 Augustinus, civ. 21, 17, CCSL 48, S. 783.

20 Thomas von Aquino, 4 sent 45, 2,2, 1: Error Originis.

21 Thomas von Aquino, De malo 16, 5; 2 Sent 7, 1, 2; De veritate 24, 10; Sth 64, 2.

22 Thomas von Aquino, De malo 16, 5, S. 304 b Zeile 212–214: Origenis error ex hoc provenit quod non recte consideravit quid per se pertineret ad liberi arbitrii potestatem.

23 Petrus Joannis Olivi, Summa II qu. 41, ed. Alain Boureau – Luc Ferrier, Paris 2011, S. 50.

24 Thomas von Aquino, De malo 19, 5: non pertinet ad rationem divinae sapientie, ut ulterius demonibus gratia infundatur.

25 Alain Boureau, Satan hérétique. Naissance de la démonologie dans l'Occident médiéval, Paris 2004; als Herausgeber: Pierre de Jean Olivi, Traité des Démons, Paris 2011.

26 Martine Ostorero, Le diable au sabbat. Littérature démonologique et sorcellerie (1440–1460), Florenz 2011, S. 236–238.

27 Chartularium Universitatis Parisiensis, ed. Heinrich Denifle – Aemilio Chatelain, Band 4, Paris 1897, S. 32–35, Nr. 1749.

28 Martine Ostorero, Le diable au sabbat, Florenz 2011 (wie Anm. 26), bes. S. 81–200.

29 Dämonen als incubi und siccumbi, das war moralphilosophisches und terminologisches Allgemeingut. Wie die Teufel das hinkriegen, daß Menschen dabei entstehen, obwohl Dämonen keine Zeugungskraft haben, hat niemand besser beschrieben als der heilige Bonaventura, In 2 Sent 8, 1, 3 qu. 3, Opera omnia 2, 220:
Primo enim succumbunt viris in specie mulieris et ex eis semen pollutionis sucipiunt et quadam sagacitate ipsum in sua virtute custodiunt et postmodum, Deo permittente, fiunt incubi et in vasa mulierum transfundunt, ex qua transfusione homines generari possunt.

VI. Teufelssöhne

1 Doch gibt es nach Louis Capéran, Le problème du salut des infidèles, Toulouse 1912, eine Reihe weiterführender Studien: Cindy L. Vitto, The Virtuous Pagan in Middle English Literature, in: Transactions of the American Philosophical Society 79, 5 (1989), S. 1–100; Francis Aloysius Sullivan, Salvation outside the Church?, New York 1992; Ruedi Imbach, De salute Aristotelis. Fußnote zu einem scheinbar nebensächlichen Thema, in: Cl. Brinker (Hg.), Contemplata aliis tradere, Bern 1995, S. 157–173; Bernard Sesboüé, Hors de l'Église pas de salut, Paris 2004; Jacques Dupuis, Unterwegs zu einer christlichen Theologie des religiösen Pluralismus, zuerst Brescia 1997, deutsch Innsbruck 2010; Peter von Moos, Heiden im Himmel? Geschichte einer Aporie zwischen Mittelalter und früher Neuzeit. Mit kritischer Edition der Quaestio de salvatione Aristotelelis des Lambertus de Monte (um 1500) von Philipp Roelli, Heidelberg 2014; Ruedi Imbach, Où est cette justice qui le condanne? Notule sur le sort des paiens chez Dante et Thomas d'Aquin, in: Revue des sciences religieuses 89 (2015), S. 3–23.

2 Denzinger – Hünermann, Enchiridion symbolorum, abgekürzt: D–H,

Freiburg [40]2005, n. 792 s. S. 353: Corde credimus et ore confitemur unam Ecclesiam non haereticorum, sed sanctam Romanam catholicam, apostolicam, extra quam neminem salvari credimus.

3 D–H, n. 802 s. S. 358: Una vero est fidelium universalis Ecclesia, extra quam nullus omnino salvatur.

4 D–H, n. 1351 s. S. 468: Firmiter credit, profitetur et praedicat, nullos extra catholicam Ecclesiam existentes, non solum paganos, sed nec Judaeos atque haereticos atque schismaticos, aeternae vitae fieri posse participes, sed in ignem aeternum ituros, «qui paratus est diabolo et angelis eius» (Mt 25, 41).

5 D–H, n. 1351 s. S. 468: quantascumque eleemosynas fecerit, etsi pro Christi nomine sanguinem efuderit.

6 2. Apol. 7, 3 8, 1–4, 10, 5–6 und 13, 3. Justin hob hervor, einige antike Philosophen, besonders Sokrates, hätten unter Verfolgung gelitten wie Christus, 1. Apol. 2, 3 und 46, 1–5. Clemens Alexandrinus baute den Exklusivismus der christlichen Gemeinde völlig ab: Menschen guten Willens werden gerettet, Stromata, Buch VI ganz, besonders 2, 9 und 6, 6.

7 Origenes, Römerbriefkommentar 2, 7 zu Rom 2, 9–11, Fontes Christianae, Band 1, Freiburg/Br. 1990, S. 212, 16–25: Christianorum ergo est pressuram pati in hoc saeculo et lugere, quorum est vita aeterna. Et vis scire, quod nullius est vita aeterna nisi eius qui credat in Christum? Audi salvatoris ipsius vocem evidenter in evangelio designantem: «Haec est autem vita aeterna, ut cognoscant te solum verum Deum et quem misisti, Iusum Christuns». Omnis ergo, qui non agnovit patrem solum verum Deum et filium eius Iesum Christum alienus est ab aeternitate vitae. Haec enim ipsius agnitio et fides vita esse designatur aeterna.

8 So zum Beispiel Arnobius, Adversus gentes 2, 5, 12 PL 5, 816 B und 1, 16 PL 5, 737 Ambrosius, In Isaiam PL 24, 150 C; Laktanz, De div. Inst. 4, 26 PL 6, 530 A; Eusebius, Praeparatio evangelica 1, 3.

9 Für filii diaboli siehe ep. Ioan. tr. 4, 10; En. Ps. 44, 12; für corpus diaboli siehe Gen. ad litt. 11, 24, 31; sermo 144, 6; für familia diaboli siehe De peccatorum meritis 1, 63, der Teufel ist pater impiorum, sermo 352, 3, er ist König der Teufelsstadt, civ. 14, 28; 15, 1, 5; civitas diaboli siehe civ. 21, 1.

10 Cyprian, Ep. 73, 21 bei Augustinus, De baptismo contra Donatistas 4, 24.

11 Dazu siehe Contra Iulianum opus imperfectum 3, 182.

12 Dazu siehe Contra Iulianum opus imperfectum 3, 182.

13 Augustinus, civ. 5, 13; civ. 20, 25; De nuptiis et concupiscentia 1,3,4 PL 44, 415; contra Iulianum 4, 17; 4, 19; 4, 23–26.

14 Augustinus, In Psalmum 140, 19 PL 37, 1821.

15 Augustinus, Enchiridion c. 95–97 PL 40, 276–277.

16 Petrus Lombardus, 4 sent 6,7,1 II, S. 275, 22–23: Ante baptismum enim fit catechismus et exorcismus. Evodius fragt Augustin im Brief 163, Goldbacher 44, S. 521–545, wer dabei gerettet worden sei. In Brief 164, 5 antwortet Augustin: Er hat gerettet, wen er wollte. Nicht alle.

17 Petrus Lombardus, 2 Sent 41, 1 n. 3–8, S. 562–563.

18 Petrus Lombardus: Nemo liberatur a damnatione quae facta est per Adam, nisi per fidem Jesu Christi, 3 sent 25, 1 II S. 154, 9–10.

19 Petrus Lombardus, 3 sent 18 II S. 125; (Christus) nos redemit a servitute diaboli. Oder 3 sent 19, 1 II S. 120, 6: de oboedientia et iustitia mortem gustavit; per quam nos redemit a servitute diaboli.

20 3 sent 19, 2 II, S. 120: Factus est igitur homo mortalis, ut morendo diabolum vinceret.

21 4 sent 4, 12 II, S. 259, 11: Si absque baptismo fuerint defuncti, etiam cum deferuntur ad baptismum, damnabuntur.

22 Abaelard, Expositio in epistolam ad Romanos, ed. Rolf Peppermüller, Fontes Christianae, zu Rom 5, 19, Band 2, Freiburg 2000, S. 418, 7–10, doch siehe dort bis S. 438.

23 Abaelard, Introductio ad Theologiam 1, 25 PL 178, 1034 C; sie haben den Götzendienst vermieden und die Wahrheit der Trinität eingesehen. Introductio ad Theologiam 1, 15–16, PL 178, 1004–1010. Dank der Einsichten des Hermes Trismegistos kannten sie die Trinität, dank der Gesänge der Sibyllen wußten sie von der Menschwerdung Gottes.

24 Bernhard von Clairvaux, Ep. 190 – Tractatus de erroribus Abaelardi 4, 10.

25 Thomas von Aquino, 3 sent 25,2, 1 sol 1 et ad 1; Sth I–II, 89, 6.

26 Thomas von Aquino, 3 sent 25, 2,1,1; ver 14, 11; Sth II–II, 7 ad 2.

27 Petrus Lombardus, 3 sent 20, 2, ed. Parm., S. 126, 4–5: omnes homines ab origine sunt sub principe diabolo.

28 Calvin, Institutio religionis christianae, 3, 20, 46, ed. Guillelmus Baum et al., Braunschweig 1869, Band 2, S. 674: Satan quidem ipse hostis est, qui vitae nostrae insidiatur: peccato autem armatus est in nostrum exitium. Haec igitur nostra est postulatio, ne ullis tentationibus vincamur ac obruamur, sed Domini virtute contra omnes adversas virtutes, quibus oppugnamur, fortes stemus, quod est non succumbere tentationibus; ut in eius custodiam ac fidem suscepti ac protectione eius securi, supra peccatum, mortem, inferorum portas et totum diaboli regnum invicti duremus, quod est a maligno liberari.

29 Calvin, Institutio religionis christianae, 1, 14, S. 13–127, 126, auch 1, 14, 14–22, S. 127–134. Dazu Euan Cameron, Enchanted Europe. Supersti-

tion, Reason and Religion, 1250–1750, Oxford 2010, besonders S. 214–215.

30 Ernst Troeltsch, Glaubenslehre, München und Leipzig 1925, S. 356.

31 Epistula (Dagoberti) Pisani archepiscopi et Godefridi ducis vom September 1099, in: Heinrich Hagenmeyer, Epistulae et chartae ad historiam primi belli sacri spectantes, Innsbruck 1901, S. 171. Belege für die Bezeichnung der Türken als Teufelssöhne, filii diaboli, ebd. S. 392.

VII. Stammsitz

1 Die ‹Höllenfahrt Christi› ist dem sog. Nikodemusevangelium angehängt. Text und Analyse von Monika Schärtl in: Christoph Markschies – Jens Schröter (Hg.), Antike christliche Apokryphen in deutscher Übersetzung, Band I, 1, Tübingen 2012, S. 231–261, bes. S. 257–261.

2 Über ältere ägyptische Vorstellungen vom Totengericht und mögliche Einflüsse aus dem Zweistromland vgl. Erich Hornung, Altägyptische Höllenvorstellungen, Berlin 1968; Herbert Haag, Teufelsglaube, Tübingen 1974; Luigi Moraldi, Jenseitsvorstellungen von den Babyloniern bis zum Christentum, Zürich 1989; Georges Minois, Histoire des enfers, Paris 1991; Herbert Vorgrimmler, Geschichte der Hölle, München 1993.

3 Ähnlich 2 Petr 3, 7, auch Judasbrief 7.

4 Origenes, De principiis II, 10, 4.

VIII. Kämpfe. Versuchungen

1 Zum Sprachgebrauch: Walter Bauer, Wörterbuch zum Neuen Testament, [6]1988, Sp. 337–338 und 1357 Abschnitt 4 c. – Zum Thema Besessenheit unentbehrlich: Brian P. Levack, The Devil Within. Possession and Exorcism in the Christian West, New Haven 2013.

2 Weitere spektakuläre Besessene: Die Tochter der Frau aus Tyrus, einer Heidin, hat einen ‹unreinen Geist›, Jesus heilt sie aus der Ferne, Mk 7, 25–30. – Der epileptische Junge, den die Apostel nicht heilen konnten, Jesus erklärt ihren Mißerfolg: Gegen diese Art von Dämonen hilft nur ‹Gebet und Fasten›, Mk 9, 14–29. – Nachdem Jesus einen blinden und stummen Besessenen geheilt hat, erklären die Schriftgelehrten, Jesus sei von Beelzebul besessen, Mk 3, 22–30. Jesus erklärt, das Reich des Teufels könnte nicht herrschen, wenn es gespalten wäre. – Nach seiner Auferste-

hung erteilt Jesus den Aposteln Vollmacht, Teufel aus Besessenen auszutreiben, Mk 16, 14–18.

3 Brian P. Levack, The Devil Within, S. 38, 84, 88 und 135.

4 Athanasius, Vita S. Antonii c. 5, doch siehe auch c. 6–33, PG 26, 837–976, ed. G. J. M. Bartelink, Sources Chrétiennes 400; ed. Christine Mohrmann et al., Verona ²1974; hier deutsch von Hans Mertel, Des Heiligen Athanasius Schriften, Bibliothek der Kirchenväter, Kempten – München 1917, S. 18–19.

5 August Wünsche, Herzog – Hauck, Realenzyklopädie, Band 19, Leipzig 1907, S. 573.

IX. Hexenjagd

1 Otto Scheel, Martin Luther. Zweiter Band: Im Kloster, Tübingen 1930, S. 8.

2 Belege bequem s. v. maleficus bei J. F. Niermeyer, Mediae latinutatis Lexicon minus, Band 2, Darmstadt 2002, S. 823–824.

3 Texte bei Joseph Hansen, Untersuchungen zur Geschichte des Hexenwahns und der Hexenverfolgung im Mittelalter, Bonn 1901, S. 38–42.

4 Frühmittelalterliche Belege auch bei Niermeyer, Mediae latinitatis lexicon minus, Band 2, Darmstadt 2002, S. 1298. Dazu Johannes Franck, Geschichte des Wortes Hexe, in: Joseph Hansen, Quellen und Untersuchungen zur Geschichte des Hexenwahns und der Hexenverfolgung im Mittelalter, Bonn 1901, S. 614–670.

5 Wilhelm von Auvergne, De universo 2, 24 Opera omnia, Paris 1674, Band 1, S. 1066.

6 Brian P. Levack, The Devil Within, S. 195, wie S. 423, Anm. 1 (Kap. VIII).

7 Brian P. Levack, The Devil Within, S. 82, wie S. 423, Anm. 1 (Kap. VIII).

8 Von den Vorgängern des Hexenhammers nenne ich nur: Nicolaus Eymericus, Text von 1369 bei Joseph Jansen, Quellen und Untersuchungen zur Geschichte des Hexenwahns und der Hexenverfolgung im Mittelalter, Bonn 1901, S. 66, auf den Formicarius des Johannes Nider von 1435. Fachfremde isolieren gelegentlich den Hexenhammer. Zur Korrektur dienen die Forschungen von Martine Ostorero, für den Formicarius ist zu verweisen auf Michael D. Bailey, Battling Demons. Witchcraft, Heresy, and Reform in the Late Middle Ages, Pennsylvania 2003. Von den Nachfolgern des Malleus sind zu nennen: Silvester Prierias, De strigimagarum daemonumque mirandis, Rom 1521; Nicolas Remy, Demonolatriae libri

tres, 1595; Martin Del Rio, Disquisitionum magicarum libri, Mainz 1617; Francesco Guazzo, Compendium maleficarum, 1608. Nachwirkungen des Pomponazzi u. a. bei dem Erfinder der Kardanwelle: Hieronymus Cardanus, De subtilitate, 1552; De varietate rerum, 1556.

9 Die Hexenliteratur ist abundant und oft methodisch nicht befriedigend. Ich nenne aus der älteren Forschung die immer noch studierenswerten Beispiele:

Joseph Hansen, Zauberwahn, Inquisition und Hexenprozeß und die Entstehung der großen Hexenverfolgung, München 1900; ders., Quellen und Untersuchungen zur Geschichte des Hexenwahns und der Hexenverfolgung im Mittelalter, Bonn 1901. Eine gute lokalgeschichtlich orientierte Arbeit: Horst Heinrich Gebhard, Hexenprozesse im Kurfürstentum Mainz im 17. Jahrhundert, Aschaffenburg [2]1991. Dieses gut geschriebene Buch führt die Schwierigkeiten lokaler und regionaler Hexenforschung gut vor Augen. – Andere wichtige ältere regionalgeschichtliche Studien: H. C. Erik Midelfort, Witch Hunting in Southwestern Germany, 1582–1684, Stanford 1972; Gerhard Schormann, Hexenprozesse in Nordwestdeutschland, Hildesheim 1977; Marie-Sylvie Dupont-Bouchat et al., Prophètes et sorcières dans le Pays-Bas, 16e–18e siècle, Paris 1978; Gustav Henningsen, The Witches' Advocate. Basque Witchcraft and the Spanish Inquisition, Reno, Nevada 1980; Überblicke: Brian P. Levack, Hexenjagd, zuerst englisch 1987, deutsch München 1995.; ders., The Devil Within. Possession and Exorcism in the Christian West, New Haven 2013.

Bevor ich eine Auswahl neuerer lokalorientierter Literatur mit weiterführenden Literaturangaben nenne, möchte ich den wichtgisten Titel nennen, dessen Lektüre ich für unerläßlich halte: Arno Borst, Anfänge des Hexenwahns in den Alpen, in: ders., Barbaren, Ketzer und Artisten, München 1988, S. 262–288. Sonst von Interesse:

Alan Macfarlane, Witchcraft in Tudor and Stuart England. A Regional and Comparative Study, London [2]1999; Britta Gehm, Die Hexenverfolgung im Hochstift Bamberg, Hildesheim 2000; Traudl Kleefeld, Hexenverfolgung im Markgraftum Brandenburg-Ansbach, Ansbach 2001; Fritz Kuisl, Die Hexen von Werdenfels. Hexenwahn im Werdenfelser Land, rekonstruiert an Hand der Prozeßunterlagen 1589–1596, Garmisch-Partenkirchen 2002; Michel de Certeau, La possession de Laudun, Paris 2005; Ronald Füssel, Hexen und Hexenverfolgung in Thüringen, Erfurt 2006; Barbara Gross, Hexerei in Minden. Zur sozialen Logik von Hexenverdächtigungen und Hexenprozessen (1584–1684), Münster 2009; Bernhard Rosental (Hg.), Records of the Salem Witch-

Hunt, Cambridge/Mass. 2009; Wolfgang Behringer, Hexen und Hexenprozesse in Deutschland, München [7]2010; Jacques Roehrig, L'holocaust des sorciers d'Alsace. Straßburg 2011; Willi Deferner, Hexen-Protokolle 1628–1630 im Amt Steinbach, Baden-Baden 2011; Walter Rummel, Hexen und Hexenverfolgung in der frühen Neuzeit, Darmstadt [2]2010; Malcom Gaskill, Hexen und Hexenverfolgung. Eine kurze Kulturgeschichte, Stuttgart 2012.

10 Thomas von Aquino, In 4 sent 34, 3, ed. Parm., S. 585: Quidam dixerunt, quod meleficium nihil erat in mundo, nisi in aestimatione hominum, qui effectus naturales, quorum causae sunt occultae, maleficiis imputabant. Sed hoc est contra auctoritates sanctorum, qui dicunt, quod daemones habent potestatem supra corpora, et supra imaginationem hominum, quando a Deo permittuntur; unde per eos malefici signa aliqua facere possunt. Procedit autem haec opinio ex radice infidelitatis sive incredulitatis, quia non credunt esse daemones nisi in aestimatione vulgi tantum, ut terrores quas homo sibi ipsi facit ex sua aestimatione imputet daemoni; et quia etiam ex imaginatione vehementi aliquae figurae apparentes in sensu tales quales homo cogitat, et tunc credentur daemones videri. Sed haec vera fides repudiat, per quam Angelos de coelo cecidisse et daemones esse credimus, et ex subtilitate suae naturae multa posse quae nos non possumus; et ideo illi qui eos ad talia facienda inducunt, malefici vocantur.

11 Thomas von Aquino, In 4 sent 34, 1, 3 ad 1: ideo maleficii potestas permittitur diabolo a Deo in hoc actu magis quam in aliis.

12 Text bei Joseph Hansen, Quellen und Untersuchungen zur Geschichte des Hexenwahns und der Hexenverfolgung im Mittelalter, Bonn 1901, S. 38–39.

13 Corpus Iuris Canonici, Secunda pars, causa XXVI q .5 c. 13, ed. Erich Friedberg, Band 1, Leipzig 1879, Sp. 1032. – Der Canon Episcopi dort c. 12, Sp. 1030–1031. Auch bei Joseph Hansen, Quellen und Untersuchungen, S. 38–39, wie Anm. 4.

Ich nenne bei Gelegenheit des Hinweises auf Joseph Hansen einige ältere Bücher, die immer noch nützlich sind. Das gilt sogar für die Darstellung des Hexenwesens in dem von Nietzsche gerühmten katholischen Buch von Johannes Janssen, Geschichte des deutschen Volkes seit dem Ausgang des Mittelalters, Band 8, Freiburg/Br. 1894, das der glaubenskämpferische Papsthistoriker Ludwig Pastor nach Janssens Tod herausgegeben hat, S. 494–694. Von der konfessionellen Streiterei abgesehen, bietet das Buch wertvolle Texte, meist in Übersetzung. – Klassisch: W. G. Soldan-

Heppe, Geschichte der Hexenprozesse, neu bearbeitet und herausgegeben von Max Bauer, München 1911, zuerst 1843.

14 Malleus malefcarum fol. 7 v unten: Omnis actio est per contactum.

15 Thomas von Aquino, II–II, 95, 2 ad 3.

16 Thomas von Aquino, Sth II–II, 95,2 ad 2: huiusmodi divinatio pertinet ad cultum daemonum, inquantum aliquis utitur quodam pacto tacito vel expresso cum daemonibus.

17 Thomas von Aquino, Sth 1, 110, 4 ad 2; I–II, 100, 7 ad 3; II–II, 95, 4.

18 Wolfgang Brückner, LthK [3]Bd. 5, Sp. 443.

19 Thomas von Aquino, Sth I 51, 3 ad 6, auch De pot 6,8 ad 5.

20 Mall. 12 v ganz; 13 v b 1. H.; 14 r a–15 r b; 28 r b unten – 29 r b oben; 41 v a 1. H; besonders 42 r b 1. H.

X. Alternative?

1 Joannis Scotti seu Eriugenae Periphyseon. Liber Quintus, ed. E. Jeuneau, CCSL 165, Turnhout 2003.

2 Johannes Scotus, De praedestinatione liber, ed. G. Madec. Corpus Christianorum. Continuatio medievalis Band L, Turnhout 1978. Vgl. Kurt Flasch, Ein querliegendes Gutachten, in: ders., Kampfplätze der Philosophie, Frankfurt/M. 2008, S. 73–81.

3 Johannes Eriugena, Periphyseon. De divisione naturae 5, Zeile 2080–2081/ bei Migne PL 122, 906 A, ed. E. Jeauneau, Periphyseon, Liber V, CCSL Band 165, Turnhout 2003, S. 65. – Von jetzt an zitiert als div. mit Zeile und Seite dieser Ausgabe. Wenn nicht anders vermerkt, beziehen sich die Angaben auf den Liber Quintus, in dem es um die Rückkehr, reditus, der Geschöpfe geht.

4 Johannes Eriugena, De divisione naturae 5, 2750 = 931 B = S. 86 bis Zeile 3023 = 927 B = S. 95.

5 Johannes Eriugena, div. 5, 3071–3087/ 928 B–928 C, S. 97.

6 Johannes Eriugena, div. 5, 3312: secundum quod non sunt, mali dicuntur.

7 Johannes Eriugena, div. 5, 3749–3751 S. 117: universaliter libera et absoluta est ab omni poena peccati.

8 Johannes Eriugena, div. 5, 5653 S. 174 bis 6249 S. 192.

9 Johannes Eriugena, div. 5, 5668 S. 174–5683 S. 175.

10 Johannes Eriugena, div. 5: falsissima deliramenta, 6087; er warnt vor ihnen: Non enim audiendi sunt qui aliter putant, 6079, ähnlich 6168; Non enim audiendi sunt qui autumant, 5817. Sie vertreten Träumereien. Er gibt zu

verstehen, daß sie sehr selbstbewußt – incunctanter affirmant, 5689 – und laut – publice clamant, 5691 – auftreten: Praedicare non trepidant, 5733.

11 Johannes Eriugena, div. 5, 5744–5745: Stupefactus haesito, maximoque horrore concussus titubo.

12 Er zitiert dafür De civitate Dei 20, 16 S. 726–727 und die Epistula ad Dardanum, Ep. 187, 3, 10, Band 57, S. 89–90.

XI. Ohne Teufel, ohne Engel

1 Pomponazzi, Inc. 10, 363, S. 79: Neque ponimus aliquid supervacaneum.

2 Pomponazzi, Inc. 10, * 287–*299 S. 108. – Ich zitiere Pomponazzis De incantationibus durch abgekürzten Titel: Inc., dann folgen Kapitel, Zeilen und Seite in der Ausgabe von Vittoria Perrone Compagni, Florenz 2011.

3 Pomponazzi, Inc. Peroratio 12–15 S. 171.

4 Pomponazzi, Inc. 12, 13–14 S. 121.

5 Pomponazzi, Inc. 10, 152–154 S. 72 und 12, 119–127 S. 155.

6 Thomas von Aquino, ScG 3, 101 Haec autem S. 313 a: Illa igitur proprie miracula dicenda sunt quae divinitus fiunt praeter ordinem communiter observatum in rebus.

7 Thomas von Aquino, ScG 3, 103 Dico autem S. 323 a.

8 Pomponazzi, Inc. 10, 345–371 S. 79: 10, 384–386 S. 80; 10, 408–419 S. 81.

9 Pomponazzi, Inc. 10, 16–17 S. 67: Aristoteles audacter hos daemones negavit.

10 Pomponazzi, Inc. 10, 411–412 S. 81: Certe isti loquuntur de istis Intelligentiis et corporibus caelestibus ac si essent homines. Ähnlich: 12, 99 S. 124; 12, 100–102 S. 126; 12, 774–775 S. 145.

11 Pomponazzi, Inc. 13, 192–208 S. 163.

12 Inc. 10, *327–*336 S. 110.

13 Ich benutze die Ausgabe von Thierry Gonter, Pietro Pomponazzi. Traité de l'immortalté de l'âme. Tractatus de immortalitate animae, Paris 2012, c. 4 n. 24 S. 21: Über die Falschheit der Position des Averroes brauche er nichts Neues zu sagen, es genüge, darauf zu verweisen, was Latinorum decus, divus Thomas Aquinas dazu schreibe.

14 Pomponazzi, Inc 12, 207–213 S. 127: Ratio autem ibi per divum Thomam adducta, pace eius dixerim, nullius est ponderis. … Unde multoties miratus sum de divo Thoma …

15 Pomponazzi, Inc 10, 732–733 S. 91: apud Aristotelem neque apud inferos sunt hominum animae.

16 Pomponazzi, Inc. 5, 178–220 S. 48–49.

17 Pomponazzi. Inc. 10, 271–282 S. 76. Er kennt magische Erfolge: Einfache Menschen sprechen in fremden Sprachen. Das Läuten von Glokken vertrieb schon Gewitter, Inc. 12, 305 S. 130; 9; Zauberer verwandeln Menschen in Wölfe oder Schweine, Inc. 12, 822–836 S. 146; er entnimmt Boccaccios Dantebiographie die Nachricht, der tote Dante sei seinem Sohn im Traum erschienen und habe ihm angezeigt, wo noch ein Manuskript von ihm zu finden sei, Inc. 10, 710–718 S. 91; er ist überzeugt, daß Gebete nicht umsonst verrichtet werden; die Gebete der Leute von Aquila gegen Unwetter hält er für erfolgreich, Inc. 12, 247–288 S. 129–130 und 12, 347–471 S. 132–135.

18 Inc. 10, 45–76 S. 68–69.

19 In der Übersetzung von Konrad Weiß, Frankfurt /M. 1955, S. 63.

20 Pomponazzi, Inc. 10, 144–198 S. 72–74.

21 Pomponazzi, Inc. 10, 199–268 S. 74–76.

22 Pomponazzi, Inc. 10, 307–317 S. 77–78.

23 Pomponazzi, Inc. 10, 332–344 S. 78–79.

24 Pomponazzi, Inc. 10, 305–307 S. 166: illud totum firmum, ratum, inviolabile, inconcussibile et prorsus et sine aliqua dubitatione tenendum est; quidquid vero damnaverit, a nobis reiciendum est.

25 Pomponazzi, Inc. 7, 7–125 S. 55–59; die Dämonen sind nicht aus Erfolgen der Magier zu beweisen, wie Thomas behauptet, Inc. 8, 45 55 S. 62.

26 Text bei D–H Freiburg/Br. [40]2005, Nr. 1440–1441, S. 482–483.

XII. Der Teufel und die Hexen

1 Agrippa von Nettesheim, De incertitudine et vanitate omnium scientiarum, 1526, in dessen Opera omnia, Lyon (?) s. d. Band 2. Deutsche Übersetzung hg. von Fritz Mauthner, 1913.

2 Weyer, S. 121: creare nec muscam quidem hic potest.

3 Harmut Lehmann und Otto Ulbricht (Hg.), Vom Unfug des Hexen-Prozesses. Gegner der Hexenverfolgung von Johannes Weyer bis Friedrich Spee. Wolfenbütteler Forschungen Band 55, Wiesbaden 1992. Besonderen Nutzen zog ich aus dem Artikel von Stuart Clark, Glaube und Skepsis in der deutschen Hexenliteratur von Johann Weyer bis Friedrich von Spee, ebd., S. 15–33. Siehe auch ders., Thinking with Demons. The Idea of Witchcraft in Early Modern Europe, Oxford 1997.

4 Das berichtet Bodin, De la démonomanie des sorciers, Paris 1580, fol. 220 r.

5 Cornelius Agrippa, De occulta philosophia libri tres, ed. Vittoria Perrone Compagni, Leiden 1992, bes. 3, 20 S. 459–462 und 3,32 S. 497. Vgl. auch die Einteilung der Hölle für malefici, apostatae und infideles in der dreiteiligen Weltübersicht zu 2, 6 S. 262.

6 In: Heinrich Cornelius Agrippa von Nettesheim, Opera s. l. s. d. (Lyon? 1650?) Band 1, S. 762.

7 Jean Bodin, De la démonomanie des sorciers 1,1 fol 1 r: Sorcier est celuy qui par moyens Diaboliques sciemment s'efforce de parvenir à quelque chose.

8 Jean Bodin, 3, 1 S. 207, im von mir zitierten Druck falsch: als S. 292.

9 Weyer, De praestigiis S. 57: omnia mundi mala sunt ipsius pravitate comissa.

10 Septuaginta, ed. Alfred Rahlfs, Stuttgart ^{7}1962, S. 124.

11 Septuaginta deutsch, hg. von Wolfgang Kraus und Martin Karrer, Stuttgart 2009, S. 78.

12 Herr Antonino Rubino, Lecce, machte mich aufmerksam auf den Eintrag zu dem hebräischen Wort M'Kashefah für ‹Hexe› in Wiliam Gesenius – Edward Robinson – Francis Brown, A Hebrew and English Lexicon of the Old Testament, Boston – New York 1906, S. 506. – Wann zum ersten Mal in den Vulgataübersetzungen ‹malefica› steht, konnte ich nicht feststellen. Ich bitte Fachkollegen um Belehrung.

13 Die Bibel. Einheitsübersetzung der Heiligen Schrift, Aschaffenburg 1980, S. 76.

14 Weyer, De praestigiis 3, 7 S. 227: culpam imaginantur ubi nulla est.

15 Stuart Clark, Thinking with Demons. The Idea of Witchcraft in Early Modern Europe, Oxford 1997, S. 296. – Ich benutze den Nachdruck von Scots Discoverie von 1930, ed. M. Summers, London bei John Rodker, Publisher und zitiere nach Buch, Kapitel und Seite dieser Ausgabe.

16 Scot, Discoverie 4, 10 S. 48.

17 Scot, Discoverie 1, 1 S. 1–2.

18 Augustinus, De Trinitate 3, 8, 13, CCSL 50, S. 139: Nec ideo putandum est istis transgressoribus angelis ad malum servire hanc visibilium rerum materiam, sed deo potius.

19 Scot, Discoverie 1, 2 S. 3.

20 Scot, Discoverie 6, 1–2 S. 64–66.

21 Scot, Discoverie 6, 8 S. 71–72.

22 Scot, Discoverie 16, 1 S. 273.

23 Scot, Discoverie 11, 21 S. 120 und 15, 32 S. 263.

24 Scot, Discoverie 12, 17 S. 148.

25 Scot, Discoverie 13, 3 S. 164.

26 Scot, Discoverie 13, 16 S. 176–177.

27 Scot, Discoverie 10, 4 S. 102–103.

28 Scot, Discoverie 8, 1 S. 89–90: The miracles are ceased, mit Berufung auch auf Calvin, Institutio religionis christianae 4, 19, 18. Zur Gesamtentwicklung vgl. D. P. Walker, The Decline of Hell, Chicago 1964; Keith Thomas, Religion and the Decline of Magic, London 1971; Lorraine Daston – Katharina Park, Wunder und die Ordnung der Natur, 1150–1750, zuerst englisch 1998, deutsch Frankfurt/M. 2002; Jane Shaw, Miracles in Enlightment England, New Haven 2006.

29 Scot, Discoverie 8, 2 S. 90–91.

30 Scot, Discoverie 8, 4 S. 92.

XIII. Der Teufel bei spanischen Jesuiten

1 Die Seitenangaben beziehen sich auf die Ausgabe der Opera omnia, Paris 1856, immer auf Band 2. Ich zitiere Buch, Kapitel, Textabschnitt und Seite nach dieser Ausgabe.

2 Suarez, Kommentar zur Theologischen Summa, Band 2, Paris 1856, 7, 1,3 S. 791 1; 7, 1, 12 S. 793 b; 7, 3, 1 S. 802 a; 8, 1,1 S. 958 b; 8, 2, 9 S. 968 b; 8, 7, 3 S. 983 b.

3 Suarez, Kommentar 8, 12, 9 S. 1012 b; 8, 13, 17 S. 1027 b.

4 Suarez 2, 25, 1–2 S. 338 a–b zitiert: Thomas von Aquino, 2 Sent 11, 2, art. 3 ad 4; De ver 8, 6 ad 7 und 8, 14 ad 6; CG 2, 97; Sth I 56, 1 ad 3.

5 Suarez, Opera omnia, Band 2, 2, 35, 5 S. 339 b: Esse semper in actu secundo est perfectio simpliciter simplex.

6 Suarez, 2, 35, 15 S. 342 b: imo etiam in cognitione, per quam alterum loquentem audit: quia nulla causa extrinseca potest aliquid physice agere in angelum.

7 Suarez, 2, 35, 21 S. 344: mihi semper valde placuit sententia supra posita, dicens, Angelum naturaliter seipsum semper intueri, et se intuendo videre species, quas in se habet.

8 Suarez, 2, 35, 17 S. 342 b: Es geht um den modus salvandi libertatem Angeli in usu suarum specierum intelligibilium,

9 Suarez zitiert Thomas, De ver 14, 10; De malo 16, 1; CG 4, 95 und Sth 64, 2.

10 Pierre de Jean Olivi, Traité des Démons, Summa II, Zweites Buch des Kommentars zu den Sentenzen, Questions 40–48, ed. Alain Boureau, Paris 2011, bes. qu. 41 S. 20–57.

11 Qualis unusquisque est, talis sibi finis videtur, zitiert Suarez die lateinische Nikomachische Ethik 3, 8.

12 Suarez, 7, 9 S. 847 a – 7, 6 S. 848 b – 7, 9, 31 S. 857 a.

13 Suarez, In coelum conscendam, super astra Dei exaltabo solium meun. Ascendam super altitudinem nubium, et similis ero Altissimo, 7, 7, 1 S. 839; 7, 8, 3 S. 843 und n. 4 S. 843 b, wonach Augustinus geklärt habe, verba illla esse dicta de daemone in figura regis Babylonis.

14 Suarez, 7, 7, 6 S. 840 b; 7, 12, 1 S. 871 b; 7, 14, 19 S. 896 b: Lucifer enim multum attendens ad pulchritudinem.

15 Suarez, Haec vero sententia mihi valde difficilis est, 7, 10, 3 S. 858 a.

16 Thomas von Aquino, 4 Sent 44, 3, art. 3 quaestiuncula 3, ed. Parm. 4, S. 1106 b–1110 b; vgl. De ver 26, 1.

17 Thomas von Aquino, 4 Sent 44, 2, art. 2 quaestiuncula 3, arg. 3, ed. Parm., S. 1103 b.

18 Suarez, 8, 12, 3–5, S. 1011 a–1012 a.

19 Suarez, 8, 12, 10–15 S. 1013 a–1015 a.

20 Suarez, 8, 12, 41 S. 1022 a: Divina enim voluntas pro ratione sufficit.

21 Suarez, 8, 13, 27 S. 1031 a – 8, 13, 28 S. 1031 b: Quia videt se cremari actione quasi physica et materiali, crematur vitaliter, id est, affligitur et dolet.

22 Suarez, Ante omnia supponenda est catholica doctrina, quae docet daemones ita esse obstinatos in peccato commisso, propter quod damnati sunt, ut illius remissionem in aeternum non sind consecuturi, nec illam possint obtinere, 8, 7, 1 S. 983 a.

23 Suarez, 8, 7, 2 S. 983 b. So steht vor aller Diskussion fest: Veritas ergo catholica est, malos angelos ad poenas perpetuas damnatos esse, ac proinde numquam esse acturos veram suorum peccatorum poenitentiam, per quam veniam consequi possint, atque in hoc sensu esse in peccato suo obstinatos, 8, 7, 3 S. 983 b.

24 Suarez, 8, 12, 4 S. 1011 b und 8, 12, 34 S. 1020 a: vermis ex sententia omnium metaphorice sumitur.

25 Suarez, 8, 1, 1 S. 958 b: innumeri damnati sunt, certissimum est secundum catholicam fidem.

XIV. Besuch in der Hölle. Um 1600

1 Franciscus Suarez, De malis angelis, 7, 16, ed. Paris 1856, Band 2, S. 1054 b. Das zweite Argument lautet dort: Vel certe tam ipsi, quam haeretici cogitare potuerunt, res spirituales, nec ad praemium nec ad poenam corporali loco indigere.
2 Suarez, 8, 16, 4 S. 1055 b: apertius et frequentius est hoc in novo Testamento explicatum. Suarez verweist insbesondere auf Mt 5, 10, 16 und 23, auf Mk 9, 43 und Lk 12, 4–5.
3 Suarez, 16, 32–33 S. 1063: tormentum gehennae secum semper portat.
4 Suarez, 8, 16, 19 S. 1060 a: in profundissimo terrae loco, et prope centrum.
5 Origenes, Contra Celsum Buch 6 am Anfang; Ad Romanos 8, 11.

XV. Kritik am Satanismus: Balthasar Bekker

1 Die Auseinandersetzung über die Angeli mali dort Liber 2, Kapitel 20, 23–29 S. 115 a–122 b.

XVI. Hundert Jahre Umbruch: 1650–1750

1 Thomas Hobbes, Leviathan, dt. von Jutta Schlösser, Hamburg 1996, c. 46 S. 565.
2 Thomas Hobbes, Leviathan, dt. von Jutta Schlösser, c. 12 S. 91; c 34 S. 332–342, c. 44 S. 536–542.
3 Thomas Hobbes, Leviathan, dt. von Jutta Schlösser, c. 8 S. 67; c. 46 S. 567.
4 Thomas Hobbes, Leviathan, dt. von Jutta Schlösser, c. 46 S. 568 und c. 34 S. 341.
5 Engel sind übernatürliche Phantasmen, Erzeugungen im Geist des Menschen. Oft seien unter ‹Teufeln› nur die Gegner der Kirche zu verstehen. Aber die Bibel, bemerkt Hobbes, rede so hartnäckig von Engeln und Teufel, daß er vielleicht doch annehmen müsse, es gebe «materielle und dauerhafte Engel», die nicht so flüchtig wären wie individuelle Visionen; Thomas Hobbes, Leviathan, dt. von Jutta Schlösser, c. 34 S. 341–342.
6 Thomas Hobbes, Leviathan, dt. von Jutta Schlösser, c. 12 S. 93.

7 Thomas Hobbes, Leviathan, dt. von Jutta Schlösser, c. 33 S. 322–323.
8 Thomas Hobbes, Leviathan, dt. von Jutta Schlösser, c. 45 S. 538–541.
9 Leibniz, Theodicée §§ 273–274, Die philosophischen Schriften von Gottfried Wilhelm Leibniz, hg. von C. J. Gerhardt, Band 6, Berlin 1885, S. 280.
10 Leibniz, Theodizee § 151, Gerhardt 6, S. 199.
11 Leibniz, Theodizee § 156, Gerhardt 6, S. 202–203.
12 Leibniz, Theodizee § 153, Gerhardt 6, S. 201.
13 Leibniz, Theodizee § 156, Gerhardt 6, S. 202–203.
14 Leibniz, Theodizee § 160, Gerhardt 6, S. 204–205.
15 Leibniz, Theodizee § 147, Gerhardt 6, S. 198: Ainsi les deformités apparentes de nos petits mondes se reunissent en beautés dans le grand et n'ont rien qui s'oppose à l'unité d'un principe universel infiniment parfait; au contraire, ils augmentent l'admiration de sa sagesse, qui fait servir le mal au plus grand bien.
16 Leibniz, Theodizee § 145, Gerhardt 6, S. 196.
17 Ich benutze für Herders Werke die Ausgabe von Bernhard Suphan, Berlin 1877–1912, außer den beiden Bänden: Ideen zur Philosophie der Geschichte, Riga und Leipzig 1784–1785, und Schriften zum Alten Testament, hg. von Rudolf Smend, Frankfurt/M. 1993, darin insbesondere: Über die ersten Urkunden des Menschlichen Geschlechts, S. 9–178; Älteste Urkunde des Menschengeschlechts, S. 179–660, von 1774–1776.
18 Herder, Über die ersten Urkunden, Smend S. 114, 104 und 110.
19 Herder, Über die ersten Urkunden, S. 103, doch siehe S. 95–116 ganz.
20 Herder, Über die ersten Urkunden, S. 105.
21 Herden, Über die ersten Urkunden, S. 102–103.
22 Herder, Ideen, Band 2, 1785 S. 336–337.
23 Herder, Über die ersten Urkunden, Smend S. 102, doch auch S. 98 und 101. Das klingt doch, als seien Eva und Adam aus ruhigen agrarischen Verhältnissen übergegangen zur modernen Industriegesellschaft und ihren Bedürfniserweckungsmaschinen.
24 I. Kant, Muthmaßlicher Anfang der Menschengeschichte, in: Kants Werke, Akademieausgabe, Band 8, Berlin 1912/23, S. 109.
25 I. Kant, Muthmaßlicher Anfang der Menschengeschichte, in: Kants Werke, Akademieausgabe, Band 8, Berlin 1912/23, S. 109.

XVII. Klimawandel: Rousseau. Goethe

1 Ich benutze die Profession de foi du vicaire savoyard, ed. Bruno Bernardi, Paris 2010. Zahlen in Klammern beziehen sich auf diese Ausgabe.

2 Goethe, Dichtung und Wahrheit, Dritter Teil, Dreizehntes Buch, Münchner Ausgabe, Band 16, 1985, S. 592.

3 Goethe, Dichtung und Wahrheit, Dritter Teil, Vierzehntes Buch, Münchner Ausgabe, Band 16, 1985, S. 639.

4 Goethe an Kestner am 11.12.1772, in: Goethe. Von Frankfurt nach Weimar, hg. von Wilhelm Große, Frankfurt/M. 1997, S. 276.

5 Goethe, Sämtliche Werke, Münchner Ausgabe 1, 2, München 1987, S. 423–434. Die Zahlen in meinem Text nennen Seiten und gegebenenfalls Zeilen dieser Ausgabe.

6 Goethe, Ephemerides, Januar–März 1770, in: Wilhelm Große (Hg.), Goethe von Frankfurt nach Weimar, Frankfurt 1997, S. 197.

7 Goethe, Dichtung und Wahrheit, Zweiter Teil, Achtes Buch, Münchner Ausgabe, Band 16, S. 376.

XVIII. Teufelsstreit

1 Zuerst in neun Quartbänden 1610 bis 1622; ich benutze die Ausgabe Tübingen 1762 bis 1781.

2 Johannes Gerhard, Loci theologici, Locus 6, De creatione: Die Erdenwürmer kriechen in sectio 5, § 47 Band 4, ed. Joh. Friedericus Cotta, Tübingen 1765 S. 22 b, die Volkszählung der Himmelsbewohner steht in sectio 18 § 88, S. 48 b (Vorsicht, Fehldruck der Seitenzahlen!).

3 Johannes Gerhard, Loci theologici, Locus 31, 2 § 24, Band 20, S. 274 b.

4 I. Buch, 1. Kapitel, § 38 S. 50 in der Ausgabe Frankfurt/M. und Leipzig 1741.

5 Rudolf Smend, Deutsche Alttestamentler in drei Jahrhunderten, Göttingen 1989, S. 18.

6 Ein hannoverischer Landpfarrer unbekannten Namens bei R. Smend, S. 13, wie Anm. 5.

7 Michaelis, Dogmatik, Tübingen 1760, ^{2}1758, § 87 S. 266; § 31 S. 124; § 49 S. 157; § 71 S. 220; § 76 S. 235; § 90 S. 272.

8 Helmut Pfotenhauer, Jean Paul. Das Leben als Schreiben, München 2013, S. 37.

9 Marianne Schröter, Aufklärung durch Historisierung. Johann Salomo

Semlers Hermeneutik des Christentums, Berlin 2012, mit ausgezeichnetem Werkverzeichnis; Dirk Fleischer (Hg.), Teufelsstreit in der Aufklärung. Ein Quellenband, Nordhausen 2013, mit abundanter Bibliographie.
Ich beschränke ich mich auf folgende Titel:
Johann Salomo Semler, Hugo Farmer's Briefe an D. Worthington über die Dämonischen, von J. S. Semler, 1783, neu hg. von Dirk Fleischer, Waltrop 2000; ders., Über historische, gesellschaftliche und moralische Religion der Christen (1786), hg. von Dirk Fleischer, Nordhausen 2009; ders., Königlich Großbritannische Aufgabe von der Gottheit Christi, Halle 1787, neu hg. von Gottfried Hornig und Hartmut H. R. Schulz, Würzburg 1990; ders., Letztes Glaubensbekenntnis über natürliche und christliche Religion (1792), hg. von Dirk Fleischer, Nordhausen 2012.

10 Johann Salomo Semler, Abhandlung von freier Untersuchung des Canon, zuerst 1771, neu hg. von Heinz Scheible, Gütersloh 1967.

11 Zum verbesserten Konzept der Inspiration vgl. Semler, Farmer, wie Anm. 9.

12 Dazu M. Schröter, Aufklärung durch Historisierung, S. 314, wie Anm. 9.

13 Dazu bibliographische Angaben bei Georg Wilhelm Zapf (anonym erschienen), Zauberbibliothek o. O. (Augsburg) 1776; J. S. Semler, Sammlungen von Briefen und Aufsätzen über die Gaßnerschen und Schröpferischen Geisterbeschwörungen, 2 Bände, 1776. Vgl. Dirk Fleischer, Teufelsstreit in der Spätaufklärung. Ein Quellenband, Nordhausen 2013.

14 Belege bei M. Schröter, Aufklärung durch Historisierung, S. 298–300, wie Anm. 9.

15 Riebe bei Dirk Fleischer, Teufelsstreit, S. 105, wie Anm. 9.

16 Christian Wilhelm Kindleben, Über die Non-Existenz des Teufels, Gießen 1775, bei Dirk Fleischer, Teufelsstreit, S. 47–101; das Zitat steht bei Fleischer S. 73, wie Anm. 9.

17 H. M. G. Köster, Demüthige Bitte um Belehrung, an die großen Männer, welche keinen Teufel glauben, Gießen 1775, bei Dirk Fleischer, Teufelsstreit, S. 1–46, wie Anm. 9.

18 Johann Salomo Semler, Letztes Glaubensbekenntnis über natürliche und christliche Religion, 1792, neu hg. von Dirk Fleischer, Nordhausen 2012, S. 139.

19 Johann Salomo Semler, Letztes Glaubensbekenntnis über natürliche und christliche Religion, 1792, neu hg. von Dirk Fleischer, mit wertvoller Einleitung, Nordhausen 2012, S. I bis XXXIV.

20 Kant, Der Streit der Facultäten, Königsberg 1798, S. 70. Doch vgl. den «Anhang einer Erläuterung des Streits der Facultäten» von S. 44–70.

21 Friedrich Schleiermacher, Der christliche Glaube, hg. von Martin Redeker, Band 1, § 45, Berlin ^{7}1960, S. 220.

22 Paul Althaus, Die christliche Wahrheit, zuerst 1948, ich zitiere die fünfte Auflage, Gütersloh 1959, S. 391. – Ich spiele an auf sein nazifreundliches Buch: Die deutsche Stunde der Kirche, 1933, auf das der völkische Denker (1888–1966) frühzeitig vorbereitet war, wie seine vorausgehenden Veröffentlichungen zeigen:
Der Krieg und unser Gottesglaube, in: Deutsche Theologen über den Krieg. Stimmen aus schwerer Zeit. hg. von Wilhelm Laible, Leipzig 1915, S. 221–247; Aus der Heimat. Lodzer Kriegspredigten, Lodz 1916; Um Glauben und Vaterland. Neues Lodzer Kriegsbüchlein, Göttingen 1917; Religiöser Sozialismus. Grundfragen der christlichen Sozialethik (Studien des apologetischen Seminars in Wernigerode 5), Gütersloh 1921; Staatsgedanke und Reich Gottes (Schriften zur politischen Bildung 4 = Friedrich Mann's pädagogisches Magazin 913), Langensalza 1923; ^{2}1923; 3., erweiterte Auflage 1926; ^{4}1931; Gott in der Geschichte (Flugschriften des evangelischen Landesjugenddienstes 4), Schwerin i. M. 1925; Die Krisis der Ethik und das Evangelium (Stimmen aus der deutschen christlichen Studentenbewegung 41), Berlin 1926; Kirche und Volkstum. Der völkische Wille im Lichte des Evangeliums, Gütersloh 1928.

XIX. Mephisto

1 Zur Chronologie der Einzelstücke des Urfaust siehe Gerhard Sauder, in: Goethe, Sämtliche Werke, Münchner Ausgabe, Band 1, 2, München 1987, S. 751–765; Erich Trunz, Goethe, Faust, München ^{16}1996, Jubiläumsausgabe 2007, S. 477–481; Albrecht Schöne, Frankfurter Goethe-Ausgabe, 1. Abteilung Band 7, 1–2, Goethe, Faust. Kommentar, Frankfurt 1994, hier Band 7, 2 S. 9–88.

2 Ich zitiere Goethes Text nach Albrecht Schöne, Frankfurter Goethe-Ausgabe, 1. Abteilung Band 7, 1–2, Goethe, Faust. Kommentar, Frankfurt 1994, hier Band 7, 1, S. 471, V. 70–71.

3 Goethe, Faust. Frühe Fassung, Schöne S. 494, V. 471.

4 Albrecht Schöne, Goethe, Faust, Kommentare, Frankfurter Ausgabe Band 7, 2 S. 342–346; 355. Goethes Text muß man nachlesen: Paralipomenon 50 Schöne S. 552–558.

5 Goethe, Faust, Schöne S. 495 V. 504.
6 Goethe, Faustdichtungen, Faust. Ein Fragment, Beutler S. 95–103.
7 Goethe, Faust. Ein Fragment, Beutler S. 102.
8 Goethe, Faust I, Schöne S. 27 V. 399.
9 Goethe, Faust. Ein Fragment, 1790, Beutler S. 76:
Und was der ganzen Menschheit zugetheilt ist,
Will ich in meinem inneren Selbst genießen,
Mit meinem Geist das Höchst' und Tiefste greifen,
Ihr Wohl und Weh auf meinen Busen häufen,
Und so mein eigen Selbst zu Ihrem Selbst erweitern.
In: Faust I, Schöne S. 78 V. 1770.
10 Goethe, Faust I, Schöne S. 67, V. 1410–1415.
11 Goethe, Faust I, Schöne S. 65, V. 1342–1344.
12 Goethe, Faust I, Schöne S. 190, V. 58–59.
13 Goethe, Faust I, Schöne S. 71–81; besonders S. 75, V. 1656–1659.
14 In Studierzimmerszene I war von «Pakt» die Rede, S. 67, V. 1414, jetzt, S. 76, V. 1698, heißt die Abrede «Wette».
15 Goethe, Urfaust, Beutler, S. 59 V. 1414–1415.
16 Goethe, Faust I, Schöne S. 73 V. 1606.
17 Goethe, Faust I, Schöne S. 182–187.
18 Ich spiele darauf an, daß ich Faust II im Jahr 1949 freiwillig als Thema meines Abitursaufsatzes gewählt habe. Ich hatte zwischen 1940 und 1944 allmontäglich beim Morgenappell im Schulhof der Oberschule für Jungen einen Gymnasialprofessor im Braunhemd den Aktionismus Fausts loben hören, hatte aber Gründe des Verstandes, des Gefühls und des Geschmacks nicht, wie gefordert, als deutscher faustischer Mensch leben zu wollen. Ich hatte aus Reineke Fuchs einen anderen Lebensentwurf herausgehört und wollte es genau wissen, warum ich Faust nicht als Vorbild wollte, und habe mich als Schüler jahrelang in Faust II vertieft, meinen Goethe entgermanisierend, entnazifizierend. Auszüge aus meinem Aufsatz habe ich in meinen Kindheitserinnerungen gedruckt: Kurt Flasch, Über die Brücke, Mainzer Kindheit, 1930–1949, Frankfurt/M. ^{2}2011, S. 132–137.
19 Goethe, Paralipomena aus der Zeit vor 1808, in: Goethe, Faust, Texte, hg. von Albrecht Schöne, S. 550, 9–10 P 62.
20 Heinz Schlaffer, Faust. Zweiter Teil. Die Allegorie des 19. Jahrhunderts, Stuttgart 1981; Gerhard Kaiser, Ist der Mensch zu retten? Vision und Kritik der Moderne in Goethes Faust, Freiburg/Br. 1994; Albrecht Schöne, Fausts Himmelfahrt. Zur letzten Szene der Tragödie, München

1994; Dorothea Hölscher-Lohmeyer, Kommentar zu Faust II, in: Goethe, Sämtliche Werke. Münchner Ausgabe, Band 18, 1 München 1997, S. 535–1213; Jochen Schmidt, Goethes Faust. Erster und zweiter Teil. Grundlagen – Werk – Wirkung, München 1999; Ekkehart Krippendorff, Goethe. Politik gegen den Zeitgeist, Frankfurt/M., 1999; Richard Meier, Gesellschaftliche Modernisierung in Goethes Alterswerken. Wilhelm Meisters Wanderjahre und Faust II, Freiburg/Br. 2002; Gernot Böhme, Goethes Faust als philosophischer Text, Zug 2005; Friedrich Dieckmann, Geglückte Balance. Auf Goethe blickend, Frankfurt/M. 2008; Michael Jaeger, Fausts Kolonie. Goethes kritische Phänomenologie der Moderne, Würzburg [3]2010; Hans-Jürgen Schings, Zustimmung zur Welt. Goethe-Studien, Würzburg 2012; Michael Jaeger, Wanderers Verstummen, Goethes Schweigen. Fausts Tragödie. Oder: Die große Transformation der Welt, Würzburg 2014; Gustav Seibt, Mit einer Art von Wut. Goethe in der Revolution, München 2014.

21 Goethe, Wilhelm Meisters Lehrjahre, Münchner Ausgabe, Band 5, München 1988, S. 208.

22 Goethe, Faust II, Schöne S. 203 V. 4619–4620.

23 Goethe, Faust II, V. 7134–7137. «Plastron» ist ein Stück Leder, an dem der Fromme üben kann, den Degen seiner christlichen Tugenden wirksam zu führen. Umfassendere und feierlichere Beschreibungen der Funktion des Teufels stehen in Faust I, V. 338–353 und V. 1363–1384. – Zur Allversöhnungslehre des Origenes bei Goethe vgl. oben S. 318–325 und Dieter Breuer, Origenes im 18. Jahrhundert, in: Seminar 21 (1985), S. 1–30, immer auch Albrechts Schönes Kommentare, besonders in Goethe, Faust, Sämtliche Werke, Band 7, 2, S. 781–795.

XX. Teufels Tod

1 Schelling, Philosophie der Offenbarung, ab 1831/32. Erste Fassung ediert von Walter E. Ehrhardt, Hamburg 1992. Die Fassung von 1841/42 edierte Manfred Frank, Frankfurt/M. 1977. Ich zitiere die Ausgabe von 1858, Band 2, S. 242, doch entwickelt Schelling seine Kritik an der dogmatischen Auffassung breit und gelehrt in den §§ 33 und 34, insgesamt wichtig, dort S. 228–255. Gänzlich verwirft Schelling die dogmatische Vorstellung, der Teufel sei eine erschaffene geistige Substanz. Seine Würde sei höher einzustufen, schließlich nenne das Neue Testament ihn ‹Gott›. Aber er ist Gott als Potenz, als nicht-seiend also, die durch freien An-

schluß des Menschen jeweils aktualisiert werde. Sein Versuch will ähnlich wie Kant das radikal Böse so denken, daß es die menschliche Freiheit nicht vernichtet. Nur baut Schelling die ‹gewöhnliche Vorstellung› vom Teufel radikal um, um sie in veränderter Form zu restaurieren.

2 Empfehlenswert ist die Lektüre des späten Schelling († 1854) zur Philosophie der Offenbarung, Ausgabe von 1858, Band 2, S. 228–258. Die Paragraphen 33 und 34 behandeln mit guter Bibelkenntnis und im Blick auf die «blutbetriefte Schaubühne der neueren Geschichte» (S. 264) den Teufel. Sie bestreiten gegen die Orthodoxie, daß er ein gefallener Geist sein könne, und verschaffen ihm eine höhere mystisch-theosophische Bedeutung als Gottheit, aber als nicht-daseiende Potenz, als unendliche Möglichkeit, die jeweils durch freien menschlichen Willen aktuiert wird. So kann man es auch ausdrücken, daß der alte Teufel tot ist.

3 Satan, auch diabolos genannt, heißt Herrscher dieser Welt (Joh 12, 31; 14, 30; 16, 11), der Gott dieses Aions (2 Kor 4,4), der Fürst der Dämonen (Mk 3, 23), der uralte Feind, der große Drache.

4 Matthäus stellt den Kampf Jesu mit ihm an den Anfang seiner öffentlichen Laufbahn mit der Versuchung Jesu in der Wüste (Mt 4; Lk 4, 3); das Wirken Jesu besteht zu einem wichtigen Teil im Austreiben von Dämonen aus Besessenen (Mk 1,25; 5, 7; 9, 25); der Teufel beendet die irdische Wirksamkeit Jesu, indem er Judas zum Verrat inspiriert und die Kreuzigung verursacht (Lk 22, 3 und Joh 13, 27).

5 Mt 12, 28; Lk 10, 17–18; Joh 12, 31.

6 Bequem erreichbar in: Luthers Werke in Auswahl, hg. von Otto Clemen, Berlin, Bd. 4, [5]1959, S. 10–14.

7 Luthers Werke in Auswahl, 4, S. 67–73.

8 Luthers Werke in Auswahl, 3, S. 69–74.

9 Goethe, Zur Farbenlehre, Band 2, Tübingen 1810, S. 159.

10 2 Kor 11, 14; Augustin, civ 19, 9.

11 Stuart Clark, Thinking with Demons. The Idea of Witchcraft in Early Modern Europe, Oxford 1997, bes. S. 294–311: Witchcraft and the Scientific Revolution.

12 Thomas von Aquino, De malo 16, 7: cognitio futurorum propria est Dei.

13 Thomas von Aquino, De malo 16, 8 arg. 3: corrupto organo phantasiae omnis intellectualis operatio impeditur. Dort ad 3: etiam Deus cognoscitur a nobis per phantasiam.

14 Thomas von Aquino, De malo 16, 8 c. a., S. 323 Zeile 235–241: cum voluntas interius non possit moveri ab alio nisi a Deo cuius ordini immediate subest motus voluntatis, et per consequens voluntarie cogitationis,

non potest cognosci neque a demonibus, neque a quocumque alio nisi ab ipso Deo, et ab homine volente et cogitante.

15 Augustinus, De divinatione daemonum c. 5 CSEL 41, S. 608; Retract. 2, 30 CSEL 36, S. 167.

16 Thomas von Aquino, De malo 16, 11: hoc non habet aliquam dubitationem. Wahrnehmungen und Phantasieakte beeinflussen sie ohnehin. Sie produzieren Erscheinungen, ut secundum eas reliquae apparitiones fiant (ib. ad 3). Sie können Gegenstände verändern und Vorstellungen in Verwirrung bringen, phantasmata perturbando, ja sie können die geistige Erkenntnis völlig lahmlegen, totaliter intelligibilem cognitionem hominis impedire (ib. ad 10). Damit ist die innere Burg geschleift.

17 Dazu Thomas von Aquino, De malo 16, 10 ad 10 und ad 11.

18 Dazu Thomas von Aquino, De malo 16, 9 ad 3: conversio uxoris Lot in statuam salis facta est mediantibus daemonibus.

19 Thomas von Aquino De malo 16, 11 sed contra mit Berufung auf Augustin, De Trinitate 3, 8. Vgl. auch De malo 16, 3 ad 3.

Abkürzungen

CCSL Corpus Christianorum. Series Latina Turnhout 1953 ff.

civ Augustinus, De civitate Dei, CCSL 47–48

CPTMA Corpus Philosophorum Teutonicorum Medii Aevi

CSEL Corpus Scriptorum Ecclesiasticorum Latinorum, Wien 1866 ff.

DM L'Academia Tudertina (Hg.), Il diavolo nel Medioevo, Spoleto 2013

DTHC Dictionnaire de théologie catholique, Paris 1903–1950

D-H H. Denzinger, Enchiridion symbolorum, definitionum et declarationum de rebus fidei et morum. Lat.-dt. von Peter Hünermann, Freiburg/Br. ^{37}1991

Hansen Joseph Hansen, Quellen und Untersuchungen zur Geschichte des Hexenwahns und der Hexenverfolgung im Mittelalter, Bonn 1901

LthK Lexikon für Theologie und Kirche, Freiburg/Br. ^{3}1993–2001

KrV I. Kant, Kritik der reinen Vernunft, Riga 1781

NJB Neue Jerusalemer Bibel

PG (Migne) Patrologia Graeca

PL (Migne) Patrologia Latina

RGG Religion in Geschichte und Gegenwart, Tübingen ^{4}1998 ff.

Sent Petrus Lombardus, Sententiae in IV libris distinctae, Grottaferrata 2 Bände 1981

ScG Thomas von Aquino, Summa contra Gentiles

Sth Thomas von Aquino, Summa theologiae

ThWNT Theologisches Wörterbuch zum Neuen Testament, Stuttgart 1933–1979

TRE Theologische Realenzyklopädie Berlin 1976 ff.

Bibliographische Hinweise

Sie erfolgen in chronologischer Reihenfolge. Quellenwerke zitiere ich bei der ersten Benutzung mit genauen bibliographischen Angaben. Literatur, die in diesem Buch in Anmerkungen zu Spezialfragen zusammengestellt ist – wie die lokalhistorische Hexenforschung oder die Interpretation von Goethes Faust II –, wird hier nicht wiederholt.

Roskoff, Georg Gustav, Geschichte des Teufels, 2 Bände, Leipzig 1869–1873

Graf, Arturo, Miti, legende e superstizioni del Medio Evo, Turin 1893

Hansen, Joseph, Zauberwahn, Inquisition und Hexenprozeß im Mittelalter, München 1900

Hansen, Joseph, Quellen und Untersuchungen zur Geschichte des Hexenwahns und der Hexenverfolgung im Mittelalter, Bonn 1901

Turmel, Joseph, Histoire du diable, Paris 1931

Hopkin, Charles Edward, The Share of Thomas Aquinas in the Growth of Witchcraft, Philadelphia 1940

Montano, Edward J., The Sin of the Angels. Aspects of the Teaching of St. Thomas, Washington 1955

Thorndike, Lynn, A History of Magic and Experimental Science, Band 1–8, London 1958

Walker, D. P., The Decline of Hell. Seventeenth Century Discussions of Eternal Torment, London 1964

Trachtenberg, Joshua, The Devil and the Jews. The Medieval Conception of the Jew and its Relation to Modern Antisemitism, New York 1966

Cohn, Norman, Witchcraft, Confession and Accusation, 1970

Thomas, Keith, Religion and the Decline of Magic, London 1971

Russell, Jeffrey Burton, Witchcraft in the Middle Ages, Ithaca N.Y. 1972

Haag, Herbert, Teufelsglaube, Tübingen 1974
Klein, Jürgen, Der gotische Roman und die Ästhetik des Bösen, Darmstadt 1975
Cohn, Norman, Europe's Inner Demons, St. Albans 1976, London 2005
Folie et déraison à la Renaissance, Brüssel 1976
Kieckhefer, Richard, European Witch Trials. The Foundation in Popular and Learned Culture, 1300–1500, London 1976
Kelly, Henry Ansgar, Le diable et ses démons, Paris 1977
Kolakowski, Leszek, Gespräche mit dem Teufel, München 1977
Delumeau, Jean, La peur en Occident, Paris 1978
Osterkamp, Ernst, Lucifer. Stationen eines Motivs, Berlin 1979

Certeau, Michel de, La possession de Laudon, Paris 1980, Paris 2005
McLean, Ian, The Renaissance Notion of Woman, Cambridge 1980
Russel, Jeffrey Burton, A History of Witchcraft, London 1980
Bebermeyer, Gustav, Teufelsliteratur, in: Reallexikon der deutschen Literaturgeschichte, Band 4, Berlin 1981, S. 367–403
Becke, Ulrich, Die Welt voll Teufel. Martin Luther als Gegenstand psychohistorischer Betrachtung, Marburg 1981
Russell, Jeffrey Burton, Satan. The Early Christian Tradition, Ithaca N.Y. 1981
Bayard, Jean-Pierre, Le Diable dans l'Art Roman, Paris 1982
Gloger, Bruno – Zöllner, Walter, Teufelsglaube und Hexenwahn, Wien 1983
Abbiati, Sergio, La stregoneria: diavoli, streghe, inquisitori, Mailand 1984
Fattori, Marta (Hg.), Spiritus. 4. Colloquio internazionale del Lessico Intellettuale Europeo, Rom 1984
Russell, Jeffrey Burton, Lucifer. The Devil in the Middle Ages, Ithaca N.Y. 1984
Allen, Prudence, The Concept of Woman. The Aristotelian Revolution. Montreal 1985
Haug, Walter, Der Teufel und das Böse im mittelalterlichen Roman, in: Seminar: A Journal of Germanic Studies 21, 1985, S. 165–191
Russell, Jeffrey Burton, Mephistopheles. The Devil in the Modern World, Ithaca N.Y. 1986
Brundage, James, Law, Sex and Christian Society in Medieval Europe, Chicago 1987
Forsyth, Neil, The Old Enemy. Satan and the Combat Myth, Princeton 1987

Borst, Arno, Die Anfänge des Hexenwahns in den Alpen, in: Ders., Barbaren, Ketzer und Artisten. Welten des Mittelalters, München 1988, S. 262–288

Brown, Peter, The Body and Society. Men, Woman and Sexual Renunciation in Early Christianity, New York 1988
Jacquart, Danielle – Claude Thomasset, Sexuality and Medicine in the Middle Ages, Cambridge 1988
Jones-Davies, Marie-Therèse (Hg.), Diable, diables et diableries au temps de la Renaissance, Paris 1988
Kappler, Claude, Monstres, démons et merveilles à la fin du Moyen Age, Paris 1988
Romeo, Giovanni, Exorcisti, confessori e sessualità feminile in Italia della Controriforma, Florenz 1988
Segl, Peter (Hg.), Der Hexenhammer. Entstehung und Umfeld des Malleus maleficarum von 1487, Köln 1988
Anges et démons. Actes du Colloque de Liège et Louvain-la-Neuve 1987, Louvain 1989
Blauert, Andreas, Frühe Hexenverfolgungen. Ketzer-, Zauberer- und Hexenprozesse des 15. Jahrhunderts, Hamburg 1989
Ginzburg, Carlo, Hexensabbat. Entzifferung einer nächtlichen Geschichte. Zuerst Turin 1989, deutsch Berlin 2005
Holz, Jürgen, Im Halbschatten Mephistos. Literarische Teufelsgestalten von 1750–1850, Frankfurt/M. 1989
Kieckhefer, Robert, Magic in the Middle Ages, Cambridge 1989, deutsch Magie im Mittelalter, München 1995
Villeneuve, Romand, Dictionnaire du diable, Paris 1989

Blauert, Andreas, Ketzer, Zauberer, Hexen. Die Anfänge der europäischen Hexenverfolgungen, Frankfurt/M. 1990
Bomke, Wilhelm, Die Teufelsfiguren der mittelenglischen Dramen, Frankfurt/M. 1990
Flint, Valerie, The Rise of Magic in Early Medieval Europe, Oxford 1991
Hoffmann, Hartmut – Rudolf Pokorny, Das Dekret des Bischofs Burchard von Worms: Textstufen, frühe Verbreitung, Vorlagen, München 1991
Spierenburg, Pieter, The Broken Spell. A Cultural and Anthropological History of Preindustrial Europe, Basingstoke 1991
Testa, Carlo, Desire and the Devil. Demonic Contracts in French and European Culture, New York 1991
Davidson, Clifford – Seler, Thomas H. (Hg.), The Iconography of Hell, Kalamazoo, Michigan 1992
Pott, Martin, Aufklärung und Aberglaube. Die deutsche Frühaufklärung im Spiegel ihrer Aberglaubenskritik, Tübingen 1992

Barth, Johannes, Der höllische Philister. Die Darstellung des Teufels in Dichtungen der deutschen Romantik, Trier 1993

Baschet, Jerôme, Les justices de l'au-delà. Les représentation de l'enfer en France et en Italie. 12e–15e siècles, Rom 1993

Di Nola, Alfonso M., Der Teufel. Wesen, Wirkung, Geschichte, München 1993

Kittsteiner, Heinz Dietrich, Die Abschaffung des Teufels im 18. Jahrhundert, in: A. W. Schuller – W. von Rahden (Hg.), Die andere Kraft, Berlin 1993, S. 55–92

Margolin, Jean-Claude – Matton, Silvain (Hg.), Magie et philosophie à la Renaissance, Paris 1993

Pierre P. Payer, The Bridling of Desires. Views of Sex in the Later Middle Ages, Toronto 1993

Segl, Peter (Hg.), Die Anfänge der Inquisition im Mittelalter (Bayreuther historische Kolloquien 7), Köln, Weimar, Wien 1993

Castelli, Patrizia (Hg.), Bibliotheca lamiarum. Documenti e immagini del stregoneria dal Medioevo all'età moderna, Pisa 1994

Graf, Fritz, La magie dans l'antiquité gréco-romaine, Paris 1994

Muchembled, Robert – Ankerloo, Bengt (Hg.), Magie et sorcellerie en Europe, Paris 1994

Lorenz, Stefan – Bauer, Dieter (Hg.), Das Ende der Hexenverfolgung, Stuttgart 1995

Messallié, Gerald, Teufel, Satan, Lucifer, Frankfurt/M. 1995

Roper, Lyndal, Ödipus und der Teufel. Körper und Psyche in der frühen Neuzeit, Frankfurt/M. 1995

Barry, Jonathan (Hg.), Witchcraft in Early Modern Europe, Cambridge 1996

Briggs, Robin, Witches and Neighbors. The Social and Cultural Contest of European Witchcraft, New York 1996

Burnett, Charles, Magic and Divination in the Middle Ages, Aldershot 1996

Graf, Fritz, Gottesnähe und Schadenszauber. Die Magie in der griechisch-römischen Antike, München 1996

Greif, Stephan, Sympathie für den Teufel? Zum Teufelsbild der Goethezeit, Paderborn 1996

Monaci Castagno, Adele, Il diavolo e i suoi angeli, Testi e tradizioni, Florenz 1996

Nierenberg, David, Communities of Violence. Persecution of Minorities in the Middle Ages, Princeton 1996

Pagels, Elaine, Satans Ursprung, Berlin 1996

Zambelli, Paola, La ambigua natura della magia. Filosofi, streghe, riti nel Rinascimento, Venedig 1996
Bostrudge, Ian, Witchcraft and its Transformation, c. 1650–c. 1750, Oxford 1997
Clark, Stuart, Thinking with Demons. The Idea of Witchcraft in Early Modern Europe, Oxford 1997
Link, Luther, Der Teufel, München 1997
Neumann, Almut, Verträge und Pakte mit dem Teufel. Antike und mittelalterliche Vorstellungen im Malleus maleficarum, St. Ingbert 1997
Barry, Jonathan (Hg.), Witchcraft in Early Modern Europe, Cambridge 1998
Daston, Lorraine – Parks, Catharine, Wonders and the Order of Nature, Cambridge Mass. 1998; deutsch Wunder und die Ordnung der Natur, Frankfurt/M. 2002
Keck, David, Angels and Angelology in the Middle Ages, New York 1998
Minois, Georges, Le diable, Paris 1998
Petzold, Ruth – Neubauer, Paul (Hg.), Demons. Mediators between this Word and the Other, Frankfurt/M. 1998
Villeneuve, Roland, Dictionnaire du diable, Paris 1998
Elliott, Dyan, Fallen Bodies. Pollution, Sexuality and Demonology in the Middle Ages, Philadelphia 1999
Fix, Andrew, Fallen Angels. Balthasar Bekker, Spirit Belief and Confessionalism in the Seventeenth Century Dutch Republic, Dordrecht 1999
Girard, René, Je vois Satan tomber comme l'éclaire, Paris 1999, deutsch Ich sah den Satan vom Himmel fallen wie einen Blitz, München 2002
Midelfort, H. C. Eric, A History of Madness in Sixteenth-Century Germany, Stanford 1999
Ostorero, Martine et al. (Hg.), L'imaginaire du sabbat. Edition critique des textes les plus Anciens, Lausanne 1999
Vauchez, André, Saints, prophètes, visionaires. Le pouvoir surnaturel au Moyen Age, Paris 1999

Behringer, Wolfgang, Hexen und Hexenprozesse in Deutschland, München 2000
Closson, Marianne, L'imaginaire démoniaque en France (1550–1650). Genèse de la littérature fantaistique, Genf 2000
Grantley, Darryl (Hg.), The Body in Late Medieval and Early Modern Culture, Aldershot 2000
Linsenmann, Thomas, Die Magie bei Thomas von Aquin, Berlin 2000

Minois, Georges, Hölle. Kleine Kulturgeschichte der Unterwelt, Freiburg 2000

Muchembled, Robert, Une histoire du diable, XIIe – XXe siècle, Paris 2000

Tschacher, Werner, Der Formicarius des Johann Nider von 1437/38, Aachen 2000

Berger, Klaus, Wozu ist der Teufel da? Gütersloh 2001

Kelly, Henry Ansgar, Teufel, in: Theologische Realenzyklopädie 33, Berlin 2001, S. 124–134

Kors, Alan Charles, – Peters, Edward, Witchcraft in Europe. 400–1700. A Documentary History, Philadelphia 2001

Levack, Brian P., New Perspectives on Witchcraft, 6 Bände, New York 2001

Maggi, Armando, Satan's Rhetoric. A Study of Renaissance Demonology, Chicago 2001

Stanford, Peter, Der Teufel. Eine Biographie, Leipzig 2001

Stephans, Walter, Demon Lovers. Witchcraft, and the Crisis of Belief, Chicago 2001

Dülmen, Richard von, Denkwelten um 1700, Köln 2002

Grillo, Roberta, Il principe di questo mondo. Il diavolo nella storia delle religioni, Mailand 2002

Jolly, Karen Louise et al. (Hg.), The Athlone History of Witchcraft and Magic in Europe.
Band 3: Witchcraft and Magic in Europe, London 2002
Band 4: Ankerloo, Bengt (Hg.), The Period of the Witch Trials, London 2002

Muchembled, Robert, Diable!, Paris 2002

Otis-Cour, Leah et al. (Hg.), La torture judiciaire, Lille 2002

Bailey, Michael David, Battling Demons. Witchcraft and Reform in the Late Middle Ages, Philadelphia 2003

Broedel, Hans Peter, The Malleus Malleficarum and the Construction of Witchcraft. Theology and Popular Belief, Manchester 2003

Caciola, Nancy, Discerning Spirits. Divine and Demonic Possession in the Middle Ages, Ithaca 2003

Kluge, Alexander, Die Lücke, die der Teufel läßt, Frankfurt/M. 2003

Lange, Armin – Lichtenberger, Herman (Hg.), Die Dämonen. Die Dämonologie der israelitisch-jüdischen und frühchristlichen Literatur im Kontext ihrer Umwelt, Tübingen 2003

Lucentini, Paolo (Hg.), Hermetisme from Late Antiquity to Humanisme, Turnhout 2003

Waite, Garry K., Heresy, Magic and Witchcraft in Early Modern Europe, New York 2003

Behringer, Wolfgang, Witches and Witch-Hunts. A Global History, London 2004, deutsch München [4]2000

Boureau, Alain, Satan hérétique. Naissance de la démonologie dans l'Occident médiéval (1280–1330), Paris 2004

Hoyer, Wolfram (Hg.), Praedicatores, Inquisitores, 1–3, Rom 2004

Lugt, Maaike van der, Le ver, le démon et la Vierge. Les théories médiévales de la génération extraordinaires, Paris 2004

Certeau, Michel de, La possession de Loudon, Paris 2005

Cohn, Norman, Europe's Inner Demons. The Demonization of Christians in Medieval Christianity, Neue Ausgabe London 2005

Lombardi, Paolo, Il secolo del diavolo. Exorcismi, magia e lotta sociale in Francia, Rom 2005

Schnierer, Peter Paul, Entdämonisierung und Verteufelung. Studien zur Darstellungs- und Funktionsgeschichte des Diabolischen in der englischen Literatur seit der Renaissance, Tübingen 2005

Waaardt, Hans de (Hg.), Dämonische Besessenheit, Bielefeld 2005

Bach, Verena, Im Angesicht des Teufels. Seine Erscheinung und Darstellung im Film seit 1980, München 2006

Boudet, Jean-Patrice, Entre science et ‹nigromence›. Astrologie, divination, et maladie dans l'Occident médiévale, XIIe – XVe siècle, Paris 2006

Brakke, David, Demons and the Making of the Monk. Spiritual Combat in Early Cristianity, Cambridge Mass. 2006

Cahiers du centre de recherches historiques. Le diable au Moyen Age, Nr. 37, April 2006, S. 171–213

Herkommer, Hubert et al. (Hg.), Engel, Teufel und Dämonen, Basel 2006

Johnstone, Nathan, The Devil and Demons in Early Modern England, Cambridge 2006

Kelly, Henry Ansgar, Satan. A Biography, Cambridge 2006

Maggi, Armando, In the Compagny of Demons. Unnatural Beings, Love and Identity in the Italian Renaissance, Chicago 2006

Rider, Catherine, Magic and Impotence in the Middle Ages, Oxford 2006

Shaw, Jane, Miracles in Enlightment England, London 2006

Voltmer, Rita (Hg.), Hexenverfolgung und Herrschaftspraxis (Trierer Hexenprozesse 7), Trier 2006

Bailey, Michael David, Magic and Superstition in Europa, Lanham 2007

Delaurenti, Béatrice, La puissance des mots, virtus verborum. Débats doctinaux sur le pouvoir des incantations au Moyen Age, Paris 2007

Lavocat, Francoise, et al. (Hg.), Fictions du diable. Démonologie et littérature de saint Augustin à Léo Taxil, Genf 2007

Mayo, Thomas B., The Demonology of William of Auvergne, New York 2007

Reiterer, Friedrich V. – Nicklas, T. – Schäplin, K. (Hg.), The Angels. The Concept of Celestial Beings, Berlin 2007

Schmidt, Jeremy, Melancholy and the Care of the Soul. Religion, Moral Philosophy and Madness in Early Modern Europe, Aldershot 2007

Weinrich, Harald, Wie zivilisiert ist der Teufel? Kurze Besuche bei Gut und Böse, München 2007

Wollscheid, Karl-Heinz, Personifikationen des Bösen, Berlin 2007

Faulstich, Werner (Hg.), Das Böse heute, München 2008

Holtz, Grégoire et al. (Hg.), Voyager avec le diable. Voyages réels, voyages imaginaires et discours démonologiques, Paris 2008

Utz Tremp, Katharina, Von der Häresie zur Hexerei, Hannover 2008

Arasse, Daniel, Le portait du diable, Paris 2009

Graf, Arturo, Satan, Beelzebub, Lucifer. Der Teufel in der Kunst, New York 2009

Keller, Jost, Den Bösen sind sie los. Die Bösen sind geblieben. Die Säkularisierung des Teufels in der Literatur der Goethezeit, Duisburg 2009

Quantin, Jean-Louis, The Church of England and the Christian Antiquity. The Construction of a Confessional Identity in the Seventeenth Century, Oxford 2009

Alt, Peter-André, Ästhetik des Bösen, München 2010

Cameron, Euan, Enchanted Europe. Superstition, Reason and Religion, 1250–1750, Oxford 2010

Ostorero, Martine et al. (Hg.), Chasses aux sorcières. Entre discours et pratiques, Florenz 2010

Hermanin, Camilla – Simonutti, Luisa, La centralità del dubbio, Florenz 2011

Ostorero, Martine, Le diable au sabbat. Littérature démonologique et sorcellerie, 1440–1460, Florenz 2011

Vos, Nienke – Otten, Willemien, Demons and the Devil in Ancient and Medieval Christianity, Leiden 2011

Arasse, Daniel, Bildnisse des Teufel. Mit einem Essay von Georges Bataille, Berlin 2012

Hoffmann, Tobias, A Companion to Angels in Medieval Philosophy, Leiden 2012

Pagels, Elaine, Revelations. Visions, Prophecy and Politics in the Book of Revelation, New York 2012

Timotin, Andrei, La démonologie platonicienne, Histoire de la notion de daimon de Platon aux derniers néoplatoniciens, Leiden 2012

Gregory, Tullio, Principe di questo mondo. Il diavolo in Occidente, Rom – Bari 2013

L'Academia Tudertina (Hg.), Il diavolo nel Medioevo, Spoleto 2013

Levack, Brian P., The Devil Within. Posession and Exorcism in the Christian West, New Haven 2013

Levack, Brian P., The Oxford Handbook of Witchcraft in Early Modern Europe and Colonial America, Oxford 2013

Pagels, Elaine, Apokalypse. Das letzte Buch der Bibel wird erschlossen, München 2013

Dank

Dieses Buch hat mich lange Jahre beschäftigt. Dabei habe ich mehr Hilfe erfahren, als ich hier nennen kann. Dafür möchte ich mich herzlich bedanken, zunächst bei Ruth Gesser für freundschaftliche Hilfe in allen Fragen des Lebens, des deutschen Stils und der Orthographie – und das in den dunklen Jahren inkompetenter Rechtschreibereformer.

Für liebenswürdige Hilfe bei der Besorgung von Büchern und Kopien danke ich Monika und Walter Schäfer, Freiburg.

Mein Freund Ruedi Imbach (Paris, Corsier, CH) war so freundlich, das Manuskript intensiv zu studieren. Ich danke ihm für mehrere Tage freundschaftlicher Unterhaltungen über den Text und viele Verbesserungen.

Loris Sturlese danke ich für die Einladung zu Vorlesungen nach Lecce in Apulien. Ich genoß im Oktober 2014 einen südlichen Herbstmonat und konnte dort den Inhalt meines Buches konzentriert vortragen. Ich habe im Kreis seiner überaus kompetenten Mitarbeiterinnen und Mitarbeiter viel gelernt. Besonders von Nadia Bray und Antonino Rubino (Palermo). Ihnen und allen freundlichen Helfern in Lecce herzlichen Dank, besonders Fiorella Retucci für tägliche, hilfreiche und angenehme Präsenz.

Namenregister

Biblische Personen, Götter und fiktive Namen aus Werken der Literatur sind kursiv gesetzt.

Sachregister